中國學術思想 研究輯刊

十　編

林 慶 彰 主編

第 20 冊

一心運時務：
正德時期（1506-21）的王陽明

楊 正 顯 著

花木蘭文化出版社

國家圖書館出版品預行編目資料

一心運時務：正德時期（1506-21）的王陽明／楊正顯 著 — 初
版 — 台北縣永和市：花木蘭文化出版社，2010〔民99〕

目 2+258 面；19×26 公分

（中國學術思想研究輯刊 十編；第 20 冊）

ISBN：978-986-254-349-8（精裝）

1.（明）王守仁　2. 學術思想　3. 陽明學

126.4　　　　　　　　　　　　　　　　　　99016459

ISBN - 978-986-2543-49-8

9 789862 543498

中國學術思想研究輯刊

十 編　第二十冊　　　　　　　ISBN：978-986-254-349-8

一心運時務：正德時期（1506-21）的王陽明

作　　　者　楊正顯
主　　　編　林慶彰
總 編 輯　杜潔祥
出　　　版　花木蘭文化出版社
發 行 所　花木蘭文化出版社
發 行 人　高小娟
聯絡地址　台北縣永和市中正路五九五號七樓之三
　　　　　　電話：02-2923-1455／傳真：02-2923-1452
網　　　址　http://www.huamulan.tw 信箱 sut81518@ms59.hinet.net
印　　　刷　普羅文化出版廣告事業
封面設計　劉開工作室
初　　　版　2010 年 9 月
定　　　價　十編 40 冊（精裝）新台幣 62,000 元　　　版權所有・請勿翻印

一心運時務：
正德時期（1506-21）的王陽明

楊正顯　著

作者簡介

楊正顯，祖籍安徽省宿縣，一九七三年出生於臺灣臺南市，東海大學歷史所碩士，清華大學歷史學博士，現為中央研究院歷史語言所博士後。著有《陶望齡與晚明思想》、〈道德社會的重建——王陽明提倡 " 心學 " 考〉、〈王陽明詩文輯佚與考釋〉、〈王陽明佚詩文輯釋與補正〉等。

提　要

　　本文「一心運時務：正德時期的王陽明」，旨在了解陽明在正德時期（1506-21）的思想變化，希望透過對陽明在正德年間種種作為的考證，釐清其思想與現實環境間的關係，以透顯出其思想的精神。

　　第一章「龍場之悟」在說明陽明「龍場之悟」的前因後果及其思想內容。從王華與陽明所參與的會社性質之變化，可以看出當時學風轉變的契機，而這反映出陽明所處的時代危機是「道德」觀念漸趨淪喪。發生在正德元年「誅八虎」計畫的失敗，不但招來往後的「丁卯之禍」，也更加證明當時的國家社會的道德秩序逐漸崩解。陽明因為要營救妹婿及朋友的關係，上疏言事，因而下獄被貶謫至龍場。在歷經「泛海」的歷程後，對其自身的出處有了堅定的看法，也因而能夠在龍場反思國家社會問題的所在，進而提出「一心運時務」的思想架構，其中心思想是「心即理」說。

　　第二章「『聖人之學』是『心學』」在說明陽明回到北京任官後，如何開展其「一心運時務」的思想架構，並且進而在南京時提出「聖人之學是心學」的轉變過程。由於宦官劉瑾被殺後，正義反而沒有被伸張，相反地卻呈現是非更加不明的情況，而曾經是「丁卯之禍」受害者的陽明，卻因為其父親行賄事等的披露，無形中被當權者所打壓。但陽明卻在此時積極地宣揚他的「君子之學」想法，希望重建一道德完善的社會。但由於陽明強調對於一個人「內心」的治理，使其思想被劃歸為陸九淵之學或是禪學之類。當陽明至南京時，與魏校為首的學術集團有了門戶之爭，雙方爭論的焦點即在於一個人如何能靠著內心的治理即能經綸時務呢？陽明透過對「三代之治」理論基礎的理解，提出「三代之學是心學」的口號，因此如要重復「三代之治」，就必須依靠「心學」，而陽明此言亦是在呼應皇帝廷試題目。為了要證明朱熹也是從事於「心學」，陽明編著了《朱子晚年定論》一書，來回應當時朱學學者的攻擊。

　　第三章「聖賢骨血：良知」在透過陽明軍功建立與其思想轉折間的關係，來說明其「良知」說的形成經過。陽明在平南贛盜的過程，逐漸瞭解到去除私欲的關鍵即是「本心之明」。而這個想法在其歷經「忠泰之變」後，有了更清楚地輪廓，透過對周敦頤及程顥思想的思考，提出判別是非的標準即是「良知」，即是「本心之明」。另外，也說明陽明新〈大學古本序〉是作於正德十六年。

目

次

前　言

一、研究動機

　　近年以來，研究明代王陽明（字伯安，名守仁，封新建伯，諡號文成，1471～1528）學說及其傳播的歷史過程，不但有較多學術著作的出版，〔註1〕且陽明弟子們的文集也陸續點校刊行，〔註2〕另外，也有以陽明思想爲主題

〔註1〕　如錢明，《陽明學的形成與發展》（南京：江蘇古籍出版社，2002）、《儒學正脈
　　　　──王守仁傳》（杭州：浙江人民出版社，2006）、呂妙芬，《陽明學士人社群
　　　　──歷史、思想與實踐》（臺北：中央研究院近代史研究所，2003）、吳震，《聶
　　　　豹、羅洪先評傳》（南京：南京大學出版社，2001）、《陽明後學研究》（上海：
　　　　上海人民出版社，2003）、《明代知識界講學活動繫年 1522～1602》（上海：學
　　　　林出版社，2003）、彭國翔，《良知學的展開──王龍溪與中晚明的陽明學》（臺
　　　　北：學生書局，2003）、鄧志峰，《王學與晚明的師道復興運動》（北京：社會
　　　　科學文獻出版社，2004）、鮑世斌，《明代王學研究》（成都：巴蜀書社，2004）、
　　　　陳時龍，《明代中晚期講學運動 1522～1626》（上海：復旦大學出版社，2005）、
　　　　林月惠，《良知學的轉折──聶雙江與羅念菴思想之研究》（臺北：臺灣大學出
　　　　版中心，2005）、季芳桐，《泰州學派新論》（成都：巴蜀書社，2005）、蔡仁厚，
　　　　《王學流衍：江右王門思想研究》（北京：人民出版社，2006）、張藝曦，《社
　　　　群、家族與王學的鄉里實踐：以明中晚期江西吉水、安福兩縣爲例》（臺北：
　　　　國立臺灣大學出版委員會，2006）、杜維明，《宋明儒學思想之旅──青年王陽
　　　　明（1472～1509）》，收錄在氏著《杜維明文集（第三卷）》（武漢：武漢出版社，
　　　　2002），頁1～186，此文是其博士論文中譯本，原出版於1976年。其中，也有
　　　　相關的書評可供參考，例如：Thomas A. Metzger 著、塵觀譯，〈實際行動的新
　　　　儒家思想──評〈王陽明的少年時代〉〉，《出版與研究》29（1978），頁32～3；
　　　　林月惠，〈本體與工夫合一：陽明學的展開與轉折〉，《中國文哲研究集刊》26
　　　　（2005），頁359～396。
〔註2〕　如《陽明後學文獻叢書》，收錄有徐愛、錢德洪、董澐、王畿、鄒守益、聶豹、

的期刊、合集的出版。〔註3〕這表明「王學研究」在學術界是呈現一片欣欣
向榮的境況，在現今思想史研究趨於沒落的時期，可謂令人振奮。從這些著
作中，可以歸納出幾個研究的面向：一是在研究主題方面，較偏重於王門後
學的分化問題、各地區講會活動與發展情況、後學對陽明良知概念的不同解
釋、基層王學的推展等；二是研究的時段方面，對於陽明思想的討論，時間
點偏重於其晚年歸越講學後的種種發展。除此之外，也有一些研究是討論陽
明思想對當時士風所產生的影響，〔註4〕但對於陽明本身方面的研究則沒有
進展。〔註5〕三是從事於王學研究的學者，其學術訓練的背景大多是中文與
哲學學科，反而歷史學本科出身的學者則是相當的少。這樣的情況使得吾人
對陽明的認識就偏重於其思想概念的理解，而未能深入探究這些思想概念產
生的契機，例如說陽明思想的變化與當時學術與政治間關係，究竟有何關
連？

　　所以，雖然說透過這些著作，可以深入瞭解陽明後學對其思想的推衍，
但對於陽明學說的成立，以及如何在正嘉之際（1506～66）興起的原因及過
程，卻是語焉不詳的，使人有陽明學說成立的過程及其之後發展過程已獲得
合理解釋的錯覺。尤其是這些著作在敘述陽明思想的發展歷程時，或是引陽
明門人錢德洪所編《年譜》中的記載，一語帶過；〔註6〕或是引相關學者的看
法來佐證，但這些看法並未有明確的說明。〔註7〕現今為止，仍然未有深入且

　　　　歐陽德、羅洪先、羅汝芳。

〔註3〕例如有紀念陽明「龍場悟道」490年所編的論文集，《王學之思》（貴陽：貴州
　　　　民族出版社，1999）、吳光主編的《陽明學研究》（上海：上海古籍出版社，
　　　　2000）以及《陽明學刊》的創刊等。

〔註4〕如左東嶺，《李贄與晚明文學思想》（天津：天津人民出版社，1997）、《王學
　　　　與中晚明士人心態》（北京：人民文學出版社，2000）、羅宗強，《明代後期士
　　　　人心態研究》（天津：南開大學出版社，2006）。

〔註5〕唯一的例外是〔日〕永富青地，《王守仁著作の文獻學的研究》（東京：汲古
　　　　書院，2007），此書對陽明著作的年代、版本考證翔實，值得參考，且此書「附
　　　　錄」收錄大量陽明佚文。

〔註6〕如鮑世斌在其《明代王學研究》（成都：巴蜀書社，2004），第一章「王學的
　　　　產生：王陽明的心學」中，尤其是第一節「王陽明思想的形成」，大都引《年
　　　　譜》為證。

〔註7〕如葛兆光就引祝平次的看法，認為從明初以來「這種心、理的結構關係發生
　　　　變化，這種變化慢慢被加深擴大，就終於引來知識和思想世界的大變化，而
　　　　王陽明就是最後捅破這層窗戶紙的人。」見氏著《七世紀至十九世紀中國的
　　　　知識、思想與信仰》（上海：復旦大學出版社，2000），頁407；然祝氏的說法

詳實的著作，清楚地說明陽明的思想歷程及轉折，更遑論往後陽明學說在正嘉時期的發展情況。〔註8〕

　　因此，從這些著作中，無法讓吾人對於陽明思想精神有更進一步的瞭解，其箇中原因在於這些著作對於陽明思想成立的描述，是建立在空泛的說法上，甚至有些是人云亦云的。之所以會有如此的情況，關鍵點並不僅僅是學者們研究方向與取徑的問題，而是沒有真正地從陽明所處的現實環境來理解其思想的概念。也因為不清楚陽明思想的現實因素，致使學者們在論述其思想時，容易陷入枝節的討論。所以，現今對於陽明思想研究的突破，應是尋找出其思想概念之間的脈絡，且這個脈絡必須與現實因素相配合。因為一個思想脈絡的出現不會沒有原因，脈絡的曲折的變化也不是隨意發生，其中必有其因果關係在的。所以，如果無法清楚地說明陽明思想產生與變化跟當時國家社會環境之間的關係，那麼今日吾人對陽明思想精神的瞭解，仍然無法突破前輩們的看法。

　　因此，本文「一心運時務：正德時期的王陽明」，旨在了解陽明在正德時期（1506～21）的思想變化，希望透過對陽明在正德年間種種作為的考證，釐清其思想與現實環境間的關係，以透顯出其思想的精神。而筆者認為貫串陽明正德時期的思想脈絡，不脫「一心運時務」的主題。此語來自於陽明弟子徐愛（字曰仁，號橫山，1487～1517）在給另一弟子汪淵（字景顏）的詩，詩云：

　　　　時平眾競仕，意氣輕皋夔。一或遭險巇，惶惑失所持。哀哉中無主，
　　　　此心任物移。君獨志賢聖，力學同余師。天子命出宰，人悒君自怡。

〔註8〕　　　　是試圖以明初五人——曹端、薛瑄、吳與弼、胡居仁及陳獻章——來說明在理學的發展上，明初的這五人的思想正是代表朱子的理學過渡到王陽明的心學階段，並未對陽明如何承繼及過渡提出說法，見《朱子學與明初理學的發展》（臺北：學生書局，1994），第三章「明初理學的發展」，頁115～76。另外，葛氏在「再起波瀾：王學的崛起及其意義」此節中，直接從嘉靖時期講起，也完全沒有論述為何王學的崛起要從嘉靖算起。出處同上，頁408～38。
　　　　　　如吳震《明代知識界講學活動繫年1522～1602》和陳時龍《明代中晚期講學運動1522～1626》二書，其內容重心放在陽明及其後學的講學活動，且時間點為皆為嘉靖元年（1522），但那已是陽明歸越之後，人生最後的七八年時光了。而陽明歸越之後，現實環境仍然對其有重要的影響，如「大禮議」的發生、服闋後起用的問題，以及最後征思田二州的事情，這些事情對其思想的發展仍然具有相當關鍵的因素，如不能清楚地說明這些事情，而僅僅是扣緊於「講學」一事，就忽略了政治對陽明思想的影響。

時務良艱難，一心運有餘。莫析政與學，皆當去支離。……〔註9〕

在此詩中，徐愛指出當時的士大夫官員的問題，認爲這些人平時的作爲好像是超越了古代的皋陶與夔，但是一遇到困阨之時，就惶惶恐恐，若無依靠的樣子。主要的原因是這些人心中無主，所以才會隨波逐流。然而，因爲汪淵也與徐愛一樣師從陽明，所以，心中有主，靠著「一心」，對於再艱難的時務都可以應付，游刃有餘。徐愛這樣的看法，其實是來自陽明，陽明在給王道（字純甫，號順渠，1487～1547）的信中說到：

汪景顏近亦出宰大名，臨行請益，某告以變化氣質。居常無所見，惟當利害，經變故，遭屈辱，平時憤怒者到此能不憤怒，憂惶失措者到此能不憂惶失措，始是能有得力處，亦便是用力處。天下事雖萬變，吾所以應之不出乎喜怒哀樂四者。此爲學之要，而爲政亦在其中矣。〔註10〕

陽明認爲面對國家時務的問題，也不會出於「一心」的範圍；也就是說陽明認爲透過一個人自身的「心」，即能因應人事酬變。而這「一心運時務」的看法，不但是陽明當時的教法，也貫串其貶謫龍場後的思想脈絡。而由於現今學界對陽明的瞭解，較偏重於其晚年於越中宣揚良知說、四句教爭論、講會舉行、學術轉折幾變問題的探討等等，但對於其爲何上疏言事導致貶謫的過程、編定《朱子晚年定論》一書的原因，以及陽明平南贛盜、平宸濠的軍功等，都未見有專門的篇章來說明這些活動內容，當然也就沒有解釋陽明在經歷這些事件中的思想脈絡與變化。也就因爲對這些事件過程缺乏認識，導致對其學說成立的原因及變化，語焉不詳，毫無脈絡可尋。這也就是筆者爲何要將討論陽明思想的重心放在正德時期。

本文在處理陽明思想脈絡的問題時，試圖扣緊兩個面向。一是陽明自身學術背景問題。陽明思想歷程之複雜與多變是眾所皆知的共識，然而學界對此共識的討論，卻流於爭論到底有幾變的問題，而不從思想歷程中來釐清其變化的因果關係。就筆者的觀察，其中的關鍵在於學界對於陽明早年生活型態與學術背景及人際關係等，都沒有清晰的瞭解。舉例來說，學界對陽明早

〔註9〕 〔明〕徐愛，〈送汪景顏尹大名〉，《橫山遺集》，收錄在錢明編校整理，《徐愛、錢德洪、董澐集》（陽明後學文獻叢書）（南京：鳳凰出版社，2007），頁5～6。

〔註10〕 〔明〕王守仁，〈與王純甫（1512）〉，《王陽明全集》（上海：上海古籍出版社，1992），〈文錄一〉，卷4，頁154～5。

年的活動，大都以《年譜》中的記載來說明，但是這簡略的記載，實難拼湊出稍具輪廓的歷史樣貌，更無法接續其往後思想的發展。此外，連陽明的「家學」情況也甚少人提及。此外，學界又常以《年譜》及陽明詩文來說明其早年曾受到佛道兩家思想的影響，但影響的層次與內容又在何處？這部分也甚少人關注與討論。〔註11〕當然，以上有些問題是與資料的限制有關的，無怪乎學者們將大部分研究重心放在陽明思想定型後的發展及影響。例如對《傳習錄》內容的闡釋、與湛若水間的論辯、學術思想變化的階段、講會的推行、門人弟子及再傳弟子對陽明學說的異議與改造，以及陽明學說對明代中後期社會各層面的影響，諸如此類。因此，能不能發掘出更多陽明早年的生活樣態，例如說他的父親王華對其影響、經歷過怎樣的人生變化、都與那些人來往等等，就是本文能否重建陽明思想歷程的重要關鍵因素之一。二是陽明思想中的現實因素。由於陽明的思想並非一開始就是一個完整的體系，而是因應來自各方的影響與挑戰，而逐漸形成的，這其中最重要的關鍵在於對舊的學術傳統的反省，而此反省亦是有感而發的。過去學界的研究偏重於陽明個人思想內容的闡釋，而較少從整個明代的政治文化來切入，觀照其思想成立及轉變的意義，就使得陽明的思想顯的孤伶伶的，似乎與當時代有著很遠的距離。然而，僅僅耙梳《王陽明全集》，即可發現，不論是早年上疏言事而被貶謫至龍場，抑或是中年的軍事功名的建立，乃至晚年嘉靖時的「大禮議」之爭，〔註12〕都顯示其思想與現實政治之間有密不可分的關係。因此能夠弄清楚陽明政治的那一面向，不但有助於我們更深入地理解其思想轉折及著重的意義，也能映照出當時代的問題究竟爲何？思想要能說明並且解決當時代的問題，這個思想才能吸引人們，也才能產生深遠的影響。

〔註11〕柳存仁的研究只說明陽明與佛道人士的相關交涉，但並未有實質說明這樣的接觸影響陽明爲何？見〈王陽明與佛道二教〉，《清華學報》13：1、2（1981年12月），頁27～52：〈王陽明與道教〉，《和風堂文集（上冊）》（上海：上海古籍出版社，1991），頁35～55。鍾彩鈞的〈陽明思想中儒道的分際與融通〉一文則探討陽明與道教間的關係，說到「陽明對道教的態度，若從一生思想發展言之，則青年時沈溺其中，中年時力闢其非，晚年則在理氣觀、以及重視生命與自然的方面加以融攝。」《鵝湖學誌》8（1993），頁75；秦家懿的〈王陽明與道教〉一文則對陽明與道教的接觸及詩文做出粗步的解釋，收錄在黃俊傑等主編，《東亞文化的探索》（臺北：正中書局，1996），頁269～87。

〔註12〕關於陽明對「大禮議」的態度，近年來受到較多的重視，相關研究回顧可見胡吉勛，《“大禮議”與明廷人事變局》（北京：社會科學文獻出版社，2007），「序論：關於“大禮議”已有之研究及展望」，頁1～55。

二、研究回顧

　　學界對於陽明思想的研究可從大體與細部兩方面來談，大體部分主要是談王學如何興起的問題，也就是立基於學術史的角度來看王學思想發展，論述的重心是學術思潮如何從程朱學到王學的變化過程。細部的方面，主要是談陽明本身的問題，也就是學案式的討論，論述的重心是其思想概念的闡釋；不過近年以來開始對陽明世系源流、家學、在家鄉的活動、與文人間的交誼等等，有了更多的討論。以下將分而簡述之。

　　對於王學的興起或發展，學界的觀點大概可分為兩種：一種是朱學的「反動說」，一是「承繼說」。「反動說」的具體內涵，可以容肇祖在其影響力頗大的《明代思想史》中的說法為代表，他說：

> 王守仁的思想是朱學的反動，有得於陸九淵，而直接則受有陳獻章的思想的影響。〔註13〕

容先生說法源流自《明史》「儒林傳序言」，其中說到：

> 原夫明初諸儒，皆朱子門人之支流餘裔，師承有自，矩矱秩然。曹端、胡居仁篤踐履，謹繩墨，守儒先之正傳，無敢改錯。學術之分，則自陳獻章、王守仁始。宗獻章者曰江門之學，孤行獨詣，其傳不遠。宗守仁者曰姚江之學，別立宗旨，顯與朱子背馳，門徒遍天下，流傳逾百年，其教大行，其弊滋甚。嘉、隆而後，篤信程朱，不遷異說者，無復幾人矣。〔註14〕

從清朝政府擁護程朱學的立場所編之書，批判王學，將朱學與王學對立起來，也是順其自然的事。其中特別要說明的是，所謂朱學與王學的分野，是著眼於王學大盛後，擁朱與擁王兩派勢力的消長，對王學的思想內容並未深究，也沒有說明王學因何而能興起的原因。〔註15〕有學者企圖解釋，因朱學在明

〔註13〕容肇祖，《明代思想史》（濟南：齊魯書社，1992），頁73；嵇文甫也說「由他（王陽明）所領導起來的學術運動，是一種道學革新運動，也是一種反朱學運動。」見《晚明思想史論》（北京：東方出版社，1996），第一章「從王陽明說起」，頁1；同樣的思路亦見於楊國榮，《王學通論：從王陽明到熊十力》（上海：三聯書店，1990），第一章「王學的興起」，頁1～27。

〔註14〕〔清〕張廷玉等，〈儒林傳〉，《明史》（北京：中華書局，1995），卷282，頁7222。

〔註15〕如于化民的研究，就直接訴說朱學與王學在本體論與認識論上的對立，緊接著就討論王學分化的問題，完全沒有對「王學興起」的討論，見《明中晚期理學的對峙與合流》（臺北：文津出版社，1993），第一章「陽明哲學與程朱哲學的對立」，頁13～38。

代初中期產生了變化，故導致王學的興起，如唐宇元說「王學的緣起，是同當時朱學思想的動盪、分化有關。」〔註16〕但是，並沒有說明爲何朱學思想開始動盪與分化？其內容爲何？且又爲何是王學，而非是江門之學取而代之呢？汪暉則認爲由於朱學是配合著宋代的政治、宗法等文化而成立的，然隨著朱學在明代成爲官方的學術，科舉之學的範本，因此其過去成立的原因，如批判含義，也因而消失，而陽明所提倡的「心學」即是在恢復此批判的精神，因而勢必對朱學的內容做轉化工作。〔註17〕但如果是對朱學內容作轉化工作，那麼將如何解釋《朱子晚年定論》一書出現的意義呢？

　　「承繼說」則有兩種說法：一是對程朱理學的承繼，錢穆在《陽明學述要》書中，說到宋學留下的本體論（萬物一體之理在人之外或內）與方法論（變化氣質先從發明本心始或是博覽致知始）的問題，到了陽明手中獲得進一步解決與發展。〔註18〕當然，錢穆指的是思想體系的面向，然而這樣的體系是如何造成的，究竟是什麼原因促使陽明提出這樣的體系，又爲何這樣的思想能夠引起廣大的迴響？另一種「承繼說」，則認爲陽明思想是承繼於孟子與陸九淵。例如牟宗三則談到陽明學說時，直截了當地說「王學是孟子學」，其依據是陽明對孟子「良知」概念的援引。〔註19〕黃俊傑則是透過陽明對孟子思想闡釋的說法，提出說「陽明之透過釋孟以攻排朱子，顯示思想史上新的詮釋『典範』的興起。」〔註20〕但如果仔細分殊陽明對朱子與朱子後學的看法，會發現陽明對此二者的態度是截然不同的，陽明將朱子視爲同道，而批判朱子後學的流弊，尤其是當時的朱學學者。楊祖漢則說陽明認爲陸九淵之學是合於孔孟的傳統。〔註21〕雖

〔註16〕唐宇元，〈朱學在明代的流變與王學的緣起〉，《哲學研究》9（1986），頁75。

〔註17〕汪暉，《現代中國思想的興起・上卷》（北京：三聯書店，2004），第二章第四節「朱子學的轉變與心學」，頁291～8。

〔註18〕錢穆，《陽明學述要》（臺北：正中書局，1955），頁1～36。事實上，汪暉的說法調和了「反動說」與錢氏的說法，而汪暉認爲錢氏並未提出更多歷史事實來佐證，然就筆者閱讀汪氏的著作，也並未看到更多的歷史事實，仍然著重於概念的解釋。就筆者的粗步觀察，「承繼說」比「反動說」，更貼近歷史事實，從陽明在南都時編撰《朱子晚年定論》一書，即可看出陽明仍企望與朱子同路，而非一味地反對。

〔註19〕牟宗三，《從陸象山到劉蕺山》（臺北：學生書局，1979），第三章「王學之分化與發展」，頁215～311。

〔註20〕黃俊傑，《孟學思想史論》（臺北：中央研究院中國文哲研究所，1997），第六章「王陽明思想中的孟子學」，頁255～84。

〔註21〕楊祖漢，《儒家的心學傳統》（臺北：文津出版社，1992），第四章「陸象山『心

然三人都將陽明的思想連結於孟子與陸九淵，但是，又該如何去定位其他理學家如周敦頤及程顥，在陽明思想體系中的位置？

以上這二種觀點，都或多或少指出了王學與朱學之間的關係，但是陽明思想成立和朱學間的關係，〔註22〕並不是零合遊戲，有你沒我，單單從思想上的對立沒有辦法說明其成立與其內容。所以，學界還有從當時政治社會環境的角度來解釋王學的興起，例如包遵信就認為王學的崛起，並不是單純出於統治者的需要，而是時代的產物，與當時的社會思潮是脫離不了關係。〔註23〕余英時則從宋代政治文化的觀點，來觀察陽明思想與明代政治文化之間的關係，認為陽明因為「得君行道」的想法，無法實現，故轉到「覺民行道」的路子上去。〔註24〕相對於「反動說」與「承繼說」，包余兩人的作法在現今王學的研究之中，是相當少見的。

所以，研究陽明思想成立的過程，應該將其思想緊扣在當時國家政經社會的發展，觀察從成化弘治年間以來，因為政治倫理的變化，所引起種種價值觀念的轉變。其中有些轉變，動搖了傳統既定的道德觀念，在學術界引起一連串對道德與事功等問題的討論。身處此時的陽明，如何面對這一連串價值觀念的變化，實與其思想的成立有絕對的關係。

對於陽明本身的研究，除了對其「良知」概念的研究汗牛充棟外，〔註25〕對於其生平事蹟的考察研究，相對而言，則是非常的少。在陽明早年的活動事

學』的義理與王陽明對象山之學的了解」，頁137～96。

〔註22〕余英時就說「他（陽明）的良知之說，可以說主要是和朱子奮鬥的結果。儘管我們在思想史上常說陸、王，其實陽明跟陸的關係並不很深，反而是和朱的關係深些。」見〈清代思想史的一個新解釋〉，收錄在氏著《歷史與思想》（臺北：聯經出版社，1976），頁131；汪暉也指出說「陽明學是在與朱子學的對抗關係中展開的，但這兩者的關係遠不只是批判、反抗等否定性概念所能概括。」見汪暉，《現代中國思想的興起‧上卷》，頁302。

〔註23〕包遵信，〈王學的崛起與晚明思潮〉，收錄在氏著《跬步集》（成都：四川人民出版社，1986），頁277～310。

〔註24〕余英時，《宋明理學與政治文化》（臺北：允晨文化，2004），第六章「明代理學與政治文化發微」，頁249～332。

〔註25〕筆者所見不是一味地從「良知」概念來論述陽明思想的發展，只有林聰舜，〈道德與事功—由知行合一探討陽明思想產生歧異發展的根源〉，收錄在國立臺灣師範大學人文教育研究中心編，《陽明學學術討論會論文集》（臺北：國立臺灣師範大學人文教育研究中心，1989），頁87～104；以及鍾彩鈞，《王陽明思想之進展》（臺北：文史哲出版社，1992），都強調陽明「事上磨練」的概念來觀照其思想的發展。

蹟方面，錢明討論到陽明的家世問題，不但說明其家族源流，也談到父親王華、祖母岑氏等人對陽明的影響。〔註26〕而對陽明的家學，大多數的研究，都引《年譜》中的說法，認爲王家是以《易》學傳家的，但日本學者鶴成久章則考證出自陽明父親王華開始，《禮記》成爲其家學，且陽明亦以《禮記》考上進士。〔註27〕此外，錢明不但考證陽明在家鄉的活動，例如陽明究竟是何時遷居山陰縣的，〔註28〕也曾考察陽明生平經歷過地方遺跡，〔註29〕而陳來也曾討論到陽明在家鄉活動的場所。〔註30〕在陽明入仕前後的活動方面。錢明針對陽明與當時吳中地區文人的交誼，作了一番的清理。〔註31〕陽明早年力學詩文，也曾經結詩社於龍泉山，但不知這與其後來跟文人間的來往，是否有關連。

　　上疏言事方面。方志遠雖然沒有提及陽明上疏之因，但以《明實錄》所載與《年譜》相較，認爲陽明被貶謫的時間應是正德元年十二月。〔註32〕而針對陽明因劉瑾的迫害而投江入海的「泛海事」方面，方志遠認爲這是陽明爲了要避禍遠去的託詞，並且說到陽明是在劉瑾伏誅前即升任廬陵知縣的。〔註33〕張永堂則是蒐羅與陽明相關的「術數」資料，來說明陽明家族及其自身與「術數」思想間的關係，其中就有此「泛海事」一類。〔註34〕另外，楊儒賓則是以陽明與羅近溪爲例，來說明「異人」的概念，其中對陽明而言，鐵柱宮道士即是此「異人」。〔註35〕

　　平南贛盜方面。早期高銘群曾就陽明此時期的活動，編了一個簡譜，〔註36〕

〔註26〕錢明，《儒學正脈──王守仁傳》，第一章「顯赫世家」，頁 1～27。

〔註27〕〔日〕鶴成久章，〈明代餘姚の「禮記」學と王守仁──陽明學成立の一背景について〉，《東方學》111（2006），頁 123～37。

〔註28〕錢明，〈王陽明遷居山陰辨考──兼論陽明學之發端〉，《浙江學刊》1（2005），頁 91～8。

〔註29〕錢明，〈王陽明史迹論考〉，《國學研究》11（2003），頁 47～85。

〔註30〕陳來，〈王陽明與陽明洞──王陽明越城活動考〉，收錄在氏著《中國近世思想史研究》（北京：商務印書館，2003），頁 545～59。

〔註31〕錢明，〈王陽明與明代文人的交誼〉，《中華文化論壇》1（2004），頁 88～94。

〔註32〕方志遠，〈陽明史事三題〉，《江西師範大學學報（哲社版）》36：4（2003），頁 99～106。

〔註33〕方志遠，〈陽明史事三題〉，頁 100～1。

〔註34〕張永堂，〈王守仁與術數〉，收錄在劉澤華、羅宗強主編，《中國思想與社會研究（第一輯）》（北京：中國社會科學出版社，2007），頁 509～32。

〔註35〕楊儒賓，〈王學學者的「異人」經驗與智慧老人原型〉，《清華中文學報》1（2007），頁 171～210。

〔註36〕高銘群，〈王守仁南贛活動年譜〉，《贛南師範學院學報》4（1982），頁 46～51。

其資料來源主要依據《年譜》及《明史紀事本末》。閻韜則針對文獻記載的不同，得出是胡璉帶兵破長富村，而非是楊璋。另外也對詹師富在何處起義？以及左溪一地又在何處？做出考證。〔註37〕不過，閻韜認為《明實錄》所載陽明事蹟多有貶抑，實與撰修者費宏及董玘有關。但就筆者的觀察，費宏一家被宸濠逼到家破人亡，而董玘又與陽明關係交好，實在沒有理由這樣做，而《明實錄》之所以這樣記載，主要還是因為總裁官楊廷和之故。〔註38〕吳振漢則是從地方志中，耙梳相當多的史料，來說明陽明在平南贛盜及宸濠之亂時的相關問題，例如糧餉、兵力人員來源以及功成之後的部屬升遷問題。他認為在宸濠之亂後，陽明的部屬之所以星散四方，其原因並未像史書所言是受到政治上的打壓，其真正的原因是明朝政府的官員遷轉辦法所導致。〔註39〕周建華也曾將陽明此時期活動編了一個年譜，較之於高銘群之作，是於陽明此時每一年活動的敘述中，加上陽明之詩文篇目；〔註40〕在其另一文中，也簡要說明陽明在龍南地區活動與遺跡。〔註41〕對於陽明平南贛盜的軍事活動，黃志繁認為陽明所為只能濟一時之需，無能根本解決盜賊問題，主要原因是當地盜賊與民及官府間三角複雜關係所致。〔註42〕不過，筆者則認為陽明早在平南贛盜後，就很清楚盜賊叢生的真正因素是朝廷橫征苛斂所致，例如他有一詩云：「莫倚謀攻為上策，還須內治是先聲。功微不願封侯賞，但乞蠲輸絕橫征。」〔註43〕周志文則認為相對陽明平宸濠及征思田二州的軍功，平南贛盜則甚少為人注意，故其仔細說明陽明平南贛盜的歷程則如選兵、強調賞罰、戰術的運用等等。〔註44〕曹國慶認為陽

〔註37〕閻韜，〈王守仁巡撫南贛史實的幾點辨誤〉，《文獻》3（1989），頁112～7。

〔註38〕閻氏的說法恐怕是受到〔明〕王世貞說法的影響，王氏在其〈史乘考誤八〉中說到：「文憲（費宏）在文成撫綏之地，與逆濠忤被禍。中外之臣皆屢薦而起之，而文成亦未有一疏相及，費當亦不釋然也。董公（玘）最名忮毒于鄉里，如王鑑之輩，巧詆不遺餘力，既又內忌文成之功，而外欲以媚楊費，作此誣史，將誰欺乎？」《弇山堂別集》（北京：中華書局，2006），卷27，頁485。

〔註39〕吳振漢，〈王守仁撫贛時期的文人領軍〉，《國立中央大學人文學報》19（1999），頁35～67。

〔註40〕周建華，〈王陽明南贛活動年譜〉，《贛南師範學院學報》2（2002），頁26～31。

〔註41〕周建華，〈王陽明在龍南的活動和遺跡考釋〉，《南昌教育學院學報》18：1（2003），頁32～3。

〔註42〕黃志繁，〈在賊與民之間：南贛巡撫與地方盜賊──以王陽明為中心的分析〉，《中國歷史評論》4（2002），頁65～74。

〔註43〕〔明〕王守仁，〈回軍九連山道中短述（1517）〉，《王陽明全集》，〈外集二〉，卷20，頁750。

〔註44〕周志文，〈陽明在南贛〉，收錄在《東西文化會通──井上義彥教授退官紀念論

明在南贛地區推行「鄉約」，是與其心學思想與政治實踐的產物。〔註45〕而唐立宗則將陽明在當地所推行的鄉約保甲制的功效，視為一個「神話」，因為往後的巡撫皆不能達到相同的效果。〔註46〕但是值得注意的是，陽明的官職不同於之前的巡撫，除了一方面有「總督」之銜，故其權力可以干預民事；另一方面又得到朝廷兵部尚書王瓊的大力奧援，所以才能一展長才。這也顯示出往後繼任巡撫的問題，因此，不是立法內容對不對的問題，而是執行力的問題。

　　平宸濠之亂方面。管敏義論述陽明平宸濠的軍事行動，歸納出陽明的思想雖然是「唯心」的，但是在軍事活動中則呈現「唯物」的傾向。〔註47〕方志遠對陽明是否「通濠」的問題，考證說陽明的確是要去祝壽寧王的，但不知何因耽擱，才未能趕上時辰，但因此說陽明「通濠」，則不盡然。〔註48〕另外，周維強則從火砲史的角度來解析林俊送佛郎機銃給陽明的史實，並企圖瞭解這個佛郎機銃的裝置，而這件史實的意義在於佛郎機銃很早就傳入中國。〔註49〕

　　從以上簡單的研究回顧中，一方面可以知道，相對於學界對陽明思想概念的眾多研究，對其生平事蹟的歷史研究實在是太少了，這使得陽明的歷史形象越來越像一個哲學家，而不是一個思想家。另一方面，也可以看出這些歷史研究，僅僅就陽明某一個經歷與活動做出說明，並沒有嘗試說明陽明外在現實環境與其內在思想間的關係，以凸顯這個經歷對陽明思想發展的意義。因此，如何恢復陽明的歷史面貌，賦予其有血有肉的感情，是本文力求達到的目標。

集》（臺北：學生書局，2006），頁131～51。

〔註45〕曹國慶，〈王守仁的心學思想與他的鄉約模式〉，《社會科學戰線》6（1994），頁76～84。

〔註46〕唐立宗，《在「盜區」與「政區」之間──明代閩粵贛湘交界的秩序變動與地方行政演化》（臺北：臺灣大學文學院，2002），第六章第三節「言必稱陽明的保甲鄉約神話」，頁468～86。

〔註47〕管敏義，〈從平寧藩之役看王守仁的軍事思想〉，《寧波大學學報（人社版）》11：2（1998），頁1～7。

〔註48〕方志遠，〈陽明史事三題〉，頁101～4。

〔註49〕周維強，〈佛郎機銃與宸濠之叛〉，《東吳歷史學報》8（2002），頁93～127。此文有一重要的史料《刑部問寧夏案》的採用，事實上此書應名為《刑部問寧王案》，因為其內容都在說明宸濠被逮後，參與宸濠之叛的相關人等之處置情形。就筆者所見，討論宸濠之亂的研究，未見有引用此書者。不著輯人，《刑部問寧夏案》，（玄覽堂叢書‧初輯）（臺北：中央圖書館出版，正中書局印行，1981）

第一章　龍場之悟

　　本章主旨在說明陽明「龍場之悟」的前因後果及其思想內容。綜觀陽明思想的歷程,「龍場之悟」,不但是其思想重要轉折點,且往後其思想上的演變,皆不脫此時的思想範圍。所以,一方面要能明確地理解往後陽明思想上的變化,就必須瞭解「龍場之悟」的思想內容究竟為何?另一方面,陽明之所以有「龍場之悟」的體認,又與其在正德元年上疏營救言官的政治動作相關連,因此,要能理解此體悟,勢必要先瞭解究竟陽明上疏的理由及背景。且在上疏後的種種經歷與過程與此體悟又有何關連?也就是說,如果能夠理解陽明上疏的原因,自然能夠理解其在貶謫過程的諸多想法,也才能進而理解「龍場之悟」的內容與意義。所以,能否找出陽明為何上疏的原因,實關涉到能否確實掌握其思想的曲折變化。但是,要找出這個原因,又必須從陽明當時所處的政治社會環境及人際網絡中切入,才能全盤地瞭解其所作所為,事實上都與其當時周遭的人事物有著緊密的關連性。就因為這種緊密的關係,使其不得不上疏言事,不僅如此,這個關係往後也將持續影響著陽明思想的轉折。除了探索其上疏的原因外,也必須對陽明貶謫過程中的歷史事實有一確實的認識,因為往後陽明在這些磨難之中,逐漸深化反省其思想,對於其往後思想變化的方向,有關鍵的重要性。所以,必須盡可能地還原其所歷經的種種磨難與事蹟,例如其被廷杖、避難於杭州勝果寺、桴海至閩界、登武夷山、在龍場的生活等。這些事蹟看似零零碎碎,但對陽明思想的變化都起了關鍵的作用。當然,除了外在環境的因素,對陽明思想產生影響與作用外,其自身的思想背景與資源在其思想的變化過程中,也佔有相當關鍵的地位。因此,如果能夠掌握陽明本身在上疏之前的思想趨向與內容,自然能

理解其在龍場時思想的轉折，更能凸顯出這「龍場之悟」的學術源流與思想脈絡。所以，能否清楚地對陽明本身的思想背景有一全面的掌握，實關涉到能否逐步建立其思想轉折變化的進程。而要清楚地描繪陽明思想的背景，則必須從當時學術的主流思想與其家學入手，一方面可以理解到當時其所處的思想氛圍，另一方面，也可以明白影響往後其思想轉折的思想資源究竟為何。

一、成化弘治時期學風改變的契機

陽明在入仕前後的生活型態是其「龍場之悟」的基礎，其內容包括家學、交友、仕途和會社活動等等，而這些內容又無一不與當時的政治社會環境相關連。所以要理解陽明入仕前後的生活型態，就必須對當時的政治社會情況有一認識。對此，曾與陽明一起結詩社的李夢陽（字獻吉，號空同子，1472～1529）有一深刻的感受，他說：

> 曩余在曹署，竊幸侍敬皇帝（孝宗，年號弘治，1488～1505），是時
> 國家承平百三十年餘矣！治體寬裕，生養繁殖，斧斤窮於深谷，馬
> 牛徧滿阡陌，即閭閻而賤視綺羅，梁肉糜爛之可謂極治。然是時，
> 海內無盜賊干戈之警，百官委蛇於公朝，入則振珮，出則鳴珂，進
> 退理亂弗嬰于心。蓋暇則酒食會聚，討訂文史，朋講群詠，深鉤賾
> 剖，乃咸得大肆力於弘學，於乎亦極矣！〔註1〕

李氏所說到時間點是孝宗弘治一朝，正是陽明入仕前後的時間，因此，此段敘述正可以拿來理解陽明當時所處的時代氛圍。李氏的說法有三個面向：一是國家承平已久，海內外無重大盜賊及戰事的發生；二是經濟情況良好，所以名貴衣服並未被一般平民所珍惜，而生活條件也非常好等；三是當時在朝為官的士大夫們，下班後就去玩樂，閒暇之時則聚在一起喝酒，討論文學與史學等。這三方面充分地說明弘治朝是一個政治太平、經濟發展，以及文風鼎盛的時期，所以稍後的時人黃景昉（字太穉，號東厓，1596～1662）才會發出「真恨不身生其際」〔註2〕的感嘆。對於躬逢其盛的陽明而言，其生活型態自然無可避免地趨向於時代的風尚，而帶領他進入這個風尚的人，就是父

〔註1〕 〔明〕李夢陽，〈熊士選詩序〉，《空同集》（文淵閣四庫全書・集1262）（臺北：商務印書館，1983），卷52，頁475d～6a。

〔註2〕 〔明〕黃景昉，《國史唯疑》（上海：上海古籍出版社，2002），〈成化弘治〉，卷4，頁112。

親王華。因此，有必要瞭解王華當時的生活型態，以便能清楚地知道陽明早年所受到的環境薰染，才能理解其思想的脈絡。

（一）王華的會社網絡及性質

關於王華（字德輝，號實菴，晚號海日翁，1446～1522）的生平事蹟，學界所知甚少，只大概知道在其中狀元之前，其名聲就已籍籍於四方了，〔註3〕與當時另一同鄉狀元謝遷（字于喬，號木齋，1449～1531）齊名。〔註4〕不過，名聲四起不代表仕途順遂。由於會試接連落第，致使王華有相當長的時間是以教書爲業的，〔註5〕而在出外教書之時，陽明有時也會陪同前往。〔註6〕所以，王華此時的日常生活一方面爲求餬口而奔波，另一方面則是繼續其科舉之學的鑽研。但在其狀元及第後（成化辛丑 1481），由於任官於北京的關係，其日常生活型態有了很大的變化，其中最重要的改變，就是人際網絡的擴大。這人際網絡的形成，是透過參與各式各樣「社」與「會」的活動，這些會社活動自然就是上述李夢陽所談到的官員們閒暇時活動。這些活動是透過各式各樣的名目

〔註3〕　〔明〕羅玘：「公越人也，少有重名，勾吳以西，湖湘以東，使日月爭迎聘致，以公至卜寵辱焉！及起而魁天下，朝之大夫士與天下之人以何如人望公哉！」見〈送冢宰王公歸餘姚序〉，《圭峰集》（文淵閣四庫全書・集 1259）（臺北：商務印書館，1983），卷10，頁142b。

〔註4〕　〔明〕黃瑜：「明年乙未（1475），謝公（遷）狀元及第，公（甯元善）聞之，以書來賀曰：『先生與謝君齊名於時，今謝君及第，此亦彙進之兆也。良不佞，敢爲先生賀。』」《雙槐歲鈔》（北京：中華書局，1999），〈瑞夢堂〉，卷9，頁180。

〔註5〕　〔清〕張吉安修、朱文藻等纂，《餘杭縣志》：「王華，字海日，餘姚人，教授餘杭十餘年，後狀元及第。」（臺北：成文出版社，1970），〈寓賢〉，卷28，頁419c。又《道光嫠志粹》記云：「華，字德輝，餘姚人，仕至吏部尚書，守仁父也。……先生微時，爲塾師於東陽葉家，有小桃源詩諸作，後以訪舊至，爲昭仁許氏作〈四傳堂記〉。」見〔清〕盧標，《道光嫠志粹》（上海：中國書店，1993），〈寓賢志〉，卷9，頁630c。

〔註6〕　〔明〕樊維城、胡震亨等纂修，《海鹽縣圖經》：「王守仁幼從海日公授徒資聖寺。」（臺北：成文出版社，1983），〈方域・寺觀〉，卷3，頁256。陽明於此有佚詩〈寓資聖僧房〉：「落日平堤海氣黃，短亭衰柳艤孤航，魚蝦入市乘潮晚，鼓角收城返棹忙，人世道緣逢郡博，客途歸夢借僧房，一年幾度頻留此，他日重來是故鄉。」見〔明〕劉應鈳修、沈堯中等纂，《嘉興府志》（臺北：成文出版社，1983），〈藝文・海鹽縣〉，卷29，頁1959～60。又〔清〕吳蜀阜等修、程森纂，《德清縣志》：「錦香亭，在大麻村向陽里。明王守仁讀書處，其父華嘗館於此，後人築亭其上。」（臺北：成文出版社，1970），〈雜志・堂宅園亭故址〉，卷13，頁811。

來成立的，例如說詩社、文會、座主門生會、同僚間的會〔註7〕、同年間的會、同鄉間的會等等。在這些會社活動中，多多少少也會看見王華的身影，因此也能稍微拼湊出其人際網絡。

在王華的會社網絡中，有幾位人物是值得關注的，如婁性、楊守陳、盧格等，因爲這些人都有一個相同的特色，即都持有迥異於當時正統學術觀點的意見。先談婁性（字原善），王華同年趙寬（字栗夫，號半江，1457～1505）記云：

> 「白駒聯句」者，春坊諭德王君德輝（華），餞其友婁君原善（性）於私第席上，諸公話別往復之作也。……而德輝，君之同年友且同甲子，相善也，故有是會。在坐者，春坊中允張天瑞（字天祥，1451～1504）、贊善費子充、翰林編脩徐某、檢討毛維之、刑部副郎傅日彰、吏部主事杭世卿（濟）、暨德輝之冢器鄉進士守仁也，而予亦以年家之末預焉！〔註8〕

此記載說明三個事實：一是陽明是參與其父的會社網絡之中的；二是此會是王華爲其好友婁性所開的餞別會，兩人關係不但是同年且相友善，故往後陽明因爲這一層關係才會拜訪婁性的父親婁諒（字克貞，號一齋），請教學術問題；〔註9〕三是陽明往後也與當時在座的費宏（字子充，號鵝湖，1468～1535）

〔註7〕 〔明〕趙寬云：「方佩之（馮蘭）在部時，同官之士，能賦詠者甚眾，讌集甚數，文字友誼之相從甚歡，若郎中屠元勳勳、員外郎秦廷贊巘、主事楊貿夫文卿、陳一夔章，以及佩之、存敬（王弼）蓋不下數十人，佩之寔爲之宗主，而寬亦得以不才廁其間。至其他同朝之相知者亦多與焉！若春坊諭德謝于喬遷、翰林脩撰王德輝華、兵部武庫主事戴師文豪、進士華廷禧福、布衣王古直仁甫，亦不下數十人，然今未暇悉記，記其與於茲六會者耳！」此六會皆舉之在成化十九年（癸卯1483），皆見〔明〕趙寬，〈聯句集錄序〉，《半江趙先生文集》（四庫全書存目叢書・集42）（臺南：莊嚴文化，1997），卷10，頁268c-d。

〔註8〕 〔明〕趙寬，〈白駒聯句引〉，《半江趙先生文集》，卷12，頁316d～7a。

〔註9〕 〔清〕張夏云：「愚按：一齋長子性與王陽明父海日翁同成化辛丑進士，聯居京師。陽明年十七入閩，過廣信，奉其父命從一齋問學。一齋以心傳告之。次子忱官司訓，十年不下樓居，蓋皆淳質君子也。然羅整菴嘗言一齋以作止爲道，因取禪家搬柴運水，則其流傳之失似亦一齋早示之際矣！又嘗見莊定山寄一齋詩云：『江門風月詩，連塘水花趣。安得二先生，傾倒鷺湖寺。』又云：『朱學本不煩，陸學亦非簡。先生一笑中，皓月千峰晚。』蓋定山與白沙同道，欲通之於一齋也。夫一齋旣已作陳之合，安得不開王之先耶！明儒學脉之岐實開於此。」見《雒閩源流錄》（四庫全書存目叢書・史123）（臺南：莊嚴，1996），卷4，〈婁諒〉，頁70d～71a。

與杭濟有著深厚的交情。由於婁性的文集不存（因爲宸濠之妻婁妃之故），所以無法說明其具體的學術觀點，但可從其父婁諒的觀點，一窺其家學淵源。婁性曾自述其父一生的行實時說到：

> 臣父諒，自幼志在學道，博通經史，並諸儒性理等書。……以居敬窮理爲心，躬行實踐爲事。而於經史等書，多有著釋，編集聖賢經傳之有裨於心學者，名曰：《心學要語》。〔註10〕

婁性明白地說到婁諒的思想是偏向「居敬」、「心學」方面的，當然，這與婁諒承襲自其師吳與弼（字子傅，號康齋，1391～1469）的思想是相關連的，故其中心思想不是以朱子的「格物致知」爲主是可以確定的。

　　相較於婁性，楊守陳（字維新，號鏡川，1425～1489）則是當時學術界的泰斗人物，除了其自身是以「經術」〔註11〕聞名於世外，由於家學淵源之故，其學術觀點並不固守程朱矩矱。〔註12〕不僅如此，楊氏在當時曾組織「麗澤會」，此會的特色是不同於當時以研練詩文爲主的會社，而是以傳統五經作爲其討論的重心。他在〈麗澤會詩序〉記云：

> 成化辛卯（1471）春，監之士有雅相善者廿有五人，胥約以文會，而主於盧解元楷（字中夫，號可齋，1438～71）之第。會則取五經群籍，相講解問難，各出所著，共修潤之。德善相勸，過失互規。充然各有得焉！〔註13〕

〔註10〕〔明〕婁性，《皇明政要》（中國野史集成・續編・10）（成都：巴蜀書社，2000），末卷，頁 878a-b：〔清〕黃宗羲，〈教諭婁一齋先生諒〉記云：「先生以收放心爲居敬之門，以何思何慮、勿助勿忘爲居敬要指。」見《明儒學案》（杭州：浙江古籍出版社，2005），「崇仁學案二」，卷2，頁38。

〔註11〕〔明〕何良俊云：「我朝留心經術者，有楊文懿（守陳）、程篁墩（敏政）、蔡虛齋〔清〕、章介菴（袞）諸人。」見《四友齋叢説》（北京：中華書局，1997），〈經三〉，卷3，頁24。又楊守陳在當時以《易》學名家，《縣志》云：「楊霖，字時望。……初霖聞四明楊守陳邃于《易》學，負笈數百里師之。」見〔清〕江峰青修、顧福仁等纂，《嘉善縣志》（臺北：成文出版社，1970），〈宦業〉，卷19，頁357c。

〔註12〕〔明〕王懼，〈吏部侍郎贈禮部尚書諡文懿楊公神道碑銘〉云：「大父棲芸先生，潛心理學，遠宗楊慈湖（簡）、黃東發（震）諸公，卓然爲時名儒。……至其家庭授受而用以取科第，則專門《易》學。蓋公既得之棲芸而遂以傳之弟，若子公弟（守隨、守阯）三人並舉進士。」收錄在〔清〕黃宗羲編，《明文海》（文淵閣四庫全書・1458）（臺北：商務印書館，1983），卷450，頁 501b～3c。

〔註13〕〔明〕楊守陳，《楊文懿公文集》（叢書集成續編・186）（臺北：新文豐，1989），

這個會放在當時的會社活動中來看，顯現出兩個特點：一是會中討論的主體是以「五經群籍」爲主，不僅僅限於詩文唱和；二是此會的「道德」取向，所謂「德善相勸，過失互規」，顯示出與會士人們具有相當的道德自覺。這個道德取向也表現在與會的人身上，舉例來說，盧楷在其爲國子監生時，就以救前祭酒邢讓與陳鑑之枉，而有名於時。〔註14〕而楊守陳本身也以守節自持，如焦竑（字弱侯，號澹園，1541～1620）記云：

> 楊守陳官五品十六年，所教中人已多貴幸，凡預教者，率因之以進，獨公泊然無所藉。有欲出力援之，則謝曰：「我嫠婦也，抱節三十年，乃垂老而改志邪？」薦紳往往傳誦其言。〔註15〕

這種對士大夫氣節的堅持，在當時的士風中，並不多見。從「充然各有得焉」一語，可以想見此會對於內在的德性與外在的學術事業是同時並重的。此外，深於「經術」的楊氏，對於群經的看法，亦與當時學術界不同，如其〈墓志銘〉云：

> 旁讀羣經，悟先儒註釋不能無失者，又作《孝經》、《大學》、《中庸》、《論》、《孟》、《尚書》、《周易》、《春秋》等諸《私抄》，皆正其錯簡，更定其章句，其於諸儒之傳，惟是之從，附以己見，有不合者，雖濂洛關閩大儒之說，不苟狥也。〔註16〕

這個不株守前人之說的態度，也反映出當時以他爲主的會社之學術傾向。

雖然王華沒有參與此會，但是他參加楊氏所組的「後七元會」，此會參加

卷21，頁238a。

〔註14〕〔明〕楊守陳，〈國子盧君楷墓表〉云：「成化七年（1471），國子監典簿以侵饌錢抵罪事連前祭酒禮部侍郎邢公讓，祭酒陳公鑑、司業張公業俱坐除名爲民。蓋邢嘗以饌錢葺監舍，實未始侵入已，張素不預，陳始至未察也，而三人之素所不悅者，乘此騰榜連內外匈匈，有司竟文致之，眾知其枉而莫能直也。國子生盧君方歷事中書，奮欲救之，或曰無益也且取罪奈何？君曰：「師生猶父子也，父既溺，子可懼陷而不號呼以救之乎？」遂率同監百餘人，伏闕上奏，明三人之枉，有司以案成不省也。一時皆高君之義，稱嘆之無已。」見《楊文懿公文集》，卷29，頁331a-b。

〔註15〕〔明〕焦竑，《玉堂叢語》（北京：中華書局，1997），〈方正〉，卷5，頁159。除了守節自持外，楊氏面對政治權威，也是挺然不懼，例如其在主講經筵時，以〈武成篇〉爲主題，闡揚孟子所云「安其危而利其菑，樂其所以亡者」之旨，以告誡皇帝。出處同上，〈講讀〉，卷3，頁73。

〔註16〕〔明〕何喬新，〈嘉議大夫吏部右侍郎兼詹事府丞諡文懿楊公守陳墓志銘〉，收錄在〔明〕焦竑，《國朝獻徵錄》（臺北：學生書局，1965），〈吏部三‧侍郎〉，卷26，頁1084d～5a。

人員限定在同鄉。楊守陳的弟弟楊守阯（字維立，號碧川，1436～1512）記云：

> 國朝設科取士百餘年來，吾浙之士爲舉首而稱元者，先後相望，未始有會也。自成化六年冬（1470），始爲「六元文會」；至十五年春（1479），繼爲「七元文會」；〔註17〕至二十二年春（1486），又爲「後七元會」。……後七元者，及前會胡（謐）、沈（繼先）、謝（遷）三公及予兄弟（守陳、守阯），又益以今宗伯王公（華），太常少卿李公也（旻）。〔註18〕

此同鄉會的重要性，一方面在於持續活動的時間相當長，貫穿整個憲宗朝；另一方面則是強調同鄉的身份，也是當時地域政治的寫照。當然，因爲是以楊氏兄弟爲主的會，其活動內容方面不能說完全不受楊氏兄弟的影響，再加上王華自身的家學是《易》學與《禮》學，雙方的學術傾向，可說是相當合拍。

最後，再談王華的莫逆好友盧格（字正夫），王華與盧格是同年關係，而盧格的哥哥即是盧楷，所以王盧兩人的關係是多重的。而盧格的學術傾向亦與楊氏兄弟類似，縣志記云：

> （盧格）初與姚江王華稱莫逆交。……嘗著《荷亭辨論》，設主客問答，闡揚經旨，不與紫陽相附麗，學者怪之，而卒不能推駁其說，山陰劉宗周爲之序。〔註19〕

盧格《荷亭辨論》出版於弘治十三年（1500），主要是透過一問一答的方式來闡揚《五經》義旨，這與之前「麗澤會」中討論的內容是一致的，而盧氏不

〔註17〕「六元文會」及「七元文會」成立之詳情，參見〔明〕楊守陳，〈七元文會詩序〉，《楊文懿公文集》，卷25，頁283a～4a。

〔註18〕〔明〕楊守阯，〈浙元三會錄序〉，《碧川文選》（叢書集成續編・186）（臺北：新文豐，1989），卷4，頁410a-c。

〔註19〕〔清〕黨金衡原本、王恩注重定，《道光東陽縣志》（上海：中國書店，1993），〈人物志・儒林〉，卷18，頁214d～5a。此書在當時曾經因其內容而遭焚燬的命運，但隨著相信的人愈來愈多，竟然於初版後百餘年又再版。〔明〕劉宗周，〈重刊荷亭文集序〉云：「所著《荷亭辨論》八卷，蓋皆詳古文之緒論，質之聖人而不能無疑，因反覆其說，以求當乎本心之所安。至與朱子相異同，亦且十居六七，若先生可爲眞能疑者矣！……集刻於弘治庚申（1500），蓋先生鐫以代繕寫之勞，就正有道意也。久而被燬，後之信其言者日益眾，求其書者日益多，裔孫叔惠氏重鐫而行之，走數百里外，問序於予（1631），以予同誦法孔子、宗六經，而不區區拘箋釋之言者也。」見《劉宗周全集（三冊下）》（臺北：中研院文哲所，1997），〈文編十一・書序〉，頁710～1。

附和朱子說法的態度也與楊守陳一樣。即以對《大學》一書的觀點爲例，來說明他們與朱子間觀點的異同。之前曾提到楊守陳有諸經《私鈔》〔註20〕等書，而其對《大學》的看法是：

> 蒙少受《大學》輒併其《章句》，誦而味之，佐以《或問》，參以諸說，已自謂通矣！及誦之久，味之詳，乃反有疑焉！……今家居無事，日誦味之而疑如故，迺取所疑經傳，易而置之，各錄章句於其下，而章句有與今易置之文義不合者，亦僭用己說，以「蒙謂」別之。……乃淨鈔成帙，閟之篋中，不敢示人。一日客或翻篋見之，閱之未半，輒嘻笑且怒罵曰：「吾不意子之叛儒先而紊聖經至此也！夫《大學》者，孔聖之經，曾賢之傳，而朱先生《章句》、《或問》，後學惟誦習之，莫敢違也。何物么麼，迺敢僭易而妄解之，其叛儒先而紊聖經，一何甚哉！亟毀！亟焚！毋貽是書累也。」〔註21〕

由於楊氏在反覆思索《大學》義理的情況下，逐漸對於先儒（包括朱子）等說法產生疑問，故逐條來記錄讀書的心得。但此書的內容在其朋友的眼中卻是違背朱學正統的說法，並且要楊氏趕快焚燬，以免往後因此書而受累。雖然楊氏辯解說其書之作僅是求「義之至善而全心之所安」，而非要與朱子作對。但從朋友的說法與作法來看，可以看出雖然楊氏並未完全否定朱子的詮釋經典的權威，但也透露出楊氏有很多的說法是與朱子不同的，而楊氏往後諸《私鈔》之作，也都是相同的情形。而盧格則針對朱子所做〈格致補傳〉提出看法：

> 或問：「《大學》一書，……『知止』一段，義無所取，說者以爲〈格致傳〉何如？」曰：「董矩堂、車玉峰皆有是言，王魯齋著〈沿革〉二論，反覆數千言。今按『定靜安慮』，實格致要訣，而物有本末及聽訟章，尤爲明白，則諸說不爲無見。」……問：「朱子〈補傳〉謂天下之物莫不有理，何也？」曰：「《大學》之道，明德，新民，止至善而已。不知務此而泛泛格物，故舍本傳而補傳也。傳曰：『物有本末』，謂明德新民也。」〔註22〕

〔註20〕〔清〕黃宗羲也說：「鏡川長於經術，諸經皆有《私抄》，其於先儒之傳，惟善是從，附以己見，有不合者，雖大儒之說，不苟狥也。」見〔清〕朱彝尊，《經義考》（文淵閣四庫全書·680）（臺北：商務印書館，1983），卷247，頁231b-c。

〔註21〕〔明〕楊守陳，〈大學私鈔序〉，《楊文懿公文集》，卷2，頁37d～8b。

〔註22〕〔明〕盧格，〈大學格致傳辯〉，《荷亭辯論》（四庫全書存目叢書·子101）（臺

這段問答一方面說明《大學》一書究竟有無〈格致傳〉的問題，盧格認爲「定靜安慮」一段實爲「格致要訣」，並且認爲過去對此有過意見學者的說法，有其道理。另一方面，盧格否定朱子〈補傳〉中的格物之說，他認爲「格物」之「物」應該是本（明德）與末（新民），而非是泛泛去格「天下之物」。顯然楊盧二人對朱子《大學》一書的詮釋見解，已經有不同的意見產生，且由於《大學》一書在宋明兩代的政治文化中，扮演著治國方針的指導角色，因此這個不全盤接受的態度，事實上也隱含了對於如何治國平天下之道的爭論。

　　總的來說，從王華的好友及所參與的會社活動中，可以看出其會社性質的特色，一方面學術思想不固守朱子經注的範圍，另一方面對於道德品行的要求也是相當注重。這兩個特色，放在李夢陽所說的弘治時期，就顯示出一個重要的議題，那就是爲什麼從成弘以來，國家社會的景況依李夢陽的說法是相當好的，因此士大夫們得以肆力於學，但爲何王華等的會社之「學」，卻逐漸有不同於當時學術主流的觀點呢？這個議題的內涵，必須透過對陽明與其所參與的會社間關係的瞭解，才能有一較爲明白的理解。

（二）陽明會社性質的變化

　　對於陽明而言，父親的會社網絡，是其吸取當時政治與學術菁英兩方面資源的重要管道。由此，陽明不但能夠快速地融入當時的各種社群之中，並且對其思想視野有重大的影響。成化辛丑〔註 23〕（1481）年，陽明跟隨其父首次到了北京。由於接連落第（1493、1496），故其入仕前的日常生活，一方面除了鑽研科舉所須的經義、鍛鍊詩賦策論文字外；另一方面則藉由其父的會社網絡，廣泛地與當時在京士大夫們交往，而逐漸擴大其交友圈。如程文楷（字守夫，號春崖，？～1497），〔註 24〕陽明在程氏的墓碑文中，回憶兩人之間相處的情境時說到：

> 君之父味道公與家君爲同年進士，相知甚厚，故吾與君有通家之誼。
> 弘治壬子，又同舉於鄉，已而，又同卒業於北雍，密邇居者四年有

　　　　南：莊嚴文化，1995），卷 2，頁 491b-d。
〔註23〕〔明〕王守仁，〈送紹興佟太守序〉：「成化辛丑，予來京師，居長安西街。」
　　　　見《王陽明全集》，〈續編四〉，卷 29，頁 1056。
〔註24〕〔明〕姚鳴鸞修、余坤等纂，《淳安縣志》：「程文楷……壬子（1492），與鄉
　　　　解，上春官不偶，遂講學京師，從者甚眾，與今陽明王先生諸老，上下議論，
　　　　廣和盈几，爲一時搢紳所重。」（上海：上海古籍出版社，1981），〈文苑〉，
　　　　卷 12，頁 9a。

　　餘。凡風雪之晨，花月之夕，山水郊園之遊，無不與共。〔註26〕
這說明了早在王程兩人就讀於北京國子監之時，由於父執輩的關係，早已認
識。而陽明在北京國子監讀書時，與同學間的往來也相當地密切。〔註26〕而
在第二次會試落第後，陽明返回故鄉餘姚，在其父親曾讀書之處龍泉山結「詩
社」。〔註27〕由於陽明未能中科舉，故曾也與其父一樣，以教書爲業。〔註28〕
陽明也曾有一段時間在南京國子監讀書，故與當地士大夫有過接觸，值得一
提的是與方外人士的交往，如與山人尹蓬頭。〔註29〕即使在陽明入仕之後（己
未 1499），其生活型態與其父親相較而言，也仍未有多大的不同，一樣地與同
僚間有會；〔註30〕而在工作之暇，也與當時知名文士往來密切，〔註31〕和李

〔註26〕〔明〕王守仁，〈程守夫墓碑（1524）〉，《王陽明全集》，〈外集七〉，卷25，頁
　　　　943。

〔註26〕〔清〕甘文蔚等修、王元音等纂，《昌化縣志》：「王軒，入太學爲大司成謝方
　　　　石鏜（字鳴治，1435～1510）所敬禮，授松溪訓導，投檄不赴。海寧張方洲
　　　　（寧，字靖之）、同邑胡端敏（世寧，字永清）暨王陽明先生，號天下士，皆
　　　　與之游，以圖書文墨相引重。」（臺北：成文出版社，1983），〈文苑〉，卷13，
　　　　頁698；又《湧幢小品》記云：「王良臣，錢塘人，名軒，受業姚文敏公（姚
　　　　夔）之門。經術精專，以貢爲松谿教諭，時年五十，無子，棄去不赴，陽明
　　　　先生爲賦當年一詩。」見〔明〕朱國禎，《湧幢小品》，〈肥香〉，卷11，頁4410。

〔註27〕〔明〕錢德洪編《年譜·弘治五年》：「歸餘姚，結詩社龍泉山寺，致仕方伯
　　　　魏瀚（字孔源）平時以雄才自放，與先生登龍山，對弈聯詩，有佳句輒爲先
　　　　生得之，乃謝曰：「老夫當退數舍。」收錄在《王陽明全集》，卷33，頁1224。
　　　　又餘姚張瀚與海鹽張寧、嘉興姚綬、慈谿張琦，稱「浙江四才子」。見〔明〕
　　　　徐象梅，〈進士張廷琇琦〉，《兩浙名賢錄》（北京：書目文獻出版社，1988），
　　　　〈文苑·明〉，卷47，頁1342b-c。

〔註28〕〔清〕徐元梅等修、朱文翰等輯纂，《嘉慶山陰縣志》：「明宏（弘）治間，白
　　　　洋朱和妻矢節撫子，設宅延王文成守仁爲之師，其子姪簋、籯、莞、節等，
　　　　俱成名。」（臺北：成文出版社，1983），〈寺觀冢墓〉，卷24，頁964。

〔註29〕〔明〕彭輅，〈尹蓬頭傳〉：「王文成公守仁禮闈落第，卒業南雍，從尹遊，共
　　　　寢處百餘日。尹喜曰：『汝大聰明，第本貴介，筋骨脆，難學我。我從危苦堅
　　　　耐入道，世人總不堪也。雖無長生分，汝其以勳業顯哉。』文成悵然。」見
　　　　《冲谿文集》（臺南：莊嚴文化，1997），卷18，頁234d～6b。

〔註30〕〔明〕張萱，《西園聞見錄》記云：「陳鳳梧，字文鳴（號靜齋，1475～1541），
　　　　泰和人，朱希同榜進士，以庶吉士爲刑部主事，公嘗曰：『仕優則學必先審刑
　　　　獄、精律例，方及考古。』一時僚友王守仁、潘某、鄭某皆名士也，講學論
　　　　文至夜分，當時稱『四翰林』云。」（臺北：大中國圖書，1968），〈好學〉，
　　　　卷8，頁703。

〔註31〕〔明〕林應翔等修、葉秉敬等纂，《衢州府志》：「方豪，字思道，號棠陵。……
　　　　英俊奇偉，援筆成文，與何大復（景明，字仲默，1483～1521）、黃蓮峰（河
　　　　清，字應期）、鄭少谷（善夫，字繼之）諸名輩，不相軒輊。……所至輒加題

夢陽等人結詩社〔註32〕等。而陽明也參與其好友杭濟與楊子器（字名父，號柳塘，1458～1513）在朝廷中所舉辦的「五經會」。〔註33〕

　　然相較於父親的會社活動特色，顯示出陽明的活動較偏向於詩文方面，反而那種強調學術與道德並重的學風，並未出現其活動中。這對於陽明而言，是有些格格不入，若有所失的，因為他是一個具有「經略四方之志」性格的人。從其弘治十二年（1499）所上的疏中即可看出，疏云：

> 臣愚以為今之大患，在於為大臣者，外托慎重老成之名，而內為固祿希寵之計；為左右者，內挾交蟠蔽壅之資，而外肆招權納賄之惡。習以成俗，互相為奸。憂世者，謂之迂狂；進言者，目以浮躁；沮抑正大剛直之氣，而養成怯懦因循之風。故其衰耗頹塌，將至於不可支持而不自覺。〔註34〕

陽明此疏原是為了要說明朝廷應如何因應邊關之情事，但是他卻在此疏開頭點出真正的問題，不在於遠在千里之外的邊關，而是近在咫尺的廟堂之上。陽明認為問題是為大臣者沒有忠心謀國，自私自利地鞏固權位，而皇帝身邊的宦官，也欺上瞞下，爭權納賄。這樣的情形不但已成慣例，雙方面還互相掩飾，狼狽為奸。陽明其實只有稍微點出此問題而已，並未有更多的闡述，

詠，衢郡山谷，墨蹟淋漓，陽明先生為之擊節。」（臺北：成文出版社，1983），〈人物〉，卷9，頁1090～1。

〔註32〕〈進士羅中丞傳〉：「中丞公（羅欽忠，字允恕，號西野，1476～1529）登第時，其文行四方以為程式。仕都輦下，曾與越中王伯安、關中李獻吉結社，為詩文有聲。」見〔明〕唐伯元、梁庚等纂修，《泰和志》（臺北：成文出版社，1989），〈鄉賢傳〉，卷10，頁538；又：「羅欽順與弟欽德、欽忠先後二科登進士，時號『羅氏三鳳』。」見〔明〕尹直，《謇齋瑣綴錄》，收錄在〔明〕李栻輯，《歷代小史》（上海：江蘇廣陵古籍書印社，1989），卷93，頁819d。

〔註33〕〔明〕杭淮，〈澤西先生傳〉：「澤西先生余伯兄也，諱濟，字世卿（1452～1534）。……（弘治）癸丑登進士，授吏部稽勳司主事，遷考功員外郎，時冢宰喬公宇為郎中，相與協心其職，考覈臧否，天下稱明。遷稽勳郎中時，余亦舉進士同朝，先生與王陽明、秦鳳山諸公，政暇為五經會，因援予亦與焉！」收入在杭雲開編纂，《百讀杭氏宗譜前編》（北京：中國社會科學院歷史研究所圖書館，1986），卷6，頁7a-b。〔明〕徐象梅，〈江西左布政楊名父子器〉：「陞吏部考功主事，倡「五經會」。或謂曹局清嚴，不宜汎有交遊，則謝曰『吾學不欲以仕廢，顧以地絕人邪？』愈益延禮名流，討論羣籍。」《兩浙名賢錄》，〈經濟·明〉，卷18，頁539a-b；楊子器與陽明的關係可從〈春郊賦別引〉、〈壽楊母張太孺人序〉、〈辰州虎溪龍興寺聞楊名父將到留韻壁間〉等詩文中證之。

〔註34〕〔明〕王守仁，〈陳言邊務疏（1499）〉，《王陽明全集》，〈別錄一〉，卷9，頁285。

但足夠證明他已掌握當時國家社會問題的癥結所在。

不過，顯然朝廷並未有任何的回應，在弘治十五年（壬戌 1502），陽明毅然決然停止了對詩文的興趣與追求，《年譜》記云：「吾焉能以有限精神為無用之虛文也！」〔註35〕詩文之所以被陽明放棄，其原因在於它對於國計民生是無用處的。而從此聲明亦可看出陽明此時因為沒有得到一個可以傾盡力量去達成的目標，使其對於人生未來產生疑惑，故在其告病回鄉後，企圖透過道家的思想，以求得所謂「至道」，但仍無所得。而在回鄉到返京任官期間，陽明此時思考的問題，是徘徊於「出世」與「經世」之間，直至其領悟到對於親人的掛念是不能捨棄與斷離的，這才使其有重新面對人生的勇氣，回到儒家「經世」的這一方面來。這可從其在弘治十七年（1504）受楊守陳姪婿陸偁（字君美，號碧洲，1457～1540）之邀聘，主山東鄉試而寫的鄉試錄中的內容得到確定。例如：策論有一題的題目是「明於當世之務者，惟豪傑為然，今取士於科舉，雖未免於記誦文辭之間，然有司之意，固惟豪傑是求也。非不能鉤深索隱以探諸士之博覽，然所以待之淺矣，故願相與備論當世之務。」題目明顯是針對「記誦辭章」之士而來，而陽明認為科舉應該選拔的人才是「豪傑」，而豪傑的性質是「明於當世之務者」。這間接反映出陽明自視為「豪傑」。而試錄中的答案更隱含陽明如何理解「當世之務」。錄記云：

> 蓋天下之患，莫大於紀綱之不振，而執事之所問者，未及也。夫自古紀綱之不振，由於為君者垂拱宴安於上，而為臣者玩習懈弛於下。今朝廷出片紙以號召天下，而百司庶府莫不震慄悚懼，不可謂紀綱之不振，然而下之所以應其上者，不過簿書文墨之間，而無有於貞固忠誠之實。……故愚以為當今之務，莫大於振肅紀綱，而後天下之治可從而理也。〔註36〕

與〈陳言邊務疏〉行文的方式一樣，陽明並未直接說明「當世之務」的問題及解決辦法，反而開宗明義地說「蓋天下之患，莫大於紀綱之不振，而執事

〔註35〕〔明〕錢德洪編《年譜・弘治十五年》，收錄在《王陽明全集》，卷33，頁1225。
〔註36〕此錄中所言雖未必皆出陽明之手，但此策論之行文的方式與陽明在〈陳言邊務疏〉中的行文是一樣的，故筆者認為這是其所寫的。〔明〕王守仁，〈山東鄉試錄〉，《王陽明全集》，〈外集四〉，卷22，頁868。又〔明〕李樂，《見聞雜記》記云：「王陽明先生弘治十七年以刑部主事主山東鄉試，人言一部〈試錄〉，俱出先生手筆。前序文古簡絕，與近年體格不同；五策，余少嘗誦讀久而失其本。」（北京圖書館古籍珍本叢刊・子66）（北京：書目文獻出版社，1988），〈百五十〉，卷6，頁485c。

之所問者，未及也。」將當時國家社會的問題集中在臣子的身上，因爲這些臣子並沒有能固守正道，堅貞不變，並且缺乏忠誠的精神，所以必須振肅紀綱，天下才能得以治之。這種想要「經世」時務的精神，也表現在陽明此時所作的詩中，詩云：

> 我才不救時，匡扶志空大。置我有無間，緩急非所賴。孤坐萬峰顛，
> 嗒然遺下塊，已矣復何求？至精諒斯在。淡泊非虛杳，灑脫無蒂芥。
> 世人聞予言，不笑即吁怪；吾亦不強語，惟復笑相待。魯叟不可作，
> 此意聊自快。〔註37〕

此詩開頭即說「我才不救時，匡扶志空大」，中間又說到他心中的無力感，最後以孔子是做不來的爲結語。這表示出陽明即使懷有「經國之志」，但在當時的環境下，顯得鬱鬱不得志。不過，陽明並未放棄其理想，在其回到北京任官後，隨即仿造其過去所認知的會社內容，與湛若水定交講學，其講學的內容則是一反「記誦辭章之學」，而強調「身心之學」。〔註38〕

　　從王華到陽明會社性質的變化，即可以看出學風轉變的契機，而這轉變又是與當時的國家社會環境互爲因果的。因爲從成化時期以來，國家社會並未遭受到重大的天災人禍，使得生活條件趨於穩定與良好，也才能造成弘治一朝的文風鼎盛的景況。一但學風趨向單單聚焦於詩文的範圍，勢必排擠其他學術領域的發展與重視，如此，學術的完整性就被打破。這對於不擅長或是認同以詩文爲主的人來說，就會深感失落，而陽明就是其中之一。又由於陽明早年受到父親會社活動的薰染，具有道德與事功並重的學術認知，面對弘治末年以來國家逐漸出現的危機，而當時的士大夫官員們，不是醉心於文藝考業，就是爲了鞏固自身的權力，無人針對問題來大刀闊斧改革一番。面對這樣的情景，陽明自然失望，也才會說出「吾焉能以有限精神爲無用之虛文也」的話，因而託病回鄉。但由於後來種種因緣，使其回到儒家「經世」的道路上，並且從強調與宣揚「身心之學」著手，來改變當時記誦辭章之學的風向，以期能夠解決「當世之務」。

〔註37〕〔明〕王守仁，〈登泰山五首（1504）〉，《王陽明全集》，〈外集一〉，卷19，頁670。

〔註38〕〔明〕錢德洪編《年譜・弘治十八年》：「學者溺於詞章記誦，不復知有身心之學。先生首倡言之，使人先立必爲聖人之志。聞者漸覺興起，有願執贄及門者。至是專志授徒講學。然師友之道久廢，咸目以爲立異好名，惟甘泉湛先生若水時爲翰林庶吉士，一見定交，共以倡明聖學爲事。」收錄在《王陽明全集》，卷33，頁1226。

二、丁卯之禍

陽明於弘治十七年（甲子 1504）九月回京任官後不久，孝宗駕崩，武宗繼位，對於他一生有重大影響的「丁卯（1507）之禍」，其禍端也在此時逐漸浮現。「丁卯之禍」的發生，是一長期政治勢力角力的結果，角力的雙方是外廷士大夫官員和內廷的宦官。由於自武宗即位以來，外朝官員們就曾針對武宗本身及內廷宦官等種種不法行為，進行一連串的上疏勸諫的動作。在正德元年（丙寅 1506），由於內廷宦官要求鹽引的問題，使得外朝官員們籌畫一項「誅八虎」〔註39〕計畫，企圖清除武宗旁邊的宦官。但這個計畫，卻因為機密外洩，導致失敗，造成參與此計畫的人陸續被懲戒。陽明因為要營救被懲戒的官員，也與其他官員陸續上疏申救，也遭致下獄的結果。隔年（丁卯），在此事件中，不管是直接參與者或是往後聲援營救者等五十三人，在皇帝的敕諭中，被昭示為「奸黨」。此一「誅八虎」事件的結果，不論是對當時或是往後朝廷的官員來說，都產生深遠的影響，尤其是在政治倫理方面。因為相較於弘治朝，正德朝的政治倫理有了很大的改變，其中最大的變化就是士大夫官員們處事毫無是非標準，道德觀念淡薄，國家社會的道德秩序呈現崩解的現象。

（一）「誅八虎」事件

討論「誅八虎」事件必須從遠近因素來談。此事發生的遠因是長期以來內廷宦官與外朝內閣間互相爭奪權力，〔註40〕從成祖因宦官之助而順利奪得帝位；到王振用事，導致土木堡之變；憲宗朝汪直的濫權等。但相對過往而言，弘治一朝，宦官的力量受到壓抑，但是仍然有與外朝官員對抗的實力。近因則是在武宗繼位之後，宦官的勢力藉由曾是皇帝藩邸的舊屬，其權力有逐漸擴大的趨勢。內外兩方角力的結果，終於在「鹽引」的問題上，爆發政治衝突。在此政治衝突爆發之前，內閣三位大學士劉健（字希賢，號晦菴，1433～1526）、

〔註39〕〔明〕楊守隨，〈劾劉瑾疏〉：「今內臣劉瑾、馬永成、張永、丘聚、羅祥、魏彬、谷大用、王岳等八人，各以姦險之性，巧佞之才，希以導諛，誑上罔下，始焉猶乘間伺隙以逞已私，終也至恣意肆志而無忌憚，時人目為『八虎』。惟王岳僅知畏人少避，而劉瑾者尤為威猛，而鋸牙善噬者也。」收錄在〔明〕何喬遠輯，《皇明文徵》（四庫全書存目叢書·集328）（臺南，莊嚴文化，1997），〈疏·匡拂〉，卷27，頁550c。

〔註40〕內閣與宦官間的問題之簡要說明，可見李洵，〈明代內閣與司禮監的結構關係〉，《下學集》（北京：中國社會科學出版社，2006），頁118～27。

謝遷、李東陽（字賓之，號西涯，1447～1516）三人皆曾陸陸續續聯名上疏勸諫武宗早朝視學，也要求裁抑內廷種種作爲及花費等，不一而足。不僅如此，三人也曾透過上疏乞休致仕的作法，希冀武宗能夠依照其所請而爲，但武宗依然故我，甚至變本加厲。同一時間，科道官員也接連上疏要求誅除內廷宦官，但都得不到武宗的正面回應。終於在正德元年（1506），由於宦官們對於鹽引的爭取，〔註41〕首先引起掌管鹽政的戶部尚書韓文（字貫道，號質菴，1441～1526）之反對，〔註42〕聯合京師九卿官員伏闕廷諍，要求武宗不要依其所請，給予鹽引，但遭到武宗的駁回。韓文遂與另外兩位尚書計畫下一波的上疏，由戶部主事李夢陽起草疏文（正德元年九月），〔註43〕要求誅除武宗身邊的宦官劉瑾等八人，但是，此計畫很快地就歸於失敗。事實上，這剷除八虎的計畫之所以失敗，主要的原因是外朝官員中有人將行動計畫洩密給劉瑾等人，這可從楊守隨（字維貞，號貞菴，1435～1519）上疏的內容〔註44〕中隱約看出，而黃景昉則明白地說到：

> 楊守隨〈疏〉攻逆瑾，言：「向者，二三大臣，受顧托遺，今有潛交默附而漏泄事情者矣！向者，南北大僚矢心痛恨，今且有畫策主文而依阿時勢者矣！」明指李東陽、焦芳輩，可謂義形於色。〔註45〕

所謂「二三大臣，受顧托遺」，指的是孝宗駕崩之時的顧命大臣劉健、謝遷及李東陽，其中李東陽就是疏中所言「畫策主文而依阿時勢者」。從事件後的結果來看，內閣大學士三人劉健、謝遷致仕，而李東陽獨留，〔註46〕焦芳繼爲

〔註41〕宦官們之所以要求鹽引，主要想透過鹽引的開支，來取得不法的利益，而這種現象是與明代中期以來鹽法的敗壞有關。見徐泓，〈明代中期食鹽運銷制度的變遷〉，收錄在陳國棟等主編，《經濟脈動》（北京：中國大百科全書出版社，2005），頁260～90。

〔註42〕韓文本身即以打擊貴戚中貴占引鹽聞名，如〔明〕張怡，《玉光劍氣集》記云：「韓忠定文……爲戶書，剗積弊，均會計。……劾太監苗逵征費無功，追究羽流妖術，抑戚畹中貴恣奪正窩、占引鹽，沮乞討織造。」（北京：中華書局，2006），〈臣謨〉，卷2，頁75。

〔註43〕〔明〕李夢陽，〈代劾宦官狀稿〉：「今照馬永成等，罪惡既著，若縱而不治，將來無所忌憚，爲患非細。伏望陛下奮剛斷、割私愛，上告兩宮，下諭百僚。將馬永成等挐送法司，明正典刑，以回天地之變，以泄神人之憤，潛消禍亂之階，永保靈長之業。」《空同集》，卷40，頁357b。

〔註44〕〔明〕楊守隨，〈劾劉瑾疏〉，收錄在〔明〕何喬遠輯，《皇明文徵》，〈疏·匡拂〉，卷27，頁549c～52c。

〔註45〕〔明〕黃景昉，《國史唯疑》，〈正德〉，卷5，頁123。

〔註46〕李夢陽曾云：「又聞閣議時，健嘗椎案哭，謝亦疊疊訾訾罔休，獨李未開口，

尚書，顯示出此指控並非空穴來風。不僅楊守隨緊接地上疏，還有相當多人在此事件後，也陸陸續續上疏。上疏的內容大致分成兩類，一類是聲援韓文等人的作法，一類是援救因上疏直諫而被逮捕的官員，但殊不論發起人或是聲援者，往後皆被列入隔年發佈的「奸黨」名單中，〔註47〕政權也落入劉瑾等八人之手。

自從劉瑾等人掌握朝中大權後，外廷官員幾乎沒有任何能力來與其抗衡，唯有俯首聽命而已，如此一來，對朝中官員遷轉考核等日常工作之權力，逐漸爲劉瑾等人用以任用私人、收取賄賂、積攢金錢等。時人崔銑（字子鍾，號後渠，1478～1541）曾言及宦官掌政後的朝政變化，他說：

> 自閹人谷大用八人思蠱君以極其欲而燕遊啓，八人又進劉瑾，使懾
> 廷論而士禍慘。……自瑾逐少師劉公（健）而相權失，自杖言官而
> 言路塞，邊秩免患以賂而利鬥肆。〔註48〕

這個「相權失及言路塞」的朝政變化，意味著正德朝的士大夫面對著一個不同於前朝的政治倫理與規則，也就是說當政治權力集中於宦官之手時，士大夫官員們如何面對這些宦官？是要同流合污呢？還是見事不可爲，放棄仕途，隱居山林，以待將來。〔註49〕畢竟，宦官在傳統的政治文化中，是極力被防堵其危害與干涉政治運作的對象，如今不但主客異位，甚至有些士大夫更與其合作。這標誌著正德時的政治倫理不同於弘治時期，而如此的政治文化，持續整個正德一朝，使得此時期不僅僅是政治晦暗，連帶影響當時士大夫們的價值觀念，導致國家社會的道德秩序趨於崩解。

得懇留云。」見〈秘錄附〉，《空同集》，卷40，頁358d。

〔註47〕《明實錄‧武宗實錄》：「（正德二年三月）辛未，敕諭文武羣臣：『朕以幼沖嗣位，惟賴廷臣輔弼，匡其不逮。豈意去歲姦臣王岳、范亨、徐智竊弄威福，顛倒是非，私與大學士劉健、謝遷……（名單略）遞相交通，彼此穿鑿，曲意阿附，遂成黨比。或傷殘善類，以傾上心，或變亂黑白以駭眾聽，扇動浮言，行用頗僻。』」卷24，頁661～3。

〔註48〕〔明〕崔銑，〈正德之季禍蔓〉，《洹詞記事抄》（四庫全書存目叢書‧子143）（臺南：莊嚴文化，1997），頁98b。

〔註49〕事實上，有些人就是這麼做的，如「周縈……正德初，見權奸柄用，嘆曰：『豈行道時耶！』掛冠去。」見〔明〕何喬遠，《閩書》（福州：福建人民出版社，1994），〈文莊志‧汀州府‧連城縣‧知縣〉，卷60，頁1717；又「童世剛（字克剛）……正德癸酉（1513），應貢，不肯北上，謀於仲兄營葬祖宗父母，事畢，嘆曰：『此時閹寺熏灼，道與世違，可以隱矣！』」同前書，〈英舊志‧汀州府‧連城縣‧韋布〉，卷一百二十九，頁3842。

（二）陽明上疏的緣由及後果

研究陽明生平事蹟及思想的學者，在說明此上疏之緣由時，往往歸因於陽明基於一時激憤而爲之，所引用之證據是陽明所寫的〈乞宥言官去權奸以章聖德疏〉。但如果仔細梳理「奸黨」名單，會發現陽明的作法不僅僅是一時的激憤，更重要的原因是他與謝遷以及後來的科道官們之間的情誼，使得他在面對朋友有難的情形下，無法坐視不管，進而上疏營救。故要清楚地理解陽明上疏的緣由，必須從其與名單中人的關係著手。而在分析名單之前，應先說明在正德以前，朝廷上下官員的日常活動的大概，因爲這牽涉往後官員們對時事發展所採取的態度及作爲。

首先從劉健、謝遷、李東陽三個大學士談起。在弘治年間，三人同心輔政，彼此間的交情也相當好，酬應倡和不斷，其中李東陽又執文壇牛耳的地位，交遊甚多。焦竑曾記云：

> 李西涯當國時，其門生滿朝，西涯又喜延納獎拔，故門生或朝罷或散衙後，即羣集其家，講藝談文，通日夜以爲常。……蓋公於弘正間爲一時宗匠，陶鑄天下士，亦豈偶然者哉！〔註50〕

「門生滿朝」，一方面顯示出李東陽在朝廷中的政治地位，另一方面也凸顯當時士大夫們的逢迎之風。在劉健、謝遷兩人身上也是有相同的情況，如張士隆（字仲修）傳記云：

> 正德七年（1512），（張士隆）拜監察御史，朝臣各爲朋比，或託門生，或以鄉里故知附大臣，大臣亦利其偵事而餙己私也。仕隆惡之。光祿卿李良事少師劉健甚謹，健喜愛，良由是得美遷，又以女字健之孫。健以直諫爲劉瑾所逐，良詐言女死乃他適，士隆上疏劾良，且曰：「使今大臣知彼小人，終必相負，盍早絕之而遑遑乎延正人也。」良竟坐罷去。〔註51〕

從李良的作爲即可看出，這個「朝臣各爲朋比」的情況，並非自正德七年後才有的，在弘治年間就相當普遍了。回想王華父子，莫不是在同樣的時代風尚之中呢！而陽明往後不願意以詩文爲其目的，也是不滿當時的士大夫們透過參與詩文社活動，形成另一種的利益團體吧！

〔註50〕〔明〕焦竑，《玉堂叢語》，〈師友〉，卷6，頁195。
〔註51〕〔明〕朱睦㮮，〈四川兵備副使張仕隆傳〉，收錄在〔明〕焦竑，《國朝獻徵錄》，〈四川‧副使〉，卷98，頁4337c-d。

　　陽明之所以會參與此事件，有直接及間接兩原因。直接的原因是陽明的姑丈牧相（字時庸），[註52] 為南京聯名上疏科道官之一。間接的原因是陽明的同年中有相當多人參與其中，且與謝遷這一派的交情不菲。首先談牧相，《兩浙名賢錄》記云：

> 牧相，字時庸，餘姚人。少受業於王尚書華，華器異之，妻以女弟，令與文成同學。弘治己未（1499），遂與文成同舉進士，授南京兵科給事中。時逆瑾擅權，流毒朝野，相偕給事中戴銑（字寶之），疏其不法數十事。忤。皆械繫赴京，廷杖九十，絕而復甦，下錦衣獄。時文成為刑部主事，上疏申救并得罪，繫獄三月，相褫職為民，文成謫龍場驛驛丞。[註53]

由於當時牧相的職位是給事中，其職權為監督彈劾，故會與戴銑等聯名上疏，職責所在，原因不難理解。而陽明上疏的內容，事實上並未言及到劉健、謝遷二人之事，其目的是為了營救南京科道官。陽明在疏中說到：

> 臣邇者竊見陛下以南京戶科給事中戴銑等上言時事，特敕錦衣衛差官校拿解赴京。臣不知所言之當理與否，意其間必有觸冒忌諱，上干雷霆之怒者。銑等職居諫司，以言為責，其言而善，自宜嘉納施行；如其未善，亦宜包容隱覆，以開忠讜之路。[註54]

從內容上來看，陽明不會不知道南京科道官「所言」當理不當理，而之所以會如此婉轉表達，實在是因為他上疏的目的是以營救其姑丈為主。而陽明會如此快速上疏營救，主要是考慮到言官被捕後的下場，這可以其自身所發生的情況來說明。《賢博編》記云：

> 先師柴后愚（鳳）公，陽明先生弟子也。嘗言先生疏救戴給事（銑）。

[註52]　關於牧相的記載，曾見於〔明〕錢德洪編《年譜·弘治二年》：「明年龍山公以外艱歸姚，命從弟冕、階、宮及妹婿牧相，與先生講析經義。」收錄在《王陽明全集》，卷33，頁1223，惟標點有誤，此處已改。

[註53]　〔明〕徐象梅，《兩浙名賢錄》，〈清正·明〉，卷37，頁1044b-c。

[註54]　〔明〕王守仁，〈乞宥言官去權奸以章聖德疏（1506）〉，《王陽明全集》，〈別錄一〉，卷9，頁291。此疏疏名是否是當時王陽明上疏時的名稱，學者方志遠曾經質疑過，認為「去權奸」三字是後來加進去的，但沒有明確的證據予以證實，見〈陽明史事三題〉，《江西師範大學學報（哲社版）》36：4（2003），頁100b，但在〔清〕張英、王士禎等奉敕纂，《御定淵鑑類函》錄有陽明此疏，但疏名是〈救建言諸臣〉，（文淵閣四庫全書·989）（臺北：臺灣商務印書館，1983），「人部五十六·諫五」，卷297，頁626b-c。

> 　時尚書公（王華）方宦京師，章既上，侍食於尚書公，公覺其色有異，
> 知必言事，慮禍及己，遂出之。方及門，劉瑾已令錦衣官校捕去矣！
> 　時忤瑾者皆死，先生庭杖八十，然而生亦緣尚書公之故。〔註55〕

從陽明上疏後，不久即被錦衣衛逮捕，就可看出當時的情況是多麼的危急。而被捕之人，大部分的人都會死，更使得陽明內心十分焦急。因此，陽明此疏的目的在於救人，而非是後世常言因為彈劾劉瑾，才被貶謫的，〔註56〕因為疏中內容並無一語及於劉瑾等宦官。

　　間接的原因是在三大學士聯名上疏後，其同年朋友多人，也隨之上疏，再加上南京科道官內也有其同年在，為了營救及聲援他們，故不得不上疏。以下以表列方式來說明王陽明與「奸黨」名單中人的相互關係：

奸黨名單	進士年代	與謝遷關係	與陽明關係	後果	瑾誅後的情況
張敷華（尚書）	天順八年			致仕	卒
戴珊（都御史）	天順八年			致仕	
韓文（尚書）	成化二年			致仕	
楊守隨（尚書）	成化二年	社友	社友之子	致仕	復原職致仕
林瀚（尚書）	成化二年		子之友	致仕	復舊銜致仕
李夢陽（郎中）	弘治六年		社友	致仕	江西副使
王綸（主事）	弘治九年	門生			

〔註55〕〔明〕葉權，《賢博編》（北京：中華書局，1997），頁 16。關於王陽明究竟被打幾下，各種傳記記載不一。《年譜》、《明史》、《明儒學案》、《王文成傳本》皆云：「四十」，而黃綰〈行狀〉、邵廷采《思復堂文集》皆云：「五十」；《明實錄》及王世貞〈中官考〉又說是「三十」。證諸其他人所杖之數，如李熙、張鳴鳳、蔣欽等人被杖之數皆為「三十」，故陽明被杖之數應為「三十」。且同時人楊一清曾對世宗說到陽明時，云：「臣切惟守仁學問最博，文才最富。正德初年，為刑部主事，首上疏論劾劉瑾過惡，午門前打三十，幾死。」見〔明〕楊一清，〈論王守仁為人如何奏對〉，《楊一清集》（北京：中華書局，2001），〈密諭錄・政諭上〉，卷 5，頁 1000。

〔註56〕〔明〕王世貞及〔清〕毛奇齡即已質疑過陽明「劾瑾之說」，見〔明〕王世貞，〈史乘考誤八〉：「《雙溪雜記》言：王伯安奏劉瑾，被捶幾死，謫龍場驛丞，以此名聞天下。楊文襄公（一清）作〈王海日公華墓誌銘〉，其說亦同而加詳。攷之國史與王文成公年譜、行狀、文集，止救南京給事中戴銑等忤劉瑾，下獄杖謫，本無所謂劾瑾也。」見《弇山堂別集》，卷 27，頁 480～1；〔清〕毛奇齡，《王文成傳本》（臺北：新文豐，1989），卷上，頁 92b-c。

孫磐（主事）	弘治九年	門　生			
黃昭（主事）	弘治九年	門　生			
王守仁（主事）	弘治十二年	社友之子		龍場驛丞	誅前升廬陵知縣
劉瑞（檢討）	弘治九年	門　生		致　仕	起官丁憂不赴
徐蕃（給事中）	弘治六年				
張良弼（給事中）	弘治六年				
趙士賢（給事中）	弘治六年			致　仕	布政司左參政
湯禮敬（給事中）	弘治九年	門　生			
徐昂（給事中）	弘治九年	門　生		致　仕	
陶諧（給事中）	弘治九年	門　生		致　仕	起官不赴
艾洪（給事中）	弘治九年	門　生			
任惠（給事中）	弘治九年	門　生			
戴銑（給事中）	弘治九年	門　生			
劉蒞（給事中）	弘治十二年		同　年		
呂翀（給事中）	弘治十二年		同　年	致　仕	按察司僉事
李光瀚（給事中）	弘治十二年		同　年		
牧相（給事中）	弘治十二年		同年、姑姪	致　仕	
葛嵩（給事中）	弘治十二年		同　年	致　仕	起官不赴
陳霆（給事中）	弘治十五年				
徐暹（給事中）	弘治十五年				
徐玨（御史）	弘治三年				
楊璋（御史）	弘治三年				
王弘（御史）	弘治六年				
姚學禮（御史）	弘治六年				
王良臣（御史）	弘治六年		社　友		
陳琳（御史）	弘治九年	門　生		揭陽縣丞	嘉興府同知
貢安甫（御史）	弘治九年	門　生			
曹閔（御史）	弘治九年	門　生		致　仕	起官不赴
李熙（御史）	弘治九年	門　生		致　仕	起官郡守
葛浩（御史）	弘治九年	門　生		致　仕	知府
陸崑（御史）	弘治九年	門　生	朋　友	致　仕	復原職致仕
蔣欽（御史）	弘治九年	門　生		卒	

薄彥徽（御史）	弘治九年	門　生			
潘鏜（御史）	弘治九年	門　生		致　仕	詔復冠帶
何天衢（御史）	弘治九年	門　生			
熊卓（御史）	弘治九年	門　生	社友	致　仕	卒
劉玉（御史）	弘治九年	門　生		致　仕	河南督學僉事
張鳴鳳（御史）	弘治九年	門　生		致　仕	
史良佐（御史）	弘治十二年		同年		
蕭乾元（御史）	弘治十二年		同年		
黃昭道（御史）	弘治十二年		同年	致　仕	廣西按察司僉事
趙祐（御史）	弘治十二年		同年		
朱廷聲（御史）	弘治十二年		同年	致　仕	浙江按察司僉事
王蕃（御史）					
任諾（御史）					

※李東陽曾為弘治六年、弘治十二年會試主考官。

從此列表中，不但可以看出陽明上疏之因，實在是因為這些人中有其同年、親戚、社友等關係，故不得不然。另一方面，從此名單也可以知道，有相當多的人也是大學士李東陽的門生。〔註57〕但不論他們與李東陽之間關係厚薄深淺，在李氏洩露機密與劉瑾之後，仍然不斷上疏，終招致往後的結果，而李氏卻仍安居大學士之職，並無積極出力相救。

對於曾經歷經弘治朝的士大夫而言，「丁卯之禍」後的朝局變化，令他們感觸頗深，以當時牽涉其中甚深的李夢陽在事後回憶說：

「詩倡和」莫盛於弘治，蓋其時古學漸興，士彬彬乎盛矣！此一運會也。……自正德丁卯之變，縉紳罹慘毒之禍，於是士始皆以言為諱，重足參息，而前諸倡和者，亦各飄然萍梗散矣！〔註58〕

李夢陽一方面回味當年在弘治朝時眾人詩文相互酬唱的盛況，映照出現今慘淡情景的落寞；另一方面，將如今所面對的情況，歸因於「丁卯之禍」，並且說士大夫們面對如今的處境，選擇以「封口」來因應。當然，士大夫們的選擇是逼不得已的，因為朝中大權完全掌握在以劉瑾為首的宦官集團手中，而

〔註57〕王陽明會試的主考官為李東陽及程敏政，寬泛來說，二人皆是王陽明的座主。又弘治朝各科主考官名錄見〔明〕王世貞，〈科試考二〉，《弇山堂別集》，卷82，頁1563～5。
〔註58〕〔明〕李夢陽，〈朝正倡和詩跋〉，《空同集》，卷59，頁543d～4a。

以李東陽為首的外廷官員，只能隨聲附和罷了。況且，有更多的士大夫們是靠賄賂劉瑾而得以不次超遷，得美官的，又怎麼會出言反對宦官。無疑地，這樣的政治現實，衝擊當時士大夫們長久以來所秉持的儒家價值觀念，例如：君臣關係、士大夫的廉恥、公私義利之辨、君子與小人、出處問題等。

三、曲折的貶謫路

陽明在獄中待了一段時間後（正德元年十二月），[註 59] 被貶謫至貴州省貴陽府，擔任龍場驛的驛丞。因此，陽明出獄之後，在接到正式行政派令，辦完相關交接手續後，即必須整裝上路，離京赴任，因為他必須在規定的時間內到達任所，否則按照明朝政府的律例規定，會有「赴任過限」[註 60] 的問題。也就是說，官員到達任所的時間是依照地區的遠近，而給予不同的寬限時間以便赴任，以貴州為例，時間是四個月。[註 61] 所以，陽明在確定貶謫龍場驛後，依照憑限，到任的時間不應遲至正德三年春，[註 62] 也就是說已有違限之虞，是將會被「提問參奏」的。除非陽明提出法律中所規定的例外理由，如氣候、生病、喪事等等，但這也必須有路程中的行政機關出具證明文件以資證明才行。不過，從往後的歷史事實來看，這些問題似乎沒有對陽明造成困擾，其中的緣故，頗令人玩味。而陽明之所以超過期限赴任，主要原因是他在赴龍場的路途中，警覺有人跟蹤，故躲避於浙江杭州勝果寺，但仍然被劉瑾所派之人逮到，

〔註 59〕 《明實錄・武宗實錄》記云：「（正德元年十二月）降兵部主事王守仁為貴州龍場驛驛丞。時南京科道戴銑等以諫忤旨，方命錦衣官校挐解未至，守仁具奏救之，下鎮撫司考訊，獄具，命於午門前杖三十，仍降遠方雜職。」卷 20，頁 582。

〔註 60〕 「官員赴任過限・弘治問刑條例」：「選除出外文職，除領勑人員并京官陞除外，其餘若延緩過半月之上，不辭朝出城者，參提問罪。若已辭出城，復入城潛住者，改降別用。過違憑限半年之上，不到任者，雖有中途患帖，亦不准信，問罪還職。過違一年之上者，不許到任，起送吏部，革職為民。」見黃彰健編著《明代律例彙編》（臺北：中央研究院歷史語言研究所，1979），〈吏律一・職制〉，卷 2，頁 425。

〔註 61〕 「官員赴任過限・新例」：「弘治十五年九月內，吏部議擬到任官繳憑違限。除水程憑限外，河南、山東、山西、陝西、南北直隸違限二箇月，浙江、江西、湖廣、福建違限三箇月，雲南、貴州、四川、廣東、廣西違限四箇月之上，提問參奏。若果著實患病三箇月之上，具告本管官司，備由具奏勘明，方免提問。一年之上者，照例革職為民。」見黃彰健編著，《明代律例彙編》，〈吏律一・職制〉，卷 2，頁 426～7。

〔註 62〕 〔明〕錢德洪編《年譜・正德三年》，收錄在《王陽明全集》，卷 33，頁 1228。

因而投江入海，並且經歷一段後世所謂的「泛海」的歷程。

　　陽明面對這人生中的大挫折，可以想見其內心必定有相當多的感觸，除了有不平之氣外，更重要的思索其自身該何去何從的問題。一方面是他不知道劉瑾等宦官們究竟要如何處置他；另一方面就算是他僥倖不死，又該如何規劃未來的人生呢？雖然往後陽明得以存活，但被貶謫至千里之外的貴州，這與死在獄中又有何分別。所以在其出獄之後，雖說整裝赴任，但是其自身對於「出處」的問題，因受到劉瑾作為的影響，而徘徊於「出世」與「入世」之間。對於這個問題，陽明究竟如何是如何下決定的，其內心的轉折又是如何呢？這個問題的答案，必須從其赴謫所的過程來尋求解答，因為就是在此過程中，陽明確定了他對於未來人生的方向，也因此才有往後其在龍場的思想發展。

（一）「泛海事」的真假

　　從陽明的墓誌銘與行狀中，描述此「泛海事」時，所採取的不同立場，即顯示出此事的真假問題。陽明的講學友湛若水在其墓誌銘中說到：

> 人或告曰：「陽明公至浙，沈於江矣，至福建始起矣。登鼓山之詩曰：『海上曾為滄水使，山中又拜武夷君。』有徵矣！」甘泉子聞之笑曰：「此佯狂避世也。」……及後數年，會於滁，乃吐實。彼誇虛執有以為神奇者，烏足以知公者哉！〔註63〕

陽明「泛海事」發生之時，有人告訴湛氏這件事，其中以一詩來證明這件事是真實發生的，〔註64〕而湛氏則回答說這是陽明為求「避世遠去」而假造的。此銘文下半段的說法，表明此假造事是經過陽明親口證實的。但是，陽明弟子黃綰（字宗賢，號石龍，1480～1554）卻在陽明〈行狀〉中說：

> 瑾怒未釋。公行至錢塘，度或不免，乃托為投江，潛入武夷山中，決意遠遁。……遂由武夷至廣信，溯彭蠡，歷沅、湘，至龍場。〔註65〕

黃綰非常隱諱地說陽明在杭州之時，自認為終究逃不過劉瑾派人追殺，故偽托投江，而逃至武夷山去，至於有無「泛海事」，則隻字未提，且最後說陽明是直接從武夷經廣信到龍場去的。不過，這記載又與陽明另一弟子錢德洪（字

〔註63〕〔明〕湛若水，〈陽明先生墓誌銘〉，收錄在《王陽明全集》，卷38，〈世德紀〉，頁1402。

〔註64〕此詩收入在《王陽明全集》中，不過詩名為〈武夷次壁間韻〉，與此處所載不同。又筆者查福建《鼓山志》皆未見此詩之載。

〔註65〕〔明〕黃綰，〈陽明先生行狀〉，收錄在《王陽明全集》，卷38，〈世德紀〉，頁1408。

洪甫，號緒山，1496～1574）在《年譜》中的記載不合，《年譜》云：

> 先生至錢塘，瑾遣人隨偵。先生度不免，乃託言投江以脫之。因附
> 商船遊舟山，偶遇颶風大作，一日夜至閩界。……因取間道，由武
> 夷而歸。時龍山公官南京吏部尚書，從鄱陽往省。十二月返錢塘，
> 赴龍場驛。〔註66〕

錢氏不但明言其師有「泛海事」的發生，並且說到其師至武夷山後，由鄱陽
往南京去見其父親，然後再往龍場去。錢氏的說法得到另一弟子季本（字明
德，號彭山，1485～1563）的證實，他說：

> 正德丁卯（1507），先生以言事謫官龍場，病於杭之勝果寺。云有二
> 青衣者至，欲擒之，沈於江，漂於海，海神曰：「吳君高者救之，得
> 生。」於是，入建陽、遊武夷、歷廣信而復歸於杭。往來數千里之
> 間，距其初行，纔七日耳！所至之地，必有題詠，所遇之人，必有
> 唱酬，篇章累積，不可勝紀。〔註67〕

照季本所說，陽明不但真正入海，連曾經到過福建地區什麼地方皆有明確的說
法，並且留下詩文題詠；不過，與錢氏不同之處在於陽明並未從鄱陽往南京去，
而是再回到杭州。以上種種不同的說法，令人思之如墜五里霧中，真假難分，
實情難確，尤其是湛氏的否定，陽明弟子們怎能視而不見，而無任何反應呢？
除了上述說法外，當時還有一些關於陽明泛海事的描述，如與楊儀（字夢羽）
的《高坡異纂》〔註68〕、曾與陽明講道的陸相（字良弼）〔註69〕之《陽明先生
浮海傳》〔註70〕、沈周（字啓南，號白石，1427～1509）《客座新聞》〔註71〕、

〔註66〕〔明〕錢德洪編《年譜・正德二年》，收錄在《王陽明全集》，卷33，頁1227
～8。

〔註67〕〔明〕季本，〈跋《陽明先生遊海詩後》〉云：「既畢之暇，則手書一卷以授其
徒孫君允輝，允輝以授余。是歲，余攜之遊南雍，時同舍孫君朝信，平湖人
也，異而愛之，中分而各取其半，此其所存也。」《季彭山先生文集》（北京：
書目文獻出版社，1988），卷4，頁907a-b。

〔註68〕〔明〕楊儀，《高坡異纂》（筆記小說大觀・十七編・4）（臺北：新興書局，
1988），卷下，頁2639～43。

〔註69〕陸相曾與王陽明講道，縣志云：「道巖，亦曰問道巖，即陸家峰。明參政陸相
嘗與王文成講道於此，故名。」見〔清〕邵友濂修、孫德祖等纂，《餘姚縣志》
（臺北：成文出版社，1983），〈山川〉，卷2，頁98c。

〔註70〕「《陽明先生浮海傳一卷》，明陸相撰。相字良弼，餘姚人，宏治癸丑（1493）
進士，官至長沙府知府。是書專紀王守仁正德初謫龍場驛丞，道經杭州，爲姦
人謀害，投水中，因飄至龍宮，得生還之事。說頗詭誕不經，論者謂守仁多智

何喬遠（字稚孝，號匪莪，1557～1631）《閩書》〔註72〕、馮夢龍（字猶龍，號翔甫，1574～1646）《皇明大儒王陽明先生出身靖亂錄》〔註73〕等。這些記載的流傳，使得「泛海事」增添神奇及靈異的色彩，故要探詢此事之眞相，即須從這些記載入手。首先須從時代先後及內容原本的來源上，予以過濾，其中《閩書》及《皇明大儒王陽明先生出身靖亂錄》的內容原本，大致都根據《年譜》而增益之，〔註74〕故以下將不列入討論。以下將以《高坡異纂》爲主，配合相關說法，以尋繹其眞相。之所以以楊儀的記載爲主，其原因有二：一是其爲陽明同時之人，且其說法有相當的合理性，例如《高坡異纂》中存有陽明佚詩二首及〈告終辭〉一首，其內容皆爲往後的相關記載所引用，如《皇明大儒王陽明先生出身靖亂錄》即是。二是此書對於陽明入海後的事情採取聽聞的說法，並未有肯定的說法，但對陽明入海前的記載則是相當翔實仔細。

　　對於以上這些相關記載，必須扣緊三個重點來探討：第一，陽明爲何要去杭州錢塘勝果寺？因爲依照法令的規定，在確知貶謫龍場驛後，他應該於四個月內赴任才是，爲何由北京至浙江杭州呢？第二，究竟有無泛海事呢？如果沒有的話，陽明又去了哪裡？如果有的話，在福建哪裡登岸呢？第三，各項記載皆說到陽明曾經到過武夷山，那麼遊武夷之後，究竟有無經郡陽往省其父，抑是直接往龍場而去呢？且不管究竟有無泛海事，往後其「赴任過限」的問題要如何解決？

　　首先要說明的是，陽明在接到行政命令後，的確已整裝出發要前往貴州

數，慮劉瑾追害，故棄衣冠，僞託投江，而實陰赴龍場。故王世貞《史乘考誤》，嘗力辨此事爲不實，而同時楊儀《高坡異纂》，亦載此事，與相所紀略同，蓋文人之好異，久矣。」見〔清〕永瑢，《四庫全書總目提要》（臺北：漢京文化，1982），「史部十六・傳記類存目二・名人下」，卷60，頁348a-b。陸相此書，筆者未能見到，不過在〔明〕王同軌所輯《新刻耳談》中有〈王文成浮海傳略〉，筆者懷疑此是陸相書的簡要版，見（四庫全書存目叢書・子248）（臺南：莊嚴，1995），卷9，頁636d～8a，明刻本。

〔註71〕〔明〕沈周，〈王伯安遇仙〉，《客座新聞》（筆記小說大觀・四十編・10）（臺北：新興書局，1985），頁549～552。

〔註72〕見〔明〕何喬遠，《閩書》，〈方域志・建寧府・崇安縣・山・武夷山〉，卷15，頁345～6。

〔註73〕〔明〕馮夢龍編著，《皇明大儒王陽明先生出身靖亂錄》，《三教偶拈・馮夢龍全集》（上海：上海古籍出版社，1993），頁34～47。

〔註74〕〔明〕馮夢龍編著，〈三教偶拈序〉：「偶閱《王文成公年譜》，竊歎謂文事武備，儒家第一流人物，暇日演爲小傳，使天下之學儒者知學問必如文成，方爲有用。」《三教偶拈・馮夢龍全集》頁9。

赴任的，但因劉瑾派人跟監，致使其內心不自安，故有逃亡隱世的打算，所以其路線並不依照常理而行，而是南下至常州府朋友家躲避。陽明曾於晚年回憶說：

> 正德二年丁卯夏四月，守仁赴謫，逆瑾遣人隨行偵探，予意巨測，晦行道迹，潛投同志范君思哲之兄思賢于毗陵。……君送匿余于祖祠者三匝月。……秋七月回錢塘。〔註75〕

夏四月，正是陽明等人被昭示為「奸黨」不久，按律是要被處死的。〔註76〕故陽明在發現劉瑾派人跟蹤之後，潛藏於友人家三個月。此後，陽明再繼續往南而行至嘉興縣，沈懋孝（字幼真，號晴峯，稱長水先生）〈鬱秀道觀重建殿宇門廡新碑記〉記云：

> 余總卯誦讀於此，頗聞道士范嗣芳逮事陽明王先生，言其避瑾璫之難，潛跡此殿後者。三載後，江右定逆藩之事，還師過此，經宿乃去。〔註77〕

除了范氏的說法外，《嘉興縣志》內亦存有一首陽明的佚詩〈贈芳上人歸三塔〉，〔註78〕其中的「芳上人」應即是沈懋孝文中所提及的「道士范嗣芳」。由此可以證明陽明的確有來過，且從常州至嘉興、再至浙江錢塘，其間有運河相通，交通可謂便利。從以上兩條記載來看，對於陽明而言，劉瑾派人監視之事是真實的，而他因為不知來人之意如何，故採取類似逃亡的方式，躲避偵察與跟監，而於七月時轉往浙江錢塘。從後來的記載可知寓居於杭州勝果寺內，接下來即是遭到兩位軍官的挾持，《高坡異纂》中紀錄到兩位軍官與營救陽明之人間的對話，軍官說：

> 吾奉吾主命，行萬餘里至謫所，不獲，乃令得見於此，尚可少貸，

〔註75〕〔明〕王守仁，〈范氏宗譜記〉，收錄在錢明，〈譜牒中的王陽明逸文見知錄〉，《陽明學刊》1（2004），頁75～6。

〔註76〕「姦黨」條云：「凡姦邪進讒言左使殺人者，斬。若犯罪律該處死，其大臣小官，巧言諫免，暗邀人心者，亦斬。若在朝官員，交結朋黨紊亂朝政者，皆斬。妻子為奴，財產入官。」見黃彰健編著《明代律例彙編》，〈吏律一‧職制〉，卷2，頁441。雖然陽明等人被昭示為「奸黨」，但事實上往後並未因此律來執行，其中原因可能是沒有經過公開司法審判的過程。

〔註77〕見〔明〕羅炌修、黃承昊纂，《（崇禎）嘉興縣志》（北京：書目文獻出版社，1991），〈寺觀‧鬱秀道觀〉，卷7，頁292c。

〔註78〕詩云：「秀水西頭久閉關，偶然飛錫出塵寰，調心亦復聊同俗，習定由來不在山，秋晚菱歌湖水闊，月明清磬塔窗閒，毘盧好是嵩山笠，天際仍隨日影還。」見〔明〕羅炌修、黃承昊纂，《（崇禎）嘉興縣志》，〈藝文‧詩〉，卷19，頁765a。

以不畢吾事耶？〔註79〕

這說明了劉瑾派人跟監陽明，但被其擺脫，故徑至貴州尋找，不意陽明並未赴謫所，故又找往錢塘而來。之後所發生的事情，相關的記載皆大同小異，認為陽明是被迫投江的，至於投江之後的歷程，就眾說紛紜了。

　　第二，有無「泛海事」呢？依筆者的推測，陽明被迫投江的過程應不假，但是投江之後，是否真的泛舟於海上而飄至閩界，則有待商榷。主要的原因是在福建的地方志中，不論是《漳州府志》及《閩書》等，都未見到季本所提及到的詩詞。而如果不是往海上去，那麼是不是有可能順著錢塘江上游而去呢？因為這樣也可到達江西、福建、浙江三省的交界處，也就是武夷山之所在。之所以這樣推測，是因為陽明在路過金華府蘭谿縣時，曾留下足跡。《縣志》記云：

> 明正德年，王陽明先生謫龍場，過蘭，寓大雲山寺幾半月，題詩在壁云：「蘭谿山水地，卜築趁雲岑，況復經行日，方多避地心，潭沈秋色靜，山晚市煙深，更有楓山老，時堪杖履尋。」後僧方叔知之，追至蘭陰山〔註80〕，復以軸乞題。其壁間詩為鄭□所得，軸詩後為吳孺子持去。〔註81〕

蘭谿縣正位於錢塘江上游蘭江（東陽江）與衢江（信安江）交界處，再往上游走，即到達三省（江西、浙江、福建）之交界處。另外，陽明在更上游的龍游縣、西安縣、江山縣也皆曾停留並且留下詩詞，例如其在龍游縣之詩云：

> 經行舍利寺，登眺幾徘徊。峽轉灘聲急，雨晴江霧開。顛危知往事，飄泊長詩才。一段滄洲興，沙鷗莫浪猜。〔註82〕

從詩中所述可知陽明是搭船的，「顛危知往事，飄泊長詩才」更能顯示出陽明貶謫時的心情寫照。又其在西安縣之詩云：

〔註79〕〔明〕楊儀，《高坡異纂》，卷下，頁2639～40。

〔註80〕「蘭陰山，古山名，『陰』一作『蔭』。一名橫山，在蘭谿市西溪鄉，其山多蘭，故名蘭陰。由西北而東南，至三江（婺江、衢江、蘭江）匯合處直插江中。見陳橋驛主編，《浙江古今地名辭典》（浙江：浙江教育出版社，1991），頁221。

〔註81〕〔明〕徐用檢修，《蘭谿縣志》（臺北：成文出版社，1983），〈寺觀‧聖壽教寺〉，卷6，頁571。此詩為佚詩，詩中的「楓山老」即是章懋，在「丁卯之禍」發生前，即已告老還鄉。

〔註82〕〔明〕王守仁，〈舍利寺〉，此詩為佚詩，收錄在〔明〕萬廷謙等纂修，《龍游縣志》（臺北：成文出版社，1983），〈藝文〉，卷9，頁168；又「舍利寺在縣東三十二里，宋明道中建。」見〈祠祀〉，卷3，頁40。

飄泊新從海上至，偶經江寺聊一遊。老僧見客頻問姓，行子避人還
掉頭。山水於吾成痼疾，險夷過眼真蜉蝣。為報同年張郡伯，煙江
此去理漁舟。〔註83〕

此詩首云「飄泊新從海上至」，更可說明陽明的泛海一事，是從投江入海後，
一路往上游而去。一路上跋山涉水，也刻意地避開人群，充分說明逃亡的情
形。此詩與前一詩也都表達出隱遁的想法。又其在江山縣之詩云：

夫人興廢蚤知幾，堪歎山河已莫支。夜月星精歸北斗，秋風環珮落
西池。仲連蹈海心偏壯，德曜投山隱未遲。千古有誰長不死，可憐
羞殺宋南兒。〔註84〕

詩中說「蹈海心偏壯」、「投山隱未遲」等，皆是以古喻今，說明陽明當時的
心情。這些詩文的留存，不但說明湛若水的說法是真的，另一方面也證實季
本所云「所至之地必有題詠」的說法，只不過雙方對於「泛海」的涵意有不
同的解讀。

　　第三，要說明的是陽明究竟有無往省其父呢？由於陽明投海時已經「仲
秋」，而其到了蘭谿縣時，時間至少應是八、九月後的事，再加上停留蘭谿的
時間幾乎有半月之久，距離《年譜》所云於正德三年春至龍場，時間上已相
當緊迫。因此，如果此時要從鄱陽往南京去探望父親，再從南京至龍場，時
間上根本不允許。〔註85〕但如果直接從廣信出發，經由鄱陽入長江，是可以

〔註83〕〔明〕王守仁，〈大中祥符寺〉，此詩為佚詩，收錄在〔清〕姚寶煃修、范崇
　　　　楷等纂，《西安縣志》（臺北：成文出版社，1970），〈寺觀〉，卷44，頁1631；
　　　　又「大中祥符禪寺，在府治西北」，頁1630。
〔註84〕〔明〕王守仁，〈恭弔忠毅夫人〉，此詩為佚詩，收錄在〔清〕王彬修、朱寶
　　　　慈等纂，《江山縣志》（臺北：成文出版社，1970），〈藝文・詩賦〉，卷11，頁
　　　　1552〜3。忠毅夫人為〔宋〕徐應鑣妻方氏，《江山縣志》云：「咸淳末，勸應
　　　　鑣歸，欲椎髻練裳以從。應鑣曰：『朝廷養士三百年，豈可效巢由高蹈。』氏
　　　　曰：『觀宋氏將亡，不忍見也。』遂做短歌以明志，投後園瑞蓮池以死，應鑣
　　　　葬之西湖八盤嶺。明正德時，追贈忠毅夫人。」〈列女・節烈〉，卷10，頁1123。
〔註85〕陽明停留蘭谿的時間以最晚十一月底來算，至江西廣信府是隔年正月十五
　　　　日，約莫45天，而蘭谿至廣信府的水陸路程約420里，也就是說每天行10
　　　　里左右。如果陽明要如錢德洪所言往南京省其父親後再往龍場，路線應是從
　　　　江西廣信府至鄱陽湖（約630里），再至南京（約1460里），爾後從南京經長
　　　　江直達貴州貴陽府（約4350里），總距離是約6440里，時間是正月十五日至
　　　　三月底，約75天，也就是說平均一天要走86里。如果直接去龍場距離約3100
　　　　里，平均一天走42里左右，時間上較為可能，且如此的估計完全未考慮天候、
　　　　地形及地貌等因素，也未將陽明與朋友與官員間會面的時間算入。相關路程

直達貴州的，且從現存的陽明詩文中更可以尋繹其路線。其在廣信府有〈廣信元夕蔣太守〔註 86〕舟中夜話〉詩，不但說明時間點是正月十五元宵節的晚上，也說到交通方式是搭船。在江西新建縣有〈夜泊石亭寺〔註 87〕用韻呈陳婁諸公因寄儲柴墟都憲及喬白巖太常諸友〉詩，不但說明陽明與婁家的來往，也說明他是往龍場而去的。而接下來的〈過分宜望鈐岡廟〉、〈袁州府宜春臺四絕〉、〈遊嶽麓書事〉等詩，都表明著陽明是直接往龍場而去的。

最後，即使陽明決定直接從武夷赴任貴陽龍場，其「赴任違限」的問題仍然沒有解決。之前已談到，任何超過時間的到任都必須要有地方官員出具證明才可，而從陽明在杭州之時即已生病，故此應可得到證明才是。且從〈遊嶽麓書事〉、〈次韻答趙太守王推官〉等詩，都提及到接受地方官員接待情事，故得到證明應也非難事，最後則是要看貴陽府的上級長官是否接受的問題。陽明曾描述其當時在龍場時的處境時說到：「往年區區謫官貴州，橫逆之加，無月無有。」〔註 88〕而其之所以能夠解決「赴任過限」的問題及往後所受到的刁難，顯然是有人給予幫助才是，而此人正是吳祺（字貴德，號西峯）。《豐城縣志》記云：「陽明公謫龍場，逆瑾欲加害，祺按黔，護持無所避。」〔註 89〕由於吳祺當時的官職為巡按監察御史，〔註 90〕掌管官員有無失職情事，也因此陽明「赴任違限」等問題即可迎刃而解。

歸結以上的探討。陽明於正德元年十二月確定貶謫為龍場驛驛丞後，即

統計見〔明〕黃汴，《一統路程圖記》，收錄在楊正泰，《明代驛站考》（上海：上海古籍出版社，2006），〈附錄二〉，頁 216～7、263～4、265。

〔註 86〕 此人為蔣澣，為王華的同年，曾任福州府知府。《廣信府志》云：「蔣澣，字子川，上饒人。成化進士，歷官兵曹，明敏勤恪，堂官甚器之，尋擢福州府知府。」見〔清〕孫世昌等纂修，《廣信府志》（臺北：成文出版社，1989），〈人物・宦業〉，卷 17，頁 1645。

〔註 87〕 「石亭寺，在章江門外，唐建。……明初復為寺，亦稱石亭觀音院。」見〔清〕楊周憲修、趙日冕等纂，《新建縣志》（臺北：成文出版社，1989），〈寺觀〉，卷 30，頁 1981。

〔註 88〕 〔明〕王守仁，〈寄希淵（1519）〉，《王陽明全集》，卷 4，頁 159。

〔註 89〕 〔清〕何士錦等修、陸履敬等纂，《豐城縣志》（臺北：成文出版社，1989），〈人物〉，卷 10，頁 1231～2。

〔註 90〕 〔明〕王耒賢、許一德纂修，《（萬曆）貴州通志》云：「吳祺，豐城人，正德間巡按。」見（日本藏中國罕見地方志叢刊）（北京：書目文獻出版社，1991），〈巡按御史〉，卷 2，頁 33a。又〔明〕徐良傅等纂修，《撫州府志》云：「吳祺，字貴德，號西峯，豐城暘源人。……正德丁卯，擢雲南道御史。」（臺北：成文出版社，1989），〈群賢列傳・僑寓〉，卷 13，頁 868。

動身前往，途中發現劉瑾派人跟監，以為將對其不利，故開始逃亡。其路線是從北京一路南下，經常州、嘉興至杭州，但在杭州之時再度被盯梢，被迫投江入海。但是入海後，非是泛海飄洋至福建，而是沿著錢塘江上游走，一路經過蘭谿、江山、直至武夷山。爾後，從廣信搭船，直接往龍場而去，並於正德三年春到達。也就是說「泛海事」的歷程有真有假，真的是的確是「投江」了，假的是沒有飄洋於大海之上，而是沿江往上流去了，並徑赴龍場。

（二）出處心態的轉折

對於陽明而言，並非首次思考「出處問題」，而如今再度面臨此問題，原因卻大不相同。在獄中時，陽明當然已經反覆思索此問題，其在獄中所寫的詩云：

> 囚居亦何事？省愆懼安飽。瞑坐玩《羲易》，洗心見微奧。乃知先天翁，畫畫有至教。「包蒙」戒為寇，「童牿」事宜早；「寋寋」匪為節，「虩虩」未違道。〈遯〉四獲我心，〈蠱〉上庸自保。俯仰天地間，觸目俱浩浩。簞瓢有餘樂，此意良匪矯。幽哉陽明麓，可以忘吾老。
> 〔註91〕

陽明從研讀《易》經的過程中，領悟到處世的道理，所以才會說出「〈遯〉四獲我心，〈蠱〉上庸自保」的話，也因此而有了歸隱之志。對一個不知未來將如何的階下囚而言，會有這樣的想法，並不足為奇。然出獄後，將赴謫所之時，其心態已有轉變，在答友人的詩中說到「去國心已恫」，〔註92〕所以即將往龍場赴任。但在知道劉瑾派人跟監後，使陽明面臨是否應該繼續前往貴州任官的抉擇，因為當時被貶或被勒令致仕的人，若不是常常在路上被殺遇害，如王岳、范亨，〔註93〕就是被假借名目關進監牢，如劉玉〔註94〕、葛浩〔註95〕、陸崑〔註96〕等，

〔註91〕〔明〕王守仁，〈讀易（1506）〉，《王陽明全集》，〈外集一〉，卷19，頁675。張永堂將此詩歸納成五個重點：（1）早年輕狂，當「蒙以養正」；（2）身處寒難，當「反身修德」；（3）君子當「恐懼修省者」；（4）君子身遯而道亨；（5）不事王侯可以高尚其志。結論是退出政壇，忘者於陽明洞，見〈王守仁與術數〉，頁529。

〔註92〕〔明〕王守仁，〈答汪抑之（1507）〉，《王陽明全集》，〈外集一〉，卷19，頁676。

〔註93〕《明實錄·武宗實錄》：「尋岳、亨行至臨清，瑾使人追殺之，惟智幸免焉！」卷18，頁544。

〔註94〕「（劉玉）公遂罷歸，復搆誣輸粟者三，凡四百餘石；旋逮下詔獄，凡四月，始免還。」見〈刑部侍郎劉公玉傳〉，收錄在〔明〕焦竑，《國朝獻徵錄》，〈刑部三·侍郎一〉，卷46，頁1930a。

其中當事人陸崑就與陽明交好。這些事情陽明不會不曾耳聞的，而這恐怕也是往後陽明意圖逃亡隱世的原因。以陽明後來逃亡至杭州勝果寺時所寫的詩，即可看出其歸隱之心情，詩中有云「便欲攜書從此老，不教猿鶴更移文。」〔註97〕不過，陽明即使逃亡至杭州，仍然被劉瑾來人盯上，且從之前泛海事的討論中知道，陽明是要被追殺的。爾後，陽明歷經投江入海、逃亡入山等過程，最後則因鐵柱宮道士的一番話及占卜的結果，而改變其逃世隱居的想法。

　　據《年譜》所載，鐵柱宮道士與陽明初相識於十七歲於江西迎娶其妻之時，因而從道士那裡聽聞「養生之說」，〔註98〕但是此「養生之說」內容為何呢？從現今學界對鐵柱宮的研究，可以知道此宮是祭祀許旌陽眞君（遜，字敬之，239～374）為主的道觀，而此宮的道教理論是以「淨明忠孝」為主。〔註99〕此教之宗旨，《玉眞先生語錄內集》有云：

　　或問：「古今之法門多矣！何以此教獨名『淨明忠孝』？」先生曰：
　　「別無他說，『淨明』只是正心誠意，『忠孝』只是扶植綱常，但世
　　人習聞此語，多是忽略過去，此間卻務眞踐實履。」〔註100〕

從此可以看出此教的教義，並非像一般道教中的丹鼎派或符籙派，是以追求長生不死為目的，而是外以「忠孝之道」，內以「淨明身心」為主。此教強調只須保留下「長生之性」，即是長生。如《玉眞先生語錄別集》云：

　　上士非必入山、絕人事、去妻子、入閒曠、捨榮華，而謂之服鍊。

〔註95〕「瑾復摘以他事下公（葛浩）南錦衣，當是時公蓋幾不免，而意氣自若也。」見〔明〕瞿景淳，〈大理寺卿贈刑部右侍郎葛公浩墓誌銘〉，收錄在〔明〕焦竑，《國朝獻徵錄》，〈大理寺·卿〉，卷68，頁2965b。

〔註96〕「正德丁卯間，逆瑾恣橫，流毒縉紳，君（陸崑）上疏列其奸狀，逮下詔獄，乃得釋，未幾，追理前事，復就逮加杖，放歸田里。」見〔明〕呂柟，〈南京河南道監察御史陸公崑墓表〉，收錄在〔明〕焦竑，《國朝獻徵錄》，〈南道御史〉，卷66，頁2916b。

〔註97〕〔明〕王守仁，〈移居勝果寺（1508）〉，《王陽明全集》，〈外集一〉，卷19，頁684。

〔註98〕〔明〕錢德洪編，《年譜·弘治元年》：「合巹之日，偶閒行入鐵柱宮，遇道士趺坐一榻，即而叩之，因聞養生之說，遂相與對坐忘歸。」收錄在《王陽明全集》，卷33，頁1222。

〔註99〕見〔日〕秋月觀暎著、丁培仁譯，《中國近世道教的形成——淨明道的基礎研究》（北京：中國社會科學出版社，2005），第六章「淨明道的形成與傳承」，頁142～68。

〔註100〕（元）黃元吉編集、徐慧校正，《淨明忠孝全書》（正統道藏·太平部·41）（臺北：新文豐，1977），卷三第一，頁503b。

當服練其心性，心明性達，孝悌不虧，與山澤之癯童者異矣！忠孝
之道，非必長生，而長生之性存，死而不昧，列於仙班，謂之長生。
〔註101〕

由此可見，鐵柱宮道士所說的「養生之說」是不同於一般所認知的道教，而
是強調一個人如何靠著自身的修身養性，能忠能孝，如此不虧天性，才是眞
正的養生，亦是所謂的「長生之術」。但是，這次的接觸，只能說是偶然的
相遇，從陽明往後學仙的歷程來看，不但一直持續不斷地拜訪各地的所謂的
「仙人」，也嘗試學習各種仙道，練習導引術，甚至具有「前知」的能力，
故此淨明道之教義，在其早年並未產生重大的影響。不過，時移勢易，在歷
經人生最大風暴及危機的此時，陽明一心想要避世隱居的想法，在與舊識道
士的討論下有了轉變。鐵柱宮道士想當然耳的，是以其教義來與其商討出處
之事，故以陽明父親在其逃亡後的處境來質問陽明該如何應對？此質問深深
牽動陽明內心的焦慮，道士並且在贈詩中云：「君將性命輕毫髮，誰把綱常
重一分。」〔註102〕以「忠孝」之道，來提醒陽明深思避世逃亡後的後果，
不忠不孝的罵名將會是以後所要承擔的。此時，陽明也占了一卦，〔註103〕
得〈明夷〉，〔註104〕朱熹曾以商朝箕子爲例，加以解釋說：

《易》中特說「箕子之明夷」，「利艱貞，晦其明也，內難而能正其
志。」外雖佯狂，而心却守得定。〔註105〕

〔註101〕（元）黃元吉編集、徐慧校正，《淨明忠孝全書》，卷五第一，頁520b。

〔註102〕〔明〕楊儀，《高坡異纂》，卷下，頁2643。

〔註103〕歷代文人處在面臨重大抉擇時，常會以占卦方式來處理，如宋代的朱熹則曾
占得「遯」卦，也因此自稱「遯翁」，明代士人亦是如此，如李夢陽，其〈秘
錄附〉：「初詔下懇切，夢陽讀旣，退而感泣，已嘆曰：『眞詔哉！』於是密撰
此奏，蓋體統利害事，草具，袖而過邊博士（貢），會王主事守仁來，王遽目
予袖而曰：『「有物乎？有，必諫草耳！』予爲此，即妻子未之知，不知王何
從而疑之也。乃出其草示二子，王曰：『疏入必重禍。』又曰：『爲若筮可乎？
然晦翁（朱熹）行之矣！』於是出而上馬並行詣王氏，筮得『田獲三狐，得
黃矢，貞吉。』王曰：『行哉！此忠直之繇也。』及疏入，不報也。」見《空
同集》，卷39，頁354c-d。值的注意的是李夢陽找陽明占卜，亦顯示出陽明
對易學的專精，當然這來自其家學的淵源。

〔註104〕其卦義爲：「明夷，利艱貞。夷，傷也，爲卦下離上坤，日入地中，明而見傷
之象，故爲明夷。又其上六爲暗之主，六五近之，故占者利于艱難以守正，
而自晦其明也。」見〔宋〕朱熹，《原本周易本義》（文淵閣四庫全書・經12）
（臺北：商務印書館，1983），卷2，頁650c。

〔註105〕〔宋〕黎靖德編，《朱子語類》（北京：中華書局，1999），〈論語三十・微子

卦意是說要人忍耐以度過此晦暗之時，終有雲開霧散之時，就如同箕子佯狂的作為一般。很明顯的，陽明在占得此卦後，也依此卦中所示之意而行，故在往龍場驛途中，路經沅江、湘江之時，感觸楚國屈原之事，有賦。賦中說到：

> ……歷千載兮耿忠悃，君可復兮排帝閽。望遐跡兮渭陽，箕罹囚兮其佯以狂，艱貞兮晦明，懷若人兮將予退藏。宗國淪兮摧腑肝，忠憤激兮中道難，勉低回兮不忍，盍自沈兮心所安。……〔註106〕

賦中明白說出他的心態，就是想要如同屈原一般為國盡忠，但如今因現實環境的因素，卻必須如同箕子一般，佯狂避世，以待「明夷」之時。由此可見此占卦之事並非憑空捏造的。

從陽明對「泛海事」的講法不一，正顯示出當時他意欲避世遠遁的意圖，然而經過鐵柱宮道士的提點，觸發其忠君孝親的感情，再加占卜的結果，使得他不得不回頭面對現實的問題。因此，從陽明的貶謫過程來看其對出處問題的抉擇，可以知道關鍵因素是儒家一直強調的道德價值觀—「忠孝」，而這是一種超脫利害榮辱的情感因子，不會因所處環境的不同而消失不見，因為「忠孝」的理是先天根植於人性之中，是後天無法去除的。也因為陽明心中「忠孝之理」的作用，使其能夠坦然面對政治上的迫害以及到龍場後生活的艱困。

四、聖人之道：心即理

陽明在龍場時期，其所思所想自然圍繞著「丁卯之禍」的前因後果，尤其是針對當時官員們的種種反應與作為，深入剖析。因為這些人的作為（尤其與陽明親近之人），衝擊陽明的內心，促使他重新思考究竟是過去遵循的道德觀念不合時宜呢？或是說在現今的社會環境下，道德價值無法彰顯出來？

篇・微子去之章〉，卷48，頁1193～4。

〔註106〕〔明〕王守仁，〈弔屈平賦（1508）〉，《王陽明全集》，〈外集一〉，卷19，頁660；又此文前有序云：「正德丙寅，某以罪謫貴陽，取道沅、湘。感屈原之事，為文而弔之。」《王陽明全集》編者將此賦之作繫於正德丙寅（1506）是不對的，此詩序之意為於正德丙寅（十二月）被貶，但並沒有說是在當年即至湖南沅湘二江之處；又陽明門人鄒守益等撰《王陽明先生圖譜》云：「三年戊辰四月，萍鄉謁濂溪祠，遊嶽麓得霽，作〈屈平賦〉。」見（四庫未收書輯刊・四輯・17）（北京：北京出版社，1997），頁474d。

如果是道德觀念不合時宜，那麼什麼樣的道德觀念才是合時宜的？假如道德觀念並未有任何不合時宜，又爲何這個社會無法彰顯道德的價值呢？此外，身爲當時國家中流砥柱的士大夫們，爲什麼沒有辦法、甚至是放棄了平常口說筆論的道德觀念，而淪沒於私欲之中，致使與宦官同流合污呢？其原因何在呢？這一切的問題都促使陽明對於他所信仰的價值觀念體系，重新作一次檢查，來尋求問題的根源，並進而提出他的看法。而這思考的最終目的，自然是想要恢復一個道德完善的社會。

（一）對李東陽作為的反思

由於在「誅八虎」事件中，是以剷除宦官爲分隔點，因此不論是贊成的或是反對的，即使是默不作聲，皆標誌著官員們自身對此事件的立場。而這不同的立場，無意中也分化了這些平常相與談學論道、詩文酬唱、互動頻繁的士人圈子，形成爲一個「君子與小人」、「是與非」、「正義與邪惡」陣營之兩方。就以大學士李東陽爲例，由於其與劉瑾等交通的作爲，不但引起士人間的紛紛議論，尤其對其門生故吏而言，其內心所受的煎熬，更是不言可喻。但是，終究有門生對老師下達最後通牒，羅玘（字景鳴，稱圭峰，1447～1519）在寫給其師的信中說到：

> 今則天下皆知忠赤竭矣！大事亦無所措手矣！《易》曰：「不俟終日。」此言非歟？彼朝夕獻諂以爲當依依者，皆爲其身謀也。不知乃公身集百詬，百歲之後，史冊書之，萬世傳之，不知此輩亦能救之乎？白首老生受恩居多，致有今日，然病亦垂死，此而不言，誰復言之。伏望痛割舊志，勇而從之，不然，請削生門墻之籍，然後公言於眾，大加誅伐，以彰叛恩者之罪，生亦甘焉！生蓄誠積直有日矣！〔註107〕

雖說此信只是一封老師與學生間書信，但是卻可以說是當時道德觀念蕩然無存的最佳陳述。此信開頭即說天下之人都知道「忠」這個價值觀念已經不存在了，其原因是李氏是忠於宦官，而非忠於國君。也因此，士大夫們對於所謂的經國大業也沒有實踐的空間。這顯示出當時輿論對於朝局的發展是相當失望的，而應爲此局勢負責的人就是李東陽。而身爲他的門生，羅玘在忍耐相當長的時間後，終於提出要不請老師回頭，要不就請老師削去其門生之籍。羅玘眼見其師

〔註107〕〔明〕羅玘，〈寄西涯先生書〉，《圭峰集》（文淵閣四庫全書·集 1259）（臺北：商務印書館，1983），卷21，頁285a-c。而李東陽接到此信時，「得書淚下」，見〔明〕焦竑，《玉堂叢語》，〈規諷〉，卷7，頁240。

在宦官把持的朝廷裏，仍然安居於大學士之位，不僅完全沒有毅然辭官的動作，更沒有要與宦官對抗的舉動，毫無羞恥心。正所謂「士大夫之無恥，是謂國恥。」對羅玘來說，情何以堪。事實上，李東陽自己也知道外界是如何地評價他的，他在寫給另一門生喬宇〔註108〕（字希大，號白巖，1457～1524）的信中，即為其自身在「丁卯之禍」後，未能如同劉健與謝遷一般乞休致仕，辯解說：

> 走處身無狀，不能勇決必退，以逃貪冒之譏。夙昔初心，中間時勢，皆希大所深信，而洞燭者無容喋喋。……自逆賊擅權，老奸附和，四三年來，修《會典》者，退降升職，修《實錄》者，擠黜大半，當是時，旁觀坐視，不能救正，咎有所歸。〔註109〕

不論是「誅八虎」事件後，未能與劉健、謝遷般離開朝廷；或是在宦官當權時，也未能對其擅權行為而有所「救正」，都使得李氏遭到外界的非難。而李氏在此書中，雖想得到喬宇的諒解與認同，但顯然並未如願。所以，李氏在另一封信中說到：

> 近兩得書，寒溫外別無一語，豈有所懲，故為是默默者邪？計希大於僕不宜爾，或前書過于自辯，致希大不自安，蓋於希大有不容不盡者，若今道路謗責之言，洋洋盈耳！〔註110〕

從所謂「寒溫外別無一語」，可以想見李喬師生間的關係，已經到了相敬如冰的情況，已非過去往來密切、相互酬唱的關係。而當時社會上充斥對李氏譴責的輿論，更證明身為李氏的門生，在「丁卯之禍」後，承受很大的心理壓力，因此才會不惜說出「請削生門墻之籍」的話來。這同時也顯示出過去一同詩文酬唱的士大夫們，也必定因此事件，彼此間的關係起了微妙的變化，也就是說，不論是被貶謫的一方人生有了重大的變化，另一方也是一樣，承受著與宦官同流的惡名將永遠留在史冊上的壓力，就如同如羅玘所言一般。

〔註108〕陽明與喬宇關係亦密切，如〔明〕王世貞，〈喬莊簡公遺集序〉：「當憲孝朝，海內乂安，人主意不欲競於武，搢紳先生爭致其力於學以報，塞右文至意，而獨長沙李太師（東陽）、石淙楊太保（一清）為之冠，太原喬莊簡公故嘗受經二先生門，稱高弟子，退而與北地李獻吉、越人王伯安相琢磨為古文辭甚著。」收錄在〔明〕喬宇，《喬莊簡公集》，頁 1a-b，隆慶五年刊本（國家圖書館藏）。

〔註109〕〔明〕李東陽，〈答喬希大書〉，《李東陽集》（長沙：岳麓書社，1983），卷10，頁 157。此文應做於正德四年四月之後不久，因為四月《孝宗實錄》才完成。見錢振民，《李東陽年譜》（上海：復旦大學出版社，1995），頁230。

〔註110〕〔明〕李東陽，〈再與喬希宗伯書〉，《李東陽集》，卷10，頁158。

不過，當時仍有些士大夫們並未與羅喬兩人一樣的態度，反而因平時與李氏交情與關係，而寬恕李氏之所為。陽明好友崔銑就曾說到：

> 往西涯公（李東陽）處於劉瑾、張永之際，不可言臣節矣！士惠其私，猶曲貸而與之，幾亡是非之心，景鳴（羅玘）責引大義，願削門人之籍。〔註111〕

所謂「不可言臣節矣」，就是如同羅玘所言「忠赤竭矣」，也就是說李東陽道德觀念的淪喪。而仍有士大夫因為私人的交情因素而原諒李氏，對於崔氏而言，簡直是毫無「是非之心」的作法。值得注意的是，崔氏此語亦顯示出兩個當時重要的現象，一是崔氏本身也是李東陽的學生，而從學生口中說出老師沒有道德觀念的評價，可見李氏門下士仍然有不少人不滿其師的作為；另一則是即使當時是士大夫「幾無是非之心」的景況，仍然有人是秉持道德的觀念，不為流俗所傾倒，隱然存有一「撥亂反正」的伏流在。

陽明對李東陽的態度，亦是從親密走向疏遠。早年李氏與王華之間的關係是密切的，這可從其為王華母親寫祝壽詩的動作中可以看出。〔註112〕此外，《年譜》亦記載當陽明會試落第之時，李東陽親自來安慰鼓勵的事情；〔註113〕而當陽明墜馬受傷，李氏同樣也來慰問。〔註114〕這些事情表明了在「丁卯之禍」以前，李王兩家來往頗多，但之後則是趨於疏遠。例如在李東陽的文集中只有一封回給王華的信，〔註115〕信中針對王華於南京吏部尚書致仕的事，

〔註111〕〔明〕崔銑，〈羅圭峰〉，《洹詞記事抄》（四庫全書存目叢書・子143）（臺南：莊嚴文化，1997），頁92d；又崔銑亦是李東陽的門生，〔明〕焦竑，《玉堂叢語》記云：「崔子鍾好劇飲，每至五鼓，踏月長安街，席地坐。李文正時以元相朝，天微早，遙望之，曰：『非子鍾耶？』崔便趨至輿，拱曰：『老師得少住乎？』李曰：『佳。』便脫衣行觴，火城漸繁，始分手別。」〈任達〉，卷7，頁244；且崔氏也與王陽明、湛甘泉友情交好，從陽明在赴龍場驛途中，曾作詩懷之，即可看出。

〔註112〕〔明〕李東陽，〈王德輝侍郎母壽八十詩，時德輝奉使歸省〉，《李東陽集》，卷3，頁486。

〔註113〕〔明〕錢德洪編，《年譜・弘治五年》云：「明年春，會試下第，縉紳知者咸來慰諭。宰相李西涯（東陽）戲曰：『汝今歲不第，來科必為狀元，試作來科狀元賦。』」收錄在《王陽明全集》，卷33，頁1223。

〔註114〕〔明〕王守仁，〈墜馬行（1499）〉詩有云：「西涯先生真謬愛，感此慰問勤拳情。」收錄在錢明，〈王陽明散佚詩匯編及考釋〉，《浙江學刊》6（2002），頁72。

〔註115〕〔明〕李東陽，〈答南京吏部王公書〉：「恭惟執事齒德並茂，為士望所歸，乃力辭寵榮，必遂其志，蓋合于古大臣之義。而詔旨溫厚，恩禮優渥，尤近時

給予祝賀外，並無一語及陽明被貶謫之事。自此以後，從李東陽文集及王陽明的文集中，絲毫未見有任何往來的跡象。這種不相往來關係，間接表明了兩家人關係的決裂，其箇中原因當然是李東陽在「誅八虎」事件的作為，脫不了干係。而對於陽明自身而言，過去感情交好，在政治上、文壇上有一定地位的座師，如今淪落與宦官們同流合污，這其間巨大的情感落差，必定衝擊其過去所信奉的價值觀念。且在劉瑾等人掌權時期中，多少士大夫官員們，靠著行賄而得美官、超遷等，士風日下，當然更加深陽明對現實的不滿〔註116〕與反省。而這個反省的過程，也是其價值觀念轉變之過程，更是形成陽明一生中心思想的起點。

（二）「一心運時務」的思想架構

當陽明選擇了赴龍場任官後，相較於過去北京時的生活，改變是相當大的，不管是從生理層面，或是心理層面來看。生理層面指的是面對牢獄之災、廷杖、貶謫、泛海歷險到後來居住於貴州地區種種生活上的困難與不便，這些經歷皆非當初上疏前所能料想到的。這些外在生理的改變也漸漸影響到其內在心理的層面，因而調適身心以因應現實環境，成為他初到龍場驛時最重要的事情。例如因為無糧可吃故向當地人學習農事、或是蓋房子來居住、上山砍柴等，完全過著與當地土人一樣的生活。陽明也常常感嘆自己的處境，例如以鸚鵡自況，說到「能言實階禍，吞聲亦何求！」〔註117〕過年時候，觸景傷情，回憶過往在北京的時光，有詩云：「炎荒萬里頻回首，羌笛三更謾自哀。尚憶先朝多樂事，孝皇曾為兩宮開。」〔註118〕這些抒發當時感受的詩文，在在都反映出陽明初到龍場時的苦悶心情。但是，隨著生活逐漸適應，陽明也頗能自得其樂，優游其間，例如有詩云：「絕域煙花憐我遠，今宵風月好誰談？交遊若問居夷事，為說山泉頗自堪。」〔註119〕不過，即使陽明在生活上

所未有。某方廁迹舘閣，間目睹其盛，安得不一致賀于數千里之外乎！」《李東陽集》，卷10，頁144。

〔註116〕例如說有人來請陽明撰寫墓誌銘，陽明遲遲不肯，最後因友人再三勸說及觀其言聽其行後，認為「今之人，惟同汙逐垢，弗自振立，故風俗靡靡至此。」而此人不爾，才為之首肯。見〔明〕王守仁，〈陽朔知縣楊君墓誌銘〉，《王陽明全集》，〈續編三〉，卷28，頁1034。

〔註117〕〔明〕王守仁，〈鸚鵡和胡韻〉，《王陽明全集》，〈外集一〉，卷19，頁700。

〔註118〕〔明〕王守仁，〈元夕二首〉，《王陽明全集》，〈外集一〉，卷19，頁705。

〔註119〕〔明〕王守仁，〈送張憲長左遷滇南大參次韻〉，《王陽明全集》，〈外集一〉，卷19，頁705。

已經沒有適應的問題，其內心卻仍然有其困擾在。之前曾提到，從陽明在獄中所作的詩，可以知道他對當時的橫逆之來，是採取退讓的態度，而其往後的作法也是照著〈明夷〉的卦意而爲。到了龍場，仍然採取這樣的處世態度，例如他在給劉寓生（字奇進，石首人）的詩中，以〈蹇〉卦來勉勵，他說「蹇以反身，困以遂志。今日患難，正閣下受用處也。」〔註120〕這個卦意也曾是陽明在獄中時所認同的。可是，這樣的處世態度究竟要到什麼時候才結束呢？現今處於「明夷」之時，那未來的人生，又是什麼呢？對於這個新的「出處」問題思考，一直盤旋在其心中，所以他在詩中提到：「也知世事終無補，亦復心存出處間。」〔註121〕陽明自認現今無法對國家社會有所貢獻，但是？往後又該如何呢？對此問題，他朝向著兩個方向來思考，一是辭官歸隱，所以此時期的詩文中處處可見其思鄉及歸隱之情，另一方面則有用世之意。例如他以桃花自況，詩云：

> 雪裡桃花強自春，蕭疎終覺損精神。卻慚幽竹節逾勁，始信寒梅骨自眞。遭際本非甘冷淡，飄零須信委風塵。從來此事還希闊，莫怪臨軒賞更新。〔註122〕

所謂「遭際本非甘冷淡，飄零須信委風塵」，隱約地說明自己現今的處境並非是其原本的個性，只不過委身於風塵之中。透露出陽明對於未來仍抱有一絲的希望，只不過說這個希望還不足以讓他毅然而然捨棄歸隱的想法。

陽明對於未來人生方向看法的轉變，是與其針對現實環境所做的思考相關的。鑑於當時士大夫們做出「小人」的行爲，社會是一「小人得志」的社會，因此陽明此時的思考重心是扣緊著如何成爲「君子」的概念，也就是說在現今之時，如何讓「君子」得以行其志。例如說他在〈何陋軒記〉說到：

> 昔孔子欲居九夷，人以爲陋。孔子曰：「君子居之，何陋之有？」……嗟夫！諸夏之盛，其典章禮樂，歷聖修而傳之，夷不能有也，則謂之陋固宜。於後，蔑道德而專法令，搜抉鈎繫之術窮，而狡匿譎詐無所不至，渾樸盡矣！夷之民方若未琢之璞，未繩之木，雖粗礦頑梗，而

〔註120〕〔明〕王守仁，〈贈劉侍御二首〉，《王陽明全集》，〈外集一〉，卷19，頁712。又縣志云：「按：侍御名寓生，石首人，正德初，巡撫貴州。」見〔清〕周作楫修、蕭琯等纂，《道光貴陽府志》（中國地方志集成）（成都：巴蜀書社，2006），〈文徵十三〉，餘編卷13，頁206b。

〔註121〕〔明〕王守仁，〈僧齋〉，《王陽明全集》，〈外集一〉，卷19，頁716。

〔註122〕〔明〕王守仁，〈雪中桃次韻〉，《王陽明全集》，〈外集一〉，卷19，頁714。

椎斧尚有施也，安可以陋之？斯孔子所謂欲居也歟？〔註123〕

陽明自己蓋了一個房子，援引孔子所言「君子居之，何陋之有？」之語，意謂著在這個簡陋的房子裏，住了一位「君子」，正顯示出其夫子自況。而此文末段所言，莫不是針對當時「蔑道德」的情況而發的。陽明除了在此文中，以「君子」自居，在其他文章中，也充斥著他對於「君子」內涵的探究。例如：他討論何謂「君子」？有〈君子亭記〉；何謂「君子的體用」？有〈玩易窩記〉；何謂「君子之行」？有〈遠俗亭記〉；何謂「君子之政」，有〈重修月潭寺建公館記〉等。這樣一而再地討論「君子」意涵的動作，充分表達出其想要做到君子的意圖。但是，要如何做，才能成為「君子」呢？陽明認為一個人之所以不能成為「君子」的關鍵，在於「一己之私」，他曾經回憶說到：

尋謫貴陽，獨居幽寂窮苦之鄉，困心衡慮，乃從事於性情之學。方自苦其勝心之難克，而客氣之易動；又見夫世之學者，率多媢嫉險隘，不能去其有我之私，以共明天下之學，成天下之務，皆起於勝心客氣之為患也。〔註124〕

他認為當時的學者的問題，就是不能去其「有我之私」，所以才不能明天下之學等等，一切問題的根源是「勝心客氣之為患」。所以，去除此「勝心客氣」，即是「君子」。用傳統學術語彙來說，即是去除「私欲」，而陽明採用的方法即是「靜坐」。《年譜》記云：

日夜端居澄默，以求靜一；久之，胸中灑灑。……因念：「聖人處此，更有何道？」忽中夜，大悟格物致知之旨，寤寐中若有人語之者，不覺呼躍，從者皆驚。始知聖人之道，吾性自足，向之求理於事物者，誤也。〔註125〕

所謂「端居澄默」，指的是靜坐工夫，而所謂「靜一」，則是指周敦頤（字茂叔，號濂溪，1017～73）在其《通書》中所言「無欲故靜」的境界，〔註126〕

〔註123〕〔明〕王守仁，〈何陋軒記（1508）〉，《王陽明全集》，〈外集五〉，卷23，頁890～1。

〔註124〕〔明〕王守仁，〈程守夫墓碑（1524）〉，《王陽明全集》，〈外集七〉，卷25，頁943。

〔註125〕〔明〕錢德洪編，《年譜·正德三年》，收錄在，《王陽明全集》，卷33，頁1228。

〔註126〕全文為：「『聖可學乎？』曰：『可。』曰：『有要乎？』曰：『有。』『請聞焉。』曰：『一為要。一者無欲也，無欲則靜虛、動直，靜虛則明，明則通；動直則公，公則溥。明通公溥，庶矣乎！』」見〔宋〕周敦頤，《通書》，收錄在《周

也就是說，陽明透過靜坐工夫，想要達到聖人的本體境界——無欲。而經過一段時間的鍛鍊，陽明也的確達到灑脫的境界，即心中無私欲的拘束。但是，面對當時險惡的生活環境，如何能夠自由自在，無入而不自得，而不會覺得不適應呢？陽明之所以有這個問題，是因爲他並沒有辦法時時都能保持在其所體悟到的灑脫境界，也就是說，「私欲」可以暫時去除，但是無法時時都保持在無私欲的狀態下。所以，陽明反覆思考聖人是如何解決這個問題的，最後，他說「聖人之道，吾性自足，向之求理於事物者，誤也。」這個說法有兩個重點：一所謂「向之求理於事物者」是指朱子的說法，例如陽明早年的讀書之法是受到朱子的啓發，《年譜》記云：

> 一日讀晦翁上宋光宗疏，有曰：「居敬持志，爲讀書之本，循序致精，爲讀書之法。」乃悔前日探討雖博，而未嘗循序以致精，宜無所得；
>
> 又循其序，思得漸漬洽浹，然物理吾心終若判而爲二也。〔註127〕

顯然早年陽明遵循朱子的辦法是無能做到內心與物理合一的境界，但是，值得說明的是陽明對朱子此疏內容的認識，到了龍場之時有更進一步的理解，只要回頭細看朱子此疏，即能明白。疏云：

> 蓋爲學之道，莫先乎窮理，窮理之要，必在於讀書。讀書之法，莫貴於循序而致精，而致精之本，則又在於居敬而持志，此不易之理也。……若夫讀書，則其不好之者，固怠忽間斷而無所成矣！其好之者，又不免乎貪多而務廣，往往未啓其端而遽已欲探其終，未究乎此而忽已，志在乎彼，是以雖復終日勤勞不得休息而意緒忽忽，常若有所奔趨迫逐而無從容涵泳之樂，是又安能深信自得，常久不厭，以異於彼之怠忽間斷而無所成者哉？孔子所謂「欲速則不達」、孟子所謂「進銳者退速」，正謂此也。誠能鑒此而有以反之，則心潛於一，久而不移，而所讀之書，文意接連，血脈通貫，自然漸漬浹洽，心與理會，而善之爲勸者深、惡之爲戒者切矣！此循序致精所以爲讀書之法也。若夫致精之本則在於心，而心之爲物，至虛至靈，神妙不測，常爲一身之主，以提萬事之綱而不可有頃刻之不存者也。
>
> 一不自覺而馳騖飛揚以徇物欲於軀殼之外，則一身無主，萬事無綱，

敦頤集》（北京：中華書局，1990），〈聖學第二十〉，頁 29～30。

〔註127〕〔明〕錢德洪編，《年譜·弘治十一年》，收錄在，《王陽明全集》，卷 33，頁 1224。

雖其俯仰顧盼之間，蓋已不自覺其身之所在，而況能反覆聖言，參
考事物，以求義理至當之歸乎？孔子所謂「君子不重則不威，學則
不固。」孟子所謂「學問之道無他，求其放心而已矣！」者，正謂
此也。誠能嚴恭寅畏，常存此心，使其終日儼然不爲物欲之所侵亂，
則以之讀書，以之觀理，將無所往而不通；以之應事，以之接物，
將無所處而不當矣！此居敬持志所以爲讀書之本也。〔註128〕

朱子前半段在談如何透過讀書來窮理與循序以致精的原因，這也是陽明當時
的認知，即「格物窮理」，所以才有「格竹子」的說法。然後，陽明再進一步
循序讀書，希望達到「心與理會」的境界，但是仍然停留在「物理吾心終若
判而爲二」的階段，而朱子此疏末段所謂的「致精之本則在於心」的說法，
卻未見陽明提起。如今，陽明領略到「格物致知」之旨，才知道「聖人之道，
吾性自足」。顯然陽明已經克服之前的問題，而其克服之道即是「心即理」。
再回到朱子談「致精之本則在於心」的說法，朱子的意思是常存此不爲物欲
侵擾的「心」來應接萬事萬物，自然無不恰當。但是朱子沒有明白解釋如何
常存此不爲物欲侵擾的「心」呢？而陽明對此則提出「心即理」的說法，此
說法即是第二個重點，「聖人之道」，已經具足於每個人的身上，所以不須向
外尋求。但是，何謂「聖人之道」？從當時陽明對「聖人」的看法，可以窺
知一二。當時陽明心中對於「聖人」意象的典型可能是「舜」，因爲「舜」與
陽明當時所處的情況是接近的，而舜並不因爲他本身深處山林與野生動物朝
夕相處，而對其「成聖」有任何的阻礙。例如陽明此時有〈象祠記〉，在記中
針對以象之爲人是爲子不孝、爲弟則傲的，爲什麼還要建祠祀之的問題來討
論「聖人之道」的內容。他說：

君子之愛若人也，推及於其屋之烏，而況於聖人之弟乎哉？然則祀
者爲舜，非爲象也。……而象之祠獨延於世，吾於是益有以見舜德
之至，入人之深，而流澤之遠且久也。象之不仁，蓋其始焉爾，又
烏知其終不見化於舜也？……斯可以見象之既化於舜，故能任賢使
能而安於其位，澤加於其民，既死而人懷之也。……斯義也，吾將

〔註128〕〔宋〕朱熹，〈（甲寅 1194）行宮便殿奏箚二〉，《晦庵先生朱文公文集》，卷
14，收錄在朱傑人等主編，《朱子全書·12》（上海：上海古籍出版社，2002），
頁 668～70。此疏是朱熹上給寧宗，而非光宗，因爲光宗於此年七月五日內
禪給寧宗，朱熹於十一日以趙汝愚首薦，召赴行在奏事。見束景南，《朱熹年
譜長編》（上海：華東師範大學出版社，2001），卷下，頁 1123。

以表於世，使知人之不善，雖若象焉，猶可以改；而君子之修德，

及其至也，雖若象之不仁，而猶可以化之也。〔註129〕

陽明認爲舜最終感化了弟弟象，使其當地的居民得到良好的照顧與管理，而這一切都是因爲舜的德性使然；最後，陽明體悟到假使一個君子能夠修養德性至極處，即使面對像象這樣品行的人，仍然可以感化之。也就是說，所謂的「聖人之道」即是「德性」，而這個德性是每個人原本即具有的，所以不須向外尋求。所以陽明過去在讀朱子讀書之法時，將重點錯置在格物窮理一邊，而沒有著意那「不爲物欲侵擾之心」，也就是捨本逐末。因此，陽明認爲只要時時以那「不爲物欲侵擾之心」爲主，面對事物之來，應之無不恰當。

但是這個「德性」的內容爲何？又該如何「修德」呢？陽明在此所謂的「德性」是「心之德」，又謂之「明德」。陽明在其《五經臆說》中，有一條解釋《易》卦的釋文，談到此「心」的內涵。釋文云：

日之體本無不明也，故謂之大明。有時而不明者，入於地，則不明矣。心之德本無不明也，故謂之明德。有時而不明者，蔽於私也。去其私，無不明矣。日之出地，日自出也，天無與焉。君子之明明德，自明之也，人無所與焉。自昭也者，自去其私欲之蔽而已。〔註130〕

此釋文以太陽爲例，來說明「心之德」的性質。陽明認爲人的「心之德」，就如同太陽一般無不明的，沒有熄滅的一天，其之所以不明，也就如同太陽隱沒於地平線下一樣。也就是說，人的「心之德」被「欲望」所遮蔽，才會不明。所以只要去除此「欲望」，自然能夠使其本身之「明」重現，如同太陽一般。所以君子要自明其「明德」，就是「去其私欲之蔽」，也就是朱子所謂此「心」常爲一身之主。所以能否做到自明其明德，就是「君子」與「小人」的分野處。在陽明赴任廬陵知縣前，當時的提學副使席書（字文同，號元山，1461～1527）曾有與陽明一書，書中曾引述陽明對其所言：

陽明曰：「吾以子爲大人之問，曾耳與目之問乎！天之所以與我者，莫大者心，莫小者耳與目也。子事文業以爲觀聽之美，固未矣！心至大而至明，君子先立其大而不晦其明。開廣居、懸藻鑑，物來能

〔註129〕〔明〕王守仁，〈象祠記（1508）〉，《王陽明全集》，〈外集五〉，卷23，頁893～4。

〔註130〕此釋文解釋「明出地上，《晉》，君子以自昭明德。」〔明〕王守仁，〈五經臆說十三條〉，《王陽明全集》，〈續編一〉，卷26，頁978。

容，事至順應，蘊中爲道德，發言爲文章，措身爲事業，大至參天地贊化育而有餘矣！何以小者爲哉？孔子曰：『女爲君子儒，無爲小人儒。』孟子曰：『從其大者爲大人，從其小者爲小人。』入途不愼，至有君子小人之判，術可不擇歟乎？」〔註131〕

陽明在此書中明白說到「天之所以與我者，莫大者心」，而此「心」的性質是「至大而至明」的。所以一個所謂的「君子」，即必須「先立其大而不晦其明」，也就是自明其明德，如此就可以參贊天地化育。而孔子的「君子儒」、孟子的「大人」，就是靠著這個「心」來做到的。所以說「聖人之道，吾性自足」，指的就是這個「理」即在「心」，但是在此有一隱含的前提，那就是他認爲「聖人也有私欲的」，只不過聖人能夠時時自明其明德，也就是說太陽永不下山。這個前提，是與當時學術界的共識「聖人無欲」的說法是相左的，陽明則認爲聖人有私欲，但因爲靠著「自明其明德」的工夫而達到無私欲的境界。這個前提將會是其往後思想上的盲點，導致他必須說明爲何聖人能夠時時自明其明德，而一般人不能；另一方面，這個「去欲」的工夫要如何做呢？

當陽明體認到這個「聖人之道」時，驗證於《四書》、《五經》，皆能吻合，使他更有信心去闡述這個理論。例如他給貴陽士子的詩有云：「汗牛誰著五車書，累牘能逃一掬餘。欲使身心還道體，莫將口耳任筌魚。〔註132〕」詩前半段即是否定辭章記誦之學，而後半段中所謂「欲使身心還道體」，即是在說明眞正的作法應是去除私欲，而能明自己本身就具有的「明德」，而不是當時所認爲的口耳之學。陽明曾經對這詩末所謂的「筌魚」作解釋，他說：

得魚而忘筌，醪盡而糟粕棄之。魚醪之未得，而曰是筌與糟粕也，魚與醪終不可得矣。《五經》，聖人之學具焉。然自其已聞者而言之，其於道也，亦筌與糟粕耳。竊嘗怪夫世之儒者求魚於筌，而謂糟粕之爲醪也。夫謂糟粕之爲醪，猶近也，糟粕之中而醪存。求魚於筌，則筌與魚遠矣！〔註133〕

〔註131〕〔明〕席書，〈送別王守仁序〉，收錄在〔明〕謝東山、張道纂修，《貴州通志》（四庫全書存目叢書・史 193）（臺南：莊嚴文化，1996），〈藝文・書類〉，卷 11，頁 380d。

〔註132〕〔明〕王守仁，〈給書諸學〉，此詩爲陽明佚詩，收錄在〔明〕王耒賢、許一德纂修，《貴州通志》（日本藏中國罕見地方志叢刊）（北京：書目文獻出版社，1991），〈藝文志・詩類〉，卷 24，頁 619c。

〔註133〕〔明〕王守仁，〈五經臆說序（1508）〉，《王陽明全集》，〈外集四〉，卷 22，頁 876。

陽明以魚、筌、醪、糟粕來說明當時學術界的弊病。他認為儒者所應追求的是魚與醪才是，但是現今的學者卻去求筌與糟粕，根本是弄錯方向。換句話說，陽明認為現今學者在理解這個代表聖人之學的《五經》時，一味地討論外在的形式問題，而不是去探求聖人在此《五經》中所要表達的真意。顯然，從此詩中可以理解到陽明自己認為這個「自明其明德」的說法，正是「聖人之學」的真意。往後，他也以闡揚這個「聖人之學」為己任，所以在其赴任盧陵知縣的途中，再次經過濂溪祠，有詩云：

> 曾向圖書識面真，半生長自愧儒巾。斯文久已無先覺，聖世今應有逸民。一自支離乖學術，競將雕刻費精神。瞻依多少高山意，水漫蓮池長綠蘋。〔註134〕

所謂「曾向圖書識面真」，意思是過去讀周敦頤的書時，感覺好像理解其真意了，但事實上不然，也就是說，陽明直到現今才真正體會周氏的意旨。另外悔恨其早年弄錯學術的方向外，更重要的如今將自己比喻為道（斯文）的先覺、聖人時代的逸民，也就是說他自認他自己已經掌握「聖人之學」。

　　陽明因為目睹當時士大夫的無恥行徑，開始思考為什麼這些人的作為與其平日相較，大相逕庭呢？尤其是平日奉若神明的聖賢教訓，在當時文壇與政壇有著崇高地位的李東陽身上，更顯的諷刺無比。除了李氏的作為震撼了陽明，當時士大夫們袖手旁觀的態度，更令他心寒。是什麼因素造成這種毫無是非觀念以及小人得志的情況？陽明一方面對於政治上小人得志的情況深感不滿，思索著如何成為「君子」。他認為其中的癥結點在於能否「去除私欲」。另一方面，對於如何能夠像聖人舜一樣，處在山林之中，依然可以自由自在。陽明透過對朱子思想的反省，體認到聖人也只是靠著那「心之德」來應萬物的，而此「心之德」也原都具足於每個人身上，其間的差別在於聖人能時時去除私欲，一般人則不能。所以說不論是成為君子或是聖人，其必要條件都是那「無私欲」的「心」。靠著這個「心」，即能應接萬事萬物，而這也是陽明往後「一心運時務」架構的基礎理論。

小　結

　　從王華與陽明的會社網絡來看，可以發現在王華那個時期的會社活動內

〔註134〕〔明〕王守仁，〈再過濂溪祠用前韻〉，《王陽明全集》，〈外集一〉，卷19，頁718。

容，一方面逐漸脫離程朱思想的牢籠，從對傳統經典的探討，開始有一些不同的學術意見出現。這些意見也間接地影響到陽明，使其在反省傳統學術思想時，能夠比當時一般的士人更沒有思想的羈絆，而能獨立地思考儒家思想中的關鍵概念。另一方面，由於會社內容不僅僅於討論學術議題，對於所謂一個人「德業」的關注，也是當時相當重要的議題。而這種要求「道德」的聲音，在往後陽明所參與的會社活動中，卻幾乎未見類似的內容。這顯示出陽明所處的學術風氣，大體上走向詩文辭章之學，而對於儒家傳統所極力表彰的君子「德性」，卻流於口耳之學。在這樣的學術氛圍下，當士大夫們遇到利益交關之時，自然也就不可能對「道德」有所堅持了。從正德元年所發生的「誅八虎」事件中，乃至於往後朝局的發展，都無不驗證這樣的社會現象：沒有「道德」觀念，也就沒有是非的存在。因此，遠在千里之外龍場的陽明，站在一個「小人得志」與「君子道消」的環境之外，思索著該如何讓每一個人都是「君子」，而非「小人」？

　　陽明對如何成為「君子」的問題之探索，是有感於現實政治情況而發的。他認為所有問題的根源在於每個人的「私欲」上，是大夫們因為無法克除私欲，才導致「丁卯之禍」。而陽明認為當時學界所認知的外在的道德規範事實上只能喝止私欲的蔓延，並無法根本地祛除私欲；而宋儒的靜坐的方法也只能達到一時的灑脫境界，而會有私欲再度叢生的問題。最後，經由「舜」這個聖人的所作所為的啟發，促使陽明體認到聖人與人都具有「明德」，只不過差別在於聖人時時去其私欲而能自明其明德，但一般人則無法時時祛除私欲，導致「明德」被遮蔽。而一個被遮蔽明德的人就是小人，所以，要成為君子的關鍵就在於祛除私欲。而陽明從朱子的思想出發，透過對其讀書法中「格物致知」概念的重新理解，體認到所謂的「心即理」的說法。他認為只要能夠保持那「不為物欲侵擾的心」，即能以此「心」，來應接事物，所以工夫應該在如何去除私欲的方面做。而從事後他對「格物致知」的說法，可以知道「格物」是「去其心之不正」。所以，所謂「自明明德」是與「去其心之不正」同時發生的，一旦能去其心之不正，即能自明明德，也就是所謂「知行合一」的工夫。陽明認為透過這個工夫論，即能成為「君子」，也就可以經綸天下。

第二章　「聖人之學」是「心學」

　　本章主旨在說明陽明回到北京任官後，如何開展「一心運時務」的思想架構，並且進而在南京時提出「聖人之學即是心學」的轉變過程。這包括幾個面向的討論：一是陽明如何向世人說明他「一心運時務」的思想架構？而這個思想架構的理論及學術脈絡爲何？陽明如何宣揚此理論的？宣揚的過程中，碰到什麼樣的問題？二是陽明爲何要在南京時提出「聖人之學即是心學」的說法？其提出的動機何在？而此說法又帶來什麼樣的後果？陽明又是如何去說服當時學術界接受此說法的？

　　全盤思考此「聖人之學是心學」說法的出現，必須扣緊此說法的現實因素。而觀察此現實因素，可從兩方面切入：一是政治社會環境方面。一個學說的出現，不但反映出提出學說之人當時所處的國家社會環境，也顯示出此學說是否具有解決當時種種問題之可能性。因此，必須透過當時的現實狀況，才能理解此說法的意義。而陽明之所以從「一心運時務」的思想架構轉變到「聖人之學是心學」，就意謂著現實環境的轉變，使其不得不提出相應的說法。二是學術界的反應。對於國家社會現實狀況的看法，不管是前人或是時人，都會提出一套論述，並不僅僅於陽明一人獨有而已。所以，在眾多的論述之中，如何讓當時的學術界，接受其說法是可行的，是陽明最重要的問題。其中的關鍵點有二：一是能否提出一套具有學術源流意識的理論根據，也就是說，不管是「一心運時務」的思想架構，或是「聖人之學是心學」，都必須與古聖先賢的說法若合符節的。這不僅僅在思想材料上必須援引孔孟以來的經典，在思想體系上亦必須面對當時的學術主流。也就是說，如何論證程朱思想無法解決現實問題的原因，而其說法可以的原因。二是其說法的可行性

如何展現？用傳統語彙來說，是否具有「變化氣質」的功效或是「儒者之效」呢？而這個效用，不但必須滿足於個人的需要，也必須滿足國家社會的需要，否則此效用就是有侷限性的，也就不是儒家所謂可以「參贊天地化育」的學說。

一、時代的需要：君子之學

　　陽明回到北京之後，面對著一個新的朝局變化，那就是權傾一時的宦官劉瑾被處死（正德五年八月）。表面上來看，劉瑾勢力的倒臺，似乎意味著小人失勢、君子道長時期的到來，所有是非倒置的狀況即將被倒轉，被毀壞的道德秩序又可以重新恢復。但實則不然，因為劉瑾被殺，不僅沒有釐清是非的價值，也沒有君子道長的情況發生；相反地，卻是是非價值更加地混亂，沒有一套確實的是非標準來衡量當時的現實環境。在上一章，已經提到陽明「一心運時務」的思想架構，是從政治上以及學術上兩方面思考所得出的。而政治上的思考中心即是如何成為「君子」，所以當其回到北京時，自然高舉「君子之學」，就是為了要撥亂反正，而這也是他在北京時期的作為。所以，要釐清陽明在北京時的作為與思想，就必須從劉瑾倒臺後的朝局變化來理解。

（一）後劉瑾時代：主政者對「君子」的打壓

　　當陽明蟄伏於龍場之時，明朝政府在宦官劉瑾等人掌握朝政大權的情況下，不但不能解決成弘時期以來國家社會所面臨的問題，反而逐漸毀壞其既有的基礎。因此，在政治上各種顛倒成憲的作法，屢見不鮮；而在社會上，由於宦官們強征豪斂的緣故，使得人民無法安居樂業，各地盜匪蜂起，治安亮起紅燈，社會秩序走向崩解之地。身居國家中流砥柱地位的士大夫們，其中有些人因追求權力，甘為宦官們的馬前卒；又有些人選擇靜默不語或是隱遁山林，更助長國家局勢的惡化，而這就是陽明回到北京之時所面臨的政治情勢。正當陽明回到北京時，劉瑾被殺，故其所身處的政治朝局，為一「後劉瑾的時代」。在這個時代中，包括陽明在內士大夫官員們所要面對的就是劉瑾當政時期所遺留下來種種政治社會道德等問題。因此，如何因應這些問題，並進而解決，成為當時各方關注的焦點。

　　劉瑾當政之時，各種倒行逆施的作為，罄竹難書，於此不能一一說明。但是，有一點卻是值得關注的，那就是當劉瑾被殺後，如何評價劉瑾當政時

士大夫們的態度與行為，而這將成為往後解決國家種種問題的核心。因為這牽涉到是非善惡價值的標準，假如這個標準無從建立或恢復，甚至沒有的話，將導致國家的運作失去合法性，國家也因之喪失存在的依據。回顧劉瑾當政的時期，劉瑾為了能夠穩固地掌握權力，故開始變亂明代建國以來為了政治運作所設計的種種成法。但這些作為並非宦官們可以獨力完成的，故需要外廷士大夫官員的合作，為其作為張目及支持。劉瑾因而透過軟硬兼施的手法，吸引一些官員與之合作，而這些人在其失勢後，其過去種種的作為都將受到攻擊及懲戒。因此，就當時的政治情況而言，不論是劉瑾當政之時或是失勢之後，「政治清洗」的工作總是緊接著進行的，只不過不同之處在於清洗對象的互換。而在劉瑾被誅之後，「政治清洗」的工作分成兩個方向來進行，一是對於劉瑾一黨做出種種不同程度的懲戒，另一方面，針對過去曾遭到劉瑾迫害的人，予以復職及補償，「以旌直風」，[註1] 彰顯「君子」的價值。不過，這樣的「政治清洗」工作是很表面的，舉例來說，如何確定某人是否為「瑾黨」呢？如果身居要職，卻未能於劉瑾當政時提出諫言，是否也算是黨劉呢？如果不是為劉瑾所迫害而是其他宦官所迫害的人，是否應該予以復職或補償呢？如果應該的話，那麼迫害之人是否應該受到懲罰呢？這一連串有關正義與非正義的問題，都牽動當時政治情勢的發展，而任何賞罰命令的發佈，也都在訴求或搖動傳統的價值觀念。殊不論其結果為何，可以想見的是，劉瑾被殺後，政治倫理勢必有一番重新清理的過程，但可以確知的是已不可能回到劉瑾當政之前的情形了。

　　劉瑾被殺後的一段時間，雖說朝局瀰漫著「君子道長」的氣氛，但是除了劉瑾一黨被殺及貶謫之外，政治情勢的實質情況並未有任何重大的改變。例如當初的「八虎」，多數仍安居其位，而內閣中曾與劉瑾合作的大學士李東陽也並未受到影響，雖然他屢次提出退休之請。這樣的政治情勢必引起官員間的議論，如羅洪先（字達夫，號念庵，1504～64）在為張芹（字文林，號歉菴，1466～1541）所寫的墓誌銘中說到：

> 正德初，韓忠定（文）率部院大臣伏闕請誅近閣八黨，當是時，武皇
> 帝將行遣，輔臣有狃於閣者密泄之，竟敗計。不四年，而閣瑾之禍徧
> 天下。及瑾誅，輔臣又將論功臕子，南京監察御史張公（芹）聞之，

〔註1〕 〔明〕孫緒，〈馬東田漫稿序〉：「瑾誅後，嬰禍者類擢不次，以旌直風。」《沙
　　　　溪集》（文淵閣四庫全書·集 1264）（臺北：商務印書館，1983），卷1，頁 493d。

－61－

上疏曰：「李某者（東陽），顧命大臣，當與陛下同休戚者也。方劉瑾亂政，既不能防微杜漸，又不能力與之爭，顧降禮屈辱，且爲草制，語極褒美，遂使驕橫恣肆，荼毒天下，其罪已不可贖，乃冒他人功受恩賞，他日何以見先帝哉？竊見國家大臣正直者多不容於瑾方得志之時，奸邪者多見黜於瑾已伏誅之後，惟某始終無恙，臣不知其何善爲身謀若此也。」疏入，輔臣持之，涕泣不能辨。〔註2〕

此說法一方面再次證明了李東陽與劉瑾合作導致「誅八虎」計畫的失敗，另一方面則說明了瑾誅前後的朝局氛圍，所謂「正直者多不容於瑾方得志之時，奸邪者多見黜於瑾已伏誅之後」。這當中大學士李東陽的立場尤其顯得尷尬，究竟他是否應屬劉瑾一黨呢？該爲劉瑾亂政負起責任嗎？故其出處問題亦是當時士大夫間爭論的焦點。但是在當時，像這樣公開批判的聲音畢竟是少數的，〔註3〕主要的原因在於當權者實際上並無太大的更動，尤其是對言官們的掌控，依然箝制著士大夫們的一言一行。如鄭岳（字汝華，號山齋，1468～1539）爲林俊（字待用，號見素，1452～1527）所寫的行狀中提到：

瑾雖誅而張永繼用事，公復上疏請上還內宮擇取宗室養于別宮，收用先朝舊臣劉健、謝遷、林瀚、王鏊、韓文以修復舊政，并繳上前〈請誅瑾疏〉。又言：「瑾雖死，權柄猶在宦豎，且本朝王振之後，保無振也而有吉祥，祥之後，保無祥也而有劉瑾，安知後無復瑾者？」其意隱然有所指。詞旨劃切，大忤左右用事者。〔註4〕

林俊要求收用過去被斥的臣子們，並且暗指宦官掌權的問題，正是明白反映當時的政治情勢並無太大的改變，權力中心仍在所謂「左右用事者」手中，也就是宦官。因此，可以想見，以陽明過去因營救言官而被貶的經歷，即使

〔註2〕 〔明〕羅洪先，〈明故中奉大夫等處承宣布政使司右布政使歉齋張公墓志銘〉，《羅洪先集》（陽明後學文獻叢書）（南京：鳳凰出版社，2007），卷22，頁877～8。

〔註3〕 如王鏊在劉瑾伏誅後，寫信給韓文，信中說到：「事變倉卒，眾皆愕眙，世之君子，各務自全，莫肯相援，甚者推咎於人以自解。某誠不佞，憤不自制，忘身直前，而力寡謀淺，不能少裨萬分之一，心竊愧之。蓋起事之初，志同許國，則禍患之至，義無獨殊，而當事之人，莫究本末，榮辱頓殊，此某所以惓惓而不能舍，雖公之心未嘗有望於僕，僕之心終不能無愧於公。」見〈與韓尚書〉，《震澤集》（文淵閣四庫全書·1256）（臺北：商務印書館，1983），卷36，頁520b。

〔註4〕 〔明〕鄭岳，〈故榮祿大夫太子太保刑部尚書見素林公行狀〉，《山齋文集》（文淵閣四庫全書·1263）（臺北：商務印書館，1983），卷14，頁87a-b。

在瑾誅之後，雖說予以復職或升官，但要想在仕途上有所發揮，卻也是時不我予，這當然是其與宦官間的緊張關係有關。

在掌權宦官的眼中，面對過去所謂的「政治受難者」，此時自然無法對其有任何公開且明顯的政治打壓動作，但也對這些人存在深以為憂，深怕那天再來一次「誅八虎」計畫，其結果則是未定之天了。而想要打壓或去除這些所謂的「政治受難者」，最簡單的政治操作即是將這些人的「受難」正當性，透過各種手段予以抹殺或消滅，甚至將其引為同路人，如此一來，這些「政治受難者」的光環也就黯淡無光。非常恰巧地，在陽明身上也有類似情事的發生，《明實錄》記云：

> 書辦官劉淮，以瑾黨繫獄，詞連原任戶部尚書致仕顧佐、刑部尚書致仕屠勳、刑部尚書韓邦門（問）、南京吏部尚書致仕王華、刑部右侍郎致仕沈銳、先布政使降兩淮運司同知陸珩等，皆嘗託淮行賄于瑾者。命各巡按御史逮治，俱贖杖釋遣。〔註5〕

首先，此賄賂情事被揭發的時間點相當重要，為正德六年夏四月，陽明此時正好任官於吏部驗封清吏司，擔任主事一職，回想當年誅八虎計畫的起草人李夢陽，其官職亦是戶部主事，可以說陽明此時亦是在權力的核心之中。第二，被揭發之人大多是已致仕在家，而非劉瑾當政時在朝為官。按照常理來說，既已行賄劉瑾，似應得美官才是，但是此時卻相反地致仕在家，豈不怪哉？再分析此賄賂名單，如顧佐（字良弼，別號簡庵，1443～1516），〔註6〕代韓文為戶部尚書，因不願幫助劉瑾而上疏乞歸；又如屠勳（字元勳，1448～1516）因為不願配合劉瑾而求去；〔註7〕韓邦問（字大經，號宜庵，1442～1530）不與劉瑾來往；〔註8〕又如王華，雖其子陽明上疏被逮，仍不願奔走其門，〔註9〕且其行

〔註5〕　《明實錄‧武宗實錄》，卷74，頁1634～5。

〔註6〕　顧佐的性格是剛正不阿，如《玉光劍氣集》記云：「都御史顧佐歷尹兩京，剛正不撓，貴戚斂手。」見〔明〕張怡，《玉光劍氣集》，〈臣謨〉，卷2，頁54。

〔註7〕　〔明〕顧清，〈故刑部尚書致仕東湖屠公勳行狀〉：「丁卯，陞刑部尚書，時逆瑾用事，乞奏請必先關白。公執不從，曰：『如此，是二君也。』瑾用是銜，而公亦力求去。」收錄在〔明〕焦竑，《國朝獻徵錄》，〈刑部一‧尚書〉，卷44，頁1846c。

〔註8〕　〔明〕謝丕，〈榮祿大夫刑部尚書謚莊僖韓公好（邦）問墓誌銘〉：「正德丙寅，陞南京大理寺卿。戊辰，陞刑部左侍郎。時逆閣劉瑾惡不通欵，陞刑部尚書致仕。欲假他事中傷，而卒不能有所加。」收錄在〔明〕焦竑，《國朝獻徵錄》，〈刑部一‧尚書〉，卷44，頁1847d。

賄劉瑾之情事，筆者於陽明文集中，未見相關的記載。〔註10〕但殊不論此簿籍所載行賄事的眞假與否，在瑾誅之後的朝局裏，任何跟劉瑾相關的事情，都將會被用放大鏡來檢視，更何況王華過去曾經有被檢舉「行賄」的紀錄在。〔註11〕也因此，對於王華行賄與否，自然就成爲當時街頭巷議所談論的話題，直至王華身歿之後，仍因爲此事而無法順利得到封贈。〔註12〕陽明也因其父蒙受不白之冤而欲上疏辯解。楊一清（字應寧，號邃菴，又號石淙，1454～1530）記云：

> 有以其同年友事誣毀之者。人謂公當速白，不然且及罪。公曰：「是爲能浼我？我何忍訐吾友？」後伯安復官京師，聞士夫論及此，將疏辯於朝。公馳書止之。〔註13〕

此「同年友事」，不知所指爲何？但是從一連串有關王華事件的揭露及陽明的反應來看，顯然事件的背後有人刻意操作，其間深意不言可喻，主要是針對陽明而來的。而處在一個「政治受難」正當性被質疑的環境下，陽明的心情也就不難體會了，故他在給親戚的信中說到：

> 書來勸吾仕，吾亦非潔身者，所以汲汲於是，非獨以時當斂晦，亦

〔註9〕 〔明〕焦竑，《玉堂叢語》：「王華才識宏達，操持堅定。方賊瑾用事，士大夫爭走其門，華獨不往。華子守仁論瑾，瑾怒，逐守仁。顧素敬慕華，不輒遷怒，間以語人，欲諷使就見，華不往。及轉南京，瑾又使人言華不久當召用，冀得往謝，華竟不往。其平生大節如此。」〈方正〉，卷5，頁160。

〔註10〕 筆者只見到一條說法，〔明〕徐三重（字伯同，號鴻州）記云：「當瑾擅橫時，公（陽明）父吏部曾行賂於瑾，事絓獄詞，而公疏與之梗，殆父子異趣。」見《採芹錄》（文淵閣四庫全書・867）（臺北：商務印書館，1983），卷4，頁417c。此記說到王華賄賂劉瑾的時間是在其任南京吏部尚書之時，由於史料的限制，無法做更進一步的確認。

〔註11〕 《明實錄・武宗實錄》：「（正德元年九月）南京十三道御史李熙等以災異條陳十事：……五曰謹天戒以黜不職，吏部侍郎張元禎矗求入閣，禮部侍郎王華諱名首賂。」卷17，頁516～7。又記云「癸巳，禮部左侍郎王華以御史李熙等劾其諱名首金，乞爲究竟其事，洗滌冤憤，然後罷歸田里。有旨，華事情已白，其勿辯，可盡心所職。」頁521。

〔註12〕 如陽明在〈乞恩表揚先德疏（1522）〉云：「竊念臣父始得暗投之金，若使其時秘而不宣，人誰知者。而必以自首，其於心跡，可謂清矣。乞便道省母，於既行祭告之後，其於遣祀之誠，自無妨矣。當時論者不察其詳，而輒以爲言。臣父蓋嘗具本六乞退休，請究其事。當時朝廷特爲暴白，屢賜溫旨，慰諭勉留，其事固已明白久矣！乃不意身沒之後，而尚以此爲罪也，臣切痛之。」《王陽明全集》，〈續編三〉，卷28，頁1018。

〔註13〕 〔明〕楊一清，〈海日先生墓誌銘〉，收錄在《王陽明全集》，〈世德紀〉，卷38，頁1389。

以吾學未成。歲月不待，再過數年，精神益弊，雖欲勉進而有所不

能，則將終於無成，皆吾所以勢有不容已也。但老祖而下，意皆不

悅，今亦豈能決然行之！徒付之浩歎而已！〔註14〕

從信中可以知道陽明有信給餘姚老家家人，且表明歸隱之意，其理由有二：
一是「時當斂晦」，二是「吾學未成」。由陽明寫信的時間來看，正當其任吏
部驗封清吏司主事之時，其時的長官爲楊一清，而陽明與其感情交好，〔註15〕
沒有理由要致仕回鄉。信中所謂的「時當斂晦」，除了一部份的原因是指外人
對其父的指指點點外，還有就是朝局又回到劉瑾當政時一樣，陽明給父親信
中說到：

大臣趨承奔走，漸復如劉瑾時事，其深奸老滑甚於賊瑾，而歸怨於

上，市恩於下，尚未知其志之所存終將何如？〔註16〕

另外，則是因爲朝廷無法有效處理國家所發生的危機。例如他在給父親的信
中說到：

河南賊稍平，然隱伏者尚難測；山東勢亦少減，而劉七竟未能獲；

四川、諸江西雖亦時有捷報，而起者亦復不少。至於糧餉之不繼，

馬疋之乏絕，邊軍之日疲，流氓之愈困，殆有不可勝言者。而廟堂

之上，固已晏然，有坐享太平之樂。自是而後，將益輕禍患，愈肆

盤游，妖孽並興，讒諂日甚，有識者復何所望乎！〔註17〕

信中提及到各地盜匪四起的情形，〔註18〕起因於劉瑾當政時，透過各種方式
向官員收賄，致使地方官員轉而苛斂百姓，而百姓無力繳納，便群聚爲匪，
導致各地盜匪叢生，剿不勝剿，國家財力已不勝負荷。而當時的主事者則全

〔註14〕〔明〕王守仁，〈寄諸用明（1511）〉，《王陽明全集》，〈文錄一〉，卷4，頁147
～8。

〔註15〕陽明晚年回憶道：「先生（楊一清）之在吏部，守仁常爲之屬，受知受教，蓋
不止於片言一接者。」見〈書同門科舉題名錄後（1524）〉，《王陽明全集》，〈續
編三〉，卷28，頁1023。

〔註16〕〔明〕王守仁，〈上父親大人書〉，收錄在〔清〕卞永譽，《式古堂書畫彙考》，
卷25，無頁數，民國10年（1921）江都王氏鑑古書社影印本，傅斯年圖書館
藏。此信爲陽明佚文，考證詳後〈附錄〉。

〔註17〕〔明〕王守仁，〈上大人書一（1511）〉，《王陽明全集》，〈補錄〉，卷32，頁
1209。

〔註18〕如〔明〕陳洪謨，《繼世紀聞》記云：「劉瑾既誅。……劉瑾流毒尚在，天下
盜賊蜂起，而朝政乖宜，賞罰未當。山東、河南、江西、四川諸處，盜賊並
起，而天下不勝煩擾矣。」（北京：中華書局，1997），卷3，頁89～90。

然沒有顧及到這些事情，這對一直懷有經國之志的陽明而言，〔註 19〕無乃痛心疾首，才會絕望地說「有識者復何所望乎？」因此，不論從個人感受乃至於國家時事，陽明都沒有看到一點點希望，直至正德九年（1514）升任南京鴻臚寺卿時，仍有歸隱之志。因此友人董玘（字文玉，號中峯，1483～1546）才會在給陽明信中說：「南都視滁，雖覺少煩，鴻臚多暇，實育德之地，歸計宜可暫止也。」〔註 20〕

處在「後劉瑾的時代」，自認為「君子」的陽明此時不但沒有一展長才的機會，反而遭受政治上的打壓。這對於曾經激憤上疏而貶謫萬里之外的陽明而言，不但深刻地瞭解到官場的現實與黑暗，也意識到劉瑾一人的伏誅，並不能夠使政治趨於清明之境，因為國家根本的問題仍未解決。而這個根本問題在陽明看來，關鍵則是在於「道德價值」的倒置。例如他在給黃綰（字宗賢，號久庵，1480～1554）的詩中，論及到古代與現代之所以不同的原因時，詩云：

> 古人戒從惡，今人戒從善。從惡乃同污，從善翻滋怨。紛紛嫉媚興，
> 指謫相非訕。自非篤信士，依違多背面。寧知竟漂流，淪胥亦污賤。
> 卓哉汪陂子，奮身勇厥踐。拂衣還舊山，霧隱期豹變。嗟嗟吾黨賢，
> 白黑匪難辯！〔註 21〕

詩中明確地說到當時士人的價值觀念與過去有很大的不同，其中又以是非善惡觀念倒置為要，而此倒置的根源又起因於時人沒有清楚地瞭解到「公」與「私」的分別。最後不但勉勵黃綰要等待時勢的轉變，也強調說是非黑白是不難分辨的。又他為湛若水父親所寫的墓表，開頭即說道：

> 嗚呼！聖學晦而中行之士鮮矣！世方奔阿為工，方特為屬，紛縱倒

〔註 19〕 例如陽明自己在廬陵時有詩云：「萬死投荒不擬回，生還且復荷栽培。逢時已負三年學，治劇兼非百里才。身可益民寧論屈，志存經國未全灰。正愁不是中流砥，千尺狂瀾豈易摧！」見〔明〕王守仁，〈游瑞華二首·其二〉，《王陽明全集》，〈外集二〉，卷 20，頁 720；又友人王雲鳳在〈聞伯安自貶所召至京〉詩中說到：「一別天涯經幾載，多憂應是不勝癯。朝陽曾覩岐山鳳，明月遙歸合浦珠。報國心勞難措手，在堂親老莫捐軀。年來學到今何得，可寄微言滿紙無。」以周公及孟嘗來期許陽明，見〔明〕王雲鳳，《博趣齋藳》（續修四庫全書·集 1331）（上海：上海古籍出版社，1995），〈近體〉，卷 11，頁 178b。

〔註 20〕 〔明〕董玘，〈與王伯安〉，《中峰文選》，〈雜著〉，卷 3，頁 14a，明刊本（傅斯年圖書館藏）。

〔註 21〕 〔明〕王守仁，〈贈別黃宗賢〉，《王陽明全集》，〈外集二〉，卷 20，頁 724～5。

置，孰定是非之歸哉！〔註22〕

從這個感嘆中，可以知道陽明認爲因爲「聖人之學」的晦暗不顯，鮮有中行之士，才會導致當時士大夫們的行徑之無恥及無是非。以上兩個說法不但反映出陽明當時所認知到的環境是一個沒有人可以去制訂是非標準的時代，也就是沒有人堪足以爲「君子」的楷模。因此，爲了因應這樣的現實環境，陽明汲汲於訴說他的「君子之學」的理論。在此，筆者要附帶說明的是從李東陽的弟子們及林俊和陽明的說法來看，那股「撥亂反正」的伏流，在劉瑾死後，浸浸然有浮現台面上的趨勢，而往後陽明的這套思想受到士大夫的注目，也是因應這個趨勢所致。

（二）「君子之學」的工夫：明其心

陽明的「君子之學」是針對當時道德觀念淪喪的現象而來，是以「是與非」、「公與私」、「義與利」等傳統儒家的課題爲其思考重心。這些課題理論與修養工夫，事實上，皆已經有一套陳說在了，因此，陽明要宣揚其「君子之學」的理論時，就必須重新去衡定舊說，以凸顯與其新說間的不同，接著才是闡述其新說的功效。

陽明首先對於當時士大夫們腦海中所認知到的「學」，提出其不同的意見。他認爲當時所謂的「學」，已成爲「口耳之學」了，並不能體認到聖賢所要傳達的意旨，這在龍場時就已經有的想法。陽明在給張邦奇（字常甫，號甬川，別號兀涯，1484～1544）的序中說到；

> 某（陽明）曰：「工文詞，多論說，廣探極覽，以爲博也；可以爲學乎？」常甫曰：「知之。」「辯名物，考度數，釋經正史，以爲密也；可以爲學乎？」常甫曰：「知之。」「整容色，修辭氣，言必信，動必果，談說仁義，以爲行也；可以爲學乎？」常甫曰：「知之。」曰：「去是三者而恬淡其心，專一其氣，廓然而虛，湛然而定，以爲靜也；可以爲學乎？」常甫默然良久，曰：「亦知之。」某曰：「然，知之。古之君子惟有所不知也，而後能知之；後之君子惟無所不知，是以容有不知也。夫道有本而學有要，是非之辯精矣，義利之間微矣，斯吾未之能信焉！曷亦姑無以爲知之也，而姑疑之，而姑思之乎？」〔註23〕

〔註22〕〔明〕王守仁，〈贈翰林院編修湛公墓表（1512）〉，《王陽明全集》，〈外集七〉，卷25，頁939。

〔註23〕〔明〕王守仁，〈別張常甫序（1511）〉，《王陽明全集》，〈文錄四〉，卷7，頁230。

陽明不認為當時學界認知的「文詞論說」、「名物度數」、「談仁說義」等方面的道理，是士子們所從事的「學」。原因在於他認為過去的聖賢君子因為不瞭解天地間的道理，故汲汲追求，身體力行，才能知道一些我們現今所習以為常的「學」，但如今因為我們太習以為常了，反而不能夠真正理解這些「學」背後的意涵。因此陽明希望能夠回到「學」的起點，把自己當作古人一般，重新體認這些「學」的真意。陽明此段話有其深意在，主要是與張邦奇所主張程朱正學的學術背景有關，〔註 24〕所以其言外之意是現今之人除了重複程朱學者的話頭之外，並未能夠真正體認這些「學」的內涵，也因而不能理解所謂「是與非」、「義與利」等道德觀念間的毫釐之別。為了真正地瞭解過去聖賢所體認到的道德規條，就必須重新走過聖人的體認之路，也才能知道這些「學」的意涵。而陽明對聖人所認知到的「學」的看法，具體展現在給講學友湛若水（字元明，號甘泉，1466～1560）的贈別文中。他說：

> 顏子沒而聖人之學亡。曾子唯一貫之旨傳之孟軻，終又二千餘年而周、程續。自是而後，言益詳，道益晦；析理益精，學益支離無本，而事於外者益繁以難。蓋孟氏患楊、墨；周、程之際，釋、老大行。今世學者，皆知宗孔、孟，賤楊、墨，擯釋、老，聖人之道，若大明於世。然吾從而求之，聖人不得而見之矣。……而世之學者，章繪句琢以誇俗，詭心色取，相飾以偽，謂聖人之道勞苦無功，非復人之所可為，而徒取辯於言詞之間；古之人有終身不能究者，今吾皆能言其略，自以為若是亦足矣，而聖人之學遂廢。〔註 25〕

首先，陽明開宗明義地說「顏子沒而聖人之學亡」，一方面表明真正的聖人之學是顏子之學，傳承的內容應是曾子所說的「一貫之旨」，一直傳到周程二人；另一方面說明自周程以後，由於著重於言語文字，反而造成「不見道」的情況，不但如此，現今的學者也認為「聖人之道」勞苦無功，並非常人可以做到的，所以只能在言詞上論證，實際上並無真正地實踐。陽明這個說法，不但深刻地說明當時學者的問題，就是外表上是聖人，但內心卻是魔鬼。所以陽明認為當今最重要的事，即是在重新體現「聖人之學」的精義，並且予以

〔註24〕 縣志記云：「邦奇之學，以程朱為宗，與王守仁友善，而語每不合。」見〔清〕錢維喬修、錢大昕纂，《鄞縣志》（上海：上海古籍出版社，1997），〈人物〉，卷15，頁319c～20a。

〔註25〕 〔明〕王守仁，〈別湛甘泉序（1512）〉，《王陽明全集》，〈文錄四〉，卷7，頁230～1。

實踐，想當然耳，陽明即是掌握此「聖人之學」的人。而陽明在給黃綰的序文中，則具體地說明他所謂「聖人之學」的內容，他說：

> 君子之學以明其心。其心本無昧也，而欲爲之蔽，習爲之害。故去蔽與害而明復，匪自外得也。心猶水也，污入之而流濁，猶鑒也，垢積之而光昧。孔子告顏淵「克己復禮爲仁」，孟軻氏謂「萬物皆備於我」、「反身而誠」，夫己克而誠固無待乎其外也。世儒既叛孔、孟之說，昧於《大學》「格致」之訓，而徒務博乎其外，以求益乎其內，皆入污以求清，積垢以求明者也，弗可得已。〔註26〕

之前陽明曾經對黃綰說到「白黑匪難辯」，而陽明此文即是談如何去分別義利是非。陽明此文有三個要點：一是所謂的「君子之學」，其宗旨即在於「明其心」，也就是龍場所悟到「心即理」的說法。二是這個「君子之學」的學術源流與上述其對湛若水的說法是一致的，並且強調「己克而誠固無待乎其外」，也就是說一個人只要去除私欲，不須向外尋求其本身就已具有的「誠」。三是現今學者錯認《大學》「格物致知」的涵意，違背孔孟的教旨，才導致下手工夫用錯地方，因而欲求「君子之學」是不可得的。將陽明這三個說法，放當時的學術氛圍中，深具革命精神。因爲如果按照當時士大夫們的理解，君子之學首要工作絕非是「明其心」，而是「復義理之性」；又當時對「心」的說法是有「人心」、「道心」之分的，「道心」當然無昧，但「人心」又怎麼會「本無昧」呢？最後暗指朱子的〈格物致知補傳〉，背離了孔孟之訓，更是直接挑戰當時被奉若教條的「朱學」。可以說這三個重點是往後陽明思想發展的主幹，與往後〈傳習錄〉首卷〔註27〕的內容相印證即可知，其相關的論述都在完善且精緻此說法。所以，有必要詳細說明這三個說法在當時學術氛圍中的獨特性及陽明爲何要這樣說明。

首先談「君子之學以明其心」的概念。自宋代以來，當程朱學逐漸取得學術正統地位之後，對於如何做人及成聖等概念，自然是以程朱學說爲主要依據。從明初以來，北方以薛瑄（字德溫，號敬軒，1389～1464）強調的「復性」及躬行實踐之說與南方吳與弼（字子溥，號康齋，1391～1469）所強調

〔註26〕〔明〕王守仁，〈別黃宗賢歸天台序（1512）〉，《王陽明全集》，〈文錄四〉，卷7，頁233。

〔註27〕關於此卷版本及內容的討論，見陳榮捷，〈傳習錄略史〉，《王陽明傳習錄詳註集評》（臺北：學生書局，1983），頁7～16。

的「靜觀」及躬行之說為當時思想的主流。雖然說這兩個主流接續自宋代以來程朱的思想脈絡，但在實踐工夫上卻逐漸偏重於治「心」功夫，〔註28〕流風所及，至陳獻章（字公甫，號石齋，1428～1500）標舉「心學」，視六經為糟粕，可說達到了頂點。更由於此時「心學」的昂揚，引發了學術思想史上「尊德性」與「道問學」孰先孰後的問題，因此程敏政（字克勤，號篁墩，1445～？）的《道一編》即針對此問題而作。他說：

> 朱陸兩先生出于洛學銷蝕之後，並以其說講授於江之東西，天下之士，靡然從之，然兩先生之說不能不異於早年而卒同于晚歲，學者獨承之有考焉，至謂朱子偏於道問學，陸子偏於尊德性，蓋終身不能相一也。嗚呼！是豈善言德行者哉？夫朱子之道問學，固以尊德性為本，豈若後之講析編綴者，畢力于陳言；陸子之尊德性，固以道問學為輔，豈若後之忘言絕物者，悉心于塊坐。〔註29〕

程氏試圖透過朱陸「早異晚同」的學術趨向，來解決「尊德性」與「道問學」的爭端。而在陽明從龍場回到北京之前，北京的士大夫們熱烈討論的學術話題即是「朱陸異同」。而這種學術看法的流行，自然有人會不以為然，如張吉（字克修，號古城，1451～1518）在其《陸學訂疑》開頭即說：

> 朱陸之學，先輩論之詳矣！近世儒臣又謂其學始雖殊途，終則同歸於一致，備摘二家辭旨近似者，類而證之，是蓋又一說也。……予惡夫世之從邪而畔正也，乃取《象山語錄》，反覆玩味，有可疑者，韻而訂之。〔註30〕

張吉的〈序〉文說明了《道一編》一書在當時所引起的爭論，而這也就是為什麼當陽明還在龍場時，席書會問及「朱陸同異之辯」〔註31〕的問題，直至他回

〔註28〕 例如〔明〕吳與弼云：「世之志於學者，摹摹早暮，不可謂不勤也，其所求言語文字之工，功名利達之效而已。志雖益勤，學雖益博，竟何補於身心哉？是則非聖賢志學之旨矣！聖賢教人必先格物致知以明其心，誠意正心以修其身，修身以及家而國而天下不難矣！故君子之心，必兢兢於日用常行之間，何者為天理而當存，何者為人欲而當去。」見〈屬志齋記〉，《康齋集》（文淵閣四庫全書·1251）（臺北：商務印書館，1983），卷10，頁555a-b。

〔註29〕 〔明〕程敏政，〈道一編目錄後記〉，《篁墩文集》（文淵閣四庫全書·1252）（臺北：商務印書館，1983），卷16，頁284a-b。

〔註30〕 此序作於「正德己巳夏五月既望（1509）」，見〔明〕張吉，〈陸學訂疑序〉，《古城集》（文淵閣四庫全書·1257）（臺北：商務印書館，1983），卷2，頁606c。

〔註31〕 〔明〕錢德洪等編，《年譜·正德四年》，「始席元山書提督學政，問朱陸同異之辯。先生不語朱陸之學，而告之以其所悟。」收錄在《王陽明全集》，卷33，

到北京，其弟子仍然爲此議題爭論著。陽明則明確表明說：「僕嘗欲冒天下之譏，以爲象山一暴其說，雖以此得罪，無恨。」〔註32〕顯然陽明此時與人論學時，也並不諱言陸象山之學，故其思想受到陸象山的影響，亦是情理之中。這種強調治心工夫的趨向，自然與當時人心陷溺，風俗不古的現實情況有關，因此陸象山思想再次重新回到學術的舞台，也不是件令人意外的事情。

其次，陽明看待「人心」的說法，不但與朱子相左，更多地隱然有陸象山的影子。他在給王雲鳳（字應韶，號虎谷，1465～1517）的信中完整地說明「人心」的重要性，他說：

> 知性則知仁矣！仁，人心也。心體本自弘毅，不弘者蔽之也，不毅者累之也。故燭理明則私欲自不能蔽累；私欲不能蔽累，則自無不弘毅矣。弘非有所擴而大之也，毅非有所作而強之也，蓋本分之內，不加毫末焉。……學者徒知不可不弘毅，不知窮理，而惟擴而大之以爲弘，作而強之以爲毅，是亦出於一時意氣之私，其去仁道尚遠也。此實公私義利之辯，因執事之誨而並以請正。〔註33〕

此段話值得細究一番。第一陽明引用孟子所言「仁，人心也」的說法，〔註34〕而這也是陸象山常常訴說的教理；第二再次強調「心」本無昧的說法，只要「心」不爲私欲所蔽，自能弘毅，也就是自能明其明德；第三說明現今之人一味地於心體上「弘毅」，卻都出於「意氣之私」，要想做到孔孟的「仁道」，是不可能的。最後陽明說到「此實公私義利之辯」，而這句話含有很深的意涵。表面上來看，陽明要說明的是「欲望」實是公私義利分別之關鍵所在，而要能知「性」，必能知「仁」，故下手工夫即在於一個人能否去其私欲上。但實際上，陽明的言外之意則是在暗批王雲鳳，因爲王氏在劉瑾當政之時，曾經想要較注刊刻劉瑾近行法例，以爲後來行政之法則，其行爲士大夫所鄙。〔註35〕也就是說，王氏無能

頁 1229。

〔註32〕〔明〕錢德洪等編，《年譜·正德六年》，收錄在《王陽明全集》，卷33，頁1233。

〔註33〕〔明〕王守仁，〈答王虎谷（1511）〉，《王陽明全集》，〈文錄一〉，卷4，頁148～9。

〔註34〕孟子「仁，人心也」的說法，是陽明常常引用的理論根據之一，〔明〕羅欽順云：「近世學者，因孟子有『仁，人心也』一語，便要硬說心即是仁。」見《困知記續錄》（文淵閣四庫全書·714）（臺北：商務印書館，1983），卷下，頁356b。

〔註35〕〔明〕黃景昉云：「劉瑾末年欲收羅人望，蔡清、王雲鳳俱以致仕提學起兩京祭酒，蔡未聞命卒，王輒請瑾臨視太學，如魚朝恩故事，復請較刻瑾近行法

去其私欲，導致其有「小人」之行。從陽明及王雲鳳雙方的文集來看，往後再也沒有兩人來往的書信記錄存在，故有理由相信，這是陽明有意這麼說的。

陽明的「求仁」〔註36〕的宗旨，主要是透過對一個人「心」性質的認定，所引伸出的下手工夫來達到的。但是他「人心本無昧」的認知則與朱子的解釋，〔註37〕大相逕庭。〈傳習錄〉記云：

> 心一也，未雜於人謂之道心，雜以人偽謂之人心。人心之得其正者即道心；道心之失其正者即人心；初非有二心也。程子謂人心即人欲，道心即天理，語若分析而意實得之。今日道心爲主而人心聽命，是二心也。天理人欲不並立，安有天理爲主，人欲又從而聽命者？〔註38〕

陽明此番論述與陸象山之間有很強的思想承襲在，〔註39〕主要說明「人心」與「道心」實爲一心，其界線分別在於是否「雜於人偽」，即是否有「人欲」。

例，永俾遵守。雲鳳甫釋褐，知禮蔡清爲師，中緣忤李廣謫，生平可觀，不意末路披猖至此。」《國史唯疑》，〈正德〉，卷5，頁126。

〔註36〕〔明〕趙貞吉，〈泰州王心齋墓志銘〉：「正德六年間（1511）……是時越中王先生自龍場謫歸，與學者盛論孔門『求仁』、『知行合一』，泥者方譁爭之。」收錄在周汝登輯，《王門宗旨》（上海：上海古籍出版社，1997），卷8，頁448。

〔註37〕〔宋〕朱熹，〈中庸章句序〉：「蓋嘗論之，心之虛靈知覺，一而已矣，而以爲有人心、道心之異者，則以其或生於形氣之私，或原於性命之正，而所以爲知覺者不同，是以或危殆而不安，或微妙而難見耳。然人莫不有是形，故雖上智不能無人心，亦莫不有是性，故雖下愚不能無道心。二者雜於方寸之間，而不知所以治之，則危者愈危，微者愈微，而天理之公卒無以勝夫人欲之私矣。精則察夫二者之間而不雜也，一則守其本心之正而不離也。從事於斯，無少閒斷，必使道心常爲一身之主，而人心每聽命焉，則危者安、微者著，而動靜云爲自無過不及之差矣。」《四書集注》（臺北：鵝湖出版社，1984），頁14。

〔註38〕〔明〕王守仁，〈傳習錄上〉，《王陽明全集》，〈語錄一〉，卷1，頁7。又此說法亦見於陽明與朋友間的談論中，如〔明〕方鵬，〈讀中庸序〉：「王陽明謂予曰：『道心，天理也；人心，人欲也。理欲不容並立，非若志與氣不可相無而氣聽命於志也。若曰：道心爲主，人心聽命。則二者並立矣！先儒以嗜酒悅色爲人心，故謂上智不能無耳！』予不能難。」《矯亭續稿》（四庫全書存目叢書・集62）（臺南：莊嚴文化，1997），卷5，頁100a-b。

〔註39〕《象山語錄》記云：「《書》云：『人心惟危，道心惟微。』解者多指人心爲人欲，道心爲天理，此說非是。心一也，人安有二心？自人而言，則曰惟危；自道而言，則曰惟微。罔念作狂，克念作聖，非危乎？無聲無臭，無形無體，非微乎？」見〔宋〕陸九淵，〈語錄上〉，《陸九淵集》（北京：中華書局，1980），卷34，頁395～6；又陳榮捷也認爲「陽明不採人心爲私欲，道心爲天理之說，此處與象山同。」見〈從朱子晚年定論看陽明之于朱子〉，收錄在氏著《王陽明傳習錄詳註集評》（臺北：學生書局，1983），頁449。

這也就是為什麼陽明在給黃綰及應良（字原忠，號南洲，？～1549）的信中，〔註40〕仔細分殊「聖人之心」與「常人之心」的分別，只要當一個「常人」去除其私欲後，即是「聖人」。當然陽明重新對「心」的性質作出不同以往的說法，其目的在於強調這是一個道德社會中最重要的核心問題，也是古聖先賢們所要說明的問題。但能否於古人的著述之中，尤其是四書五經，尋其學理上的證明，就是陽明對聖人之學內容重新衡定的結穴。

此結穴即是重新繹解《大學》的涵意。自從朱子將原本是《禮記》篇章中的《大學》列入《四書》以來，即有相當多的學者針對《大學》一書的內容與解釋，做出相當多不同於朱子的說法。因此有《大學》改本的問題，〔註41〕不過都僅限於學者們個人的意見，官方所認定的說法仍是以朱子為主的。然陽明在龍場時，就已經反省過朱子〈格物致知補傳〉的說法。陽明之所以選擇以《大學》一書來作為其立論的基礎，一方面與其家學為《禮記》有非常直接的關係；〔註42〕另一方面，陽明對《大學》的內容闡釋也受到其父執輩們的影響，其中以楊守陳、程敏政〔註43〕、盧格等為要。前一章已經提到楊守陳與盧格的說法，不再複述，而程敏政則針對〈格致傳〉的問題，說到：

> 朱子既沒，矩堂董氏槐（？～1262）始謂〈格致傳〉未亡，乃襍于經傳中，未及正爾。玉峯車氏若水（1210～75）、慈溪黃氏震、魯齋王氏柏（1197～1274）、山陰景氏星、崇仁王氏巽卿，及國朝浦江鄭氏濂、天台方氏希古皆有論說，大同小異，而於第十章亦有從程子

〔註40〕陽明云：「聖人之心，纖翳自無所容，自不消磨刮。若常人之心，如斑垢駁雜之鏡，須痛加刮磨一番，盡去其駁蝕，然後纖塵即見，才拂便去，亦自不消費力。到此已是識得仁體矣。」見〈答黃宗賢應原忠（1511）〉，《王陽明全集》，〈文錄一〉，卷3，頁146。

〔註41〕對於《大學》改本的歷史，可參考李紀祥，《兩宋以來大學改本之研究》（臺北：學生書局，1988）；而對於《大學》改本的意義，可參考黃進興，〈理學、考據學與政治：以《大學》改本的發展為例證〉，收錄在氏著《優入聖域》（臺北：允晨出版社，1994），頁351～91。

〔註42〕例如《圖譜》云：「先生八歲，大父竹軒翁授以《曲禮》，過目成誦。」見〔明〕鄒守益，《王陽明先生圖譜》，頁469b；〔日〕鶴成久章，〈明代餘姚の「禮記」學と王守仁──陽明學成立の一背景について〉，《東方學》111（2006），頁123～37。

〔註43〕程敏政不但是陽明會試考官，也與王華相識，如其文集中有〈二月十四日李修撰子陽請飲江北陳家王修撰德輝在座〉一詩，其中子陽即為李旻，與王華同為「後七元會」會友，見《篁墩文集》，卷88，頁699a。

所訂而少變之者。走嘗欲合諸家著爲定本而未能也，近多暇日，默

記眾說，參互考之，手自錄出如右。〔註44〕

程氏詳細說明自朱子歿後，學界歷來對〈格致傳〉的看法，其與楊守陳相同的地方都在於對《大學》內容意涵究竟該如何解釋的問題上，不同處在於楊守陳是提出自己的看法，而程氏是想提出一個可以爲大家所接受的說法。而盧格「《大學》之道，明德，新民，止至善而已。不知務此而泛泛格物，故舍本傳而補傳也。」的說法則與陽明在龍場所領悟到的「心即理」說，差別不大。《傳習錄》記云：

愛問：「至善只求諸心，恐於天下事理有不能盡。」先生曰：「心即

理也。天下又有心外之事，心外之理乎？」〔註45〕

陽明將《大學》的最終目的「止至善」，歸結於一「心」上，萬事萬物的道理不外於此心，當然修養工夫也必然在此「心」上用了。他說：

格物，如《孟子》「大人格君心」之「格」，是去其心之不正，以全其

本體之正。但意念所在，即要去其不正以全其正，即無時無處不是存

天理，即是窮理。天理即是「明德」，窮理即是「明明德」。〔註46〕

陽明認爲所謂的「格物」是說透過「去其心之不正」的工夫，以全其本體之正。而下手處則在於「意念所在」，一念之發時，必須立即去其不正。如此一來，則無時無刻不在「明明德」，也就是在存天理。

對於陽明於北京時期所宣揚的「君子之學」的內容，其弟子徐愛有一相當生動且完整的陳述，他在給邵銳（字思抑，號端峰，1480～1534）的回信中說：

大抵吾師之教，謂人之心有體有用，猶之水木，有根源、有枝葉流

派。學則如培灌溉疏，故木水在培溉其根、濬疏其源，根盛源深，

則枝流自然茂且長，故學莫要於收放心，涵養省察克治是也，即培

濬其根源也。讀書玩理，皆所以溉疏之，故心德者，人之根源也，

而不可少緩；文章名業者，人之枝流也，而非所汲汲。學者先須辨

此，即是辨義利之分。〔註47〕

從弟子的眼光中，可以瞭解到陽明將「學」的重心，放在對「一心」的涵養

〔註44〕〔明〕程敏政，〈書大學重定本後〉，《篁墩文集・拾遺》，頁 774d～5b。

〔註45〕〔明〕王守仁，〈傳習錄上〉，《王陽明全集》，〈語錄一〉，卷1，頁2。

〔註46〕〔明〕王守仁，〈傳習錄上〉，《王陽明全集》，〈語錄一〉，卷1，頁6。

〔註47〕〔明〕徐愛，〈答邵思抑書〉，《橫山遺集》，收錄在錢明編校，《徐愛集》（南

京：鳳凰出版社，2007），卷上，頁56。

省察克治工夫上，也就是去其心之不正，因爲這是分別義利的關鍵因素。

從龍場到北京，陽明「君子之學」的內容，很明顯地是扣緊在對「心」的性質的認知問題上。在本體論上，陽明反對朱子「人心」與「道心」分別的說法，強調人只有「一心」，沒有私欲即是道心，有私欲即是人心。在工夫論上，陽明也否定朱子在《大學》「格物致知補傳」中所強調的，透過對外在事物道理的考索，以期與內在之理相應，而能豁然貫通的說法；而是將修養工夫的重心放在對「心」的治理上，其下手處即在於對私欲的去除上，也就是去其心之不正。這些說法與其在龍場所體悟到「一心運時務」的思想架構，不但在理論上是一脈相承，而且在下手工夫上，也提出其不同於朱子的「格物窮理」的「格物」之說。

（三）「君子之學」的功效：變化氣質

考察陽明回到北京任官吏部時與友朋往來的書信，可以發現一個明顯的共同點，就是一方面說明以成爲「君子」爲核心的「聖人之學」之內容與作法，另一方面則訴說當時有很多人因聽聞陽明的思想，而改變其原來的學術想法。

回到北京時的陽明對於學術研究與理解，在外界看來已具有一定的名聲。因此，當秀才黃綰寫信給儲巏（字靜夫，號柴墟，1457～1513），問及到當時士大夫間有誰可以請教問學時，儲巏回信說到：

> 近時士大夫如蔡君介夫（清，號虛齋，1453～1508）、王君伯安，皆
> 趨向正、造詣深，講明義理，不專爲文字之學。〔註48〕

最終結果是黃綰選擇了陽明，如此選擇一方面凸顯了陽明當時的學術特色，另一方面也說明當時學術風氣的轉變。儲巏本身並不是以理學名家，而是以詩賦文字而爲當世所重，故他推薦的兩位學者在他的眼中不是「專爲文字之學」，相反的卻是以理學有聲于縉紳之間。而黃綰的家學淵源有自，其祖父黃孔昭（字世顯，號定軒，1428～91）曾與謝鐸（字鳴治，號方山，1435～1510）〔註49〕編方孝孺的文集。黃綰本身又曾師從謝鐸，不難想像其學術傾向，故

〔註48〕〔明〕儲巏，〈與黃綰秀才〉，《柴墟文集》（四庫全書存目叢書·集42）（臺南：莊嚴文化，1997），卷14，頁566b；不過，黃綰在〈陽明先生行狀〉中則未提及到蔡清，見《王陽明全集》，〈世德紀〉，卷38，頁1409。

〔註49〕〔明〕謝鐸的學術立場，從其所編的書即可看出，其〈伊洛淵源續錄序〉云：「向非伊洛諸老先生相繼迭起於千數百年之下，得不傳之學於遺經，以興起斯文爲己任，則吾道之害，將何時而已？然自是以來，猶有竊吾道之名以用於夷

爲儲巏所舉二人自然也應是對程朱理學有相當研究之人才是。然相較於陽明，蔡清的理學訓練與思想則較爲傳統，〔註50〕故黃綰不選擇蔡清而就教於陽明，就已然顯示出學風的轉變。黃綰曾自述其當時求學的心情，他說：

> 予欲學以全夫性之道，知寡聞不足與乎大明，欲其友三年而不得，求其師六年而不遇，自謂終爲棄德者矣！反而視之，其身常如橋，其意常若失，得一官若負穢。或有告之曰：「越有陽明子來矣！子何不知親耶？」〔註51〕

這個心情告白，一方面說明黃綰的學術傾向並非是科舉之學，也不是強調「格物致知」的程朱理學，〔註52〕另一方面也透露出陽明在當時即以瞭解「性之道」而有名於士大夫間，也因此被推薦給黃綰，再回想王黃兩人相見之時的場景，從它們之間的對話即可明白陽明對學術思想的理解，已有自己的一套看法。〔註53〕因此，此時的陽明，在與人交往時，談論的話題，常常是一方面訴說及強調何謂「學」及「爲學」之功當如何作？另一方面也常提及信從這套「學」的人之轉變，用傳統語彙來說，即是產生「變化氣質」的功效。最後則強調這套「學」的思想內容吸引力是非常大的，不論是長官下屬，皆爲其所化。

首先談方獻夫（字叔賢，號西樵，？～1544），由於其當時的官職較高，如果能使其轉變的話，其影響力不言可喻。《年譜》記云：「獻夫時爲吏部郎中，位在先生（主事）上，比聞論學，深自感悔，遂執贄事以師禮。」〔註54〕能夠

狄之世，借儒者之言以蓋其佛老之眞，其得罪於聖門甚矣！」見《伊洛淵源續錄》（四庫全書存目叢書·史88）（臺南：莊嚴文化，1996），頁370d～1a。

〔註50〕〈南京國子祭酒蔡公傳畧〉：「其學以六經爲正，宗四書爲嫡傳，宋四儒爲眞派，生平精力盡在於此。」收錄在〔明〕焦竑，《國朝獻徵錄》，〈南京國子監·祭酒〉，卷74，頁3185b。

〔註51〕〔明〕黃綰，〈別甘泉子序〉，《石龍集》，〈序〉，卷11，頁4b，嘉靖刊本，傅斯年圖書館藏。

〔註52〕對黃綰的理學思想及其生平研究，可參考容肇祖，〈王守仁的門人黃綰〉，《容肇祖集》（濟南：齊魯書社，1989），頁247～316。

〔註53〕〔明〕黃綰，〈陽明先生行狀〉：「予因而慕公（陽明），即夕趨見。適湛公共坐室中，公出與語，喜曰：『此學久絕，子何所聞而遽至此也？』予曰：『雖粗有志，實未用功。』公曰：『人惟患無志，不患無功。』」收錄在《王陽明全集》，〈世德紀〉，卷38，頁1409。「此學久絕」，即陽明與湛若水所論及到「自顏子沒聖人之學亡」的說法。

〔註54〕〔明〕錢德洪等編，《年譜·正德六年》，收錄在《王陽明全集》，卷33，頁1233。

轉變長官的想法，在當時來說，是相當特別的事情，而陽明描述此事時則說到：

> 予與叔賢處二年，見叔賢之學凡三變：始而尚辭，再變而講說，又
> 再變而慨然有志聖人之道。方其辭章之尚，於予若冰炭焉；講說矣，
> 則違合者半；及其有志聖人之道，而沛然於予同趣。〔註55〕

從此段描述中可以知道一方面陽明不認可方獻夫過去所追求的辭章、講說之
學，直至方氏「有志聖人之道」，才與其同趣，這意味了方獻夫認同了陽明當
時對「聖人之道」的想法。另一方面，此說法無疑地在強調經過兩年時間的
相處，方氏才轉變過來，而此轉變的力量正是陽明。另一例子是鄭一初（字
朝朔，號紫坡），也因陽明之故而轉變其學術，往後也成爲陽明早期的弟子之
一。陽明在其祭文中回憶兩人相見論學時的情景說：

> 君嘗問予：「聖學可至？」余曰：「然哉！克念則是。」隱辭奧義，
> 相與剖析；探本窮原，夜以繼日。君喜謂予：「昔迷，今悟；昔陷多
> 歧，今由大路。」〔註56〕

陽明特別提到鄭一初所說的「昔迷，今悟；昔陷多歧，今由大路。」充分地
在表明鄭氏轉變的關鍵因素正是陽明，並且從此祭文中可以窺見陽明達到其
所謂的「聖學」，其下手工夫是「克念」，即是時時去其心之不正。不同於上
述兩人，徐禎卿（字昌穀，又字昌國，1497～1511）在當時已是文壇所謂「前
七子」〔註57〕的要角之一，文學聲望崇高，但由於其在政治上卻苦無有一展
常才的機會，導致最後抑鬱以終，而其墓誌銘即託付給陽明。在銘中，陽明
描述其與禎卿來往情形時說：

> 正德庚午（1510）冬，陽明王守仁至京師。守仁故善數子，而亦嘗
> 沒溺於仙釋，昌國喜，馳往省，與論攝形化氣之術。當是時，增城
> 湛元明在坐，與昌國言不協，意沮去。異日復來，論如初。守仁笑
> 而不應，因留宿。（禎卿談其學仙道的心得）……守仁曰：「……夫
> 盈虛消息，皆命也；纖巨內外，皆性也；隱微寂感，皆心也。存心
> 盡性，順夫命而已矣，而奚所趨捨於其間乎？」……昌國俯而思，

〔註55〕〔明〕王守仁，〈別方叔賢序（1511）〉，《王陽明全集》，〈文錄四〉，卷7，頁
　　　　231。
〔註56〕〔明〕王守仁，〈祭鄭朝朔文（1514）〉，《王陽明全集》，〈外集七〉，卷25，頁
　　　　953。
〔註57〕「前七子」成員爲：李夢陽、何景明、徐禎卿、邊貢、王廷相、康海、王九
　　　　思。

> 蹶然而起曰：「命之矣！吾且爲萌甲，吾且爲流漸，子其煦然屬我以
> 陽春哉！」……所著有《談藝錄》、古今詩文若干首，然皆非其至者。
> 昌國之學凡三變，而卒乃有志於道。〔註58〕

可以看出陽明一方面說明徐氏過去所爲辭章、仙道皆不能以通至道之外，另
一方面也再次強調徐氏是因陽明所言而悟道的。不過此文一出也招致士大夫
們的嘲笑，王世貞（字元美，號鳳洲，1526～90）說：

> 王文成公守仁爲吏部郎，初與其儕談道，先生（徐禎卿）驟見而悅
> 之，亡何卒。王公爲志銘，意若欲當先生師，而謂其詩與《談藝錄》
> 皆非其至者，操觚之士爭笑之。〔註59〕

王世貞不但一眼看穿陽明做此文之涵意，也顯示出陽明當時這樣的說法並不
爲人所接受與認同。然陽明並未介意旁人的指訕，依然宣揚其「聖人之學」。
例如說在〈贈林以吉歸省序〉談如何求「聖人之學」、在〈送宗伯喬白巖序〉
談「學」的內涵、在〈別王純甫序〉談如何「教」學者，而這些贈言，都與
當時贈言類的文章不類，在在都強調陽明自身的看法與心得。

　　陽明雖汲汲於宣揚其所悟之學，一而再地訴說此學轉變人的功效，但究
竟在當時有多大的迴響並不得而知。《同志考》說此年（1512）受學的人有穆
孔暉等二十人之數，〔註60〕數量上能否反應其迴響，尚不能肯定，不過至少
已表明陽明堅信此「聖人之學」，也極力將之宣揚於外，這在當時匯集全國菁
英的北京來說，已屬不易之事。

二、「聖人之學」的展開

　　陽明在北京宣揚以成爲「君子」爲核心概念的「聖人之學」，但是其所談論
的範圍不出於對一個人「內心」的修養工夫。這樣的說法，或許對個人有「變

〔註58〕〔明〕王守仁，〈徐昌國墓誌（1511）〉，《王陽明全集》，〈外集七〉，卷25，
　　　　頁 931～3；又〔明〕王世貞云：「王伯安作〈徐昌穀志〉，文雖奇，然至欲
　　　　自尊其道，而略其人材與履歷，讀之若自爲一人，而非昌穀者。」見《弇山
　　　　堂別集》，〈史乘考誤十〉，卷 29，頁 527。觀察明代當時墓誌銘的寫法不外
　　　　乎對傳主生平事蹟的介紹，及傳主值得宣揚之事的描述，就筆者所見還沒有
　　　　一篇像陽明如此行文的，所以王世貞的觀察對理解陽明做此文之深意相當有
　　　　助益。

〔註59〕〔明〕王世貞，《弇州續稿》（文淵閣四庫全書·1284）（臺北：商務印書館，
　　　　1983），〈文部·像贊〉，卷 148，頁 159c。

〔註60〕〔明〕錢德洪編，《年譜·正德七年》，收錄在《王陽明全集》，卷33，頁 1235。

化氣質」的功效，但是能否可以因應當時國家社會的問題呢？雖然，就陽明自
己與其門人來說，在「一心運時務」的思想架構下，只要能夠常存「無私欲之
心」，自然可以經綸天下。但顯然這個說法沒有得到太多的認同，北京大多數的
士大夫仍然將陽明思想視爲一個人式的修養理論罷了。而到了南京，陽明的這
套思想受到其過去友朋的質難，也因此對其思想產生無形的推動力，促使陽明
深化他思想的廣度與高度。而陽明究竟在遭遇什麼樣的質難，而能擴展其「聖
人之學」呢？這個思想深化的歷程必須從其在南京時期的遭遇來說明。

（一）南京時期的「門戶之爭」

由於朝政日非，無形的政治打壓又接踵而至，陽明心中極欲致仕回鄉，
但由於家人的反對，不能如願。正德七年十二月（1512），陽明升任南京太僕
寺卿，任官地點在距離南京一百四十里的滁州，掌管馬政；再於隔年四月升
任南京鴻臚寺卿，掌管賓客儀節等事。事實上，這種明升暗貶的情況，對於
陽明來說，可謂五味雜陳，因爲一方面可以遠離北京政治上的鬥爭，但另一
方面，又無法對國家有實質的貢獻，唯一能做就是懷抱著「學術」的熱忱，
宣揚他所體悟到的「聖人之學」。

陽明在北京時，雖然汲汲於宣揚他所領悟到的「聖人之學」，但顯然還未
有任何的回響。到了南京之後，面臨更大的挑戰，因爲相對於北京而言，南
京由於遠離政治的中心，政治的影響力不如北京那麼大，故士大夫官員們有
更多的閒暇時間來談文論道。他們一般活動大都群聚在一塊，組織會社，詩
文酬唱，如「瀛洲雅會」之設，黃佐（字才伯，號泰泉，1490～1566）記云：

> 弘治中，南京吏部尚書倪岳、吏部侍郎楊守阯、戶部侍郎鄭紀、禮
> 部侍郎董越、祭酒劉震、學士馬廷用，皆發身翰林者，相與釃飲，
> 倡爲「瀛洲雅會」，會必序齒。正德二年七月，吏部尚書王華、侍郎
> 黃珣、禮部尚書劉忠、侍郎馬廷用、戶部尚書楊廷和、祭酒王敕、
> 司業羅欽順、學士石珤、太常少卿羅玘，復繼之，皆倡和成卷，以
> 梓行于時。〔註61〕

〔註61〕　〔明〕黃佐，《翰林記》（文淵閣四庫全書・596）（臺北：商務印書館，1983），
〈瀛洲雅會〉，卷20，頁1079b；又此會一直都存在，如〔明〕羅欽順〈玉堂
聯句後序〉：「南都卿大夫士出自翰林者，舊相與爲『瀛洲會』，或時當休暇，
禮直送迎，則通主之所以通情愫、申綢繆、崇文德而永歡好也。其或詩與否，
則顧一時之興何如？」《整菴存稿》（文淵閣四庫全書・1261）（臺北：商務印
書館，1983），卷8，頁103c；〔明〕嚴嵩亦有〈大司馬劉公宅翰林諸寮修瀛

從此記可以看出此會社的成立有著北京會社的影子，如楊守阯的哥哥是楊守陳，而正德二年的會社成員，其中四人〔註62〕就爲陽明所熟悉。可以說陽明到了南京，透過其父過去在此地的人脈關係，〔註63〕應該會受到不差的照顧，心情上也應比在北京之時好才是，但事實卻不盡然。陽明在給黃綰的信中說：

> 此間往來極多，友道則實寥落。敦夫（夏尚樸，號東巖，1466～1538）
> 雖住近，不甚講學；純甫（王道）近改北驗封，且行；曰仁（徐愛）
> 又公差未還；宗賢之思，靡日不切！又得草堂報，益使人神魂飛越，
> 若不能一日留此也，如何！如何！〔註64〕

陽明一方面說他送往迎來的應酬相當多，另一方面也坦白地說眞正的朋友非常少。深究其因，這與陽明本身所持的學術思想不爲南京士大夫所認同有關。

陽明初到南京，仍然沿襲他在北京的作法，尋求其思想的同道，希望能夠透過他對「聖人之學」的體悟，來轉變士大夫們的想法。〔註65〕所以他在給朋友的書信文章中，也常常表達出他新思維的感化能力，例如他在給李伸（字道甫，三原人）信中說：

> 此學不講久矣！鄙人之見，自謂於此頗有發明，而聞者往往詆以
> 爲異，獨執事傾心相信，確然不疑，其爲喜慰，何啻空谷之足音！
> 〔註66〕

陽明一方面強調李伸聽其言後，因而「傾心相信，確然不疑」；另一方面又說

洲之會限韻〉、〈正月十七日翰林諸察於敝寓山池爲瀛洲之會鬮韻得七言近體〉
二詩，見《鈐山堂集》（四庫全書存目叢書・集56）（臺南：莊嚴文化，1997），
卷10，頁105d；卷11，頁110b。

〔註62〕 王華、黃珣同是會社友，羅欽忠是同年羅欽忠的哥哥，羅玘則是詩社友。

〔註63〕 如羅欽順記云：「〈鳳臺別意〉一卷，詩凡二十八首，前十四首大司馬白巖喬
公希大（宇）、奉常白樓吳公南夫（一鵬）、大司成梅北魯公振之（鐸）、少司
成雙溪汪公器之（偉）所聯；後十四首，大司徒東谿鄧公宗周（庠）所和，
爲五言古風者二、爲七言近體者二十有六，凡以爲陽明王公伯安贈。」其中
喬宇與汪偉（汪俊之弟）爲陽明好友、吳一鵬曾爲王華同事、魯鐸則爲王華
所教習過的庶吉士，而羅氏則爲陽明同年羅欽忠之兄。見〔明〕羅欽順，〈鳳
臺別意序〉，《整菴存稿》，卷7，頁101d。

〔註64〕 〔明〕王守仁，〈與黃宗賢（四1513）〉，《王陽明全集》，〈文錄一〉，卷4，頁
151。

〔註65〕 例如〈贈周瑩歸省序（1515）〉、〈贈周以善歸省序（1515）〉皆在描述陽明轉
化人的能力。

〔註66〕 〔明〕王守仁，〈寄李道夫（1515）〉，《王陽明全集》，〈文錄一〉，卷4，頁
165。

像李氏這樣的人，在當時是很少的。此外，他在爲汪玉（字汝成，號雷峰，
一號嘿休，1481～1529）的書所寫的題跋中說：

> 汝成於吾言，始而駭以拂，既而疑焉，又既而大疑焉，又既而稍釋
> 焉，而稍喜焉，而又疑焉！最後與予游於玉泉，蓋論之連日夜，而
> 始快然以釋，油然以喜，冥然以契。〔註67〕

同樣地，陽明認爲汪玉因爲他的啓發，最終認同了他的想法。不過，事實並
非如此，張邦奇在爲汪玉所作的傳中說到：

> 公與故王公伯安友，意不能盡同，王百方說之，卒不應，其自信不
> 移如此。〔註68〕

顯然汪王雙方對於學術的看法，並非如陽明所言已達到「冥然以契」的地步。
而面對上述提到的夏尚樸及王道，陽明雖然也想將其納入自己的學術團體
中，但是卻遭遇到困難，主要的原因在於二人原屬於另一以魏校（字子才，
號莊渠，1483～1543）爲首〔註69〕的學術圈子。黃綰在給朋友信中說到：「聞
魏君子才學行絕出，僕極傾仰，但與陽明時有門戶之馳。」〔註70〕不僅有門
戶之見，且雙方面的關係已達到相互爲非的地步，黃綰說：

> 近者京師朋友書來，頗論學術同異，乃以王伯安魏子才爲是非，是
> 伯安者則以子才爲謬，是子才者則以伯安爲非，若是異物不可以同。
>
> 〔註71〕

這個說法的時間點正是陽明與魏校皆在南京之時，〔註72〕雙方的立場與爭辨

〔註67〕 〔明〕王守仁，〈書汪汝成格物卷（1513）〉，《王陽明全集》，〈文錄五〉，卷8，
頁269。

〔註68〕 〔明〕張邦奇，〈都察院右僉都御史汪公玉墓志銘〉，收錄在〔明〕焦竑，《國
朝獻徵錄》，〈都察院‧巡撫〉，卷63，頁2730d。

〔註69〕 「暇則與余公子積（祜）、夏公敦夫、王公純甫（道）講明聖賢之學。」見
〈太常寺卿魏公校傳〉，收錄在〔明〕焦竑，《國朝獻徵錄》，〈太常寺‧卿〉，
卷70，頁3031d；又除了余祜的文集不存外，觀察魏校、夏尚樸及王道的
文集，相互間書信往來相當多，可見其關係之密切，非王陽明可比。又陽
明很早就知道魏校，魏校爲弘治十八年進士，隨即觀政兵部武選清吏司，
時陽明爲主事，但兩人未有接觸，陽明在給余祜的信中說到：「子才曾觀政
武選，時僕以病，罕交接，未即與語。」見〈答徐（余）子積〉，收錄在〔日〕
永富青地，《王守仁著作の文献学的研究》，〈附錄三‧「王陽明全集」補遺〉，
頁641～2。

〔註70〕 〔明〕黃綰，〈答邵思抑書〉，《石龍集》，〈書〉，卷17，頁6a。

〔註71〕 〔明〕黃綰，〈復李遜菴書〉，《石龍集》，〈書〉，卷17，頁7a。

〔註72〕 魏校與陽明曾在弘治十八年至正德元年間共事過，此後陽明被貶謫，而魏校

的態勢，就連黃綰遠在北京的朋友都聽聞一二，可見論爭激烈的情況。

即以與陽明關係密切的夏尚樸和王道爲例，來說明雙方論辯焦點何在。夏尚樸曾經師事婁諒，而陽明與婁家亦是世交關係，有了這一層關係，又同在南京爲官，照常理來說應該來往頗多才是。但是，陽明卻說「敦夫雖住近，不甚講學」，顯示出兩人間關係的疏離，而造成疏離的原因應是思想上的隔閡。從夏氏寄給陽明的詩中，即可清楚看出此隔閡之所在，詩云：

> 同甫有才疑雜伯，象山論學近於禪。平生景仰朱夫子，心事眞如白日懸。
>
> 陸學也能分義利，一言深契晦翁心。紛紛同異今休問，請向源頭著意尋。
>
> 六籍精微豈易窺，發明親切賴程朱。兵知險阻由鄉導，後學如何可廢茲。〔註73〕

詩中一方面明顯表達出「排斥象山，獨尊程朱」的立場，不但認爲陳亮爲雜學、象山爲禪學，且認爲理解六經的門戶，須從程朱入手；另一方面則隱含對陽明所持學術觀點的質疑。如第一首詩將象山學定位爲禪學，就是說陽明的說法是有禪學的味道；第二首詩一開始說陸象山「也」能分義利，意思是說，朱學早已會分義利了，所以不需要談「朱陸異同」的問題，而應著意於學術的源頭；第三首詩則認爲程朱的注疏是理解六經的重要嚮導，不能不看的。這三點都直接反駁陽明的想法，因此，可以想像兩人平時論學時，應該是話不投機的。〔註74〕而王道與陽明之間關係的發展，更能凸顯陽明在南京時所遭受到的困境。王道是陽明於弘治年間主試山東鄉試時所取之士，兩人是座主與門生的關係。但陽明在寫給黃綰的信中說：

> 書來，及純甫事，〔註75〕懇懇不一而足，足知朋友忠愛之至。世衰

於正德元年即到南京任官，而於九年告病歸。

〔註73〕〔明〕夏尚樸，〈寄王陽明三首〉，《夏東巖先生詩集》（北京：書目文獻出版社，1988），卷5，頁655c；現存夏氏文集，大都收錄晚年詩文，故不能更詳細理解其在南京之時的學術論點；但此詩作於陽明領兵南贛之時。

〔註74〕〔清〕黃宗羲，〈太僕夏東巖先生尚樸〉記云：「蓋先生認心與理爲二，謂心所以窮理，不足以盡理。陽明點出『心即理也』一言，何怪不視爲河漢乎！」見《明儒學案》（杭州：浙江古籍出版社，2005），「崇仁學案四」，卷4，頁63。

〔註75〕此事應指黃綰與王道的溝通不順及王道的說法。黃綰，〈復王純甫書〉云：「忽邵思抑（銳）寄到兄手書，有『各尊所聞，各行所知』，不知何以有此？即欲修書請問，度或無益，姑止未敢。昨再得書，知不終棄，喜慰何如，且令僕

俗降，友朋中雖平日最所愛敬者，亦多改頭換面，持兩端之說，以希俗取容，意思殊爲衰颯可憫。……僕在留都，與純甫住密邇，或一月一見，或間月不一見，輒有所規切，皆發於誠愛懇惻，中心未嘗懷纖毫較計。純甫或有所疏外，此心直可質諸鬼神。其後純甫轉官北上，始覺其有怋然者。……旬日間，復有相知自北京來，備傳純甫所論。〔註76〕

陽明在此信中，感嘆王道從南京到北京任官之後種種的說法與作爲，與他在南京之時有截然不同的表現，也就是說王道在南京是相信陽明之所論，但到了北京則對陽明大加撻伐。〔註77〕究其兩人之間在學術上的異同，乃是對「心」的概念理解不同所致。陽明在給王道的信中強調說：

夫在物爲理，處物爲義，在性爲善，因所指而異其名，實皆吾之心也。心外無物，心外無事，心外無理，心外無義，心外無善。吾心之處事物，純乎理而無人僞之雜，謂之善，非在事物有定所之可求也。處物爲義，是吾心之得其宜也，義非在外可襲而取也。格者，格此也；致者，致此也，必曰：「事事物物上求個至善」，是離而二之也。〔註78〕

在陽明「一心運時務」的思想架構下，將所有理、義、善等德性，皆包含在一心之內，故只要在「心」上下工夫，做到「純乎理而無人僞之雜」，自然能夠經天緯地。但王道卻不這樣看，他在給陽明弟子朱節（字守中，號白浦）的信中說到：

吾心體會盡天下之理，亦只是全復吾心之所固有而已。故曰：「盡其心者，知其性也。」知其性，則知天矣！知性知天，卻只在盡心焉得之，則心體之大，可想而知矣。今乃欲以方寸之微，念慮之動，

言以盡同異。」《石龍集》，〈書〉，卷17，頁8a。

〔註76〕〔明〕王守仁，〈與黃宗賢（五1513）〉，《王陽明全集》，〈文錄一〉，卷4，頁151～2。

〔註77〕陽明在給王道信中說：「屢得汪叔憲書，又兩得純甫書，備悉相念之厚，感愧多矣！近又見與曰仁書，貶損益至，三復報然。夫趨向同而論學或異，不害其爲同也；論學同而趨向或異，不害其爲異也。不能積誠反躬而徒騰口說，此僕往年之罪，純甫何尤乎？」見〔明〕王守仁，〈與王純甫（四1514）〉，《王陽明全集》，〈文錄一〉，卷4，頁157。

〔註78〕〔明〕王守仁，〈與王純甫（二1513）〉，《王陽明全集》，〈文錄一〉，卷4，頁155～6。

局而言之，不幾於不知心乎？不知心而能盡心，不盡心而能知性知

天，而曰：「聖人之學」，吾未之信也。〔註79〕

王道認爲陽明的作法是不知「心」的，而不知心又如何能知性知天呢？王道
不認爲依靠著「治心」這種工夫，就能得道，〔註80〕當然也就不會認同陽明
所謂的「聖人之學」了。由於在魏校與陽明雙方文集中，未見有書信的來往，
故無法直接說明其思想的異同，但在陽明門人王畿的語錄中記有雙方論學的
文字，記云：

莊渠（魏校）爲嶺南學憲時，過贛，先師（陽明）問：「子才，如何

是本心？」莊渠云：「心是常靜的。」先師曰：「我道心是常動的。」

莊渠遂拂衣而行。〔註81〕

由此問答，可見魏校與陽明思想的不同點，關鍵仍在於對「心」的看法不同。
然從夏尚樸、王道及魏校三人的說法，可以看出他們與陽明間的異同，乃是
對於「心」與「理」之間關係著重點的不同。三人雖然強調「心」作爲一個
人主宰的功用，但卻仍然認爲「心」的功用只能「窮理」，而不能說是「理」，
當然不能認同陽明「心即理」的說法。

這種門戶壁壘分明的情況，雙方面並非不嘗試調和，但是就目前資料來
看，陽明一方就曾經想要化解，如徐愛就曾致書魏校，但魏校回書說到：

兹承惠書，深懲吾黨各立門戶之私，意極惓惓。竊惟道乃天下公理，

愚夫愚婦皆可與知，人惟各有私心，是以自生障蔽，吾輩相與，正

宜公天下以爲心。故曰大舜有大焉，善與人同，舍己從人，樂取諸

人以爲善。若乃自立意見，以私智窺測大道，便謂此乃天地之純，

古人之全體，同己者則以爲是，異己者則以爲非，斯其去道亦遠矣！

此校之所不敢也。……若欲仍立門戶，不求同理而求同己，則亦末

如之何矣？此校之所深願而未能者也。〔註82〕

〔註79〕〔明〕王道，〈答朱守中〉，見〔清〕黃宗羲，〈文定王順渠先生道〉，《明儒學
案・甘泉學案六》，（北京：中華書局，1985），卷42，頁1042。

〔註80〕「先生初學於陽明，陽明以心學語之，故先生從事心體，遠有端緒。其後因
眾說之淆亂，遂疑而不信。所疑者大端有二，謂致知之說，局於方寸；學問
思辨之功，一切棄却。」見〔清〕黃宗羲，〈文定王順渠先生道〉，《明儒學案・
甘泉學案六》，卷42，頁1038。

〔註81〕見〔明〕王畿，〈南遊會紀〉，收錄在吳震編校整理，《王畿集》（陽明後學文
獻叢書）（南京：鳳凰出版社，2007），卷7，頁156。

〔註82〕〔明〕魏校，〈復徐曰仁〉，《莊渠遺書》（文淵閣四庫全書・1267）（臺北：商

魏校此書不但認爲陽明等人的作法是「自立意見，以私智窺測大道」，並且不願有所妥協，並且認爲陽明等人之門戶乃是求同己，而非求同理的。這充分地說明陽明在南京一地推行其「聖人之學」，所遭遇到的阻力是相當的大。不僅未能得到南京一地士大夫的認同，就連過去的講學友湛甘泉也對陽明的說法提出質難，湛氏云：

> 吾與陽明之說不合者，有其故矣！蓋陽明與吾看心不同，吾之所謂「心」者，體萬物而不遺者也，故無內外；陽明之所謂「心」者，指「腔子」裏而爲言者也，故以吾之說爲外。〔註83〕

即使是曾經在北京一起論學的湛氏，也無法接受陽明認定「心爲天理」的說法。〔註84〕但陽明即使面對排山倒海而來的批評，仍然堅持其說法，他在給曾經推薦他爲國子祭酒的楊珠〔註85〕（字景瑞）的文章中說到：

> 君子之學，心學也。心，性也；性，天也。聖人之心純乎天理，故無事於學。下是，則心有不存而汩其性，喪其天矣，故必學以存其心。……後之言學者，捨心而外求，是以支離決裂，愈難而愈遠，吾甚悲焉！〔註86〕

陽明此文不但直接將「君子之學」認定爲「心學」，並且認爲所有的「學」的工夫，都是以「存其心」爲目標的，並且認爲這是唯一的路徑。

由於陽明的「聖人之學」是強調在「心」上下工夫的，因此也被外界簡單化約爲「心學」及「禪學」的代表。其過去的好友崔銑就曾暗指說道：

> 陸象山有言：「自顏子歿，而夫子之傳亡。」近時學者述之。……陸氏之謂「傳」，乃釋氏之頓悟，視夫子博約之教，其革貉矣！〔註87〕

務印書館，1983），卷11，頁899a-b；而黃綰雖未能直接與魏校溝通，但在與朋友的書信中，也曾表達出調和雙方論學不同的意願，見上述〈復李遜菴書〉後半段。

〔註83〕〔明〕湛若水，〈答楊少默〉，《湛甘泉先生文集》（四庫全書存目叢書·集56）（臺南：莊嚴文化，1997），〈書〉，卷7，頁571a-b。

〔註84〕陽明云：「程子所謂『腔子』，亦只是天理而已。雖終日應酬而不出天理，即是在腔子裡。若出天理，斯謂之放，斯謂之亡。」見《傳習錄》，《王陽明全集》，〈語錄一〉，卷1，頁18。

〔註85〕〔明〕錢德洪編，《年譜·正德十年》記云：「是年，御史楊典薦改祭酒，不報。」收錄在《王陽明全集》，卷33，頁1237。

〔註86〕〔明〕王守仁，〈謹齋說（1515）〉，《王陽明全集》，〈文錄四〉，卷7，頁263～4。

〔註87〕〔明〕崔銑，《松窗寤言》（借月山房彙鈔·12）（臺北：義士書局，1968），

崔氏所謂的「近時學者述之」，指的就是陽明，並且將陽明與陸象山及禪學化約爲同一學術脈絡的思想。陽明自己也知道外界是以「禪學」來看待他的，他在給鄭騮（字德夫，號鹿溪）的序中說：

> 西安鄭德夫將學於陽明子，聞士大夫之議者以爲禪學也，復巳之。
> 則與江山周以善（積，號二峰）者，姑就陽明子之門人而考其說，
> 若非禪者也。則又姑與就陽明子，親聽其說焉。蓋旬有九日，而後
> 釋然於陽明子之學非禪也，始具弟子之禮師事之。〔註88〕

由此可以顯示出當時反對陽明或是不清楚陽明思想的人，將陽明的思想等同於「禪學」，這無疑是最簡單的作法，因此，陽明也就名正言順地成爲陸學的代言人，而攻擊他的人則成爲程朱正學的捍衛者。

從北京到南京，陽明孜孜不倦地宣揚以成爲「君子」爲中心思想的「聖人之學」，希冀以此來改變社會「小人充斥」的環境。但由於他所宣揚的對象，不出於同僚以及過去所親近來往的朋友，因此，受到的打擊與反駁也相當的大。一方面顯示出在這些老朋友心目中，陽明的轉變十分的大，從一個「究心濂洛之學」〔註89〕的人，轉成爲口口聲聲都是如何「治心」的人。也因此，陽明思想上的「轉向」，完全無法爲其友朋所接受，故遭到的攻擊力道也是其所難以預料的。但是，另一方面，這也顯示出陽明對此「聖人之學」的堅持。

（二）「三代之治」的基礎：心學

陽明即使遭受到學術界以及老朋友們的攻擊，依然堅信其「聖人之學」，但是要如何轉化這些反對的意見，展現其「聖人之學」所具有的「感化」作用呢？如果沒有辦法說服這些反對者，那麼陽明的「聖人之學」也將成爲「個人意見」罷了，更遑論要去改變社會的道德淪喪問題。而陽明「聖人之學」最被質疑的一點，就如同王道所攻擊的，將所有的事情都繫於一心的治理上，靠著這樣的工夫，就能夠經天緯地嗎？就能夠解決國家社會現在所面臨的種種問題嗎？所以，陽明必須將升高其「聖人之學」的學術高度，以證明此學的功用絕非僅僅於個人修身方面而已，而是可以齊家乃至於治國平天下。也

頁 8376～7。

〔註88〕 〔明〕王守仁，〈贈鄭德夫歸省序（1515）〉，《王陽明全集》，〈文錄四〉，卷7，頁238。

〔註89〕 〔明〕喬宇，〈別王伯安賦〉：「陽明王伯安先生，究心濂洛之學，常不鄙余，契愛獨深。」《喬莊簡公集》，卷1，頁7b。

惟有這樣做，才能突破外界對其既定的觀感與印象，才能讓其「聖人之學」
有著廣泛的影響力。

　　陽明對此「聖人之學」的重新定位，在於採取另外一種表述方式，也就
是在敘述此學之源流時，不是以孔孟為起點，而是再往前推到夏商周三代上
去，認為「三代之治」的治國理論基礎就是「心學」。陽明在應好友應天府丞
白圻〔註90〕（字輔之，號敬齋）之請，為府學所作的記中，公開宣示「聖人
之學即是心學」。他說：

> 士之學也，以學為聖賢。聖賢之學，心學也。道德以為之地，忠信
> 以為之基，仁以為宅，義以為路，禮以為門，廉恥以為垣牆。《六
> 經》以為戶牖，《四子》以為階梯。求之於心而無假於雕飾也，其
> 功不亦簡乎？措之於行而無所不該也，其用不亦大乎？三代之學皆
> 此矣！〔註91〕

首先，陽明針對應天府學的士子們說明士子之學，即是學為聖賢，而聖賢之
學即是「心學」，也就是說士子們應該學的是「心學」。其次，陽明說明何謂
「心學」？陽明以房子（應天府學）來比喻「聖人之學」，而道德上的種種德
性，如忠信、仁義等等，都是這個房子的基礎與道路等。而聖賢們所留下來
的《六經》及《四書》，則是進入這個房子的門戶階梯。而如何進入這個房子
呢？關鍵就在於從一個人的「心」上去尋求。而「聖人之學」的工夫，卻只
要去除人偽（私欲），這個工夫不是很簡單嗎？然後應用於日常生活實踐之
中，無不可以含括，這樣的功用不是很大嗎？而這就是「三代之學」。這篇學
記，可視為陽明對於何謂「學」，所做最完整的道德宣言，將「三代之學」的
精神，化約為「道德之學」，也就是「心學」。因此，要進入或是重現「三代
之學」，就必須從「心學」開始。

　　這個「聖人之學是心學」的說法，必須放在陽明公開宣稱的時間點上，
才能彰顯此篇宣言的深意。事實上，陽明透過此記公開呼應皇帝的想法，《明
實錄》記云：

〔註90〕陽明在〈敬齋白公墓誌銘〉云：「昔公先公康敏君，京師與家君為比鄰，及余
　　　　官留都，又與公居密邇，說、誼皆嘗及門，通家之好三世矣！」見錢明《《王
　　　　陽明全集》未刊佚文彙編考釋〉，《中國典籍與文化論叢》8（2005），頁 225
　　　　～6。
〔註91〕〔明〕王守仁，〈應天府重修儒學記（1514）〉，《王陽明全集》，〈外集五〉，卷
　　　　23，頁 900。

（正德九年三月）制曰：「朕惟《大學》一書，有體有用，聖學之淵
源，治道之根柢也。宋儒眞德秀嘗推衍其義，以獻于朝。……夫學
體也，治用也，由體達用，則先學而後治可也。顧以治先于學，于
義何居？其爲治之序，蓋前聖之規模，後賢之議論，皆在焉！比而
論之，無弗同者，而帝王之所以爲學則有不同，堯舜禹湯文武純乎
無以議爲也，高宗成王其庶幾乎！下此雖漢唐賢君亦或不能無少悖
戾，又下則其謬愈甚，不過從事於技藝文詞之間耳！無惑乎其治之
不古若也。凡此皆後世之鑒，可能歷舉而言之乎？抑《衍義》所載
不及宋事，不知宋之諸君，爲治爲學，其亦有進於是者乎？朕萬幾
之暇，留意此書，蓋欲庶幾乎古帝王之學，以增光我祖宗之治，勵
志雖勤，績用未著，家國仁讓之風、用人理財之效，視古猶歉，豈
所以爲治者，未得其本乎？」〔註92〕

在此廷試的考題中，武宗明白說到他想要「庶幾乎古帝王之學，以增光我祖
宗之治」，故要求應考士子針對《大學衍義》一書提出看法，究竟「古帝王之
學」爲何呢？將此考題放在當時的國家社會下來看，深具意義，可以從兩方
面來觀察：一是《大學衍義》的問題，此書一直是經筵時常常作爲主題的書
籍，但武宗此問卻只提到眞德秀（字景元，又字希元，1178～1235）的《大學
衍義》，卻忽略在孝宗朝丘濬（字仲深，號深庵、玉峰、瓊山，別號海山老人，
1418～95）所進的《大學衍義補》一書。原因何在呢？只要比較兩書的內容
即可明白，〔註93〕其間最大的分別在於眞德秀注重《大學》「主體」思想的發
揮，認爲將其主要思想弄懂，即能發揮在具體的事物上；而丘濬則認爲這是
不足的，因此就眞氏一書，做了大量的補充說明，汲取歷史上的事例，分門
別類地說明該如何做。如明人張志淳（字進之，號南園，1458～？）就曾說
到：

昔在京師，得大學士瓊山邱公濬所進《大學衍義補》觀之。……蓋
眞西山所衍者，本也，本正則凡措諸天下國家之事，凡常變遠邇大

〔註92〕《明實錄・武宗實錄》，卷110，頁2254～5。

〔註93〕關於眞德秀與丘濬兩書的內容說明與比較，請見朱鴻林，〈丘濬《大學衍義補》
及其在十六世紀的影響〉，收錄在氏著，《中國近世儒學實質的思辨與習學》（北
京：北京大學出版社，2005），頁162～84；及李焯然，〈大學與儒家的君主教
育：論大學衍義及大學衍義補對大學的闡釋與發揮〉，《漢學研究》7：1（1989），
頁1～16。

小精粗，皆不待言，而其多亦非言之所能盡也。乃欲列目開條以盡
之，其事殆未可畢盡，而已拘隘失前賢之本意矣！……所以其書必
欲進，必揣近侍喜斯，朝廷刻之，故不敢論及宦官也。〔註94〕

除了這「體用」著重不同的原因外，丘濬的書還有令人詬病的地方，那就是
刻意忽略「宦官」的問題。也因爲這兩個原因，武宗才只提眞氏之書。所以，
武宗考題的用意，在於詢問這個「體」究竟爲何？針對這個問題，不但應考
的士子提出答案，〔註95〕就連在朝爲官的官員，也注意到此考題並且提出看
法，陽明就是其中一例。陽明透過那一篇道德的宣言，其要呼應皇帝的是，
所謂的「古帝王之學（體）」，就是「三代之學」，而「三代之學」的意義就是
「心學」。所以，皇帝要想有「增光我祖宗之治」，就必須實踐「心學」。將陽
明的論述放在當時的環境來看，就能凸顯此篇宣言的重要性。別的不說，就
與陽明的朋友余祐〔註96〕（字子積，號訒齋，1465～1528）的說法來比較，
即能看出其重要性，余氏說：

天下國家之治莫盛於古昔帝王，而帝王之治必本於聖賢之學。秦漢
以降，治不古若，非帝王之治不可復于後世，實聖賢之學不復傳於
後世也。宋既南渡，文公朱先生出其間，以聖賢之學近接周程之傳，
遠紹堯、舜、禹、湯、文、武、孔、孟之統。〔註97〕

余氏也認爲今天若要能有古帝王之治，則必須本於聖賢之學，而他所謂的聖
賢之學即是朱子之學，因爲朱子學是承繼古帝王之學的，所以他將朱子雜論

〔註94〕〔明〕張志淳，《南園漫錄》（北京：書目文獻出版社，1988），〈著書〉，卷3，
頁 498a-c。

〔註95〕〔明〕黃景昉云：「甲戌廷試（1514），以《大學衍義》爲問，馬理對曰：『《大
學》乃堯舜以來相傳之道，眞德秀所衍，直漢唐事，非本旨。有止於齊家，
不知治國平天下工夫皆本愼，獨德秀造詣未精，不足慕。』以是失當事意，
僅置二甲。按馬語大非無見。」《國史唯疑》，〈正德〉，卷5，頁 133。

〔註96〕陽明曾爲其父作墓誌銘，縣志記云：「余瀾，字濴川，新建伯守仁撰誌曰：『公
雋爽有氣局，通經史，明時務，以禮倡，鄰人從之。』少宰祐之父。」見〔清〕
王克生、黃國瑞等纂修，《鄱陽縣志》（臺北：成文出版社，1989），〈附備志·
隱逸〉，卷 16，頁 1319，此墓誌銘未見於《王陽明全集》之中。又縣志記云：
「『祐』音戶，《明史》及《通志》皆誤作『祐』。」見〔清〕陳驤等修、張瓊
英等纂，《鄱陽縣志》（臺北：成文出版社，1989），〈人物志·理學〉，卷22，
頁 1090。

〔註97〕〔明〕余祐，〈經世大訓序〉，見〔清〕陳驤等修、張瓊英等纂，《鄱陽縣志》，
〈藝文志〉，卷 31，頁 2118；又此文作於「正德甲戌夏四月（1514）」，正是
廷試考題出現後不久。

治道的說法匯爲《經世大訓》一書。兩相比較，即能看出陽明較能掌握武宗考題的用意。因此，陽明透過這篇宣言，來表明他的「聖人之學」不僅僅對個人有「變化氣質」的功效，更重要的是它是治國平天下的基礎理論；由此陽明抬高其學的學術高度，以及擴充其學的範圍到每一個人（包括帝王）。將陽明此宣言與當時的程朱學者所提出的說法相較，高下立判。

由於陽明抬高及擴充了其「聖人之學」思想的範圍與內容，使其站在一個學術的制高點，來衡量其他思想流派，其中首先被衡量的自然是朱學。陽明在以朱學爲主的書院，毫不避諱地闡發其「心學」的想法，他說：

> 君子之學，惟求得其心。雖至於位天地，育萬物，未有出於吾心之外也。……心外無事，心外無理，故心外無學。……朱子白鹿之規，首之以五教之目，次之以爲學之方，又次之以處事接物之要，若各爲一事而不相蒙者。斯殆朱子平日之意，所謂「隨事精察而力行之，庶幾一旦貫通之妙也」歟？然而世之學者，往往遂失之支離瑣屑，色莊外馳，而流入於口耳聲利之習。豈朱子之教使然哉？〔註98〕

其中，值得注意的是陽明將朱子與當時宗主朱子的學者區分開來。首先，陽明認爲朱子本身是透過「心」來貫串他的五教之目、爲學之方以及處事接物之要的。言下之意，暗指朱子也是從事於「心學」的。其次，他認爲現今學朱子的學者，完全忽視朱子眞正的教義，而從事於所謂「支離」的學問考索，導致「色莊外馳（外表是聖人，內心是魔鬼）」。陽明此〈序〉最突出的一點是，採用自己的學術宗旨作爲一個「思想量尺」，來衡量其他思想家或是當時的思想狀況。這樣的作法，使得陽明的「聖人之學」成爲學術思想的新「標準」。這意謂著所有歷代思想家都被含攝於此標準之中，不但使得這些思想家的思想被重新定位，他們在學術思想史上的地位勢必也要重新洗牌。此外，據明末士人汪佑（字啓我，號星溪）的說法，〔註99〕陽明當時在此書院的說法不但導致此地士子「日趨王學」，往後在此書院開講的主教亦多是王門後學。

〔註98〕〔明〕王守仁，〈紫陽書院集序（1515）〉，《王陽明全集》，〈文錄四〉，卷7，頁239～40。

〔註99〕〔明〕汪佑，〈紫陽書院建遷源流記〉云「鴻臚寺卿王守仁爲書院集序，是時士趨於王學。觀〈集序〉立言之意，皆與白鹿洞規相牴牾者也。」見〔清〕施璜編、吳瞻泰、吳瞻淇補《紫陽書院志》，收錄在趙所生、薛正興主編，《中國書院志》（南京：江蘇教育出版社，1995），卷18，〈藝文〉，頁618a；又汪佑，〈紫陽書院會講序〉云：「伯安實未臨院闡教。……《學錄》志伯安主教，所以遙尊越學，自此歷聘主教高軒，皆王氏之徒矣！」出處同，頁640b-c。

　　陽明提出「三代之學就是心學」的說法，不但抬高他的「聖人之學」在學術思想史上的地位，也讓此學的範圍及適用性趨於擴大，不再限制在個人修養工夫方面。這種內容的變化，一方面使得他的「聖人之學」的學術高度，超越了孔孟以來的各種說法，當然也超越了程朱與陸象山的說法。另一方面也使得其他學派思想的取向，必須要回應陽明重新得到「三代之治」的說法。

（三）對朱學學者的反擊：《朱子晚年定論》

　　陽明高調談論心學，引起南京士大夫眾多的非議，甚至被視為「陸學」及「禪學」，不過，這並非是他想要重建道德社會，恢復「三代之治」的目的。但是，如何改變當時學術界對其「聖人之學」既定的刻板印象，轉而注意其思想的內容，實為陽明當時的困境。誠如上節所提到的，陽明開始區分朱子與宗主朱子學的學者，透過這樣的區別劃分，不但可以避開當時學術界對他背反朱子思想的攻擊，又可以直接指責這些朱學學者的弊病。因此，陽明寫了《朱子晚年定論》一書，來證成他的觀察。陽明在南贛領兵時，在給汪循（字進之，號仁峰，1452～1519）的信中，回憶此書為何而作的原因，他說：

> 朱陸異同之辯，固守仁平日之所召尤速謗者。亦嘗欲為一書，以明陸學之非禪見，朱說亦有未定者；又恐世之學者，先懷黨同伐異之心，將觀其言而不入，反激怒焉！乃取朱子晚年悔悟之說，集為小冊，名曰：「朱子晚年定論」，使具眼者自擇焉！將二家之學，不待辯說而自明矣。〔註100〕

陽明自己知道他平日高談心學，不諱言陸學的作法，自然會引起信仰朱學學者的批評與攻訐。因此，他曾經想要編撰一本書來說明陸象山之學並非禪學，而朱子的學說中也有不確定的部分，但是他也怕此書之作又會再度陷入近年以來「朱陸異同」的爭論之中，最後選擇單獨採用朱子的說法來達成他的目的。陽明之所以如此苦心的安排，實在是因為外界對其學說的抨擊，相當程度地掩蓋其推展心學的真正目的，他說：

> 留都時偶因饒舌，遂致多口，攻之者環四面。取朱子晚年悔悟之說，集為《定論》，聊藉以解紛耳。……近年篁墩（程敏政）諸公嘗有《道一》等編，見者先懷黨同伐異之念，故卒不能有入，反激而怒。今

〔註100〕此為陽明佚文，收錄在〔明〕汪循，《汪仁峰先生文集二十九卷，外集四卷》（四庫全書存目叢書・集47）（臺南：莊嚴文化，1997），〈外集・書〉，卷3，596d～7b，清康熙刻本。

　　但取朱子所自言者表章之，不加一辭，雖有偏心，將無所施其怒矣。
〔註101〕

所謂的「饒舌」，是指陽明極力宣揚其「聖人之學」的作法，〔註102〕而引來四方的批評。由於陽明清楚地知道其座師程敏政的《道一編》，在當時學術界所引起的反彈，故採取一種迂迴的方式。不是由自己親身立言，因而不會重蹈其座師程敏政之覆轍，而是條列朱子自身的說法，以杜悠悠眾口。除了爲了「解紛」以外，陽明也用此書來證明他現今的說法就是朱子晚年時的定論，間接地說明他與朱子間的思想並無不同。他在〈序〉中說到：

> 世之所傳《集注》、《或問》之類，乃其（朱子）中年未定之說，自咎以爲舊本之誤，思改正而未及，而其諸《語類》之屬，又其門人挾勝心以附己見，固於朱子平日之說猶有大相謬戾者，而世之學者局於見聞，不過持循講習於此。其餘悟後之論，概乎其未有聞，則亦何怪乎予言之不信，而朱子之心無以自暴於後世也乎？予既自幸其說之不謬於朱子，又喜朱子之先得我心之同，然且慨夫世之學者徒守朱子中年未定之說，而不復知求其晚歲既悟之論，競相呶呶，以亂正學，不自知其已入於異端；輒采錄而裒集之，私以示夫同志，庶幾無疑於吾說，而聖學之明可冀矣！〔註103〕

陽明直接批判當時學術界並沒有眞正瞭解朱子成學的過程，也就不能理解朱子思想的眞意。文中說到「世之學者局於見聞，不過持循講習於此」，即是批判當時學者的因循苟且，不善讀朱子之書；下一句「其餘悟後之論，概乎其未有聞，則亦何怪乎予言之不信，而朱子之心無以自暴於後世也乎？」陽明不但認爲當時學者不知朱子之眞意，更將自己與朱子並列在同樣的學術高度。陽明區分朱子及當時朱學學者的看法，是延續他在〈紫陽書院集序〉中的看法。此文末段就在表明朱子晚年之所悟，即是陽明現今所標揚的「心學」，並透過朱子自身的說法，來證明陽明所謂的「聖人之學」。將陽明的說法與程敏政《道一編》的著作之因相對照，更能凸顯此書在當時爲何會引起學術界

〔註101〕〔明〕王守仁，〈與安之（1519）〉，《王陽明全集》，〈文錄一〉，卷4，頁173。

〔註102〕〔明〕汪循，〈與王鴻臚〉：「比者族弟尚和歸自南都，備道執事所以教誨之至，獎掖之勤，直以斯道爲必可行，眞以聖賢爲必可學。」《汪仁峰先生文集二十九卷，外集四卷》，〈文集·書〉，卷4，頁236b。

〔註103〕〔明〕王守仁，〈朱子晚年定論序（1515）〉，《王陽明全集》，〈語錄三〉，卷3，頁128。

的撻伐。程氏說：

> 朱陸二氏之學，始異而終同，見于書者可考也。……其初則誠若冰
> 炭之相反，其中則覺夫疑信之相半，至於終則有若輔車之相倚，且
> 深有取于孟子「道性善」、「收放心」之兩言，讀至此而後知朱子晚
> 年所以「推重」陸子之學，殆出于南軒東萊之右，顧不攷者斥之爲
> 異，是固不知陸子而亦豈知朱子者哉！此予編之不容巳也。〔註104〕

程氏的作法是透過對朱陸二人思想演變過程的比較，結論出一個「始異而終
同」的說法，可以看做是一個學術思想史的討論，一點也沒有抬高自身學術
地位的意味。但與陽明說法相較之下，不正顯示出陽明的言外之意。羅欽順
（字允升，號整菴，1465～1547）一眼就看出陽明的「言外之意」，他在給陽
明的信中，說到他對此書的看法，他說：「凡此三十餘條者，不過姑取之以證
成高論。」〔註105〕而這三十餘條的最後一條，陽明採用元人吳澄（字幼清，
稱草廬先生，1249～1333）悔悟之言來做爲他對朱學學者的忠告，吳澄云：

> 天之所以生人，人之所以爲人，以此德性也。然自聖傳不嗣，士學
> 靡宗，漢、唐千餘年間，董、韓二子依稀數語近之，而原本竟昧昧
> 也。逮夫周、程、張、邵興，始能上通孟氏而爲一。程氏四傳而至
> 朱，文義之精密，又孟氏以來所未有者。其學徒往往滯於此而溺其
> 心。……夫所貴乎聖人之學，以能全天之所以與我者爾。天之與我，
> 德性是也，是爲仁義禮智之根株，是爲形質血氣之主宰。捨此而他
> 求，所學何學哉？〔註106〕

吳澄以「德性」爲「聖人之學」的思想核心，與陽明的立場是一致的；而吳
澄也並未直接批評朱子，而是批判朱子的後學，但陽明則更進一步將朱子視
爲同道。不過，陽明此「高論」一出，立即遭受余祐的反擊，張岳（字維喬，
號淨峰，1492～1552）在其〈神道碑〉中記云：

> 其時公卿間，有指「主敬存養」爲「朱子晚年定論」者，公（余祐）

〔註104〕〔明〕程敏政，〈道一編序〉，《篁墩程先生集》，卷28，頁49b～50a，弘治三
年刊本，傅斯年圖書館藏；此版本寫的是「推重」，但往後的版本則是「兼收」，
從此文字的差異上亦可見當時朱陸學術地位的升降。

〔註105〕〔明〕羅欽順，〈與王陽明書〉，《困知記》（北京：中華書局，1990），〈附錄〉，
頁111。

〔註106〕見〔明〕王守仁編，《朱子晚年定論》，《王陽明全集》，〈語錄三〉，卷3，頁
141～2。

　　掫朱子初年之説以折之，謂其入門功夫，非晩年乃定。〔註107〕
此記一方面說明陽明《朱子晩年定論》一書的核心概念即是「主敬存養」的
工夫，也就是「治心」的工夫，而非朱子早年泛觀博覽的工夫；另一方面，
余祐則從陽明所選的朱子篇章中找出時間上的破綻，企圖以此反駁陽明的論
證。誠然，時間上不合的問題，在往後羅欽順給陽明的論學書中也一再被提
及，但是程朱學者們無法反擊的是朱子也曾經以「主敬存養」作為其修養的
工夫，如此一來，陽明提倡「心學」的作法，就具有某種程度的正當性。夏
尚樸在敘述當時學術論爭的情形時，說到：

　　近時諸公力扶象山之學，極詆朱子之學支離，蓋亦未能平心易氣，
　　細觀其書以致然耳！王欽佩（韋）嘗謂予云：「朱子所著諸書，或有
　　初年未定之論，兼門人記錄未能盡得其意者，亦或有之。吾輩觀之，
　　但擇其好處，今王陽明專擇其不好處來説，豈不是偏耶！」〔註108〕

夏氏前一句說明當時陽明及其弟子們的作法，的確間接地抬高陸象山的學術
地位，並且也推動陸學思想的傳播；而後一句王韋的話，則透露出他也部分
認同陽明所論證朱子思想「早年」及「晩年」不同的說法。這個說法間接地
顯示出，陽明此書的確引起朱學學者們自身的反省，只不過這些學者還未能
全盤接受陽明的說法。另一方面，從王韋的說法中，也可顯示出陽明透過《朱
子晩年定論》一書，的確相當程度地達到他所謂「解紛」的功效。學術界開
始認真思考朱子學的工夫論問題，如此一來，也間接地為心學的思想開啓了
一扇窗，使得學術界開始用不同的角度來思考人生、社會乃至於國家的問題。

　　筆者於此要強調的是，《朱子晩年定論》一書之所以受到學術界的注意，
不僅僅因為此書出現的時機恰好是在「朱陸異同」爭論的潮流之下，更重要
的是，它反映了當時學術界在尋找真正的治國之學的傾向。這個傾向的由來，
從陽明正德以來所遭遇到的經歷即可說明，「道德秩序」的解體，導致國家運
作產生問題。因此，當陽明提出「君子之學」時，學術界剛開始只是把此學
當作某一家新說來討論，更多的是視為背叛正統思想的異端，直到陽明將其

〔註107〕〔明〕張岳，〈嘉議大夫吏部右侍郎認齋余公神道碑銘〉，《小山類稿》（福州：
　　　　福建人民出版社，2000），卷16，頁310～1。
〔註108〕〔明〕夏尚樸，〈滁州省愆錄〉，《夏東巖先生文集》（北京：書目文獻出版社，
　　　　1988），卷1，頁590b-c。又王韋與顧東橋（華玉）、陳沂（魯南）、顧英玉稱
　　　　「金陵四傑」。見〔明〕周暉，《金陵瑣事》（四庫禁燬書叢刊補編・37）（北
　　　　京：北京出版社，2005），卷3，頁685b。

「聖人之學」的學術內容拉高到治國平天下之道。因此，不能單單以探討「朱陸異同」的觀點來對待陽明此書，而必須參照陽明之前所提出的思想背景以及當時國家社會的現實問題，才能真正理解此書出現的意義。

小　結

　　明代的政治文化在正德一朝變化相當大，其中「誅八虎」計畫的失敗是一轉捩點，從此之後，宦官劉瑾等掌握國家大政，其中種種倒行逆施的作為，在在都使得國家的秩序瀕臨崩解的狀態。此時的士大夫們敢勇於挑戰宦官權勢的，不能說沒有，但以當時內閣大學士等人的作法，又何嘗不讓中下層的士大夫官員們為之氣餒。劉瑾倒臺之後，官員們上疏直諫的文字中，振作「士氣」成為普遍的共識，但是由於政治權力依然掌握於宦官之手，「士氣」依然萎靡，朝政仍不見起色，國家情勢依然危急。此時的陽明在歷經龍場的放逐生活後，懷著經世之志回到北京，原想於「後劉瑾的時代」中，一展經世濟民的抱負，但其「政治受難者」的光環，卻使其遭受到無形的政治打壓。一連串有關其父親賄賂等情事的「曝光」，不但引起眾人的指指點點，當然也影響到陽明的心情，在那表面上強調「政治清白」的政治情勢下，真正有「政治清白」的人，卻遭受到「不白之冤」，充分顯示當時的道德價值的淪喪與倒置。

　　處在如此不堪的朝局之中，陽明懷著悲憤的心情，思考著現今的情勢是如何造成的？為什麼滿口仁義道德的人，卻做出言行不一的作為？為什麼政治與學術地位高的人，沒有辦法把持其道德的信念，堅持善惡、是非、義利等傳統的價值？為什麼當有人起而對抗這種歪曲正義是非的行為時，卻遭到無情的對待，無人再挺身而出來聲援呢？士大夫的「氣節」哪裡去了？「君子」何在？往後國家社會的秩序又將如何維持呢？君不君、臣不臣、父不父、子不子的情況是否即將到來呢？這一切問題的癥結點又為何呢？現在又該如何做才能挽救國家社會於危急之時呢？陽明秉持其「一心運時務」的思想架構，認為當務之急是恢復道德的秩序，也就是要讓「君子道長，小人道消」。而起點就從每個人的「心」中做起，使每個人都成為「君子」，而這就是為何陽明要汲汲於提倡「心學」的原因。陽明首先重新思索學術發展的問題，認為當今學界錯認學術的發展的路徑，忽略了孔門真正之傳是在顏子一脈，而非強調博學廣識的學術傳統，所以陽明透過對「聖人之學」的重新衡定，並於《大學》一書中，尋求到其理論的根據。所謂的「格物」，是去格心中之物，

也就是將「心」中不正的部分去除掉，即能將「人心」變回「道心」。惟有如此，才能靠著這無私欲的「心」分辨善惡是非。其次，透過與朋友的交往，極力宣揚此學，希望他們可以瞭解到此學「變化氣質」的功效，成爲「君子」。

當陽明極力宣揚此新「聖人之學」，來自友朋的批評，不但直接，也點出陽明思想上的問題。這些批評有的從學術正統來論，有的從學術源流來論，再加上當時現實環境望治心切的需要，促使陽明去深化其此「聖人之學」的內涵。而其內涵中最重要的轉變，就是將原本侷限於個人修養工夫方面的探討方向，提升至天下國家的層上次，提出「三代之學是心學」的宗旨。這意謂著說現今如要重復「三代之治」，就必須從「心學」著手。

在陽明提出其宗旨時，也是在「朱陸異同」之辨爭論非常激烈的時候，在此氛圍之中，陽明高舉「心學」的宗旨非常容易被化約爲「陸學」與「禪學」的代表。不論陽明從北京到南京任官，這樣的攻訐一直都有。陽明爲了證明「陸學非禪學」說法以及強調「朱學亦有未定之說」，因而編撰《朱子晚年定論》一書。且爲了不重演其座師程敏政《道一編》引發的問題，再次陷入「朱陸異同」的陳年爭論，陽明採取單獨取朱子之言，以證明其所採取的「主敬存養」的修養工夫，亦是朱子晚年所認同的。當然此論一出，也引來更多對此書內容編排等等問題的質疑，但不可否認的是，其影響力也逐漸地在士大夫圈子中發酵，導致堅信「朱學」思想不會錯的信念開始動搖了。

由於陽明的古本《大學》及《朱子晚年定論》的刊刻流通，要到其領兵南贛之時才逐漸爲人所知，其影響力也才逐漸發揮出來。所以說陽明在南京之時，這兩部著作都是以抄本的形式在朋友與弟子間流通的。就筆者閱讀當時人的著作的初步印象，古本《大學》的內容及思想並不如《朱子晚年定論》一樣，得到太多的迴響，除了湛甘泉與羅欽順外。這或許要等到《傳習錄》首卷刊刻流通後，〔註109〕陽明的《大學》觀才引起更多學者的關注。

〔註109〕據〔日〕永富青地的考證，《古本大學》與《朱子晚年定論》皆刊刻於正德十三年七月，《傳習錄》則是隔月，才刻於江西。見其《王守仁著作の文献学的研究》，〈附錄二・王守仁著作出版年表〉，頁 528。

第三章　聖賢骨血：良知

　　本章主旨在透過陽明軍功建立與其思想轉折間的關係，來說明其「良知」說的形成經過。陽明曾說過，「良知二字，實千古聖聖相傳一點滴骨血」，[註1]可見是其「聖人之學」的關鍵。但是陽明為什麼要改變他之前所認定的「聖人之學」內容，轉而以「良知」說為主呢？要明瞭這個思想轉變的過程，則必須從其軍功建立的過程中，來尋繹其線索。而要能清楚說明這兩者之間的關係，一方面取決於對陽明軍功建立過程的瞭解，尤其是在帶兵過程中的體會；另一方面則取決於在建立軍功後，陽明在現實環境中的遭遇對其思想的衝擊和改變。所以，如何充分說明軍功建立的過程及後續的發展，是瞭解其「良知」概念形成的關鍵。

　　陽明在正德時期的軍功主要有二：一是平南贛群盜，二是平宸濠之亂。兩次軍功的建立，對於陽明的思想發展而言，意義是大不相同的。首先，從兩次戰事的比較，可以大致瞭解陽明所面對的情況。以表列方式來說明。

	南　贛　盜	宸　濠　之　亂
時　　間	正德十二年正月至十四年六月	正德十四年六月至七、八月
作戰規模	小（複雜）	大（單一）
作戰地貌	山區	水路、平原
敵　　方	盜匪、少數民族	藩王、正規軍
後勤支援	朝廷支援、三省夾攻	自己勸募
敘　　功	立即、有	非立即

[註1]　〔明〕錢德洪編，《年譜・正德十六年》，收錄在《王陽明全集》，卷 33，頁 1279。

　　從此簡表中，可以清楚地知道這兩次戰事爭對陽明而言，最大的差異點在於一個是有計畫與步驟的戰爭，另一個則是反應時間相當短的戰爭。也因為這個不同，使得陽明在處理相關軍務以及判斷攻守時機等方面，面臨很大的挑戰。而這些挑戰，不僅是對陽明的生理方面造成莫大的負擔，〔註2〕更重要的是心理的負擔，主要是在行賞罰之時，可能要殺人的。當然，兩次戰事後的敘功過程及結果之南轅北轍，對陽明而言也是一大問題，主要的原因是後者牽涉到權力的鬥爭。就因為戰事前後接踵而來的種種問題，都考驗著陽明是否真如其「一心運時務」思想架構所強調的，能夠靠著「一心」，透過「格物」的工夫，來因應人事酬變。

　　從事後的歷史事實來看，顯然陽明並未真正能夠徹底地實踐其思想架構，因為此架構中的理論內容產生重大的變化。陽明將其「聖人之學」工夫論的重心，從過去強調「格心中之物」，去「其心之不正」的「誠意」之說，轉變為強調以每個人自有天賦之「良知」為判斷是非的準則，依循此準則，來因應人事的變化。也就是說，其工夫論內容，從強調「誠意」轉而為「致良知」。此處轉折，其來龍去脈究竟如何？究竟陽明在此軍旅生涯中，遭遇到什麼樣的困境，促使他轉而以「良知」說為工夫論的重心呢？此外，除了思想方面的轉變，在人生態度方面，陽明也從一開始懷抱經世的態度轉而寄情於學術教育，例如講會的成立就在此時開始，後來回到家鄉之後，更致力於書院講會的活動。究竟陽明在立下大功之後，不但沒有在政治路上，更上一層樓，反而歸鄉心切，其箇中原因又何在？而陽明這個人生態度的轉變，究竟有無背離他自龍場後所秉持的「一心運時務」思想架構呢？如果已經背離的話，難道說陽明認為「時務」已經得到解決了嗎？抑或是陽明認為僅靠著「一心」，仍然無法運時務呢？這個思想架構的背離與否，關乎到該如何理解陽明歸越以後的經歷，當然也牽涉到往後其提出「四句教」、「拔本塞源論」以及「大學問」的原因。所以，如果無法準確地說明陽明在南贛時期事功建立對其思想的影響，亦不能對其歸越之後的作為有一清楚地理解。

〔註2〕 例如征宸濠時，四十天不睡。〔明〕陳弘緒，《寒夜錄》：「王遵嚴問龍溪（王畿）：『先師陽明在軍中，四十日未嘗睡，有諸？』龍溪曰：『然，此原是聖學，古人有息無睡，故曰：向晦入晏息。』」（豫章叢書・子部二）（南昌：江西教育出版社，2002），卷上，頁194。

一、平南贛盜：破心中賊

陽明初次帶兵，正是印證其「一心運時務」思想的機會，但是在此過程，陽明卻有所謂的「破山中賊易，破心中賊難」之語，此語是陽明寄給弟子書信中的話，其涵意是在表達山中賊是容易去除的，但心中的私欲卻很難去除。為何陽明已經可以運時務了，卻反而在「一心」上發生問題了呢？究竟是什麼樣的「私欲」讓陽明無法用其「明其心」的工夫來去除呢？而最終這個問題，陽明又是如何解決的？其下手工夫與其原先「明其心」的工夫，又有何差異呢？

正德十一年九月（1516），陽明由南京鴻臚寺卿升任都察院左僉都御史，巡撫南贛地區。〔註3〕對於這項人事安排，〔註4〕陽明是迫於無奈而接受的，因為南贛群盜問題是一個燙手山芋。一方面此問題存在已久，朝廷多次派兵征撫只能達到暫時性的效果，而不能有一根本的解決；另一方面也由於此地區為一地形複雜、權責牽連三省的地方，致使朝廷屢次出兵征剿，卻都在事平之後，不多久又回復到盜賊叢生的景況。而這兩方面的因素，也就是為什麼前巡撫文森（字宗嚴，1462～1525，文徵明的叔父）不願接下此任而托病避去的原因。陽明一開始也是推辭此職務的，但由於朝廷成命已下，不得不接。在短暫回越省親之後，於正德十二年（1517）正月抵達江西贛州府。陽明平定南贛盜的過程大致分成三階段，第一階段是從正德十二年（1517）正月至九月，主要是平定福建地區的盜賊；第二階段是十月至隔年五月，主要是平定橫水、桶岡盜賊；第三階段是正德十三年（1518）六月至隔年六月，主要是平定龍川浰頭賊。

〔註3〕〔明〕王士性記云：「南贛稱虔鎮，在四省萬山之中，轄府九，汀、漳、惠、潮、南、韶、南、贛、吉；州一，郴；縣六十五，即諸郡之邑也；衛七，贛州、潮州、碣石、惠州、汀州、漳州、鎮江。衛所官一百六十四員，軍二萬八千七百餘名，寨隘二百五十六處，專防山洞之寇也。正、嘉之間，時作不靖，近稱寧謐，要在處置得宜爾。」見《廣志繹》（北京，中華書局，1997），〈江南諸省〉，頁85。

〔註4〕據《年譜》所言，此安排是當時的兵部尚書王瓊所舉薦的。陽明與王瓊並不相識，但陽明曾說他對王瓊有「私淑之心」，彼此間應該有一定的了解。筆者認為這是因為陽明的好友喬宇和王雲鳳，都和王瓊一樣出身山西的關係，且三人有「河東三鳳」之稱，彼此之間往來密切。如〔明〕霍韜，〈贈太保兼太子太保吏部尚書諡恭襄前少師王公神道碑銘〉云：「試部政，日與喬白巖、王虎谷互益切劘。」見單錦珩輯，《王瓊集》（太原：山西人民出版社，1991），〈附錄〉，頁204。「近世山西以喬白崖、王虎谷、王瓊為河東三鳳。」見〔明〕徐應秋，《玉芝堂談薈》（文淵閣四庫全書·883）（臺北：商務印書館，1983），卷4，頁94c。

（一）「軍前違期」事件

陽明初到江西，還未至贛州府就任之時，一路上所見到的社會景況就是「流民」到處流竄。由於當時朝廷的橫征苛斂，使得百姓們的生活困苦，受不了的就脫離土地來逃避追征，淪爲「流民」。這些「流民」如果沒有得到妥善的安置，就極容易成爲盜賊集團，四處劫掠，危害地方甚巨。陽明的處置方式則是就地安插，[註5] 使這些流民不會四處漂移，導致更多的社會問題。當陽明開府於贛州時，針對南贛群盜問題，其第一道行政命令即是實施「十家牌法」，[註6] 透過對各家各戶的戶口普查，徹底地掌握當地民眾實際生活的情況，其用意在解決當地「民盜不分」的問題。其次是對當地軍隊的改革，其重點是不再倚靠「狼兵」的力量。由於過去的巡撫到任後，所面臨最棘手的問題就是兵力不足，因爲在面對盤據各個山頭的盜賊，光依靠當地的保衛力量，如機快、弩手、打手等，是力有未逮的。所以常常必須依靠所謂的「狼兵」來援助，而狼兵是由少數民族所組成，戰鬥力強，但軍紀不佳，故常於戰後反成爲地方之害。陽明往後面對其部屬提出等狼兵到時再出征的要求時，直接予以否決，其著眼點即在於此。[註7] 另一方面，陽明透過對這些地方守衛兵力的改組，[註8] 再加上新募的人員，予以勤訓精練，組成了一支不同於以往的「鄉兵」。靠著這支新軍，陽明得以迅速地平定福建地區的盜賊。但是，除了對軍事制度及地方治理方法的改革外，陽明對於南贛地區社會秩

[註5] 《年譜·正德十二年》記云：「先生過萬安，遇流賊數百，沿途肆劫，商舟不敢進。先生乃聯商舟，結爲陣勢，揚旗鳴鼓，如趨戰狀。賊乃羅拜於岸，呼曰：『饑荒流民，乞求賑濟！』先生泊岸，令人諭之曰：『至贛後，即差官撫插。各安生理，毋作非爲，自取戮滅。』賊懼散歸。」收錄在《王陽明全集》，卷33，頁1238。

[註6] 《年譜·正德十二年》記云：「其法編十家爲一牌，開列各戶籍貫、姓名、年貌、行業，日輪一家，沿門按牌審察，遇面生可疑人，即行報官究理。或有隱匿，十家連坐。」收錄在《王陽明全集》，卷33，頁1239。

[註7] 陽明的選擇恐怕也是鑑於當時任兩廣巡撫陳金作爲的影響。陳金在總督巡撫兩廣時，即依靠著田州土官岑猛所帶領的「狼兵」，平定江西華林峒賊，但在大戰之後，卻無能管制狼兵，致使危害地方，不但招致彈劾，當地亦有歌謠曰：「華林賊來亦得，土兵來死不測。」見〔清〕汪森編，《粵西文載》（文淵閣四庫全書·1465）（臺北：商務印書館，1983），卷12，頁646b-c。

[註8] 如《龍南縣志》云：「縣初無守備兵。……成化二十三年，都御史李公昂奏奉於民戶內編僉機兵二百名。正德間，都御史王公守仁加編六百，每歲定期與同守備官軍，演習武藝。」見〔清〕閭士傑等修、王元驥等纂，《龍南縣志》（臺北：成文出版社，1989），〈輿地志·險隘·演武場〉，卷1，頁152～4。

序的思考，是一整體考量的結果，這反映在其對盜賊問題的看法上。

　　陽明對盜賊問題的認識，是親自探詢當地父老鄉親而逐漸有自己一套的看法，例如他開府贛州之時，即立「求通民情」、「願聞己過」二旗牌，〔註9〕探求民隱。在經過近五個月時間的摸索，陽明上〈申明賞罰以勵人心〉一疏給朝廷，在此疏中，陽明說明其觀察及解決方法，他說：

　　盜賊之日滋，由於招撫之太濫；招撫之太濫，由於兵力之不足；兵力之不足，由於賞罰之不行；誠有如副使楊璋所議者。……今朝廷賞罰之典固未嘗不具，但未申明而舉行耳。古者賞不逾時，罰不後事。過時而賞，與無賞同；後事而罰，與不罰同。況過時而不賞，後事而不罰，其亦何以齊一人心而作興士氣？〔註10〕

陽明認為過去之所以無法徹底平盜，主要原因是朝廷過度依賴「招撫」政策，而朝廷之所以這樣做的原因，又在於地方無力於征剿。而地方之所以無力於征剿，又牽涉到地方本身所擁有兵力的不足；而兵力之所以不足，不是因為沒有人員，而是因為賞罰不明與不當，導致這些兵力毫無戰力可言。所以，陽明向朝廷建議說要「申明賞罰」，也就是要嚴格執行軍法，如此一來，將士們才能有奮勇殺敵的動機與動力，也才能建立足夠的軍力與戰力以抗盜賊。此外，陽明認為過去巡撫之所以不能有效平盜的癥結點，在於巡撫一職的權力不及於當地平民百姓。他在給當時的兵部尚書王瓊（字德華，號晉溪，別號雙溪，1459～1532）的信中說到：

　　今閩寇雖平，而南贛之寇又數倍於閩，且地連四省，事權不一，兼之敕旨又有不與民事之說，故雖虛擁巡撫之名，而其實號令之所及止於贛州一城。然且尚多牴牾，是亦非皆有司者敢於違抗之罪，事勢使然

〔註9〕　《贛縣志》：「王守仁……巡撫南贛，臺門置二匭，榜曰『求通民情』、『願聞己過』，民間嚴行保甲法。」見〔清〕劉瀚芳修、孫麟貴等纂，《贛縣志》（北京：線裝書局，2001），〈名宦・親臨名賢〉，卷9，頁305；又〔清〕梁章鉅記云：「聞前明王文成公行部所至，必令二人肩二高腳牌前導，大書云：『求通民情』、『願聞己過』，議者以為客氣，不虛也。」《楹聯叢話》（北京：中華書局，2006），卷8，頁109。

〔註10〕　〔明〕楊璋云：「蓋以賞罰之典雖備，然罰典止行於參提之後，而不行於臨陣封敵之時；賞格止行於大軍征剿之日，而不行於尋常用兵之際故也。」〔明〕王守仁，〈申明賞罰以勵人心疏（1517）〉，《王陽明全集》，〈別錄一〉，卷9，頁307～10。陽明所上之疏不少，但此疏能夠一而再地出現其各種文章結集的本子之中，顯示出此疏的重要性。

也。今為南、贛，止可因仍坐視，稍欲舉動，便有掣肘。……夫弭盜

所以安民，而安民者弭盜之本。今責之以弭盜，而使無與於民，猶專

以藥石攻病，而不復問其飲食調適之宜，病有日增而已矣。〔註11〕

信中明白說到由於「巡撫」一職，並不能干預民事，所以其權力是被限制在
贛州城內的，再加上行政機關制度的設計不良，導致相關單位間的互相掣肘，
根本無法解決民間百姓的問題，故要想解決盜賊產生的問題，就必須連同百
姓的問題來考量。所以，在此信中陽明也對王瓊提及說，要不將其權力劃歸
於兩廣巡撫，要不就提升此地巡撫的權力，才能夠安民與弭盜。陽明對盜賊
的看法與要求，得到王瓊的正面回應，王瓊因而建議朝廷，將此巡撫加「提
督」之銜（正德十二年九月）。在朝廷所下的敕諭中說到：

特改命爾提督軍務，撫安軍民，修理城池，禁革奸弊。一應軍馬錢

糧事宜，但聽便宜區畫，以足軍餉。但有盜賊生發，即便設法調兵

剿殺，不許踵襲舊弊，招撫蒙蔽，重為民患。其管領兵快人等官員，

不問文職武職，若在軍前違期，並逗遛退縮者，俱聽軍法從事。生

擒盜賊，鞫問明白，亦聽就行斬首示眾。〔註12〕

這項人事命令，對陽明在處理南贛群盜的問題上，可說是打了一劑強心針，
因為這解決了陽明當時主要的三個難題。首先是「軍馬錢糧」的問題，沒有
後勤力量的支援，沒錢沒人，打仗是很難成功；第二是對底下官員的約束，
雖說陽明曾任兵部主事，但帶兵打仗可是初體驗，面對常年生活於軍旅之中
的軍士官兵，沒有足夠的威望與權力，軍令是難以貫徹實施的；第三是對當
時朝廷因應南贛群盜問題所提出「三省夾攻」計畫之實施，有了轉圜的餘地。

朝廷的「三省夾攻」計劃，是經過通盤考量過的，考量點在於此地為一
山區地形，如果單單從江西、湖廣或是兩廣地區任何一方出兵征剿，勢必會
讓盜賊四處流竄，而無能一次徹底殲滅之。但這個計畫看似有其道理，但卻
不符合實際的軍情，原因有二，一是此計畫容易為盜賊所探知，盜賊也因之
而有所防備，征剿的困難度也因此大增；第二是三方面地區的兵力並不相同，

〔註11〕〔明〕王守仁，〈與王晉溪司馬〉，《王陽明全集》，〈續編二〉，卷27，頁1005
～6。

〔註12〕《年譜·正德二十年》，頁1244，又此敕諭的內容與王瓊上疏朝廷的內容幾乎
相同，見〔明〕王瓊，〈為申明賞罰以勵人心事〉，收錄在陳子龍等選輯，《明
經世文編·王晉溪本兵敷奏二》（北京：中華書局，1987），〈南贛類序〉，卷
110，頁1017b-c。

除了陽明所屬官兵爲「鄉兵」外，其餘兩方皆有「狼兵」助陣，因此會讓盜賊爲避狼兵之鋒，而往江西來。陽明在給王瓊的信中說到：

> 差人既發，始領部咨，知「夾攻」已有成命。前者嘗具兩可之奏，不敢專主「夾攻」者，誠以前此三省嘗爲是舉，乃往復勘議，動經歲月，形跡顯暴，事未及舉，而賊已奔竄大半。……況南、贛之兵，素稱疲弱，見賊而奔，乃其長技。廣、湖所用，皆土官狼兵，賊所素畏，夾攻之日，勢必偏潰江西。〔註13〕

陽明從過去的歷史教訓以及當時南贛的兵力組成不同，來說明他之所以不贊成「三省夾攻」計畫的作法，但是這個計畫卻因湖廣巡撫秦金（字國聲，號鳳山，1467～1544）的堅持，而無法取消。陽明在給講學友兼部屬顧應祥（字惟賢，號箬溪，1483～1565）的信中說到：

> 雖今郴、桂「夾攻之舉」，亦甚非鄙意所欲，況龍川乎！夏間嘗具一疏，頗上其事，以湖廣奉有成命，遂付空言。今錄去一目，鄙心可知矣！郴、桂之賊爲湖廣兵勢所迫，四出攻掠，南贛日夜爲備，今始稍稍支持。然廣東以府江之役，尚未調集。必待三省齊發，復恐老師費財，欲視其緩急以次漸舉。〔註14〕

從信中可以知道，陽明對「夾攻」的作法是在無可奈何的情況下接受的，但如今因爲他的「提督」之銜，使其在出兵的時機上，有較大的彈性，不會被「夾攻」計畫的日期所限制。

在王瓊的大力支持下，陽明順利地於十月平定橫水、桶岡賊，但這個勝仗，卻引起湖廣兵的不滿。主要原因在於陽明並未依照兵部所定的「夾攻」日期，於十一月一日出兵，而是提前半個多月出兵，並且於十月十一日就已經到達廣西邊境。陽明這樣的作法雖說有權力上的依據，但是不可諱言地，也讓遠道而來的湖廣兵，所得功勞甚少，致使其心生不滿。陽明給顧應祥的信中說到：

> 湖兵四哨，不下數萬，所獲不滿二千。始得子月朔日會剿，依期而往，彼反以先期見責，所謂「文移時出侵語」，誠有之。此舉本渠所倡，今所俘獲反不能多，意有未愜，而憤激至此，不足爲怪。〔註15〕

〔註13〕〔明〕王守仁，〈與王晉溪司馬〉，《王陽明全集》，〈續編二〉，卷27，頁1004～5。

〔註14〕〔明〕王守仁，〈與顧惟賢〉，《王陽明全集》，〈續編二〉，卷27，頁997～8。

〔註15〕〔明〕王守仁，〈與顧惟賢〉，《王陽明全集》，〈續編二〉，卷27，頁998。

由於湖廣軍隊的主要組成份子是狼兵，戰功的有無牽涉到其所能得到金錢財富的多寡，因此會心生不滿也是可以想像的。不過此時陽明不但沒有追究湖廣兵「軍前違期」的責任，反而下了一道犒賞湖廣兵的命令，令中說到：

> 參看湖廣官兵既已約定十一月初一日進剿，自合依期速進，今本省官兵攻破桶岡已將半月，始聞各兵前來。揆之初約，實已後期。但念各兵千里遠涉，亦已勞頓，若能悉力搜剿，尚有可冀之功。且宜略棄小過，先行犒勞。及照郴、桂地方，原係本院所屬，相應差官押束。〔註16〕

這個表面上說要犒賞的命令，但實際內容上卻隱含陽明詰責的用意。由於陽明有權力決定何時出兵，因此沒有必須依期的問題，反而是當初堅持要依期的湖廣兵，反而違期了。在軍事行動過程之中，「軍前違期」是很大的過失，其所要承擔的責任是很大的，如同敕諭中所說的，「若在軍前違期，並逗遛退縮者，俱聽軍法從事。」當然這懲罰與否和程度，就端看陽明的態度。此命令最後陽明說到郴桂二地是其所屬，更是在強調其有權力管束他們。此犒賞命令從頭到尾，無不在宣示陽明的權力。然此「軍前違期」的事件，放在陽明之前一再強調「申明賞罰」的想法下來看，其說法與作法之間是有扞格矛盾在的，而其不能「申明賞罰」的作法，也表達在他給當時湖廣巡撫秦金的信中，信中說到：

> 昨者貴省土兵以郴桂不靖之故，千里遠涉，生與有地方之責，而不獲少致慰勞之意，缺然若有歉焉！故薄具牛酒之犒，聊以輸此心焉爾！乃蒙厚賜遠頒，并及從征官屬，登拜之餘，感媿何已！喜聞大兵之出，所向克捷，渠魁授首，黨類無遺，茲實地方之慶，生亦自此得免於覆餗之戮矣！欣幸！欣幸！旬日後，敬當專人往謝，并申賀。〔註17〕

此信的內容如果放在陽明與秦金過往的交情來看，不會有問題，但問題是對照上文來看，不但信中無一語提到「軍前違期」之事，陽明更低調地將自己的成功歸因於秦金在湖廣地區殲賊的成功。從陽明帶兵的歷程中來看，他對

〔註16〕〔明〕王守仁，〈犒賞湖廣官兵〉，收錄在〔日〕永富青地，《王守仁著作の文獻學的研究》〈附錄三・「王陽明全集」補遺〉，頁564。
〔註17〕此信為陽明佚文，收錄在〔明〕秦金，《安楚錄》（續修四庫全書・史433）（上海：上海古籍出版社，1997），〈啟箚〉，卷9，頁451c，明刻本。

此事件的處理態度及作法是相當不尋常的。因爲從現今陽明所存留的奏疏、公移、牌令來看，在在強調「軍法」與「賞罰分明」的觀念，但卻於此事不能堅持其所持的觀念。當觀念與現實狀況無法契合之時，如何能夠做到「言行一致」，成爲陽明心中相當大的困惑與不安。用陽明「知行合一」的說法來比喻，如果陽明認爲「軍前違期」該罰，自然應有懲罰之行，如果未能行懲罰之行，自然無該罰之心。但顯然陽明於此，並未能有一符合其說的作法，反而會讓人有「鄉愿」的感覺。

（二）本心之明：祛除私欲的關鍵

陽明這種處理軍務的態度，在其帶兵的過程之中，應該是常常有的，因爲「賞罰」問題，對軍隊領導者來說，是每天都要面對的。而每一次「賞罰」的決定，是否恰當與及時，則一直是陽明帶兵打仗時最大的心理負擔，所以他在給門人楊驥（字仕德，號毅齋）信中說到：「破山中賊易，破心中賊難。」〔註18〕「山中賊」自然清楚不過，而「心中賊」則是此「賞罰」問題。在征剿完三浰賊後，陽明有了短暫的休息，可以專心於講學之事。《年譜》於此時記云：

> 先生大征既上捷，一日，設酒食勞諸生，且曰：「以此相報。」諸生
> 瞿然問故。先生曰：「始吾登堂，每有賞罰，不敢肆，常恐有愧諸君。
> 比與諸君相對久之，尚覺前此賞罰猶未也，於是思求其過以改之。
> 直至登堂行事，與諸君相對時，無少增損，方始心安。此即諸君之
> 助，固不必事事煩口齒爲也。」諸生聞言，愈省各畏。〔註19〕

陽明於此要表達的是一種心境上的轉變，說明其心裏煩惱的根源是其登堂行「賞罰」之事。在此記錄中，陽明說到在帶兵之初，碰到處理賞罰事情時，心中對其所下的命令是否合宜，常感不安。一直到了後來，自己追尋其過錯並且改正。如此做後，在往後行賞罰情事後，即使面對其學生，也能感到心安自在。換句話說，一個人自己知道自己有沒有過錯，如果沒有的話，在任何情況與環境下都能感到自在輕鬆；但如果有的話，即使別人不說，自己心

〔註18〕〔明〕王守仁，〈與楊仕德薛尚謙（1517）〉，《王陽明全集》，〈文錄一〉，卷4，頁168。

〔註19〕《年譜·正德十三年》，《王陽明全集》，卷33，頁1255；《年譜》此段記載，沒有前後上下文的脈絡，而陽明弟子之所以將此件事寫進譜中，可以看出陽明的這個動作與說法，對當時的弟子而言是相當不尋常及震撼的，所以事隔多年之後，仍然要將此事記載下來。

中也會有疙瘩在的。但是，為什麼陽明會被此「賞罰」問題所困擾呢？就以陽明之前在〈申明賞罰以勵人心疏〉的觀點來看，不是認為只要能夠依據法令，確實執行，自然能夠申明賞罰，其後的種種問題自然會迎刃而解。故陽明只要依照法令而行，不就沒有問題嗎？但事實上卻不是如此。即以前所述湖廣兵「軍前違期」事件為例，陽明就沒有「申明賞罰」，看在部屬眼裡，可能會認為陽明賞罰不公，這會讓陽明往後的命令執行貫徹，大打折扣，部屬心中也不再認真執行其命令。如果，一個軍隊的軍令不能貫徹實行，那麼勢必也無法在打仗的過程中取得勝利，這也無怪乎陽明會產生這種心理負擔。

陽明之所以會產生這樣的問題，其中問題的癥結點就在於陽明將確實允當地執行軍法，看得太簡單了。如果這麼簡單容易，前面的巡撫早就做到了，何必等陽明來做。經歷過軍旅生涯的人，都知道「賞罰」問題在戰時與平時的標準是不一樣的。平常之時，軍隊從事的事情不外乎本職學能與戰技的專精訓練、裝備的保養維修，以及戰法的演練，此時對「賞罰」的施行容易達到合宜適當。然而，在戰時卻不容易做到，因為那時軍士官們是以獲取軍功為首要目標，也因此各種爭功諉過之情事也是常見的。﹝註20﹞因此如何能夠確實做到「賞罰分明」，成為初次帶兵陽明心中最大的問題。從《年譜》的記載中可以知道，陽明最終克服此問題，是如何做到的呢？陽明當然不是從改變其執行法令的方法或技巧等技術方面著手，而是改變其因應這種問題時所抱持的心態著手。從陽明當時對宋代文天祥的事蹟重新評價，可以一窺其心態轉變之消息。陽明在〈重修文山祠記〉中說到：

> 文（三）公之歿，今且三百年。吉士之以氣節行誼，后先炳耀於世，謂非公（文天祥）之風而興，不可也。然忠義之降，激而為氣節；氣節之弊，變而為客氣。其上焉，無所為而為，固公所謂成仁取義者矣。其次有所為矣，然猶其氣之近於正者也。迨其弊也，士流於矯拂，民入於健訟，而猶自視以為氣節，若是者容有之矣！於公之

﹝註20﹞《明實錄·武宗實錄》記云：「（正德十年七月）監察御史程啓充奏：『我朝軍職授官，悉准首級，其餘諸條格，會典具存。然承平日久，倖門漸開，於是有買功、冒功、寄名、竄名、併功之弊。權要之家，厚齎金帛，私賂軍人，易其首級，是謂買功。甲衝鋒斬獲而乙取之，甚至殺內附平人，以為賊，是謂冒功。身在家庭，名隸行伍，是謂寄名。賄屬吏胥，洗補文冊，是謂竄名。至有一人之身，一日之間，所在獲功，甘遠宣大，兩廣川貴，相去數千里，不出門閫，而皆以功報，按名累級，驟歷崇階，是謂併功。』」卷127，頁2536～7。

道，謂非操戈而入室者歟？……人亦孰無是心？苟能充之，公之忠
義在我矣！而又何羨乎！〔註21〕

陽明此文是爲表彰跟隨文天祥殉國之人的祠所作的，文中主要在闡述這些
人，並不是因爲文天祥的作法而有忠義的行爲，而是因爲這些人將其內在的
忠義之心，擴充表達出來，即可有此忠義的行爲。而此忠義之心是每個人都
有的，無須去歆羨文天祥。這篇文章有另外的版本，其文云：

忠義變而爲氣節，氣節變而爲客氣。客氣之於忠義，何啻霄壤，始
固發自天性，後稍決裂也。而斷斷之士，守一先生之說，至不通於
四方之誼，亦或不免焉！〔註22〕

陽明於此主要在說明「忠義」與「客氣」之間的關係，他認爲「忠義」與「客
氣」是相差很多的道德價值，但其初始皆從天性而來，到了後來之時才分開
的。〔註23〕而後來的士大夫們汲汲於爭辯所謂「天地之性」與「氣質之性」
的問題，皆採用朱子之說，來說明客氣與忠義的關係，卻沒有瞭解到現實狀
況究竟是如何？陽明透過文天祥及其跟隨者的例子來說明，如果能夠發明或
擴充每個人的「天性（忠義之心）」，就不會有「氣節」、「客氣」等流弊。

陽明此時的說法，相較於過去，在「心」的概念上有一重心上的移動。
過去，陽明認爲天下不能達到「三代之治」的原因，主要是因人們無法克制
「勝心」、「客氣」所致，所以必須去除「私欲」，回到「明德」的狀態。而如
今他認爲由於「客氣」與「天性」是同一根源的，故如果能擴充「天性」，「客

〔註21〕 見〔明〕王守仁，〈重修文山祠記（1518）〉，《王陽明全集》，〈文錄四〉，卷7，
頁247；又括號內寫的是「三」而非「文」，見〈重修忠義祠記〉，收錄在〔明〕
王昂重編，《吉安府志》（北京：書目文獻出版社，1988），〈祠廟〉，卷6，頁
565b～6b，嘉靖刻本。《盧陵縣志》云：「忠義祠，在淳化鄉富田，祀宋監薄
劉子俊、劉洙，王守仁記。」可見所謂「三公」，指的是文天祥、劉子俊、劉
洙三人。見〔清〕平觀瀾等修、黃有恒等纂，《盧陵縣志》（臺北：成文出版
社，1989），〈建置・祠廟〉，卷8，頁697。

〔註22〕 〔清〕平觀瀾等修、黃有恒等纂，《盧陵縣志》，〈地輿・風俗〉，卷6，頁548，
乾隆四十六年刊本。

〔註23〕 關於陽明對「理」與「氣」的看法，可見〔日〕上田弘毅，〈明代哲學中的氣──
王守仁和左派王學〉，收錄在〔日〕小野澤精等編，《氣的思想》（上海：上海
人民出版社，1990），頁435～51。上田總結陽明的理氣觀說道：「理與氣的關
係，王守仁在倡導良知說之前和之後有著差異。在前期和朱熹的理氣說相近，
而到了後期，在良知中，理氣則成爲了一體之物。理氣一體，是他對於氣的
代表性見解。但後期的理氣關係，也未必是一貫的，根據問題的情況而有所
不同。」頁448。

氣」自然不能爲患。換句話說，也就是讓「明德」呈顯出來，「欲望」自然不能爲患。這意味著，過去陽明從克治「客氣」出發，試圖回到天性的作法，轉而認爲只要能夠使自身的「天性」擴充，即不會陷入「客氣」的問題。但是，要如何擴充自身的「天性」呢？對此，陽明在給其弟的家書中，說到他當時所認知到的「用力處」，他說：

> 本心之明，皎如白日，無有有過而不自知者，但患不能改耳！一念改過，當時即得本心。人孰無過？改之爲貴。……有皆曰人非堯舜，安能無過？此亦相沿之說，未足以知堯舜之心。若堯舜之心而自以爲無過，即非所以爲聖人矣。……古之聖賢時時自見己過而改之，是以能無過，非其心與果與人異也。……吾近來實見此學有用力處，但爲平日習染深痼，克治欠勇，故切切預爲弟輩言之。〔註24〕

這個書信有兩個要點：首先，陽明認爲每個人的「本心之明」，就如同太陽一般，會自己判斷是與非，只怕自己知錯不改。這個的看法，是延續其龍場時「明德」的說法，所謂「心之德，本無不明也，故謂之明德」。但是當時認爲這個「明德」有時會因私欲之蔽而不明的，所謂「有時而不明者，蔽於私也。去其私，無不明矣。」兩相比較下，即可發現，陽明過去認爲「私欲」是會遮蔽此「本心之明」，如今則認爲，此「本心之明」一直都存在，也就是說太陽一直都在天上掛著，也就是會觀照此「私」的存在與否，接下來的問題即在於要不要勇於去除此「私」了，也就是說要不要透過改過來去除私欲。其次，說明一般人與聖人的「心」是相同的，此都能自知己過的，然而一般人知過不改，與聖人時時自見己過而改之的情況不同，這就是聖凡之別。也就是說，客氣爲患對每個人（包括聖人）而言，都是相同的問題，但聖人可以發揮「本心之明」來改過，而一般人卻掩藏「本心之明」不去改過。這個說法肯認了龍場時聖人亦有私欲的前提。參照著陽明對「賞罰」問題的思考，陽明之前因爲困惑於無法於每一次的賞罰皆做出合宜公正的判斷，而耿耿於懷，但是如今他之所以能夠心安自在，原因在於其認爲他所做出的賞罰判斷，雖不是每一次都能合宜公正，但是只要能夠改正，即能心安自在。而此改正的動力，即源自於一個人自身的「本心之明」，惟有時時擴充此「本心之明」，那麼任何舉措的是與非，自己都能判準，有錯即改，即是聖人一般。

　　陽明這樣的說法，是經過一段摸索的過程，而逐漸意識到「本心之明」

〔註24〕〔明〕王守仁，〈寄諸弟（1518）〉，《王陽明全集》，〈文錄一〉，卷4，頁172。

在「去私」工夫過程中的重要性。而陽明之所以能形成此意識，關鍵點在於對「聖人」與「凡人」異同的思考。過去陽明認為聖凡間是不同的，其差異在於「心」明不明的問題，因為常人為私欲所蔽，故不能明，而聖人不為私欲所蔽，故能明。但是，為何聖人不會為私欲所蔽呢？難道聖人沒有私欲嗎？如果聖人也有私欲，聖人又是如何處理私欲的？陽明在回答弟子蔡宗袞問聖人間的差異時說到：

> 聖人之所以為聖，只是其心純乎天理，而無人欲之雜。猶精金之所以為精，但以其成色足而無銅鉛之雜也。……然聖人之才力，亦是大小不同，猶金之分兩有輕重。堯、舜猶萬鎰，文王、孔子有九千鎰，禹、湯、武王猶七八千鎰，伯夷、伊尹猶四五千鎰：才力不同而純乎天理則同，皆可謂之聖人；猶分兩雖不同，而足色則同，皆可謂之精金。……故雖凡人而肯為學，使此心純乎天理，則亦可為聖；猶一兩之金比之萬鎰，分兩雖懸絕，而其到足色處可以無愧，故曰：「人皆可以為堯、舜」者以此。學者學聖人，不過是去人欲而存天理耳，猶煉金而求其足色。〔註25〕

此說法有四要點：一是說明所謂「聖人」，其內涵是「其心純乎天理，無人欲之雜」。二是說明聖人間的差異在於「才力」的不同，猶如金子的分兩不同，但都是精金。三是凡人只要其心亦純乎天理，亦是聖人，只不過在「才力」上遠不及堯舜般聖人。四是凡人要成為聖人，其工夫就是「去人欲而存天理」。陽明的這個說法意謂著說聖人亦有私欲，只不過如同金子一樣，經過鍛鍊之後，才成為足色精金，也就是經過「去私」的工夫。而這聖人有私欲的說法，是完全與過去理學家對聖人的認知背道而馳的，陽明又用「才力」來區分聖人間的不同，更是駭人聽聞。用一個比較簡單的比喻來說明陽明的說法，聖人與人一樣，得天之所賦予的道，在降臨人世之時，雜有外在的氣質，也就是雜有「人欲」，但是聖人可以去除此雜質，故可以呈現其當初來自於天的「道」，即使有不同程度的擁有。而凡人與聖人一般，亦可透過「去私」的工夫，亦可為聖人，證明了

〔註25〕〔明〕王守仁，〈傳習錄上〉，《王陽明全集》，〈語錄一〉，卷1，頁27～8。又陽明此喻非其孤明先發的，因為盧格早已說過同樣的話。〔明〕盧格云：「蓋性者，理也。要之以金為喻，庶幾得之。性無不善，金無不美，性有氣質，猶金有銅鉛也。聖人之性，十全之金；賢人以下，七八成之金；中人以下，四五成之金；極而至於下愚，金少而銅鉛多，此所以不移也。」《荷亭辯論》，〈理氣比喻〉，卷8，頁527c。

「聖人是可學而至」，這替陽明所謂的「聖人之學」提供更有力的說法。但是，這裏的「存天理去人欲」是什麼意思呢？是否是程朱學者所謂的工夫呢？當然不是，陽明的意思是，擴充此「本心之明」來去人欲存天理。例如他在回答弟子對於為何聖人間才力為何會不同的問題時說：

> 後儒不明聖學，不知就自己心地良知良能上體認擴充，卻去求知其所不知，求能其所不能，一味只是希高慕大；不知自己是桀、紂心地，動輒要做堯、舜事業，如何做得！〔註26〕

於此，陽明認為去爭論聖人間才力不同那是流於計較之心，真正的問題是自己要不要去做的問題？而重點就在於自己的心是否能純乎天理？而工夫的入處即是就自己心地良知良能上體認擴充。而為什麼要將工夫放在「良知良能」上體認擴充呢？陽明並沒有繼續說明，不過他在回答冀元亨問「知如何是心之本體？」時說：

> 知是理之靈處。就其主宰處說，便謂之心，就其稟賦處說，便謂之性。孩提之童無不知愛其親，無不知敬其兄，只是這個靈能不為私欲遮隔，充拓得盡，便完完是他本體，便與天地合德。自聖人以下不能無蔽，故須格物以致其知。〔註27〕

陽明認為這個「知」是天理的靈處，是一個人作主的地方，也就是心；是天所賦予的，也就是性。所以只要這個「知」不被私欲所遮蔽，「充拓得盡」，便是完完全全的「本體」，也就是純乎天理。參照前一引文，陽明的意思是將「良知良能」體認擴充得盡，就完完全全是本體，與天地合德，也就是純乎天理。但是，末一句「自聖人以下不能無蔽，故須格物以致其知」，則在說明自聖人以下，這個「知」，會為私欲所遮蔽，所以必須透過格物（去其心之不正）的工夫來回到那與天地合德的「知（本體）」。陽明認為要透過「格物」的工夫來致此與天地合德的「知」，也就是說只要能「致知」，即是聖人。但是，陽明沒有說明如何在一心之中，在去其心之不正之時，又能知道已經致知了。如何知道心之不正已去而「知」已得呢？陽明的這個問題，隨著他意識到「本心之明」的性質，而有了解決的契機。因為靠著「本心之明」，就可以知道「心之不正」已去，而「知」已得，這也表明陽明對「心」的內涵，有更深入的瞭解。過去他認為「去私」之後，心才會「明」，如今則認為「心」

〔註26〕〔明〕王守仁，〈傳習錄上〉，《王陽明全集》，〈語錄一〉，卷1，頁31。
〔註27〕〔明〕王守仁，〈傳習錄上〉，《王陽明全集》，〈語錄一〉，卷1，頁34。

本來就是「明」的，能夠主動判斷「私」的存在，也因此才能「去私」。

　　但是陽明這個新說法，與其稍早之前其為古本《大學》所做的序之說法，有著差異，他說：

> 《大學》之要，誠意而已矣。誠意之功，格物而已矣。誠意之極，止至善而已矣。正心，復其體也；修身，著其用也。以言乎己，謂之明德；以言乎人，謂之親民；以言乎天地之間，則備矣！是故至善也者，心之本體也；動而後有不善。意者，其動也；物者，其事也。格物以誠意，復其不之動而已矣！不善復而體正，體正而無不善之動矣！是之謂止至善。〔註28〕

陽明這個說法仍是承襲早年「克念」的工夫入徑，在「意」的發動處下功夫，希望回到至善本體。此〈序〉作於正德十三年七月（1518），然陽明「本心之明」的說法約莫是同年九月修建濂溪書院之後，才逐漸有一清晰的輪廓，這短短的二三個月間，可謂是其說法形成之時。陽明「本心之明」的說法，雖未能在〈大學古本原序〉中表達，但卻完整表述於同年為闡釋《中庸》所作的〈修道說〉中。說云：

> 《中庸》為誠之者而作，修道之事也。道也者，性也，不可須臾離也。而過焉，不及焉，離也。是故君子有修道之功。戒慎乎其所不睹，恐懼乎其所不聞，微之顯，誠之不可掩也。修道之功若是其無間，誠之也夫！……而世之言修道者離矣，故特著其說。〔註29〕

陽明最後特別提到「世之言修道者離矣，故特著其說」，顯示出他認為朱子的說法是錯的，不合《中庸》意旨。此〈說〉最重要的概念是認為「道（誠）」是一刻也不可以離開一個人的，所以要有「修道」之功，時時刻刻，讓此「道（誠）」顯現出來，不可以遮掩，就能致中和。因此，如何能夠讓此「道（誠）」呈顯出來，就是修養工夫的關鍵。以朱子《通書注》中對「誠」的說法，與陽明說法相對照，就可以清楚地知道其分別。朱子認為只有聖人才能全此「誠」，一般人是不全的，故須用格物窮理工夫；但陽明則認為只要讓每個人時時刻刻呈露出與生俱來的「全誠」，即是聖人。陽明面對學生發問時說到：

> 率性是誠者事，所謂「自誠明，謂之性」也；修道是誠之者事，所

〔註28〕〔明〕王守仁，〈大學古本原序（1521）〉，《王陽明全集》，〈補錄〉，卷32，頁1197。

〔註29〕〔明〕王守仁，〈修道說（1518）〉，《王陽明全集》，〈文錄四〉，卷7，頁265。

謂「自明誠，謂之教」也。聖人率性而行，即是道。聖人以下，未
能率性於道，未免有過不及，故須修道。……人能修道，然後能不
違於道，以復其性之本體，則亦是聖人率性之道矣！下面「戒慎恐
懼」便是修道的工夫，「中和」便是復其性之本體。〔註30〕

陽明將聖人能率性而為，故不用「修道」之功，凡人則必須要。但是，一般
人是否也能「率性」呢？或是說聖人難道真的完全不用「修道」嗎？往後陽
明的學生亦有此問，陽明對此說法有了修正，《傳習錄》記云：

問：「〈修道說〉言：『率性之謂道』，屬聖人分上事；『修道之謂教』，
屬賢人分上事。」先生曰：「眾人亦率性也，但率性在聖人分上較多，
故『率性之謂道』屬聖人事。聖人亦修道也，但修道在賢人分上多，
故『修道之謂教』屬賢人事。」〔註31〕

陽明清楚地說到聖人與凡人都要「修道」，其間的差別在於「率性」程度的多
寡，也就是在於能否時時發明「本心之明」的程度。

在過去，陽明對於《中庸》的見解並未與朱子有不同，但如今顯然因為
受到帶兵經驗的影響，而提出與朱子不同的見解，這樣的轉變往後也反映在
他對《大學》的理解上。〔註32〕因為往後陽明重新對〈大學古本序〉做出增
補，但對此〈修道說〉的內容則沒有改動過一字。陽明的思想雖然已經因為
軍事行動的刺激，而有了新說法，但是在其還未能完整論述之前，就發生宸
濠之亂，中斷他繼續開展其思想的過程。但是，宸濠之亂的發生，也間接促
成他對此新說法的深化，也才能有往後「良知」說的提出，具體展現於其〈大
學古本新序〉中。

二、平宸濠的後果：忠泰之變

宸濠的叛亂，不管是對當時的人或是陽明來說，是一個藩王採取軍事叛
亂的事件。但是，此事件不同於明代過往藩王起兵，原因在於宸濠經營地方
及朝廷甚久，已經隱然形成一個以宸濠為中心的政治勢力集團。而當陽明迅
速平亂之後，緊接而來的問題，就是對此集團的「政治清洗」，也使得陽明此

〔註30〕〔明〕王守仁，〈傳習錄上〉，《王陽明全集》，〈語錄一〉，卷1，頁37～8。
〔註31〕〔明〕王守仁，〈傳習錄下〉，《王陽明全集》，〈語錄三〉，卷3，頁97～8。
〔註32〕陽明曾說過：「子思括《大學》一書之義，為《中庸》首章。」見〈傳習錄上〉，
《王陽明全集》，〈語錄一〉，卷1，頁16。

時具有左右朝局的地位，成為權力鬥爭中，各方拉攏的焦點。但事實卻不是
這樣的發展，其原因必須從陽明當時所面臨的處境以及其所做的政治判斷，
才能理解往後平宸濠的後果—「忠泰之變」—的由來。當然，處於「忠泰之
變」的險峻情勢下，引發陽明深化其「聖人之學」的契機，因為陽明在經過
此變故之後，其「良知」說才獲得確立，誠如《年譜》所云：「經變後，始有
良知之說。」〔註33〕「良知」說的精義，在於確立衡量萬事萬物的標準乃是
一個人自身的「良知」，因此任何動作舉措，必須時時遵循此「良知」而為，
而這即是「聖人之學」。但是陽明在成就不世之功績之後，究竟處於什麼樣的
困境，致使他以「良知」為欛柄，度過此困阨時期呢？而此「良知」說的內
容與上述新說法之間的關係又是如何呢？這些問題都扣緊著「忠泰之變」，惟
有清楚理解此變之由來經過，才能了解其中之關鍵。

（一）政治鬥爭的焦點：交通宸濠的關鍵報告

　　宸濠將叛，對當時廟堂諸公而言（不論是暗中支持或是公開反對宸濠
的），都是一項半公開的秘密，而之所以沒有立即對宸濠做出處置，主要原因
是朝廷內有相當多的大臣與其勾結。當宸濠真正起兵之時，從不論是地方官
員或是朝中大臣的曖昧態度來看，即可證明此勾結事非假，如鄭曉（字窒甫，
號淡泉，1499～1566）回憶說：

> 若寧藩反時，余時年二十一，應試在杭，見諸路羽書，皆不敢指名
> 宸濠反。或曰江西省城有變，或曰江西省城十分緊急，或曰江西巡
> 撫被害重情，或曰南昌忽聚軍馬船隻，傳言有變。惟陽明傳報，明
> 言江西寧王謀反，欽奉密旨，會兵征討。〔註34〕

為什麼當時的官員不敢明確地指稱宸濠已反，其箇中原因一方面是這些官員
平時已與宸濠勾結，另一方面則是宸濠將來如果成功取得帝位，現在上疏說
其謀反，往後難保不會被秋後算帳。這種觀望的心態，不僅僅地方官員有，
就連朝中大臣亦是如此，何良俊（字元朗，號柘湖居士）記云：

> 宸濠謀逆時。……報至京師，人情洶洶，且外議籍籍。皆云陽明任
> 數其去，留不可必。晉溪（王瓊）力主其說，以為陽明必能成功，
> 朝廷不必命將出師。時晉溪之婿侯莎亭為某部主事，入告晉溪曰：「外

〔註33〕〔明〕錢德洪編，《年譜・正德十六年》，收錄在《王陽明全集》，卷 34，頁
　　　　1279。

〔註34〕〔明〕鄭曉，《今言》，〈三百九〉，卷 4，頁 175。

間人言若此，而老爺堅持此議，倘事有不測，則滅族之禍不遠，不
若別有處分，以爲身家計。」〔註35〕

王瓊女婿是以明成祖起兵、方孝孺不降被殺的先例來勸告其岳父，這也顯示出
當時大臣官員們認爲宸濠的成功的機會是相當大的，否則根本無須考慮到往後
之事。〔註36〕然相對於眾多大臣押寶的態度，爲什麼王瓊會力主此亂一定可平
呢？就目前的資料來看，王瓊與陽明早已知道宸濠必反，並且也早已暗中準備
因應事宜了，〔註37〕因爲陽明對於宸濠的起兵反叛準備情形知之甚悉。〔註38〕
但是計畫趕不上變化，這對於宸濠與陽明雙方都面臨相同的情況。宸濠的起兵，
一方面警覺於朝廷對其態度的轉變，另一方面也由於其謀反事跡已經敗露。雖
說是倉促起兵的，但是其聲勢仍是相當浩大，所以在起兵初期，各地皆望風而
降，並且將沿江直取南京，再揮軍北上。而陽明在奉命勘處福建叛軍之途中，
突遇此亂，也是措手不及的。從其坐鎮吉安之後，對四方各地發出「勤王」的
要求，希望領兵官員或平民百姓一起加入平叛的行列，共赴國難，但仍然面臨
鄒守益（字謙之，稱東廓，1491～1562）所說「眾咸蹙縮」〔註39〕的情況。情

〔註35〕 〔明〕何良俊，《四友齋叢説》，〈史二〉，卷6，頁50。

〔註36〕 〔明〕霍韜説到：「宸濠反聞，朝士愕駭，持兩端，陰卜成敗爲從違，不敢正
名曰濠反。又曰有故事，公獨奮曰：『豎子烏鼠聚，刻期成擒。』」見〈贈太
保兼太子太保吏部尚書諡恭襄前少師王公神道碑銘〉，收錄在單錦珩輯，《王
瓊集》，〈附錄〉，頁205。

〔註37〕 〔明〕何良俊記云：「蓋此時宸濠之反形已具，二公潛爲之計，廟堂之方略已
定。」見《四友齋叢説》，〈史二〉，卷6，頁50。

〔註38〕 陽明的門人弟子就常跟他談到宸濠謀反情事，如《廬陵縣志》記云：「趙銳（字
仲穎）……初王守仁知廬陵縣，銳從祖允霖，竝以布衣游其門。會宸濠包藏禍
心，陰物色至銳，銳假布腹心，因得宸濠隱謀以告守仁，時有欲爲行刺濠者，
銳堅持不可，曰：『渠尚未敗露，萬一朝廷以我戕親藩，其何以解，莫若姑待
之。』」見〔清〕平觀瀾等修、黃有恒等纂，《廬陵縣志》，〈人物・行誼〉，卷
33，頁2296～7；又《新建縣志》云：「張元相（字居仁）……官宸濠教授署長
史事，知濠有逆謀，每諫不聽，逆將發，啗以高官不從。而元相兄元春，初官
山陰知縣，元相隨任，受學於王守仁。時撫虔，元相乃密走虔，言其狀，及歸，
濠遣校尉火信縛之并其弟舉人元龍，禁之，煅煉備至。濠被擒，守仁兵至省，
乃出兄弟於獄，相刑殘不用。」見〔清〕承霈修、杜友棠等纂，《新建縣志》（臺
北：成文出版社，1989），〈忠義〉，卷43，頁1923；又《縣志》云：「李鑒（字
希子）……王守仁常聘主虔教，一時名士多出其門。子涅與兄絳，同及守仁門。
常受寧藩聘，見宸濠有逆謀，力諫不從。」見〔清〕冉棠修、沈瀾等纂，《泰
和縣志》（臺北：成文出版社，1989），〈人物・列傳〉，卷21，頁1125。

〔註39〕 〔明〕鄒守益言：「逆濠之變，陽明先師召益從軍中，眾咸蹙縮。」見〈叔父
重齋居士墓志〉，《鄒守益集》（南京：鳳凰出版社，2007），〈志銘墓表類一〉，

況之所以如此，原因在於各地官員的觀望心態之濃，實出乎陽明意料之外，他在給友人信中說到：

> 寧賊之變，遠近震攝，閱月餘旬，四方之援，無一人至者，獨閩兵
> 聞難即赴。〔註40〕

如此重大叛變事件的發生，卻惟獨只有閩兵前來援助，〔註41〕在此情況之下，陽明爲了能夠在短時間內，聚集大量人力物資來因應戰事所需，故其當時的處置事宜已不能遵循常格而行。以軍隊組成爲例，由於陽明勘處福建叛軍之時，並未帶有軍隊，而面對宸濠近十八萬的軍隊，加上其他地方官軍的觀望，因而必須仰賴於當地募兵〔註42〕及徵召義兵。〔註43〕再以軍糧爲例，陽明一方面向朝廷請求支援，另一方面也透過當地仕紳的協助來取得必要物資。此外，由於宸濠爲了能夠快速揮軍北上，對於行軍路線的地區，往往祭出免徵稅糧的方法，這也迫使陽明不得不跟著宣布相同的辦法，可是這是未經朝廷認可的，並且是逾越其職權的。種種「權宜」措施都是陽明爲了平亂而不得不作的，但其中有些作法，卻在亂平之後爲其帶來麻煩。

卷21，頁970。

〔註40〕 見〔明〕王守仁，〈與世亭侍御〉，收錄在錢明，〈《王陽明全集》未刊佚文彙編考釋〉，頁222。

〔註41〕 閩兵之來，亦是陽明計畫之中，其〈書佛郎機遺事（1520）〉：「正德戊寅之冬，福建按察僉事周期雍（字汝和）以公事抵贛。時逆濠奸謀日稔，遠近洶洶。予思預爲之備，而濠黨伺睨左右，搖手動足，朝聞暮達；以期雍官異省，當非濠所計及，因屏左右，語之故，遂與定議。期雍歸，即陰募驍勇，具械束裝，部勒以俟。予檄晨到，而期雍夕發。故當濠之變，外接之兵惟期雍先至。」《王陽明全集》，〈外集六〉，卷24，頁921；又〔明〕雷禮，〈刑部尚書周公期雍傳〉：「宸濠久蓄異志，陽明王公密與公計。公謂水戰精兵，惟海上諸衛號稱驍勇可用，遂巡沿海蒐閱，得精兵數千，整練候報。比己卯變作，即日董師兼程而進，至豐城，濠已就擒。」收錄在〔明〕焦竑，《國朝獻徵錄》，〈刑部二・尚書〉，卷45，頁1869b。

〔註42〕 陽明云：「訪得寧都、興國、瑞金、雩都、信豐、南康等縣，各有大家巨族，人丁眾多，兼亦素有膽略。今茲逆黨倡亂，民遭荼毒，正各民效忠奮義之日，亦合調取，以赴國難。」見〔明〕王守仁，〈牌行贛州南安府寧都等縣選募民兵〉，收錄在〔日〕永富青地，《王守仁著作の文獻學的研究》，〈附錄三・「王陽明全集」補遺〉，頁583。

〔註43〕 《縣志》記云：「《間襟集》：『正德間，宸濠叛，禎（余禎）方在告，聞之慨然，與宋景破產募死士李英等三百人，從虔撫王守仁討賊。』」見〔清〕郤山立等修、趙敬襄等纂，《奉新縣志》（臺北：成文出版社，1989），〈人物・進士〉，卷7，頁771～2。

在經過近一個月的戰事，陽明成功地平定宸濠之亂，速度之快，令人咋舌。但是這個成功並未使陽明得到肯定，相反地，卻帶來一連串政治上的打壓，直至其身歿，最主要的原因是陽明掌握了朝中官員與宸濠勾結的證據。而此證據有左右朝政的力量，所以一方面與宸濠勾結的官員不願此證據曝光，以免面臨被清算的命運，另一方面也有官員亟欲取得此證據，作爲政治鬥爭的憑據。實際掌握此證據的陽明，也因此成爲眾矢之的。陽明弟子歐陽德（字崇一，號南野，1496～1554）在與另一弟子王畿（字汝中，號龍谿，1497～1582）討論陽明年譜的內容時，論及到「忠泰之變」的由來，說到：

> 得宸濠賂饋要津簿籍，立命焚之，江彬欲假此有所羅織，以大將軍牌，遣中貴數十輩來詰，遇諸鎮江，氣勢洶洶。諭以禍福，曉之義理，其人羅拜而去，竟以此爲諸奸所沮，不得見上。〔註44〕

歐陽德的說法是非常簡略的，故有必要詳述其經過。首先，此段話有三個重點：一是簿籍是存在的，但已被陽明下令焚燬；二是平虜伯江彬亟欲得此簿籍，以便於其作爲政治鬥爭的工具；三是陽明因此簿籍而被群奸所打壓。這三點都牽涉到究竟「簿籍有無焚燬」的問題。以筆者推測，此簿籍應該沒有被焚燬，第一，往後陽明面臨所謂「忠泰之變」的迫害，即是因此簿籍而起，如果簿籍早已焚燬，忠泰二人不會再繼續迫害陽明；第二，如果簿籍早已焚燬，江彬不會再派人至鎮江向陽明詰問此簿籍之下落；〔註45〕第三，宦官張永（字守菴，1465～1528）在宸濠亂平之後，曾以簿籍爲據來告發及彈劾官員，更明白顯示出此簿籍的存在。〔註46〕但不管此簿籍證據究竟有無焚燬，對當時的官員來說，陽明是一個知道「報告內容」的人，其在政治上的影響也就可想而知了。由於此簿籍的存在，一方面對與宸濠勾結的官員而言，不啻是芒刺在背，亟欲拔之；另一方面對想要透過此證據來打擊異己的人來說，又是一個想方設法都要得到的東西。而安邊伯許泰（朱泰）及宦官張忠應是

〔註44〕 〔明〕歐陽德，〈寄王龍溪二〉，《歐陽德集》（南京：鳳凰出版社，2007），卷2，頁58。

〔註45〕 如何良俊記云：「二中貴至浙省，陽明張讌于鎮海樓。酒半，撤去梯，出書簡二籃示之，皆此輩交通之跡也，盡數與之。二中貴感謝不已，返南都，力保陽明無他，遂免於禍。」見《四友齋叢說》，〈史二〉，卷6，頁55。

〔註46〕 如《明實錄·武宗實錄》記云：「初官兵克復南昌，得濠簿籍所記平日餽送主名徧于中外，多者累數萬，少亦不下千，李士實嘗疑其太費，濠笑曰：『此爲我寄之庫耳！』王守仁以簿籍連及者眾，令焚之，永所發者，僅百之一二云。」卷193，頁3616。

受到江彬的指使，前來江西，意欲取得此簿籍以打擊跟宸濠有所勾結的宦官錢寧，高岱（字伯宗，號鹿坡居士）在說到宸濠之亂事時，說到：

> 會江彬、錢寧有隙，諸內侍亦互矛盾，宸濠結寧獨厚，太監張忠附彬，欲發宸濠事以傾寧。〔註47〕

雖然，這個說法是宸濠之亂發生前，但從此可以看出，江彬亟欲取得此簿籍來清算錢寧，取而代之。

「忠泰之變」，對陽明而言，可謂痛苦萬分。《王陽明先生圖譜》記云：「論抗許泰等，及御邊兵顛末，曰：『這一段勞苦，更勝起義師時。』」〔註48〕可見忠泰二人為了簿籍，不擇手段，才使陽明感覺比當初起義師之時更加痛苦。忠泰二人和張永等是奉「大將軍（皇帝）」之命，以「欽差」為銜，前來江西勘察亂後等相關事宜。可是，安邊伯許泰一到江西後，立即找尋這個簿籍，這可從他對陽明的要求中即可看出，陽明記云：

> 又准欽差提督軍務充總兵官安邊伯朱（後被賜國姓）手本開稱：「即查節次共擒斬叛賊級若干，內各處原奏報有名若干，無名若干，有名未獲漏網並自首及得獲馬騾器械等項各若干，連獲功官軍衛所職役姓名，備查明白，俱各存留江西省城，聽候審驗。仍查宸濠餘黨有無奔潰及曾否殄滅盡絕緣由，通行明白，作急開報。以憑遵奉鈞帖，備由回奏，及督併各營官軍粘蹤襲剿施行等因。」〔註49〕

許泰要求查驗陽明所呈報的各項公移文書，其中包括官士兵的功勞等級、宸濠餘黨情形以及如何繼續追剿餘黨的作為。這看似稀鬆平常之事，其中大有玄機，以文書查驗來說，對於不懂軍隊運作的人來說，這些文書，只不過是流水帳罷了，但對曾經帶過兵的許泰而言，則清楚地知道這些文書中的缺失之所在。許泰透過查驗這些文書，其言外之意是很清楚的，主要是吃定陽明所呈報的文書必定無法完全沒有問題，〔註50〕其目的在於要陽明交出簿籍。

〔註47〕〔明〕高岱輯，〈討寧庶人〉，《鴻猷錄》（臺南：莊嚴文化，1996）（四庫全書存目叢書・史19），卷14，頁174d。《年譜・正德十五年》亦記云：「江彬欲不利于先生，先生私計彬有他，即計執彬武宗前，數其圖危宗社罪，以死相抵，亦稍償天下之忿。」從陽明憤恨之情，可見江彬的確是指使者。《王陽明全集》，卷34，頁1270。

〔註48〕見〔明〕鄒守益，《王陽明先生圖譜》，頁482b。

〔註49〕見〔明〕王守仁，〈准答安邊伯朱留查功次手本〉，收錄在〔日〕永富青地，《王守仁著作の文獻學的研究》，〈附錄三・「王陽明全集」補遺〉，頁596～7。

〔註50〕舉例而言，陽明對於宸濠的家產處置問題，宸濠府內必有簿籍登載其財產清

由於陽明在貶謫後回到北京，當時他所遭受到的政治打壓，即是有心人透過劉瑾的簿籍紀錄來攻擊的，因此他對許泰等人的目的之所在是心知肚明的。此外，許泰要求陽明上報宸濠餘黨情形，意圖要繼續追捕，以求在平亂過程中是有功的，《明實錄》記云：

> 王守仁已擒濠，泰欲奪之不能得，則縱部卒，掠平人為功，所株逮以千數，冤死者百餘人。〔註51〕

許泰這兩方面的作為引起陽明極大的不滿，他在上奏朝廷的奏疏中說到：

> 今照前因，照得本職繆當軍旅重奇，地方安危所關，三軍死生攸係，一應事機，若非奉有御寶敕旨，及兵部印信咨文，安敢輕易憑信！今前項各官文移，既非祖宗舊章成憲，就便果皆出於上意，亦須貴部行有知會公文。萬一奸人假托各官名目，乘間作弊，致有不測變亂，本職雖死，亦何所及？除奉欽差總督軍務威武大將軍總兵官後軍都督府太師鎮國公朱鈞帖，曾奉朝旨，相應遵奉，其餘悉遵舊章施行外。緣前項各官文移，未委虛的，俱合備行咨報貴部，為此備抄揭帖，黏連咨請查驗施行。〔註52〕

陽明此疏的前半段，即將許泰的要求原文照錄，一方面說給內閣及兵部的人知道許泰的作為與用意，另一方面也明確地表達他的態度。他認為許泰的要求並無先例可循，即使是皇帝的要求，也需要兵部行文來知會，否則將不會照辦，疏中所謂「奸人」，即是暗指許泰。陽明此疏看似依循國家法令而為的動作，實際上是在為以後將會掀起的政治風暴，設立一個停損點。只要陽明不交出簿籍，因之而起的政治鬥爭將無法產生，且對其自身而言，也是一個無形的保命符。

　　由於陽明不願交出簿籍，許張二人就意欲將陽明羅織入罪，其最簡單的方法即是誣指陽明亦與宸濠有所勾結，故二人企圖找出陽明與宸濠勾結的證據，而曾經在宸濠處講學的陽明弟子冀元亨（字惟乾），就成為受害者。趙善

單及財物流向，而在亂後，陽明必定要依循此單之所載詳細清查並予以查封，上報朝廷。然而，陽明因為軍事所需，可能已經部分動用宸濠的家產，例如《縣志》記云：「郭昇（字東旭）……嘗從王文成公于虔，受良知之旨。遭濠變，居室罹兵燹，文成給以逆產，固辭不受。」見〔清〕楊周憲修、趙日冕等纂，《新建縣志》（臺北：成文出版社，1989），〈理學〉，卷25，頁1718。，這使得簿籍所載與實際所存就有差異，也因此會予人口實。

〔註51〕《明實錄・世宗實錄》，「正德十六年十月」，卷7，頁273。

〔註52〕〔明〕王守仁，〈咨兵部查驗文移〉，〈別錄九〉，卷17，頁589～90。

政記云：

> 濠既擒，許泰等忿不由己，誣陽明與通。詰濠，濠云：「無有。」泰
> 詰不已，濠云：「獨遣元亨來講學。」因大喜，榜笞元亨，俾誣陽明。
> 元亨死不承，械至京，繫詔獄。會世宗即位，言者白其冤，得昭雪，
> 出獄五日卒。〔註53〕

由於冀元亨並未說出許張二人滿意的答案，自然不能入陽明於罪。〔註54〕然
許泰等人並未放棄，往後又陸陸續續給陽明出難題，例如說建議將宸濠放在
鄱陽湖中，等大將軍（皇帝）親自率兵來抓，〔註55〕陽明對此要求斷然拒絕，
並且不等許泰二人逕自赴行在獻俘；或是向大將軍進言，認為陽明必反，最
後雖然未能得逞。但這一連串的事件，對陽明而言，是徘徊生死邊緣間的。
直至陽明奉旨回南昌，許泰等仍然不時找麻煩，《年譜》記云：

> 先生既還南昌，北軍肆坐慢罵，或故衝導起釁。先生一不爲動，
> 務待以禮。……每出，遇北軍喪，必停車問故，厚與之櫬，嗟歎
> 乃去。久之，北軍咸服。……忠、泰自居所長，與先生較射於教
> 場中，意先生必大屈。先生勉應之，三發三中，每一中，北軍在
> 傍哄然，舉手嘖嘖。忠、泰大懼曰：「我軍皆附王都耶！」遂班師。
>
> 〔註56〕

面對北軍種種挑釁的動作，陽明都隱忍下來，並且待之以禮，其之所以這樣
做的因素並非畏懼忠泰二人的權勢，而是因為陽明在處理江西善後事宜時，
如果公開與忠泰二人撕破臉，那麼他勢必將得不到朝廷的幫助。以蠲免稅賦
為例，陽明曾經於戰事過程之中，答應江西父老，將於亂平之後停征稅糧，
但是此項戰時的政治承諾，一直無法兌現，致使其備受江西人士質疑。迫不
得已的情況下，陽明上疏朝廷說：

> 今遠近軍民號呼匍匐，訴告喧騰，求朝廷出帑藏以賑濟，久而未獲，

〔註53〕〔明〕趙善政，《賓退錄》（叢書集成初編）（上海：商務印書館，1936），卷3，
　　　　頁22。

〔註54〕值得注意的是，冀元亨一直要到嘉靖帝即位後才無罪釋放，即使這期間內陽
　　　　明自身或是透過朋友，為其申冤，但仍然無法使其脫困，這也顯示出朝中有
　　　　人對陽明的打壓一直沒有放鬆過。

〔註55〕何良俊記云：「王陽明既擒宸濠，囚于浙省。時武宗南幸，住蹕留都，中官誘
　　　　其令陽明釋放還江西，以待聖駕親征。差二中貴至浙省諭旨，陽明責中官具
　　　　領狀，中官懼，其事乃寢。」見《四友齋叢說》，〈史二〉，卷6，頁55。

〔註56〕《年譜‧正德十四年》，《王陽明全集》，卷34，頁1269。

反有追征之令。拱然興怨，謂臣等昔日蠲賦之言爲紿已。竊相傷嗟，
謂宸濠叛逆，獨知優免租稅以要人心。我輩朝廷赤子，皆嘗竭骨髓、
出死力以勤國難，今困窮已極，獨不蒙少加優恤，又從而追征之，
將何以自全。是以令之而益不信，撫之而益憤憤，諭之而益呶呶，
甫懷收復之望，又爲流徙之圖。〔註57〕

陽明此疏說到亂後，江西父老要求他履行此政治承諾，無奈朝廷並不認可，
因此每年征繳稅糧的命令又來，導致他在當地政務無法推行，所謂「令之而
益不信，撫之而益憤憤，諭之而益呶呶」，更可見其時任事之難。因爲當時究
竟要不要蠲賦或追征的問題，一直困擾著陽明，他在批示下屬所呈之公文中
說到：

據江西布政司呈，看得江西一省，重遭大患，民困已極，屢經奏免
糧稅，日久未奉明旨；近因南科奏停，隨復部使催督，一以爲蠲免，
一以爲追征，非惟下民無所遵守，亦且官府難於施行。……嗚呼！
目擊貧民之疾苦而不能救，坐視徵求之患迫而不能止，徒切痛楚之
懷，曾無拯援之術，傷心慘目，汗背赧顏，此皆本院之罪，其亦將
誰歸咎！〔註58〕

陽明此批示最後的感嘆，充分表達出他當時的無奈。〔註59〕最終，陽明仍然
向現實低頭，濠平之後，經過近一年的時間，陽明重新上江西捷音疏，疏中
內容主要是加上了許泰、張忠、張永等人的名字，使這些人也名列功勞簿上。
此後，陽明就接連上疏，用各種理由如歸省葬、秋糧稽遲待罪等，要求致仕
回鄉，從此可見其當時失望的心情。

陽明對政治失望的心情，表達在其〈紀夢〉詩中，〔註60〕他詩序中說到：

〔註57〕 〔明〕王守仁，〈乞寬免稅糧急救民困以弭災變疏（1520）〉，《王陽明全集》，
〈別錄五〉，卷13，頁427～8。
〔註58〕 〔明〕王守仁，〈批追徵錢糧呈〉，《王陽明全集》，〈別錄九〉，卷17，頁593
～4。此批之後陽明又有〈再批追征錢糧呈〉、〈批南昌府追征錢糧呈〉二文，
可見此問題對他造成莫大的困擾。
〔註59〕 陽明在給朱節信中也說到：「宸濠叛時，嘗以僞檄免江西各郡租稅，以要人心。
僕時亦從權宜蠲免，隨爲奏請，至今不得旨。江西之民，重惟兵革誅求之苦，
無復生意，急賑救之，尚恐不逮，又加徵科以速之，不得已復爲申請。正如
夢中人被錐，不能不知疼痛，聊復一呻吟耳！可如何如何？」見〔明〕王守
仁，〈與朱守忠〉，收錄在錢明，《王陽明全集》未刊佚文彙編考釋》，頁224。
〔註60〕 筆者此觀點得韓人張維（1587～1638）說法之啓發，張維云：「陽明有〈紀
夢〉詩，……其詩及所謂郭景純詩者，皆載集中。考郭詩體裁與景純他詩

正德庚辰八月廿八夕（1520），臥小閣，忽夢晉忠臣郭景純氏以詩示
予，且極言王導之奸，謂世之人徒知王敦之逆，而不知王導實陰主
之。〔註61〕

陽明以東晉人郭璞（字景純，276～324）的事蹟自況，郭璞曾經力抗王敦的
謀逆，因而被殺。陽明於此以宸濠喻王敦，認爲當時朝中大臣有如王導地位
一般的人，才是宸濠謀反的主謀者。陽明所指爲何呢？最有可能的人選應是
當時的吏部尚書陸完（字全卿，號水村，1458～1526）。〔註62〕陸完與宸濠
的交通情事，在濠亂平後，被宦官張永揭發出來。〔註63〕這種朝中大臣與
宸濠暗中勾結的情形，絕非只有數人而已，而由於陽明沒有交出簿籍，在朝
中仍有宸濠餘黨主政的情況下，其處境之艱難也就可想而知了。但是當時的
主政者又不得不對陽明的「軍功」做出處置，因此如何評價陽明的「軍功」，
就成爲當時朝野爭論的焦點。誠如往後歷史的發展，直至新皇帝嘉靖的上
臺，陽明才正式獲得褒獎，這距離宸濠之亂平，已經過了近二年的時間。

（二）從政到講學

陽明歷經「忠泰之變」後，其心境上已有很大的轉變，其中最重要的是

不相似，余竊疑此詩作於宸濠變後，無乃方濠盛時，朝中大臣或有主其謀
而竟幸免者，故陽明記此以風刺之也。」見（韓）張維，《谿谷漫筆》，收
錄在鄺健行等選編，《韓國詩話中論中國詩資料選粹》（香港：中華書局，
2002），頁 121。

〔註61〕〔明〕王守仁，〈紀夢（1520）〉，《王陽明全集》，〈外集二〉，卷 20，頁 777。
〔註62〕陽明會有此詩之作，一方面可能從宸濠的簿籍中得知陸完與宸濠交通，另一方
面則可能從其弟子陳九川處得知的，《明儒言行錄》記云：「己卯（1519）春，
車駕議南巡，先是江西宸濠久蓄異謀，又結陸完、錢寧輩爲內應，都下人情洶
洶危懼。公（舒芬）乃慷慨曰：『車駕出必不利，此社稷安危之所係也。』約諸
同志上疏乞留駕，言甚激烈，有『親王倡吳濞之計，大臣懷馮道之心。』復痛
刺閣中，謂『一切危亡之迹不苦言以救，而聽主上之自壞。』時陸完出危言以
沮之。公邀考功夏良勝、儀制萬潮、太常陳九川，舉酒酹曰：『匹夫不可奪志，
吾輩乃爲大臣所奪乎？』遂連疏以入，時號江西四君子。」見〔清〕沈佳，〈舒
芬〉，《明儒言行錄》（臺北：商務印書館，1983），〈續編〉，卷 2，頁 1044b-c。
〔註63〕《明實錄‧武宗實錄》，：「（正德十五年十一月）吏部尚書陸完有罪，執赴行
在。完自爲江西按察使時，與宸濠相比，既去任，常以贈遺致慇懃。濠之乞
復護衛也，完在兵部，先爲游說內閣柄事者，既乃援祖訓覆奏，實陰爲之地。
護衛既復，濠逆謀益起，人皆歸罪於完。及在吏部，濠貽書欲有所點陟，輒
從之。完常對眾稱濠賢。有之官江西者，每密諭意令無與濠忤。初聞濠反時，
完猶言王必不反，乃傳者誤。及濠既擒，太監張永至江西，搜閱簿籍，得完
平日交通事，奏之。」卷 193，頁 3613～4。

不再眷戀於仕途，歸鄉情切，並且將專心致力於他所體認到「聖人之學」的闡揚。例如其弟子張鰲山（字汝立，號石磬）被誣指與宸濠有來往時，陽明透過鄒守益傳話給張氏，鄒守益記云：

> 方張子遇誣時，〔註64〕某上書先師申救。及侍側，懇懇言之，公莞然曰：「寄語汝立，不做好官，且做好人。」某瞿然自矢（失）於升沈毀譽之表。〔註65〕

陽明面對其弟子的危難，只說要其「不做好官，且做好人。」其實這也是其「夫子自道」。為什麼陽明要說此語呢？陽明說此語之時，其「良知」的概念已經形成（論證見下節），故他的意思是說在政治權力場中，是非標準是不一定的，然而，對於一個人來說，是非標準卻是上天早已賦予的。因此，能否做好官取決於他人，但做好人卻是自己可以決定的。當然陽明之所以會有這樣人生態度的轉變，主要是因為在歷經忠泰之變後，一方面由於其在江西任上政務的難以推行，對於政治的企望愈來愈少；另一方面，也由於他周遭門人朋友等，都因其故而被打壓迫害，如冀元亨、張鰲山、伍文定〔註66〕等。此時陽明的人生重心從政治轉而為學術，這在其與弟子王艮（1483～1540）的談話中即可看出，王艮的年譜記云：

> 縱言及天下事，公（陽明）曰：「君子思不出其位。」曰：「某草莽匹夫，而堯、舜君民之心，未嘗一日忘。」公曰：「舜居深山，與鹿豕木石遊居終身，忻然樂而忘天下。」曰：「當時有堯在上。」……公語門人曰：「吾擒宸濠，一無所動，今卻為斯人動。此真學聖人者。」先生初名銀，公易之。〔註67〕

〔註64〕《明實錄・武宗實錄》記云：「（正德十五年）執太監商忠、杜裕、少監盧明、奉用、趙秀、錦衣衛都指揮薛璽、指揮陳善、監察御史張鰲山、河南右布政使林正茂等，俱下錦衣衛獄。……鰲山為諸生，應舉時，濠召見悅之，自後每有餽問不能卻。……至是為張永所發，詔逮捕忠等付獄，并收其家屬，裕尋死獄中。今上即位後，法司以獄上，忠、明、用、秀、璽、喜皆論斬，滿、鰲山、正茂革職。」卷193，頁3614～6。

〔註65〕〔明〕鄒守益，〈題會稽師訓卷〉，《鄒守益集》，卷18，頁876。

〔註66〕例如〔明〕黃景昉云：「自伍文定而下，刑珦、徐璉、戴德孺、胡堯元皆躬冒矢石，有戡亂功。謝源、伍希儒以公幹御史同舉義，豈遑顧九族者？賊平，各斥歸，至或誣之曰：『黷再金寶，勞之弗圖？』橫生忌謗，灰志士心，宜乎王文成為發憤辭爵。」《國史唯疑》，〈正德〉，卷5，頁139～40。

〔註67〕見〔明〕王艮，《王心齋全集》（臺北：廣文書局，1987），《年譜・正德十五年》，卷1，頁5a-b。

陽明針對王艮論及當時政治的事情，淡然以「君子思不出其位」來回答，即便他深為王艮的氣魄所搖動，但仍然堅持其不參與政治的心，並以此來惕勵王艮，也因此將其名改為「艮」，字汝止。陽明透過此改名，一方面惕勵王艮，因為「君子思不出其位」一語即是艮卦辭；另一方面也反映出當時他不與政治的心態。〔註68〕而陽明這個改名的動作，與周敦頤將艮卦放在《通書》之末的用意是一樣的，〔註69〕強調「不為主靜」。就因為陽明已經對政治不抱任何期望，故此時所寫的詩文，處處見其退隱之心，其詩有云：

> 歸興長時切，淹留直到今。含羞還屈膝，直道愧初心。世事應無補，
> 遺經尚可尋。清風彭澤令，千載是知音。〔註70〕

詩中不但自認為於世道無補，唯一可做之事就是鑽研學問，並且說到陶淵明是其知音，可見此時陽明的心態，不但無意於仕途，並且認為其唯一可做之事就是學術方面。當其歸越之時，路經浙江錢塘，瞻仰名臣于謙（字廷益，號節菴，1398～1457）的祠墓，並且留下一銘，銘曰：

> 千古痛，錢塘並楚國孤臣，白馬江邊，怒捲千堆雪浪。兩朝冤，少
> 保同岳家父子，夕陽亭裏，心傷兩地風波。〔註71〕

岳飛及于謙兩人，同樣都在立了軍功之後，卻都沒有善終，岳飛以「莫須有」的罪名被殺，于謙則是因為在英宗發動政變後，被論斬棄市藉其家。陽明此時想起兩人的事蹟，其心中的感受可想而知，當然與兩人不同的是，陽明現今仍然保有性命，但未來又將如何自保與自處呢？事實上，對陽明而言，榮辱得失利害在其悟得「良知」說後，已經不放在心上，因為他認為聖人並不是以勳業氣節顯的，他說：

> 聖賢非無功業氣節，但其循著這天理，則便是道，不可以事功氣節

〔註68〕關於此論點請見余英時，〈明代理學與政治文化發微〉，《宋明理學與政治文化》（臺北：允晨出版社，2004），頁292～6。

〔註69〕周氏云：「『艮其背』，背非見也。靜則止，止非為也，為，不止矣。其道也深乎！」見〔宋〕周敦頤，《通書》，收錄在《周敦頤集》，〈蒙艮第四十〉，頁41。

〔註70〕〔明〕王守仁，〈過安福〉，此為陽明佚詩，收錄在〔清〕王謙言纂、黃寬、劉學愉修，《安福縣志（下）》（北京：線裝書局，2004），〈詞翰‧詩〉，卷8，頁86～7，康熙五十二年刻本。

〔註71〕〔明〕王守仁，〈享堂柱銘〉，收錄在〔清〕丁丙輯，《于忠肅公祠墓錄》（祠墓志叢刊‧50）（揚州：廣陵書社，2004），卷4，頁359。又《王陽明全集》內收有〈題于忠肅祠〉楹聯，但其內容與〔明〕楊大鶴〈華表銘〉只有一字之差，可見並非陽明所題。出處同上。

名矣。〔註72〕

陽明其經歷忠泰之變，其對「聖人」的本質，有了更進一步的理解，過去他那「一心運時務」的思想架構，到此轉而以一個人能否時時存天理爲第一位要做的事，而能否運時務就成爲第二位了。例如：

> 先生初登第時，上《邊務八事》，世艷稱之。晚年有以爲問者，先生曰：「此吾少時事，有許多抗厲氣。此氣不除，欲以身任天下，其何能濟？」或又問平寧藩。先生曰：「只合如此做，但覺來尚有揮霍意。使今日處之，更別也。」〔註73〕

從此問答中，可以看到陽明對於該如何因應「時務」有了更進一步的理解，他認爲在處理實際事物上，首先要注意的是個人的心態，是否含有私欲呢？也就是說過去他處理的態度多多少少有抵抗流俗之意，這就會造成處理事務上的偏差。而如今只要能夠依循良知天則，自然不會有抗厲氣的問題。也就是說，「運時務」的關鍵仍然在「一心」，也就是端看此心是否能循天理。

將陽明這樣的說法，放在其「一心運時務」的思想架構下，多少已經偏重在對「一心」能否依循良知的要求上。而這樣的看法也表現在其爲弟子王學益（字虞卿）之書屋所做之贈詩中，詩云：

> 之子結屋，背山臨潭。山下出泉，易蒙是占。果行育德，聖功基焉！
> 毋虧爾簣，毋淆爾源。戰戰兢兢，守茲格言。〔註74〕

詩中引《易》經〈蒙〉卦象辭「山下出泉」，與周敦頤《通書》最後所引的蒙卦是相同的。〔註75〕陽明提醒王學益不要汨亂本性，必須「育德」，因爲這才是聖人之學的基礎。故從陽明歸越之後，立書院講會，汲汲於宣揚其「良知」說，可以證明他的確認爲一個人處世應物的關鍵，端看是否能遵循良知。

三、判別是非的標準：良知

陽明的「聖人之學」，是以「德性」爲基礎的，因此才會將其工夫論重心

〔註72〕〔明〕王守仁，〈傳習錄〉，《王陽明全集》，〈語錄三〉，卷 3，頁 96。

〔註73〕〔明〕王守仁，〈補錄〉，《王陽明全集》，卷 32，頁 1171。

〔註74〕〔明〕王守仁，〈蒙岡書屋銘〉，此爲陽明佚詩，收錄在〔清〕姚濬昌修、周立瀛等纂，《安福縣志》（臺北：成文出版社，1989），〈藝文・雜著〉，卷 18，頁 1956，同治十一年刻本。

〔註75〕周氏云：「『山下出泉』，靜而清也。汨則亂，亂不決也。」見〔宋〕周敦頤，《通書》，收錄在《周敦頤集》，〈蒙艮第四十〉，頁 41。

都放在對於心中私欲的去除上。但是，一個人如何知道自己有私欲，並進而去除呢？會不會有認欲為理的問題，也就是說根本不知道它是欲，而誤認為是天理。而之所以有這個問題，主要的原因在於陽明的「聖人之學」沒有一個衡量私欲的標準，所以才無法確實地知道私欲存在與否。相較於朱子學，由於強調萬事萬物皆有其定理，因此可以透過外在之理來確認內在所想是否是私欲，所以同樣是以「存天理去人欲」為工夫，較有下手處。陽明隨著對賞罰問題的思考，深化其工夫論的觀點，認為「本心之明」自然可以判準私欲，但是，什麼是「本心之明」？一個人如何能夠知道他是發揮「本心之明」來做事的呢？對於這個問題，陽明直到忠泰之變後，才有了具體的論述——「良知說」，來支撐他的想法，且這個論述亦有其學術脈絡的。

（一）「良知」說的學術脈絡

陽明雖然已經明瞭到靠著「本心之明」即可因應人事的變化，但是他並未明白地說出何謂「本心之明」？直到他汲取周敦頤及程顥（字伯淳，稱明道，1032～85）的思想來論證，其「良知說」才能有一學理上的論據。而陽明之所以會注意到兩人的思想，主要是因為其到九華山的因緣。《年譜》記云：

> 忠、泰在南都讒先生必反，惟張永持正保全之。武宗問忠等曰：「以何驗反？」對曰：「召必不至。」有詔面見，先生即行。忠等恐語相違，復拒之蕪湖半月。不得已，入九華山，每日宴坐草庵中。〔註76〕

在當時的政治氣氛下，陽明選擇待命於蕪湖，並重遊九華山，在草庵中靜坐。陽明此次重遊，與上次的心境大不同。他在化城寺留有詩，詩中有云：

> 會心人遠空遺洞，識面僧來不記名。莫謂中丞喜忘世，前途風浪苦難行。〔註77〕

詩中所謂「會心人遠」，指的是陽明初遊九華山時，遇到一位老和尚之事，雙方論及「最上乘」學問的問題，老和尚告訴他說「周濂溪、程明道是儒家兩個好秀才。」〔註78〕如今陽明重遊舊地，再度憶起往事，自然會對當年的一

〔註76〕《年譜・正德十五年》，《王陽明全集》，卷34，頁1270。
〔註77〕〔明〕王守仁，〈重遊化城寺〉，《王陽明全集》，〈外集二〉，卷20，頁773。
〔註78〕《年譜・弘治十四年》：「聞地藏洞有異人，坐臥松毛，不火食，歷巖險訪之。正熟睡，先生坐傍撫其足。有頃醒，驚曰：『路險何得至此！』因論最上乘，曰：『周濂溪、程明道是儒家兩個好秀才。』後再至，其人已他移，故後有『會心人遠』之歎。」《王陽明全集》，卷33，頁1225；又〈東巖圖記〉云：「東巖，在中峯西北，謂之東者，在化城東也。……原名東峯，宏治壬戌，陽明

番談論，有更深刻的理解，也才能再次思索周程二人的思想。詩末陽明自述
其當時的心境，他說他並非要逃離塵世，實在因為他自己知道未來的人生路
途將充滿苦難。此詩一方面充分地表達陽明在化城寺附近東巖靜坐時，心中
思索著他自身的處境與當時的政治社會問題，此時思緒紛亂可想而知；另一
方面，在此時陽明仍未放棄其「一心運時務」的思想架構。就因為在此靜坐
的關係，才進一步地確立「良知」作為一個道德標準的性質，而其學理依據，
即是透過周程二人的思想來論證的。

陽明回到江西南昌之後，面對弟子陳九川（字惟濬，號明水，1494～1562）
詢及靜坐時思慮叢生的問題，《傳習錄》記云：

> 先生曰：「念如何可息？只是要正。」（九川）曰：「當自有無念時否？」
> 先生曰：「實無無念時。」（九川）曰：「如此卻如何言靜？」曰：「靜
> 未嘗不動，動未嘗不靜。戒謹恐懼即是念，何分動靜？」（九川）曰：
> 「周子何以言『定之以中正仁義而主靜』？」曰：「『無欲故靜』，是
> 『靜亦定，動亦定』的『定』字，主其本體也。戒懼之念是活潑潑
> 地。此是天機不息處，所謂『維天之命，於穆不已』，一息便是死。
> 非本體之念，即是私念。」〔註79〕

此問答是扣緊在修養工夫上，陳九川問如何息念，陽明告訴他念不能息，只能
正。九川又以周敦頤的「主靜」之說，來反問陽明既然無無念之時，那為何周
氏卻主「靜」，陽明則回答說周氏的「主靜」是兼動靜的，並認定程顥〈定性書〉
〔註80〕中所論「靜亦定，動亦定」的「定」字，是主其本體的意思。〔註81〕如
此一來，因為人無無念之時，故只要能夠主其本體，所有念頭皆是「正念」，非
本體之念則是「私念」。相較於陽明過去對「息念」的說法，陽明這個說法無疑

先生改名東巖。正德庚辰正月，先生再至，武宗使錦衣衛偵之，見先生宴坐
一室，故又名宴坐巖。」見《九華山志》，收錄在印光大師修訂，《四大名山
志》（臺北：佛教出版社，1978），〈附圖記〉，卷首，頁 40。

〔註79〕〔明〕王守仁，〈傳習錄下〉，《王陽明全集》，〈語錄三〉，卷 3，頁 91。

〔註80〕關於周敦頤與程顥的思想關係及程顥〈定性書〉的思想內容，見張亨，〈〈定
性書〉在中國思想史上的意義〉，《思文之際論集：儒道思想的現代詮釋》（臺
北：允晨文化，1997），頁 407～68。

〔註81〕如陸澄記陽明語曰：「周子曰『主靜』，程子曰『動亦定，靜亦定』，先生曰：
『定者，心之本體，是靜定也，決非不睹不聞、無思無為之謂，必常知、常
存、常主於理之謂也。」見〔明〕王守仁，〈答陸原靜書〉，《王陽明全集》，
〈傳習錄中〉，卷 2，頁 65。

地得力於周敦頤，例如《年譜》記云：

> 孟源（字伯生）問：「靜坐中思慮紛雜，不能強禁絕。」先生曰：「紛
> 雜思慮，亦強禁絕不得；只就思慮萌動處，省察克治，到天理精明
> 後，有個物各付物的意思，自然精專，無紛雜之念；《大學》所謂『知
> 止而後有定』也。〔註82〕

孟陳兩人同以「靜坐」工夫爲問，但陽明的回答則大不相同。其中最重要的
關鍵改變，則是陽明對於「念」的想法不同，過去強調於起念之時的省察克
治，直至天理精明之境界；如今，陽明透過周氏的工夫論，認爲只要能夠掌
握本體之知，對任何念頭之起，時時刻刻皆可去不正以歸於正。而陽明對周
敦頤思想的看法則見於李詡（字原德，號戒庵，1506～93）的記載，記云：

> 在贛州親筆寫周子《太極圖》及《通書》「聖可學乎」一段，末云：
> 「按濂溪自注『主靜』，云『無欲故靜』，而於《通書》云：『無欲則
> 靜虛動直』，是主靜之說，實兼動靜。『定之以中正仁義』，即所謂『太
> 極』。而『主靜』者，即所謂『無極』矣。舊注或非濂溪本意，故特
> 表而出之。」〔註83〕

周敦頤曾經在南康任官，故當地建有濂溪祠，陽明又重建濂溪書院，〔註84〕
集郡人及門人講學其中。此記末云「舊注或非濂溪本意」，是指朱子所注不符
合周敦頤的思想。而陽明於此單獨提出《通書》中「聖可學乎？」一段，反
映出直到當時，仍然在思索「聖人可學而至」的問題。陽明認爲周氏所說是

〔註82〕〔明〕錢德洪編，《年譜‧正德八年》，收錄在《王陽明全集》，卷33，頁1236。
〔註83〕〔明〕錢德洪云：「右《太極圖說》，與夫《中庸修道說》，先師陽明夫子嘗勒
　　　　石於虔矣。」收錄在〔明〕王守仁，〈語錄〉，《王陽明全集》，〈補錄〉，卷32，
　　　　頁1183；又費宏，〈移置陽明先生石刻記〉云：「昔陽明王先生督兵於贛也，
　　　　與學士大夫切劘於聖賢之學，自縉紳至於閭閻，以及四方之過賓，皆得受業
　　　　問道。蓋濂、洛之傳至是復明。……於是深信人心本善，無不可復，其不然
　　　　者，由倡之不力，輔之不周、而爲學之志未立故也。既以責志爲教，肆其子
　　　　弟，復取《大學》、《中庸》古本，序其大端，與濂溪《太極圖說》聯書石於
　　　　鬱孤山之上。」收錄在《王陽明全集》，〈世德紀‧附錄〉，卷39，頁1478；
　　　　又《縣志》記云：「太極亭，在府東濂溪祠後，明萬曆甲辰都御史張岳建，列
　　　　王守仁所書《太極圖說》、〈大學古本序〉及〈中庸說〉諸石刻於中。」見〔清〕
　　　　沈均安修、黃世成、馮渠纂，《贛縣志》（臺北：成文出版社，1989），〈疆域
　　　　四‧古蹟〉，卷4，頁326。
〔註84〕「濂溪祠，鬱孤臺南。舊在宣明樓右，爲濂溪書院。正德丁丑，王都御史守
　　　　仁、知府邢珣改建。」見〔明〕董天錫纂，《贛州府志》（臺北：新文豐出版
　　　　社，1985），〈祠廟〉，卷6，頁89c。

一個人如能一直保持「無欲」的狀態，也就是保持天理於心中，不論靜時或動時，所作所為皆能達到「明通公溥」的境界。而這與朱子對周氏的認知不同，朱子認為周氏的「無欲」是性，一個人必須涵養自身，使其「靜虛」，才能夠「動直」，所以「明通」是對己而言，惟自己先能明通，爾後對人才能公溥。雙方相同處都是在人「心」下功夫，不同處則在於朱子認為先須涵養自身才能舉措合宜，然陽明認為只要時時以天理為主，不論對己對人皆可舉措合宜。這個不同起因於雙方對「心」的認識不同，朱子認為「人心」是惡，不是「無欲」的，唯有「道心」才是「無欲」，因此要回復「道心」，故透過格物窮理來去除「人心」。然如同之前所說的，過去陽明只有「一心」的概念，即去除「人心」，即是「道心」；如今轉而認為靠著「本心之明」，「人欲」便無由而立。由於工夫論的觀點不同，亦牽涉到雙方本體論的不同。陽明反對朱子對周氏〈太極圖說〉「無極而太極」一句的註解，朱子云：「非太極之外，復有無極也。」但陽明卻說：「『定之以中正仁義』，即所謂『太極』。而『主靜』者，即所謂『無極』矣。」也就是說「道心」是天理，天理在人的身上，名之「太極」，具體內容則是「中正仁義」。故人要成聖只須要時時以「中正仁義」為主，自能明通公溥。換句話說，所謂的「本心之明」，指的就是周氏的「定之以中正仁義」，只要時時能夠主於此「中正仁義」的道德準則，面對人事酬變，皆能做出合於「天理」的判斷，而無私毫人欲之雜。

陽明這個援引周程二氏工夫論的想法，也對其弟子說過，如其針對倫彥式問「學無靜根，感物易動，處事多悔」的問題時，陽明跟他解釋該如何做，說道：

> 循理之謂靜，從欲之謂動。欲也者，非必聲色貨利外誘也，有心之私皆欲也。故循理焉，雖酬酢萬變，皆靜也。濂溪所謂「主靜」，無欲之謂也，是謂集義者也。從欲焉，雖心齊坐忘，亦動也。告子之強制正助之謂也，是外義者也。〔註85〕

所謂「循理」，指的就是主其本體之意，也就是定之以中正仁義，所以一個人只要能夠「循理」，自然可以面對事物的變化。而陽明對周程二氏工夫論的體會亦見於他闡述何謂「聖人之學」的意涵中，其為《象山文集》作序，〔註86〕

〔註85〕〔明〕王守仁，〈答倫彥式（1521）〉，《王陽明全集》，〈文錄二〉，卷5，頁182。

〔註86〕陽明的〈象山先生全集敘〉末後有云：「正德辛巳七月（1521）朔陽明山人王

序中說到：

> 聖人之學，心學也。堯、舜、禹之相授受曰：「人心惟危，道心惟微，
> 惟精惟一，允執厥中。」此心學之源也。中也者，道心之謂也；道
> 心精一之謂仁，所謂中也。孔孟之學，惟務求仁，蓋精一之傳也。……
> 至宋周、程二子，始復追尋孔、顏之宗，而有「無極而太極」，「定
> 之以仁義中正而主靜」之說；動亦定，靜亦定，無內外，無將迎之
> 論，庶幾精一之旨矣！〔註87〕

前段話的意涵筆者已在第二章說明過了，不再贅述。後段話的意思則是說明此
聖人之學到了宋代之後的傳承發展，陽明於此舉出周敦頤及程顥。他認爲周氏
的「主靜之說」及程氏的「定性之說」，才是聖人之學，而陸象山之學則是承接
自孔、孟、周、程四子而來。此序的言外之意，則是表明陽明的「良知」說也
是承接相同的道統而來的。故陽明在江西時，常常伸引周程二氏的思想，如歐
陽德記云：「先師陽明夫子講學於虔，發明靜專動直之旨。」〔註88〕而陽明汲取
周程二氏思想來闡釋《大學》的脈絡，也爲其學生所傳承，如鄒守益在〈跋古
本大學問〉中說到：

> 聖學之篇，要在一者無欲。無欲則靜虛動直；定性之教，以太公順應，
> 學天地聖人之常，其於《大學》之功，同耶？異耶？陽明先師恐《大
> 學》之失其傳也，既述古本以息群疑，復爲問答以闡古本之蘊，讀者
> 虛心以求之，泝濂洛以達孔孟，其爲同爲異，必有能辨之者。〔註89〕

鄒守益的這段陳述，跟陽明在〈象山文集序〉中闡述聖人之學的說法是一致的。

（二）「良知」說的文本：新〈大學古本序〉

　　從上節的討論中，可以知道陽明「良知說」如何從其本身思想的脈絡中，

守仁書」，此〈敘〉所作之時間與《全集》內之〈象山文集序（庚辰1520）〉
不同，見〔宋〕陸九淵，《象山先生全集》（四部叢刊初編・縮本・63）（臺北：
臺灣商務印書館，1965），頁2上。

〔註87〕 〔明〕王守仁，〈象山文集序〉，《王陽明全集》，〈文錄四〉，卷7，頁244～5。

〔註88〕 〔明〕歐陽德，〈吳伯敘卷〉，《歐陽德集》，卷9，頁282。

〔註89〕 〔明〕鄒守益，《鄒守益集》，〈雜著類一〉，卷17，頁800～1，此《大學問》
即是《大學或問》一書。此外，陽明弟子童世堅（字克剛）亦有一詩可以表
達陽明工夫論的重心，其〈和陽明先生示教〉詩云：「子午元來有一針，周公
定在指南心。越裳迷失如無此，沃日吞天何處尋。」見〔明〕邵有道修、何
雲等編，《汀州府志》（天一閣藏明代方志選刊續編・40）（上海：上海書店，
1990），〈詞翰〉，卷17，頁430。

逐漸開展出來，而從《傳習錄》的記載來看，可以確知其開始談論「良知」的概念，則是從正德十四年（1519）開始的。陽明在怎麼樣的學術議題下，論及到良知的概念，對我們理解此說之出現有很大的幫助。弟子陳九川問及什麼是「誠意功夫？」陽明說：

> 九川曰：「如何是誠意功夫？」希顏令再思體看，九川終不悟，請問。……先生曰：「耳目口鼻四肢，身也，非心安能視聽言動？心欲視聽言動，無耳目口鼻四肢亦不能，故無心則無身，無身則無心。但指其充塞處言之謂之身，指其主宰處言之謂之心，指心之發動處謂之意，指意之靈明處謂之知，指意之涉著處謂之物，只是一件。意未有懸空的，必著事物，故欲誠意，則隨意所在某事而格之，去其人欲而歸於天理，則良知之在此事者無蔽而得致矣！此便是誠意的工夫。」〔註90〕

陳九川剛剛因為諫止武宗南巡親征，而被廷杖，並褫職為民，故回家鄉江西臨川。因此除了跟陽明談論京師之所見外，陳氏之所以會以《大學》中格物致知的課題為問，自然不是問朱子的說法，而是之前陽明所論述的「誠意」之說。而陽明此說是其從其貶謫以來逐漸開展出來一套要「明天下之學，成天下之務」的學說。當然，之前已然提到的，陽明對此說已經有了新說法，故其在回答陳氏之問時，強調所謂「意之靈明處」的「知」，認為良知在此事（意），無蔽而得以致之。也就是說陽明《大學》「誠意」之說，不但基於過去的論說，如今更加強調說所謂的「誠意」，就是當一個人的「良知」可以毫無遮蔽地發露之時，即是「誠意」之時。因此陽明所謂的「誠意」，就是讓「良知」呈露出來，故其工夫就在於「致良知」。所以，當陳九川於隔年再見陽明時，陽明明確地告訴他說不是一味地去心上找一個「天理」，而是依循「良知」這個標準規則，來知是知非，這樣才是切實穩當的，而不會流於虛空不實。陽明云：

> 爾那一點「良知」，是爾自家的準則。爾意念著處，他是便知是，非便知非，更瞞他一些不得。爾只不要欺他，實實落落依著他做去，善便存，惡便去。他這裡何等穩當快樂。此便是格物的真訣，致知的實功。若不靠著這些真機，如何去格物？我亦近年體貼〔註91〕出

〔註90〕〔明〕王守仁，〈傳習錄下〉，《王陽明全集》，〈語錄三〉，卷3，頁90～1。
〔註91〕陽明用「體貼」二字，有傳承程子的意思，程顥云：「吾學雖有所受，『天理』

來如此分明，初猶疑只依他恐有不足，精細看無些小欠闕。〔註92〕

陽明認爲只要靠著自身的「良知」準則，在從事於任何事物（意之所在）之時，予以是是非非的判斷，這樣一來，善便會存，惡便會去，這才是《大學》誠意的要旨。由於陽明對《大學》的宗旨有更進一步深入地理解，再加上當時其門人並未能十分準確地掌握此思想，因此陽明對舊〈大學古本序〉，做出增補的動作。陽明在給陸澄（字原靜，號清伯）的信中說：

> 凡人之爲不善者，雖至於逆理亂常之極，其本心之良知，亦未有不自知者。但不能致其本然之良知，是以物有不格，意有不誠，而卒入於小人之歸。故凡致知者，致其本然之良知而已。……向在南都，嘗謂清伯喫緊於此。清伯亦自以爲既知之矣。近睹來書，往往似尚未悟，輒復贅此。清伯更精思之。《大學》古本一冊寄去，時一覽。
>
> 近因同志之士，多於此處不甚理會，故〈序〉中特改數語。〔註93〕

陽明在此明確說到「本心之良知，亦未有不自知者」，即之前與其弟家書中所說「本心之明，皎如白日，無有有過而不自知者」是一樣的意思。從此可以確知陽明的「本心之良知」即是「本心之明」。另外，陽明又說到其在南京時，就已經跟陸澄提到過了，可見陽明在南京後期約莫是正德十一年（1516），就隱約有「良知」概念的意思。最後，由於當時弟子們並未掌握到必須「致其本然之良知」的前提，故陽明重新作序，序云：

> 《大學》之要，誠意而已矣。誠意之功，格物而已矣。誠意之極，止至善而已矣。止至善之則，致知而已矣。……是故至善也者，心之本體也。動而後有不善，而本體之知，未嘗不知也。意者，其動也。物者，其事也。至（致）其本體之知，而動無不善。然非即其事而格之，則亦無以致其知。故致知者，誠意之本也。格物者，致知之實也。物格則知致意誠，而有以復其本體，是之謂止至善。〔註94〕

首先，陽明認爲《大學》的宗旨是以「誠意」爲樞要，而要能誠意則必須透過格物的工夫，最終目的在於達到「至善」的境界。其次，能達到至善境界

　　二字卻是自家體貼出來。」
〔註92〕〔明〕王守仁，〈傳習錄下〉，《王陽明全集》，〈語錄三〉，卷3，頁92。
〔註93〕〔明〕王守仁，〈與陸清伯書〉，《王陽明全集》，〈續編二〉，卷27，頁1011。
〔註94〕〔明〕王守仁，〈大學古本序〉，《王陽明全集》，〈文錄四〉，卷7，頁242～3；又《王陽明全集》說此序作於嘉靖二年改作（頁1197），但從以《白鹿洞書院新志》所載，則此改序時間應提前至正德十六年。

的規則，則在於致每一個人本體之良知，靠著良知的準則，對於外在事物（意之所在）予以是非判斷，因此能否致此良知，即是能否達到「誠意」之根本基礎。最後，陽明強調說必須於從事於「格物」的工夫，惟有對於意之所在的物，時時格之，才能知致意誠，復其至善本體。此序與舊序最大的不同，就是將「良知」的概念，放在陽明的「誠意」的工夫論架構中，且說惟有「知致」，才能「意誠」。因此，致良知比誠意具有先一步工夫的意思。

陽明自己相當滿意此新序的說法，所以他特地要門人蔡宗袞帶著〈修道說〉及〈大學古本序〉至白鹿洞書院，其學術的自信心於此可以想見。《白鹿洞書院新志》記云：

> 《大學》、《中庸》古本石刻六，王守仁筆。正德辛巳（1521），遣門
> 人蔡宗袞，收嵌書院宗儒祠東廊碑壁。〔註95〕

由於蔡氏當時因唐龍（字虞佐，號漁石，1477～1546）的舉薦任白鹿洞書院洞主，故可以將陽明之說刻在書院之中。再回想前所述陳九川問蔡氏何謂「誠意」工夫時，蔡氏並未回答此「良知」說，直至陽明提示才瞭解，這顯示出陽明對於「良知」說成熟的看法，一直要到正德十六年才有完整的輪廓。所以《年譜》才會將此年定為「始揭致良知之教」。此說一出，不但陽明自己很滿意，對於門人弟子來說，更能清楚地理解陽明思想的重心所在，如《傳習錄》記云：

> （陳九川）虔州將歸，有詩別先生云：「良知何事繫多聞，妙合當時
> 已種根。好惡從之為聖學，將迎無處是乾元。」先生曰：「若未來講
> 此學。不知說好惡從之從個甚麼？」敷英（王時柯）在座曰：「誠然。
> 嘗讀先生〈大學古本序〉，不知所說何事。及來聽講許時，乃稍知大
> 意。」〔註96〕

此段話一方面說明陽明的致良知說內容，另一方面也顯示出在新〈序〉未出時，陽明弟子對其舊〈序〉內容是不甚瞭解的，由此可以看出新序的功效。在此要強調的是，要理解新〈序〉的內涵，必須與〈修道說〉配合著看，因

〔註95〕〔明〕李夢陽，《白鹿洞書院新志》，收錄在《白鹿洞書院古志五種》（北京：中華書局，1995），〈石劉志第四〉，卷1，頁25，嘉靖重刊本。從《白鹿洞志》所藏石刻碑文內容，可見蔡氏所刻為新序。見〔明〕鄭廷鵠，〈遺洞大學古本序石刻〉，《白鹿洞志》，出處同上，〈洞規下〉，卷6，頁212；且此志亦載有〈陽明先生王守仁遺洞修道說石刻〉，頁211。鄭廷鵠對這兩方石刻，有一按語，他說：「按二刻，迺陽明手書入石，千里而致之洞中，是欲求正於文公也。故錄之。」頁212。

〔註96〕〔明〕王守仁，〈傳習錄下〉，《王陽明全集》，〈語錄三〉，卷3，頁95。

爲這是其本體論的基礎。〔註97〕

　　事實上，回顧陽明從龍場以來的說法，就已經有類似「良知」概念的意見產生。例如他在回答薛侃問「認欲爲理」的問題時說到：

　　　　（薛侃）曰：「嘗聞先生教，學是學存天理。心之本體即是天理，體認天理只要自心地無私意。」（陽明）曰：「如此則只須克去私意便是，又愁甚理欲不明？」曰：「正恐這些私意認不眞。」曰：「總是志未切。志切，目視耳聽皆在此，安有認不眞的道理？是非之心，人皆有之，不假外求。請求亦只是體當自心所見，不成去心外別有個見。」〔註98〕

陽明認爲只是籠統地說「是非之心」即可以認清這些私意，但未能說出何謂「是非之心」？又此「是非之心」如何能認清私意呢？之前也曾經提過，陽明認爲聖人之學，不過就是在良知良能上體認擴充而已，也稍微觸及到了這個「道德標準」的問題。更不用說徐愛所記陽明的說法：

　　　　知是心之本體，心自然會知。見父自然知孝，見兄自然知弟，見孺子入井自然知惻隱，此便是良知不假外求。若良知之發，更無私意障礙，即所謂「充其惻隱之心，而仁不可勝用矣。」然在常人不能無私意障礙，所以須用致知格物之功勝私復理。即心之良知更無障礙，得以充塞流行，便是致其知。知致則意誠。〔註99〕

這個說法不但提到「良知不假外求」，並且指出「心自然會知」，但是對於聖人是否有私意，也沒有提到「心自然會知」的原因。所以，往後陽明才會說：

　　　　吾「良知」二字，自龍場以後，便已不出此意。只是點此二字不出。於學者言，費卻多少辭說。今幸見出此意。……學問頭腦，至此已是說得十分下落。但恐學者不肯直下承當耳。〔註100〕

〔註97〕〈修道說〉早作於戊寅之年，而陽明在辛巳年時仍然將此說寄給其弟子，可見其對此說的重視。黃省曾云：「辛巳（1521）之歲，承惠〈修道說〉石本，披而讀之，若排雲霧而觀青天，始知聖賢之意，若是其簡且易也。」見〈答新建伯大司馬王公書〉，《五嶽山人集》（四庫全書存目叢書·集94）（臺南：莊嚴文化，1997），卷31，頁791d。

〔註98〕此條記錄，應該是陽明在平南贛盜後，開講於贛州濂溪書院之時。〔明〕王守仁，〈傳習錄上〉，《王陽明全集》，〈語錄一〉，卷1，頁26～7。

〔註99〕此條記錄不會晚於正德十二年，因爲徐愛歿於此年。〔明〕王守仁，〈傳習錄上〉，《王陽明全集》，〈語錄一〉，卷1，頁26～7。

〔註100〕〔明〕王守仁，〈傳習拾遺〉，《王陽明全集》，〈補錄〉，卷32，頁1170。

這個說法不但說明陽明很早就有「良知」說的概念，而從良知說形成的經過也可以反駁羅欽順所說的「遺下大頭腦」的譏諷。因為陽明真正要說的是「良知說」，只不過之前受限於程朱理學的論述框架之中，擺脫不出，才會無法直接了當地闡明。如今透過對周程二子的理論的重新理解，才擺脫出來，形成一套完整的《大學》的「誠意」工夫論。

小　結

　　從陽明接下了別人避之唯恐不及的差事，以及看他初至南贛時的作為，即可以證明其心中仍懷抱著經國之志，所以他多方探詢南贛地區盜賊叢生的原因，期能提出徹底解決盜賊危害的方略。當然，過去在任巡撫之所以沒能有效處理此問題，主要原因在於其權力是不足以全面掌握此地區軍民百姓，更遑論要一次殲滅盜賊。透過當時兵部尚書王瓊的大力協助，陽明得以以「總督」之權，大展其才。不但有效利用與訓練當地的保安力量，形成一支有紀律與戰力的「鄉兵」，以此取代過去仰賴狼兵的作法，並因而取得前所未有的戰果。然在軍事行動中，湖廣兵「軍前違期」事件的發生，卻讓陽明面臨「賞罰是否分明」的質疑，此質疑並僅僅可能來自於旁人，更重要的是其自身的感受，因為這與其一再堅持「申明賞罰」的理念有所違背。且不僅僅此事而已，由於在帶兵的過程中，陽明隨時隨地都在處理「賞罰」的事宜，而這些事宜的賞罰程度小至杖責罰勤，大至殺人砍頭，因此如何能夠每一次都能夠做出公正合宜的判斷，深深困擾著他。此事一直要到陽明平定南贛盜後，陽明才逐漸理出一個頭緒。他認為只要憑藉著「本心之明」，面對過錯的發生，如能當下改正，即不為過，而這就是聖人之所為。而此新體會的內容，即闡述於陽明重新理解《中庸》，因之而作的〈修道說〉。在此說中，陽明認為「誠」是上天所賦於人身上的，只要能夠將此「誠」顯露出來，即能與聖人同功。但是陽明此時未有機會闡述如何能夠讓此「誠」顯露出來的工夫論，就發生宸濠之亂。

　　宸濠之將叛，是當時官員心知肚明的事情，而陽明與王瓊方面也早已有所準備，但當事情真正爆發出來之時，卻令宸濠與陽明雙方都措手不及。然陽明憑藉著日常的準備與宸濠陣營對情勢的錯判，逐漸地取得勝利，也使得各地官軍不再觀望，因此能夠於鄱陽湖一戰大敗宸濠，取得最終勝利。但是這個莫大的功績也為陽明招致莫大的危難。由於宸濠部署已久，從地方到中

央莫不有其黨羽，如能掌握宸濠與這些人平日交通的證據，即能透過這個證據來鬥爭反對派，而這也是「忠泰之變」發生的背景原因。由於陽明過去也曾經面臨過類似的事情，因此非常清楚這個證據的重要性，面對忠泰二人查驗文書等等要求時，直接上疏朝廷，企圖透過朝廷的力量，借力使力，喝阻忠泰二人的企圖。但也因此得罪忠泰二人，爾後，各種橫逆接踵而至，其結果都可能讓陽明毀身滅家。在當時，陽明有各種可能的作法，例如說交出簿籍證據給忠泰二人、或是江彬，也許就不會面臨如此處境；要不就直接上繳朝廷，置身事外。但陽明最終的選擇，卻讓他處在生死的邊緣。處在此惡劣的政治情勢下，陽明思考著如何能夠動靜合宜、舉措適當？對於將來的出處問題又該站在什麼角度下思考呢？過去被貶謫至在龍場時，以「聖人處此，又有何道？」的問題自問，如今，陽明又再度面臨相同或是更加險峻的情況。同樣的問題，恐怕也是陽明於草庵中靜坐時，所一再自問的問題吧！在重遊化城寺時，陽明憶起其弘治年間所遇老和尚之事，促發其重新思考周濂溪與程明道思想的契機。陽明重新衡定周敦頤的《太極圖說》與《通書》，認為周氏所謂「主靜」、「定之以中正仁義」等說，皆是強調「主其本體」之意，也就是說「中正仁義」是道德的標準，而此標準即是在每一個的心中，即是孟子所言的「良知」。由於此「良知」是每一個人都有的，故如能時時致此「良知」，面對事物之來，不需安排與計算，發揮「本心之明」，予以是是非非，過則改之，與聖人一般，此即是聖人之學。也就是說聖人處此，也不過就是以「良知」為欛柄，來因應萬事萬物之來。當陽明體認到「良知」說後，其最大的改變，不但對於政治上之橫逆可以坦然接受，並且適當地處理這些橫逆，例如他在面對邊軍的挑釁時的因應；另外一方面，其人生重心亦從政治轉向學術。由於受到周敦頤思想的引導，使得陽明意欲遠離政治舞台，專心致力於「聖學」的發揚。也因此，陽明往後的所作所為，大都以如何宣揚其「良知說」為主旨，意欲不論貧富貴賤，每個人都能夠是「好人（聖人）」，也惟有社會中充滿著「好人（聖人）」，道德社會的重建才能有實現的可能。

總的說來，陽明平南贛盜以及平宸濠的軍功建立過程，對於其「一心運時務」的思想架構而言，無疑具有深化的效用。透過對「一心」理論的再思考，也才有「良知」為是非標準的看法。而這個看法也反過來促使陽明思考「時務」的內容，並不一定是勳業氣節，因為聖人並不以此才成其聖。當陽明重新體認「聖人」的境界與氣象後，對其往後的作為產生很大的影響，因

為自此後，他將宣揚「良知」說看做是他人生目標的首位。也就是說，「時務」的內容變成對他人「人心」的改造，換句話說，以個人的良知喚醒大眾的良知，其最終目的是達成「三代之治」。

餘　論

　　陽明一生的重要階段大致落在孝宗弘治與武宗正德時期，而這兩個階段，分別帶給他不同的影響。弘治時期可以算是陽明思想的孕育階段，接收到父執輩那種道德與事功並重的學風與人生觀，使其性格具有強烈的經世精神。但是，隨著弘治末年學風的轉變，陽明所懷有的經世精神，並不爲當時的學術界所重視，而是以詩文相高的。這樣的轉變，一度困擾著陽明，使其失去人生的目標，而迷失於佛教與道家的思想。直到覺悟於「孝」之理無法斷絕，而再回到其過去經世的理想，意欲透過講「身心之學」，來改變當時記誦辭章之學的流弊。

　　正德元年「誅八虎」事件的失敗，對其人生產生重大的影響，而他上疏被貶謫至龍場，亦是其思想轉折的契機。在龍場時期，陽明透過對如何成爲「君子」的思考，一步一步地去反省「聖人之學」內容，終至提出其以「一心運時務」的思想架構。他體悟到要能治國平天下，必須靠自己的「心」，因爲天下之所以亂，起因是每個人的私心作祟，故必須改造「人心」，而起點就從自己開始。所以，「去除私欲」就成爲陽明思想架構中的關鍵因素，只要能去除私欲，就與聖人一般，即能出而治國平天下。因此，陽明重新理解《大學》，提出其不同於朱子的「格物誠意說」，格心上之物，以達意誠知致，而非朱子格物窮理以致知的工夫路徑。

　　回到北京的陽明，因爲處於「後劉瑾的時代」，其過去「政治受難者」的身分，不僅未能替他爭取更好的處境，反而因爲政治權力仍在宦官之手，而身陷尷尬的處境之中。陽明深深地體悟到，劉瑾一人的被殺，並不足以撼動整個國家局勢的結構，而宦官之所以能安居其位，最重要的原因仍在士大夫

們沒有自覺他們自身也是此道德淪喪的幫兇。要改變這樣的情勢，就必須改變士大夫們的想法，重新發掘去認識古聖先賢道理的價值，喚醒時人重新正視現今國家社會的問題。因此，陽明大力宣揚其「一心運時務」的思想架構，但由於其內容專注於對內心的克治存養，無疑地帶有「心學」的色彩，在當時「朱陸異同」爭論不休的情況下，很自然地被劃歸爲陸學。即使陽明如何訴說他的思想脈絡，也難以動搖時人對其思想的既定看法。

當陽明到了南京，由於此地區的學術風氣，比北京更加的保守，使得其「一心運時務」思想架構的推展，面臨相當嚴峻的挑戰。並且與南京士大夫間，隱然有「門戶之爭」的現象，一方面顯示出陽明思想架構中的問題，另一方面也說明其思想架構已經受到注目。陽明面對挑戰，一方面將其思想的高度，抬高至堯舜禹三代，認爲如果要恢復「三代之治」，就必須認知到「聖人之學即是心學」，因此必須將學術的方向轉到心學上去；另一方面對於朱學學者的攻擊，寫出《朱子晚年定論》一書來反擊，主要在說明朱子本身的思想亦是「心學」，更批評朱子後學不善學於朱子，因此沒有得到朱子思想的要旨。陽明這兩方面的論述，當然引發種種討論，一方面促使人們思考治國平天下之道究竟爲何？另一方面也促使朱學家自身去思考朱子的眞意究竟爲何？無形中，解消一部份來自四方的批評，也確立陽明「一心運時務」思想架構的學術地位。而陽明的思想架構之所以能立定腳步，也是得力於當時國家社會的需要，因爲他的思想架構的目的是要解決國家社會所面臨的諸多問題，重新建立一個道德的社會。

陽明「一心運時務」的思想架構，隨著他兩次軍功建立的過程，使其內容有了轉變。也就是過去的說法是靠著一心來經理時務，但是如今靠著自我「良知」的發現與遵循，喚醒大眾的良知，使每一個人做事都是以「良知」爲準則，如此一來，即能重復「三代之治」。換句話說，「時務」就在「一心」之中，只要能夠做好「一心」，即是經理了「時務」。

在說明了陽明正德時期的經歷與思想間的關係後，有必要簡要地談其人生最後七年的時期。大體而言，可以從政治與學術兩方面來觀察，在政治方面，由於居喪及權力鬥爭的關係，陽明是被排除在權力核心之外的。也因此，陽明在學術方面的開展，就有很大的成果，不僅僅是講學運動開始興起，其思想的內容也有變化，主要是「無善無惡」說的提出。以下舉其大端。

陽明從正德十六年六月之後，回到家鄉餘姚省親，原本只是短暫地探親之

旅，卻因隔年父親之喪而在家守喪三年。也因此，在陽明家居喪期間，政治上
的變化相當的大，主要是新皇帝世宗即位之後，爲了繼位或是繼統的問題以及
之後興獻王是否入太廟的問題所引起之「大禮議」等，引起眾多的紛擾。陽明
不是不知道現實環境的變化，只不過居喪期未滿，不便有所議論。而在陽明服
喪其間，各種不利他的事件，一件接一件地發生，或詆其學爲「僞學」，或是在
鄉試中以「心學」爲問，暗批其學。直到嘉靖六年（1527），才以兼都察院左都
御史的身份，征廣西思田二州的盜匪。而事實上，之所有這個派令，完全是其
過去長官楊一清害怕其入閣，所以才將陽明外派去平亂，黃綰記云：

> 予（黃綰）時爲光祿寺少卿，具疏論江西軍功，及薦公才德，堪任
> 輔弼。上喜，親書御箚，並疏付內閣議。楊公一清忌公入閣，與之
> 同列，乃與張公孚敬（璁）具揭帖對曰：「王守仁才固可用，但好服
> 古衣冠，喜談新學，人頗以此異之。不宜入閣，但可用爲兵部尚書。」
> 桂公（萼）知，遂大怒罟予，潛進揭帖毀公，上意遂止。〔註1〕

楊一清是陽明的老長官，其之所以會怕陽明入閣，應是與之前楊一清入閣的
過程有關。事實上，在楊一清居家起復接任提督三邊的職務時，當時與楊氏
同時被推薦給兵部的名單中就有陽明，楊氏還曾經寫信給陽明，認爲這個職
務非陽明莫屬，〔註2〕但是最後仍由楊氏接任。因此當時就有人猜測這是爲將
來入閣做準備，楊氏在給學生李夢陽的信中說到：

> 大抵去年之出，勢不得已也。出矣！竭吾力以靖三邊，用酬知遇，
> 予之志也。召命遄下，則非區區之所及矣！議者乃妄意吾之出，不
> 爲三邊，爲內閣。噫！是何言哉？是何言哉？予雖有口如箕，安能
> 塞滔天之浮議，惟拂衣而去，與世相忘，庶稍可自明耳！〔註3〕

不過，楊氏的職務最終仍與「浮議」預測結果一樣，進入內閣。陽明是三年
四月（1524）服闋，按照慣例應該要起復爲官，當時席書推薦兩人入閣，一
人是陽明，另一人則是楊一清，〔註4〕但皇帝最終選擇楊一清（嘉靖四年十一

〔註1〕　〔明〕黃綰，〈陽明先生行狀〉，收錄在《王陽明全集》，〈世德紀〉，卷38，頁
　　　　1425。
〔註2〕　如〔明〕楊一清在給陽明的信中說到：「近日忽兵部咨，知有提督陝西戎務之
　　　　命，且與公名同上，在公實稱。……今年日老，病日多，精力日憊，豈能復
　　　　供任使，已具疏懇辭，聖明必能憐察，而此任未免屬之公矣！」見〈與王陽
　　　　明司馬〉，《楊一清集》，〈督府稿‧柬札類〉，頁1069。
〔註3〕　〔明〕楊一清，〈與李憲吉憲副〉，《楊一清集》，〈督府稿‧柬札類〉，頁1099。
〔註4〕　《明實錄‧世宗實錄》記云：「（嘉靖四年）禮部尚書席書奏薦致仕大學士楊

月被招入閣）。陽明曾經做有〈四皓論〉一文，文中開頭即言：

> 果于隱者必不出，謂隱而出焉，必其非隱者也。夫隱者爲高，則茫
> 然其不返，避世之士豈屑屑于辭禮之慇懃哉！且知遠辱以終身，則
> 必待行道而後出，出者既輕，成者又小，舉其生平而盡棄之，明哲
> 之士殆不如此。〔註5〕

此文明顯地是針對楊一清而來的，因爲楊氏在鎮江老家的宅子，名曰「待隱園」，陽明是借漢代商山四皓究竟有無出山輔佐太子之事，來說楊氏是假隱的。〔註6〕往後陽明一直沒有官做，恐怕與此脫不了關係。

因爲在官場上沒有發揮的餘地，陽明在居鄉時期，可以說將所有的心力都放在「講學」上，其目的是要拯救人心於水火之中，如他對友人說到：

> 近世士夫之相與，類多虛文彌詭而實意衰薄，外和中妒，徇私敗公，
> 是以風俗日惡而世道愈降。……僕已無所可用於世，顧其心痛聖學
> 之不明，是以人心陷溺至此，思守先聖之遺訓，與海內之同志者講
> 求切劘之，庶亦少資於後學，不徒生於聖明之朝。〔註7〕

這個說法的前提是陽明自認他不再能夠爲國家做事，又目睹社會風俗的敗壞，所以選擇以宣揚其所悟的「聖人之學」來爲國盡一份心力。所以，陽明往後與顧東橋所談的「拔本塞源」論以及其〈親民堂記〉中，都在闡揚「萬物一體」的觀點，企圖從個人做起，推廣至他人乃至於天下，重復三代之治。例如他給黃縮的信中說道：

> 今天下事勢，如沈痾積痿，所望以起死回生者，實有在於諸君子。
> 若自己病痛未能除得，何以能療得天下之病！此區區一念之誠，所
> 以不能不爲諸君一竭盡者也。諸君每相見時，幸默以此意相規切之，

一清、南京兵部尚書王守仁，文武兼資，堪任將相。今一清已督三邊，守仁
當處之內閣，秉樞机。無爲忌者所抑。且云：『今諸大臣多中材，無足與計天
下事者，定亂濟時，非守仁不可。』上不許，曰：『近日邊方多事，已命廷臣
集議，席書身爲大臣，果有謀署，宜即悉心敷奏，共濟時艱，何必自諉中材
者，負委任。』」卷48，頁1215。

〔註5〕 此文陽明爲佚文，收錄在〔清〕張英、王士禎等奉敕纂，《御定淵鑑類函》（文
淵閣四庫全書·989）（臺北：商務印書館，1983），〈人部五十·隱逸六〉，卷
291，頁527d～8a。

〔註6〕 〔明〕黃景昉，《國史唯疑》也記云：「楊一清、費宏皆以右大禮議召用，老
臣廢居久，厭苦寂寞，或不無徒轍趨時意。」〈嘉靖〉，卷6，頁154。

〔註7〕 〔明〕王守仁，〈與黃宗賢（1527）〉，《王陽明全集》，〈文錄三〉，卷6，頁
220。

須是克去己私，眞能以天地萬物爲一體，實康濟得天下，挽回三代
之治，方是不負如此聖明之君，方能報得如此知遇，不枉了因此一
大事，來出世一遭也。〔註8〕

陽明雖說是給黃綰的信，事實上是在告誡他在北京當官的弟子們，必須先醫
自己的病痛，才能治療國家的病痛，所以必須時時致良知，去私欲，與天地
萬物爲一體，才能達到三代之治。可以說，陽明仍然在其「一心運時務」的
思想架構下，來思索如何改造社會，進而達到三代之治。而他所提出新的努
力方向即是「萬物一體」的概念，不但要靠著良知去除自身的私欲，也要去
除人與人間的隔閡，因爲良知不僅是每個人都具有的，且相通的。換句話說，
個人的良知，被放大到集體的良知，只要人人能夠致良知，自然能夠有三代
的社會，甚至於這個想法也貫串至無生命的草木瓦石上。〔註9〕就因爲草木瓦
石也有「良知」，也就必須追問，其良知能知善知惡嗎？也因此，往後才有針
對「良知」性質而起的「四有說」與「四無說」爭論。

　　由於陽明晚年將「時務」寓於「一心」之中，導致其後學紛紛將講學重
點放在對「良知」性質以及如何「致良知」工夫的爭論上，不但使其後學忽
視實際事務的處理，甚至流入於禪學。

〔註8〕　〔明〕王守仁，〈答王靈庵中丞（1524）〉，《王陽明全集》，〈外集三〉，卷21，
　　　　頁823。
〔註9〕　例如陽明在〈大學問〉中說道：「大人者，以天地萬物爲一體者也，其視天下
　　　　猶一家，中國猶一人焉。若夫間形骸而分爾我者，小人矣。大人之能以天地
　　　　萬物爲一體也，非意之也，其心之仁本若是，其與天地萬物而爲一也。豈惟
　　　　大人，雖小人之心亦莫不然，彼顧自小之耳。……鳥獸猶有知覺者也，見草
　　　　木之摧折而必有憫恤之心焉，是其仁之與草木而爲一體也；草木猶有生意者
　　　　也，見瓦石之毀壞而必有顧惜之心焉，是其仁之與瓦石而爲一體也；是其一
　　　　體之仁也，雖小人之心亦必有之。」見〔明〕王守仁，〈大學問〉，《王陽明全
　　　　集》，〈續編一〉，卷26，頁968。

參考書目

一、原始資料

1. 〔元〕黃元吉編集、徐慧校正，《淨明忠孝全書》（正統道藏・太平部・41）（臺北：新文豐，1977 年）。

2. 〔宋〕朱熹，《四書集注》（臺北：鵝湖出版社，1984 年）。

3. 〔宋〕朱熹，《原本周易本義》（文淵閣四庫全書・經 12）（臺北：商務印書館，1983 年）。

4. 〔宋〕周敦頤，《周敦頤集》（北京：中華書局，1990 年）。

5. 〔宋〕陸九淵，《陸九淵集》（北京：中華書局，1980 年）。

6. 〔宋〕陸九淵，《象山先生全集》（四部叢刊初編・縮本・63）（臺北：商務印書館，1965 年）。

7. 〔宋〕黎靖德編，《朱子語類》（北京：中華書局，1999 年）。

8. 〔明〕于慎行，《穀山筆塵》（北京：中華書局，1997 年）。

9. 〔明〕尹直，《謇齋瑣綴錄》，收錄在〔明〕李栻輯，《歷代小史》（上海：江蘇廣陵古籍書印社，1989 年）。

10. 〔明〕方鵬，《矯亭續稿》（四庫全書存目叢書・集 62）（臺南：莊嚴文化，1997 年）。

11. 〔明〕方獻夫，《西樵遺稿》（四庫全書存目叢書・集 59）（臺南：莊嚴文化，1997 年）。

12. 〔明〕王士性，《廣志繹》（北京：中華書局，1997 年）。

13. 〔明〕王世貞，《弇山堂別集》（北京：中華書局，2006 年）。

14. 〔明〕王守仁，《王陽明選集》（臺北：中國子學名著集成編印基金會，1978 年）。

15. 〔明〕王艮,《王心齋全集》（臺北：廣文書局，1987 年）。

16. 〔明〕王雲鳳,《博趣齋藁》（續修四庫全書・集 1331）（上海：上海古籍出版社，1995 年）。

17. 〔明〕王鏊,《震澤集》（文淵閣四庫全書・1256）（臺北：商務印書館，1983 年）。

18. 〔明〕伍袁萃,《林居漫錄》（清代禁毀書叢刊・第一輯）（臺北：偉文，1977 年）。

19. 〔明〕伍餘福,《苹野纂聞》（叢書集成初編）（上海：商務印書館，1936 年）。

20. 〔明〕朱國禎,《湧幢小品》（筆記小說大觀・22 編・7》（臺北：新興書局，1987 年）。

21. 〔明〕何良俊,《四友齋叢說》（北京：中華書局，1997 年）。

22. 〔明〕何喬遠,《閩書》（福州：福建人民出版社，1994 年）。

23. 〔明〕何喬遠輯,《皇明文徵》（四庫全書存目叢書・集 328）（臺南，莊嚴文化，1997 年）。

24. 〔明〕何景明,《何大復集》（（鄭州：中州古籍出版社，1989 年）。

25. 〔明〕何瑭,《何瑭集》（鄭州：中州古籍出版社，1999 年）。

26. 〔明〕吳之鯨,《武林梵志》（大藏經補編・29）（臺北：華宇出版社，1986 年）。

27. 〔明〕吳廷翰,《吳廷翰集》（北京：中華書局，1984 年）。

28. 〔明〕吳與弼,《康齋集》（文淵閣四庫全書・1251）（臺北：商務印書館，1983 年）。

29. 〔明〕李東陽,《李東陽集》（長沙：岳麓書社，1983 年）。

30. 〔明〕李堂,《堇山文集》（四庫全書存目叢書・集 44）（臺南：莊嚴文化，1997 年）。

31. 〔明〕李紹文,《皇明世說新語》（筆記小說大觀・40 編・8），臺北：新興書局，1985。

32. 〔明〕李紹文,《雲間人物志》,收錄在《明清上海稀見文獻五種》（北京：人民文學出版社，2006 年）。

33. 〔明〕李開先,《李開先集》（北京：文化藝術出版社，2004 年）。

34. 〔明〕李夢陽,《白鹿洞書院新志》,收錄在《白鹿洞書院古志五種》（北京：中華書局，1995 年）。

35. 〔明〕李夢陽,《空同集》（文淵閣四庫全書・集 1262）（臺北：商務印書館，1983 年）。

36. 〔明〕李樂,《見聞雜記》（北京圖書館古籍珍本叢刊・子 66）（北京：

書目文獻出版社，1988 年）。

37. 〔明〕沈周，《客座新聞》（筆記小說大觀·40 編·10）（臺北：新興書局，1985 年）。

38. 〔明〕沈榜編著，《宛署雜記》（北京：北京古籍出版社，1980 年）。

39. 〔明〕沈德符，《萬曆野獲編》（北京：中華書局，1997 年）。

40. 〔明〕汪循，《汪仁峰先生文集二十九卷，外集四卷》（四庫全書存目叢書·集 47）（臺南：莊嚴文化，1997 年）。

41. 〔明〕谷應泰，《明史紀事本末》（臺北：華世出版社，1976 年）。

42. 〔明〕周汝登，《東越證學錄》（臺北：文海書局，1970 年）。

43. 〔明〕周汝登，《聖學宗傳》（山東：友誼書社，1989 年）。

44. 〔明〕周汝登輯，《王門宗旨》（上海：上海古籍出版社，1997 年）。

45. 〔明〕周暉，《金陵瑣事》（四庫禁燬書叢刊補編·37）（北京：北京出版社，2005 年）。

46. 〔明〕季本，《季彭山先生文集》（北京：書目文獻出版社，1988 年）。

47. 〔明〕林俊，《見素集》（文淵閣四庫全書·1257）（臺北：商務印書館，1983 年）。

48. 〔明〕郎瑛，《七修類稿》（歷代筆記叢刊）（上海：上海書店，2001 年）。

49. 〔清〕施璜編、吳瞻泰、吳瞻淇補《紫陽書院志》，收錄在趙所生、薛正興主編，《中國書院志·9》（南京：江蘇教育出版社，1995 年）。

50. 〔明〕夏尚樸，《夏東巖先生文集》（北京：書目文獻出版社，1988 年）。

51. 〔明〕夏尚樸，《夏東巖先生詩集》（北京：書目文獻出版社，1988 年）。

52. 〔明〕孫奇逢，《理學宗傳》（臺北：藝文印書館，1969 年）。

53. 〔明〕孫緒，《沙溪集》（文淵閣四庫全書·1264）（臺北：商務印書館，1983 年）。

54. 〔明〕徐三重，《採芹錄》（文淵閣四庫全書·867）（臺北：商務印書館，1983 年）。

55. 〔明〕徐象梅，《兩浙名賢錄》（北京圖書館古籍珍本叢刊）（北京：書目文獻出版社，1988 年）。

56. 〔明〕徐應秋，《玉芝堂談薈》（文淵閣四庫全書·883）（臺北：商務印書館，1983 年）。

57. 〔明〕秦金，《安楚錄》（續修四庫全書·史 433）（上海：上海古籍出版社，1997 年）。

58. 〔明〕袁仲孺，《武夷山志》（四庫全書存目叢書·史 228）（臺南：莊嚴文化，1996 年）。

59. 〔明〕袁中道，《遊居柿錄》（上海：上海遠東出版社，1996年）。

60. 〔明〕袁宏道，《袁中郎全集》（臺北：世界書局，1990年）。

61. 〔明〕高岱輯，《鴻猷錄》（四庫全書存目叢書・史 19）（臺南：莊嚴文化，1996年）。

62. 〔明〕高攀龍，《高子遺書》（乾坤正氣集）（臺北：環球書局，1966年）。

63. 〔明〕婁性，《皇明政要》（中國野史集成續編・10）（成都：巴蜀書社，2000年）。

64. 〔明〕崔銑，《松窗寤言》（借月山房彙鈔・12）（臺北：義士書局，1968年）。

65. 〔明〕崔銑，《洹詞記事抄》（四庫全書存目叢書・子 143）（臺南：莊嚴文化，1997年）。

66. 〔明〕張吉，《古城集》（文淵閣四庫全書・1257）（臺北：商務印書館，1983年）。

67. 〔明〕張志淳，《南園漫錄》（北京：書目文獻出版社，1988年）。

68. 〔明〕張岳，《小山類稿》（福州：福建人民出版社，2000年）。

69. 〔明〕張怡，《玉光劍氣集》（元明史料筆記叢刊）（北京：中華書局，2006年）。

70. 〔明〕張萱，《西園聞見錄》（中華文史叢書）（臺北：大中國圖書，1968年）。

71. 〔明〕張璁，《張璁集》（上海：上海社會科學院出版社，2003年）。

72. 〔明〕張瀚，《松窗夢語》（元明史料筆記叢刊）（北京：中華書局，1997年）。

73. 〔明〕敖英，《東谷贅言》（豫章叢書・子部二）（南昌：江西教育出版社，2002年）。

74. 〔明〕曹嗣軒，《休寧名族志》（合肥：黃山書社，2007年）。

75. 〔明〕陳九川，《明水陳先生文集》（四庫全書存目叢書・集 72）（臺南：莊嚴文化，1997年）。

76. 〔明〕陳子龍等選輯，《明經世文編》（北京：中華書局，1987年）。

77. 〔明〕陳弘緒，《寒夜錄》（豫章叢書・子部二）（南昌：江西教育出版社，2002年）。

78. 〔明〕陳建，《學蔀通辨》，收錄在吳長庚主編，《朱陸學術考辨五種》（南昌：江西高校出版社，2000年）。

79. 〔明〕陳洪謨，《繼世紀聞》（元明史料筆記叢刊）（北京：中華書局，1997年）。

80. 〔明〕陳獻章，《陳獻章集》（北京：中華書局，1987年）。

81. 〔明〕陶望齡，《歇庵集》（臺北：偉文，1976 年）。

82. 〔明〕陶奭齡，《小柴桑諵諵錄》，明崇禎間吳寧李爲芝校刊本。（國家圖書館藏）。

83. 〔明〕章懋，《楓山集》（文淵閣四庫全書・1254）（臺北：商務印書館，1983 年）。

84. 〔明〕喬宇，《喬莊簡公集》，隆慶五年刊本（國家圖書館藏）。

85. 〔明〕彭輅，《沖谿文集》（四庫全書存目叢書・集 116）（臺南：莊嚴文化，1997 年）。

86. 〔明〕湛若水，《湛甘泉先生文集》（四庫全書存目叢書・集 56～57）（臺南：莊嚴文化，1997 年）。

87. 〔明〕焦竑，《玉堂叢語》（元明史料筆記叢刊）（北京：中華書局，1997 年）。

88. 〔明〕焦竑，《國朝獻徵錄》（臺北：學生書局，1965 年）。

89. 〔明〕焦竑，《焦氏筆乘》（臺北：商務印書館，1971 年）。

90. 〔明〕焦竑，《澹園集》（北京：中華書局，1999 年）。

91. 〔明〕程敏政，《道一編》，收錄在吳長庚主編，《朱陸學術考辨五種》（南昌：江西高校出版社，2000 年）。

92. 〔明〕程敏政，《篁墩文集》（文淵閣四庫全書・1252）（臺北：商務印書館，1983 年）。

93. 〔明〕程敏政，《篁墩程先生集》，弘治三年刊本（傅斯年圖書館藏）。

94. 〔明〕程嗣章，《明儒講學考》（四庫全書存目叢書・子 29）（臺南：莊嚴文化，1997 年）。

95. 〔明〕馮夢龍編著，《皇明大儒王陽明先生出身靖亂錄》，《三教偶拈・馮夢龍全集》（上海：上海古籍出版社，1993 年）。

96. 〔明〕黃佐，《翰林記》（文淵閣四庫全書・596）（臺北：商務印書館，1983 年）。

97. 〔明〕黃省曾，《五嶽山人集》（四庫全書存目叢書・集 94）（臺南：莊嚴文化，1997 年）。

98. 〔明〕黃景昉，《國史唯疑》（上海：上海古籍出版社，2002 年）。

99. 〔明〕黃瑜，《雙槐歲鈔》（元明史料筆記叢刊）（北京：中華書局，1999 年）。

100. 〔明〕黃綰，《石龍集》，嘉靖刊本。（傅斯年圖書館藏）。

101. 〔明〕黃綰，《明道編》（北京：中華書局，1959 年）。

102. 〔明〕楊一清，《楊一清集》（北京：中華書局，2001 年）。

103. 〔明〕楊士奇，《東里文集》（北京：中華書局，1998 年）。

104. 〔明〕楊守阯，《碧川文選》（叢書集成續編・186）（臺北：新文豐，1989年）。

105. 〔明〕楊守陳，《楊文懿公文集》（叢書集成續編・186）（臺北：新文豐，1989年）。

106. 〔明〕楊儀，《高坡異纂》（筆記小說大觀・17編・4）（臺北：新興書局，1988年）。

107. 〔明〕葉權，《賢博編》（元明史料筆記叢刊）（北京：中華書局，1997年）。

108. 〔明〕董其昌，《容臺集》（臺北：中央圖書館，1968年）。

109. 〔明〕董玘，《中峰文選》，明刊本。（傅斯年圖書館藏）。

110. 〔明〕過庭訓，《本朝分省人物考》（臺北：明文書局，1991年）。

111. 〔明〕鄒守益等撰，《王陽明先生圖譜》（四庫未收書輯刊・四輯・17）（北京：北京出版社，1997年）。

112. 〔明〕趙善政，《賓退錄》（叢書集成初編）（上海：商務印書館，1936年）。

113. 〔明〕趙寬，《半江趙先生文集》（四庫全書存目叢書・集42）（臺南：莊嚴文化，1997年）。

114. 〔明〕劉元卿，《諸儒學案》（四庫全書存目叢書・子12）（臺南：莊嚴文化，1997年）。

115. 〔明〕劉宗周，《劉宗周全集》（臺北：中研院文哲所，1997年）。

116. 〔明〕劉節，《梅國前集》（四庫全書存目叢書・集57）（臺南：莊嚴文化，1997年）。

117. 〔明〕劉麟長，《浙學宗傳》（四庫全書存目叢書・史111）（臺南：莊嚴文化，1997年）。

118. 〔明〕談遷，《國榷》（北京：中華書局，2005年）。

119. 〔明〕鄭廷鵠，《白鹿洞志》，收錄在《白鹿洞書院古志五種》（北京：中華書局，1995年）。

120. 〔明〕鄭岳，《山齋文集》（文淵閣四庫全書・1263）（臺北：商務印書館，1983年）。

121. 〔明〕鄭思恭，《東昆仰止錄》，收錄在《東嘉先哲錄（外兩種）》（溫州文獻叢書）（上海：上海社會科學院出版社，2005年）。

122. 〔明〕鄭曉，《今言》（北京：中華書局，1997年）。

123. 〔明〕盧格，《荷亭辯論》（四庫全書存目叢書・子101）（臺南：莊嚴文化，1995年）。

124. 〔明〕盧標纂，《道光婺志粹》（中國地方志集成）（上海：中國書店，1993

年）。

125. 〔明〕儲巏，《柴墟文集》（四庫全書存目叢書・集 42）（臺南：莊嚴文化，1997 年）。

126. 〔明〕戴廷明、程尚寬等撰，《新安名族志》（合肥：黃山書社，2004 年）。

127. 〔明〕薛侃，《薛御史中離集》，收錄在《潮州耆舊集》（香港：潮州會館，1980。

128. 〔明〕謝肇淛，《五雜組》（上海：上海書店，2001 年）。

129. 〔明〕歸有光，《震川先生集》（臺北：源流出版社，1983 年）。

130. 〔明〕顏鈞著，黃宣民點校，《顏鈞集》（北京：中國社會科學出版社，1996 年）。

131. 〔明〕魏校，《莊渠遺書》（文淵閣四庫全書・1267）（臺北：商務印書館，1983 年）。

132. 〔明〕羅欽順，《困知記》（北京：中華書局，1990 年）。

133. 〔明〕羅欽順，《困知記續錄》（文淵閣四庫全書・714）（臺北：商務印書館，1983 年）。

134. 〔明〕羅欽順，《整菴存稿》（文淵閣四庫全書・1261）（臺北：商務印書館，1983 年）。

135. 〔明〕羅玘，《圭峰集》（文淵閣四庫全書・1259）（臺北：商務印書館，1983 年）。

136. 〔明〕嚴嵩，《鈐山堂集》（四庫全書存目叢書・集 56）（臺南：莊嚴文化，1997 年）。

137. 〔明〕顧元鏡，《九華志》（四庫全書存目叢書・史 234）（臺南：莊嚴文化，1996 年）。

138. 〔明〕顧起元，《客座贅語》（元明史料筆記叢刊），北京：中華書局，1997。

139. 〔清〕丁丙輯，《于忠肅公祠墓錄》（祠墓志叢刊・50）（揚州：廣陵書社，2004 年）。

140. 〔清〕毛奇齡，《王文成傳本》（臺北：新文豐，1989 年）。

141. 〔清〕永瑢，《四庫全書總目提要》（臺北：漢京文化，1982 年）。

142. 〔清〕朱彝尊，《經義考》（文淵閣四庫全書・680）（臺北：商務印書館，1983 年）。

143. 〔清〕吳廷燮，《明督撫年表》（北京：中華書局，1982 年）。

144. 〔清〕沈佳，《明儒言行錄》（臺北：臺灣商務印書館，1983 年）。

145. 〔清〕汪森編，《粵西文載》（文淵閣四庫全書・1465 年）（臺北：臺灣商務印書館，1983 年）。

146. 〔清〕夏燮，《明通鑑》（臺北：世界書局，1978 年）。

147. 〔清〕張廷玉等，《明史》（北京：中華書局，1995 年）。

148. 〔清〕張英、王士禎等奉敕纂，《御定淵鑑類函》（文淵閣四庫全書‧989）（臺北：臺灣商務印書館，1983 年）。

149. 〔清〕張夏，《雒閩源流錄》（四庫全書存目叢書‧史 123）（臺南：莊嚴，1996 年）。

150. 〔清〕梁章鉅，《楹聯叢話》（北京：中華書局，2006 年）。

151. 〔清〕黃宗羲，《明儒學案》（北京：中華書局，1985 年）。

152. 〔清〕黃宗羲，《明儒學案》（杭州：浙江古籍出版社，2005 年）。

153. 〔清〕黃宗羲編，《明文海》（文淵閣四庫全書‧1458）（臺北：商務印書館，1983 年）。

154. 〔清〕談遷，《棗林雜俎》（元明史料筆記叢刊）（北京：中華書局，2006 年）。

155. 〔清〕龍文彬，《明會要》（北京：中華書局，1998 年）。

156. 不著輯人，《刑部問寧夏案》（玄覽堂叢書‧初輯‧18）（臺北：國立中央圖書館出版，正中書局印行，1981 年）。

157. 中央研究院歷史語言研究所校勘，《明實錄》（臺北：中央研究院歷史語言研究所，1966 年）。

158. 方祖猷等編校整理，《羅汝芳集》（陽明後學文獻叢書）（南京：鳳凰出版社，2007 年）。

159. 印光大師修訂，《九華山志》，收錄在《四大名山志》（臺北：佛教出版社，1978 年）。

160. 吳可爲編校整理，《轟豹集》（陽明後學文獻叢書）（南京：鳳凰出版社，2007 年）。

161. 吳光等編校，《王陽明全集》（上海：上海古籍出版社，1997 年）。

162. 吳震編校整理，《王畿集》（陽明後學文獻叢書）（南京：鳳凰出版社，2007 年）。

163. 沈善洪主編，《黃宗羲全集》（杭州：浙江古籍出版社，1986 年）。

164. 徐儒宗編校整理，《羅洪先集》（陽明後學文獻叢書）（南京：鳳凰出版社，2007 年）。

165. 國立中央圖書館編，《明人傳記資料索引》（臺北：國立中央圖書館，1978 年）。

166. 陳永革編校整理，《歐陽德集》（陽明後學文獻叢書）（南京：鳳凰出版社，2007 年）。

167. 單錦珩輯，《王瓊集》（太原：山西人民出版社，1991 年）。

168. 董平編校整理，《鄒守益集》（陽明後學文獻叢書）（南京：鳳凰出版社，

2007 年）。

169. 錢明編校整理,《徐愛、錢德洪、董澐集》（陽明後學文獻叢書）（南京：
鳳凰出版社,2007 年）。

二、近人著作

1. 〔日〕山下龍二著、文君妃譯,《王陽明傳》（臺北：國際文化,1989 年）。

2. 〔日〕岡田武彥著、吳光等譯,《王陽明與明末儒學》（上海：上海古籍
出版社,2000 年）。

3. 〔日〕秋月觀暎著、丁培仁譯,《中國近世道教的形成——淨明道的基礎
研究》（北京：中國社會科學出版社,2005 年）。

4. 〔日〕島田虔次著、蔣國保譯,《朱子學與陽明學》（西安：陝西師範大
學出版社,1986 年）。

5. 〔日〕溝口雄三著、林佑崇譯,《中國前近代思想的演變》（臺北：國立
編譯館,1994 年）。

6. 〔加〕卜正民著、方駿等譯,《縱樂的困惑——明代的商業與文化》（北
京：三聯書店,2004 年）。

7. 〔美〕田浩,《朱熹的思維世界》（臺北：允晨文化,1996 年）。

8. 〔美〕牟復禮、崔瑞德主編,《劍橋中國明代史》（北京：中國社會科學
出版社,1995 年）。

9. 「王學之思」編委會,《王學之思》（貴陽：貴州民族出版社,1999 年）。

10. 于化民,《明中晚期理學的對峙與合流》（臺北：文津出版社,1993 年）。

11. 方爾加,《王陽明心學研究》（長沙：湖南教育出版社,1989 年）。

12. 牛建強,《明代中後期社會變遷研究》（臺北：文津出版社,1997 年）。

13. 王汎森,《晚明清初思想十論》（上海：復旦大學出版社,2004 年）。

14. 王振忠,《明清徽商與淮揚社會變遷》（北京：三聯書店,1996 年）。

15. 左東嶺,《李贄與晚明文學思想》（天津：天津人民出版社,1997 年）。

16. 左東嶺《王學與中晚明士人心態》（北京：人民文學出版社,2000 年）。

17. 全漢昇,《明清經濟史研究》（臺北：聯經出版公司,1987 年）。

18. 朱鴻林,《中國近世儒學實質的思辨與習學》（北京：北京大學出版社,
2005 年）。

19. 牟宗三,《從陸象山到劉蕺山》（臺北：學生書局,1979 年）。

20. 何柄棣,《中國歷代土地數字考實》（臺北：聯經出版公司,1995 年）。

21. 何炳棣著、葛劍雄譯,《明初以降人口及其相關問題（1368～1953 年）》
（北京：三聯書店,2000 年）。

22. 余英時，《中國近世宗教倫理與商人精神》（臺北：聯經出版公司，1987年）。

23. 余英時，《中國思想傳統的現代詮釋》（臺北：聯經出版公司，1987年）。

24. 余英時，《朱熹的歷史世界》（臺北：允晨文化，2003年）。

25. 余英時，《宋明理學與政治文化》（臺北：允晨文化，2004年）。

26. 余英時，《現代儒學論》（上海：上海人民出版社，1998年）。

27. 余英時，《論戴震與章學誠——清代中期學術思想史研究》（臺北：東大圖書，1996年）。

28. 余英時，《歷史與思想》（臺北：聯經出版，1976年）。

29. 束景南，《朱熹年譜長編》（上海：華東師範大學出版社，2001年）。

30. 吳震，《明代知識界講學活動繫年 1522～1602》（上海：學林出版社，2003年）。

31. 吳震，《陽明後學研究》（上海：上海人民出版社，2003年）。

32. 吳震，《聶豹、羅洪先評傳》（南京：南京大學出版社，2001年）。

33. 吳光主編，《陽明學研究》（上海：上海古籍出版社，2000年）。

34. 吳宣德，《江右王學與明中後期江西教育發展》（南昌：江西教育出版社，1996年）。

35. 吳智和，《明代的儒學教官》（臺北：學生書局，1991年）。

36. 吳晗等著，《皇權與紳權》（上海：觀察社，1948年）。

37. 呂妙芬，《陽明學士人社群——歷史、思想與實踐》（臺北：中央研究院近代史研究所，2003年）。

38. 李紀祥，《兩宋以來大學改本之研究》（臺北：學生書局，1988年）。

39. 杜乃濟，《明代內閣制度》（臺北：商務印書館，1980年）。

40. 汪暉，《現代中國思想的興起》（北京：三聯書店，2004年）。

41. 孟森，《明清史講義》（臺北：里仁書局，1982年）。

42. 季芳桐，《泰州學派新論》（成都：巴蜀書社，2005年）。

43. 林月惠，《良知學的轉折——聶雙江與羅念菴思想之研究》（臺北：臺灣大學出版中心，2005年）。

44. 林麗月，《明代的國子監生》（臺北：東吳大學中國學術著作獎助委員會，1978年）。

45. 邱仲麟，《獨裁良相——張居正》（臺北：久大文化，1989年）。

46. 侯外盧、邱漢生、張豈之主編，《宋明理學史》（北京：人民出版社，1987年）。

47. 胡吉勛，《"大禮議"與明廷人事變局》（北京：社會科學文獻出版社，

2007 年）。

48. 韋慶遠,《張居正和明代中後期政局》(廣州：廣東高等教育出版社,1999 年）。

49. 唐立宗,《在「盜區」與「政區」之間——明代閩粵贛湘交界的秩序變動與地方行政演化》(臺北：臺大文學院,2002 年）。

50. 容肇祖,《容肇祖集》(山東：齊魯書社,1989 年）。

51. 徐揚杰,《宋明家族制度史論》(北京：中華書局,1995 年）。

52. 祝平次,《朱子學與明初理學的發展》(臺北：學生書局,1994 年）。

53. 秦家懿,《王陽明》(臺北：東大圖書公司,1992 年）。

54. 袁爾鉅,《蕺山學派哲學思想》(山東：教育出版社,1993 年）。

55. 張仲禮,《中國紳士》(上海：上海社會科學院出版社,1991 年）。

56. 張藝曦,《社群、家族與王學的鄉里實踐：以明中晚期江西吉水、安福兩縣為例》(臺北：國立臺灣大學出版委員會,2006 年）。

57. 梁方仲,《明代糧長制度》(上海：上海人民出版社,2001 年）。

58. 梁其姿,《施善與教化——明清的慈善組織》(臺北：聯經出版公司,1997 年）。

59. 莊練,《明清史事叢談》(臺北：學生書局,1972 年）。

60. 許滌新、吳承明主編,《中國資本主義發展史》第一卷《中國資本主義的萌芽》(北京：人民出版社,1985 年）。

61. 陳來,《中國近世思想史研究》(北京：商務印書館,2003 年）。

62. 陳來,《有無之境——王陽明哲學的精神》(北京：人民出版社,1991 年）。

63. 陳大康,《明代商賈與世風》(上海：上海文藝出版社,1996 年）。

64. 陳谷嘉、鄧洪波主編,《中國書院制度研究》(杭州：浙江教育出版社,1997 年）。

65. 陳郁夫,《江門學記》(臺北：學生書局,1984 年）。

66. 陳時龍,《明代中晚期講學運動(1522～1626)》(上海：復旦大學出版社,2005 年）。

67. 陳榮捷,《王陽明傳習錄詳註集評》(臺北：學生書局,1983 年）。

68. 陳榮捷,《王陽明與禪》(臺北：無隱精舍,1973 年）。

69. 陳榮捷,《朱學論集》(臺北：學生書局,1982 年）。

70. 陳橋驛主編,《浙江古今地名辭典》(浙江：浙江教育出版社,1991 年）。

71. 陳寶良,《中國社與會》(杭州：浙江人民出版社,1996 年）。

72. 麥仲貴,《明清儒學家著述生卒年表》(臺北：學生書局,1977 年）。

73. 傅衣凌《明代江南市民經濟試探》(臺北：谷風出版社,1986 年）。

74. 傅衣凌主編，楊國禎、陳支平著，《明史新編》（臺北：雲龍出版社，1995年）。

75. 嵇文甫，《左派王學》（臺北：國文天地雜誌社，1990年）。

76. 嵇文甫，《晚明思想史論》（北京：東方出版社，1996年）。

77. 彭國翔，《良知學的展開──王龍溪與中晚明的陽明學》（臺北：學生書局，2003年）。

78. 黃仁宇，《萬曆十五年》（臺北：食貨出版社，1990年）。

79. 黃俊傑，《孟學思想史論》（臺北：中央研究院中國文哲研究所，1997年）。

80. 黃進興，《聖賢與聖徒》（臺北：允晨文化，2001年）。

81. 黃進興，《優入聖域：權力、信仰與正當性》（臺北：允晨文化，1994年）。

82. 黃彰健編著，《明代律例彙編》（臺北：中央研究院歷史語言研究所，1979年）。

83. 楊天石，《泰州學派》（北京：中華書局，1980年）。

84. 楊正泰，《明代驛站考》（上海：上海古籍出版社，2006年）。

85. 楊祖漢，《儒家的心學傳統》（臺北：文津出版社，1992年）。

86. 楊國榮，《王學通論：從王陽明到熊十力》（上海：三聯書店，1990年）。

87. 葛兆光，《七世紀至十九世紀中國的知識、思想與信仰》（上海：復旦大學出版社，2000年）。

88. 廖可斌，《復古派與明代文學思潮》（臺北：文津出版社，1994年）。

89. 劉志琴，《晚明史論──重新認識末世衰變》（（南昌：江西高校出版社，2004年）。

90. 蔡仁厚，《王學流衍：江右王門思想研究》（北京：人民出版社，2006年）。

91. 鄧志峰，《王學與晚明的師道復興運動》（北京：社會科學文獻出版社，2004年）。

92. 錢明，《陽明學的形成與發展》（南京：江蘇古籍出版社，2002年）。

93. 錢明，《儒學正脈──王守仁傳》（杭州：浙江人民出版社，2006年）。

94. 錢穆，《中國近三百年學術史》（臺北：商務印書館，1995年）。

95. 錢穆，《中國學術思想史論叢（5～8）》（臺北：東大圖書，1976年）。

96. 錢穆，《朱子學提綱》（臺北：蘭臺出版社，2001年）。

97. 錢穆，《宋明理學概述》（臺北：學生書局，1977年）。

98. 錢穆，《國學概論》（臺北：商務印書館，1977年）。

99. 錢穆，《陽明學述要》（臺北：正中書局，1955年）。

100. 錢振民，《李東陽年譜》（上海：復旦大學出版社，1995年）。

101. 鮑世斌，《明代王學研究》（成都：巴蜀書社，2004 年）。

102. 繆詠禾，《明代出版史稿》（南京：江蘇人民出版社，2000 年）。

103. 謝國楨，《明末清初的學風》（上海：上海書店出版社，2004 年）。

104. 謝國楨，《明清之際黨社運動考》（上海：上海書店出版社，2004 年）。

105. 鍾彩鈞，《王陽明思想之進展》（臺北：文史哲出版社，1992 年）。

106. 鍾彩鈞主編，《劉蕺山學術思想論集》（臺北：中研院文哲所籌備處，1998 年）。

107. 瞿同祖，《中國法律與中國社會》（臺北：里仁書局，1994 年）。

108. 簡錦松，《明代文學批評研究》（臺北：學生書局，1989 年）。

109. 鄺健行等選編，《韓國詩話中論中國詩資料選粹》（香港：中華書局，2002 年）。

110. 羅宗強，《明代後期士人心態研究》（天津：南開大學出版社，2006 年）。

111. 蘇同炳，《明史偶筆》（臺北：商務印書館，1976 年）。

112. 欒成顯，《明代黃冊研究》（北京：中國社會科學出版社，1998 年）。

三、論　文

1. 〔日〕上田弘毅，〈明代哲學中的氣——王守仁和左派王學〉，收錄在〔日〕小野澤精等編，《氣的思想》（上海：上海人民出版社，1990 年），頁 435～51。

2. 〔日〕夫馬進，〈善會善堂的開端〉，收錄在《日本中青年學者論中國史》（宋元明清卷）（上海：上海古籍出版社，1995 年），頁 413～455。

3. 〔日〕志賀一郎著、錢明譯，〈王陽明與湛甘泉的學說之爭〉，收錄在方祖猷等編，《浙東學術》（北京：中國社會科學出版社，1995 年），頁 132～39。

4. 〔日〕岸本美緒，〈"後十六世紀問題"與清朝〉，《清史研究》2（2005 年），頁 81～92。

5. 〔日〕岸本美緒，〈「秩序問題」與明清江南社會〉，《近代中國史研究通訊》32（2001 年），頁 50～58。

6. 〔日〕岸本美緒，〈發展還是波動？——中國「近世」社會的宏觀形象〉，收錄在《近世中國的社會與文化（960～1800 年）國際學術研討會會議論文》（臺北：師範大學歷史系，2005 年），頁 1～16。

7. 〔日〕島田虔次著，葛榮晉、李甦平譯，〈王陽明與王龍溪——主觀唯心論的高潮〉，《日本學者論中國哲學史》（臺北：駱駝出版社，1987 年），頁 388～404。

8. 〔日〕島田虔次著、許洋主譯，〈明代思想的一個基調〉，《日本學者研究

中國史論選譯》（第七卷）（北京：中華書局，1993 年），頁 125～136。

9. 〔日〕荒木見悟著，徐遠和譯，〈陽明學評價的問題〉，《日本學者論中國哲學史》（臺北：駱駝出版社，1987 年），頁 365～387。

10. 〔日〕檀上寬，〈明清鄉紳論〉，《日本學者研究中國史論著選譯（二）》（北京：中華書局，1993 年），頁 453～483。

11. Charles O. Hucker 著、張永堂譯，〈明末的東林運動〉，收錄在《中國思想與制度論集》（臺北：聯經出版公司，1976 年），頁 163～211。

12. Edward L. Farmer，〈朱元璋與中國文化的復興——明朝皇權專制的意識型態基礎〉，《明史論文集》（合肥：黃山書社，1993 年），頁 379～389。

13. Metzger Thomas A.著、塵觀譯，〈實際行動的新儒家思想——評〈王陽明的少年時代〉〉，《出版與研究》29（1978 年），頁 32～3。

14. 方志遠，〈陽明史事三題〉，《江西師範大學學報（哲社版）》36：4（2003 年），頁 99～106。

15. 王煜，〈明儒薛侃與王學〉，《中國哲學》16（1993 年），頁 519～526。

16. 王汎森，〈「心即理」說的動搖與明末清初學風之轉變〉，《中央研究院歷史語言所集刊》65:2（1994 年），頁 333～373。

17. 王汎森，〈中國近世思想文化史研究的若干思考〉，《新史學》14:4（2003 年），頁 177～194。

18. 王汎森，〈明末清初的人譜與省過會〉，《中央研究院歷史語言所集刊》63:3（1993 年），頁 679～712。

19. 王汎森，〈清初的講經會〉，《中央研究院歷史語言所集刊》68：3（1997 年），頁 503～588。

20. 王汎森，〈清初思想中形上玄遠之學的沒落〉，《中央研究院歷史語言所集刊》69:3（1998 年），頁 557～587。

21. 王蘭蔭，〈明代之鄉約與民眾教育〉，《師大月刊》21（1935 年），頁 103～122。

22. 包遵信，〈王學的崛起與晚明思潮〉，收錄在氏著《跬步集》（成都：四川人民出版社，1986 年），頁 277～310。

23. 朱鴻林，〈二十世紀的明清鄉約研究〉，《歷史人類學學刊》2:1（2004 年），頁 175～196。

24. 朱鴻林，〈明代中期地方社區治安重建理想之展現——山西河南地區所行鄉約之例〉，《（韓國）中國學報》32（1992 年），頁 87～100。

25. 朱鴻林，〈陽明從祀典禮的爭議與挫折〉，《中國文化研究所學報》新 5（1996 年），頁 167～181。

26. 余英時，〈士商互動與儒學轉向——明清社會史與思想史之一面相〉，收

錄在《近世中國之傳統與蛻變》（臺北：中研院近史所，1998 年），頁 3 ～52。

27. 余英時，〈明清變遷時期社會與文化的轉變〉，收錄在《中國歷史轉型時期的知識份子》（臺北：聯經出版公司，1987 年），頁 35～42。

28. 余英時，〈試說科舉在中國史上的功能與意義〉，《二十一世紀》89（2005年），頁 4～18。

29. 吳振漢，〈王守仁撫贛時期的文人領軍〉，《國立中央大學人文學報》19（1999 年），頁 35～67。

30. 呂景琳，〈明代王學在北方的傳播〉，《明史研究》3（1993 年），頁 93～101。

31. 巫仁恕，〈明清城市民變的集體行動模式及其影響〉，收在《近世中國之傳統與蛻變》（臺北：中研院近史所，1998 年），頁 229～258。

32. 李洵，〈明代內閣與司禮監的結構關係〉，《下學集》（北京：中國社會科學出版社，2006 年），頁 118～27。

33. 李孝悌，〈十七世紀以來的士大夫與民眾——研究回顧〉，《新史學》4：4（1983 年），頁 97～139。

34. 李琳琦，〈明中后期心學在徽州的流布及其原因分析〉，《學術月刊》5（2004年），頁 68～75。

35. 李焯然，〈大學與儒家的君主教育：論大學衍義及大學衍義補對大學的闡釋與發揮〉，《漢學研究》7：1（1989 年），頁 1～16。

36. 杜維明，〈宋明儒學思想之旅——青年王陽明（1472～1509）〉，收錄在氏著《杜維明文集（第三卷）》（武漢：武漢出版社，2002 年），頁 1～186。

37. 步近智，〈明萬曆年間理學內部的一場論辨〉，《孔子研究》1（1987 年），頁 74～82。

38. 步近智，〈晚明時期儒學的演變與影響〉，《中國史研究》1（1989 年），頁 144～152；後收入《中國哲學史》3（1989 年），頁 72～80。

39. 周建華，〈王陽明在龍南的活動和遺跡考釋〉，《南昌教育學院學報》18：1（2003 年），頁 32～3。

40. 周建華，〈王陽明南贛活動年譜〉，《贛南師範學院學報》2（2002 年），頁 26～31。

41. 周維強，〈佛郎機銃與宸濠之叛〉，《東吳歷史學報》8（2002 年）頁 93～127。

42. 林月惠，〈本體與工夫合一：陽明學的展開與轉折〉，《中國文哲研究集刊》26（2005 年），頁 359～96。

43. 林月惠，〈非《傳習錄》：馮柯《求是編》析評〉，《中國文哲研究集刊》16（2000 年），頁 375～450。

44. 林永勝，〈中文學界有關理學工夫論之研究現況〉，收錄在楊儒賓,祝平次編，《儒學的氣論與工夫論》（臺北：臺灣大學出版中心，2005 年），頁337～83。

45. 林聰舜，〈道德與事功—由知行合一探討陽明思想產生歧異發展的根源〉，收錄在國立臺灣師範大學人文教育研究中心編，《陽明學學術討論會論文集》（臺北：國立臺灣師範大學人文教育研究中心，1989 年），頁87～104

46. 林慶彰，〈王陽明的經學思想〉，收錄在氏著《明代經學研究論集》（臺北：文史哲出版社，1994 年），頁 56～77。

47. 林麗月，〈世變與秩序：明代社會風尚相關研究評述〉，《明代研究通訊》4（2001 年），頁 9～20。

48. 林麗月，〈明末東林派的幾個政治觀念〉，《師範大學歷史學報》11（1983年），頁 21～42。

49. 林麗月，〈科場競爭與天下之公：明代科舉區域配額問題的一些考察〉，《國立臺灣師範大學歷史學報》20（1992 年），頁 43～73。

50. 林繼平，〈席元山與王陽明的交誼——陽明「知行合一」說的形成〉，《東方雜誌（復刊）》18:7（1985 年），頁 22～26。

51. 邱仲麟，〈明代北京的社會風氣變遷——禮制與價值觀的改變〉，《大陸雜誌》88:3（1994 年），頁 28～42。

52. 周志文，〈陽明在南贛〉，收錄在《東西文化會通——井上義彥教授退官紀念論集》（臺北：學生書局，2006 年），頁 131～51。

53. 柳存仁，〈王陽明與佛道二教〉，《清華學報》13:1、2（1981 年 12 月），頁 27～52。

54. 柳存仁，〈王陽明與道教〉，《和風堂文集（上冊）》（上海：上海古籍出版社，1991 年），頁 35～55。

55. 唐宇元，〈朱學在明代的流變與王學的緣起〉，《哲學研究》9（1986 年），頁 70～75。

56. 徐泓，〈明代中期食鹽運銷制度的變遷〉，收錄在陳國棟等主編，《經濟脈動》（北京：中國大百科全書出版社，2005 年），頁 260～90。

57. 徐泓，〈明代社會風氣的變遷——以江浙地區為例〉，《第二屆國際漢學會議論文集：明清與近代組》（臺北：中央研究院，1989 年），頁 137～159。

58. 祝平次，〈王陽明的經典觀與理學的文本傳統〉，《清華中文學報》1（2007年），頁 69～131。

59. 秦家懿，〈王陽明與道教〉，收錄在黃俊傑等主編，《東亞文化的探索》（臺北：正中書局，1996 年），頁 269～87。

60. 袁良義，〈從明一條鞭法到清一條鞭法〉，《中國社會科學院研究生院學報》

3（1993 年），頁 41～49。

61. 高銘群，〈王守仁南贛活動年譜〉，《贛南師範學院學報》4（1982 年），頁 46～51。

62. 張亨，〈〈定性書〉在中國思想史上的意義〉，《思文之際論集：儒道思想的現代詮釋》（臺北：允晨文化，1997 年），頁 407～68。

63. 張璉，〈從大禮議看明代中葉儒學思潮的轉向〉，《明清史集刊》3（1997 年），頁 51～68。

64. 張永堂，〈王守仁與術數〉，收錄在劉澤華、羅宗強主編，《中國思想與社會研究（第一輯）》（北京：中國社會科學出版社，2007 年），頁 509～32。

65. 張克偉，〈王湛二子之論交與學說趨歸〉，《漢學研究》7：2（1989 年），頁 259～278。

66. 張克偉，〈王陽明謫官龍場與王學系統確立之關係〉，《哲學與文化》19:8（1992 年），頁 805～824。

67. 張克偉，〈陽明學研究論著目錄〉，《書目季刊》22：2（1988 年），頁 91～139。

68. 張藝曦，〈明中期地方官員與王學學者的緊張——以白鷺洲書院興廢為例〉，《大陸雜誌》104:6（2002 年 6 月），頁 30～54。

69. 張顯清，〈明嘉靖"大禮議"的起因、性質和後果〉，《史學集刊》4（1988 年），頁 7～15。

70. 曹國慶，〈王守仁的心學思想與他的鄉約模式〉，《社會科學戰線》6（1994 年），頁 76～84。

71. 梁洪生，〈江右王門學者的鄉族建設——以流坑村為例〉，《新史學》8:1（1997 年），頁 43～85。

72. 陳來，〈王陽明與陽明洞——王陽明越城活動考〉，收錄在氏著《中國近世思想史研究》（北京：商務印書館，2003 年），頁 545～59。

73. 陳國棟，〈有關陸楫「禁奢辨」之研究所涉及的學理問題——跨學門的意見〉，《新史學》（5:2（1994 年），頁 159～179。

74. 陳寒鳴，〈程敏政和王陽明的朱、陸觀及其歷史影響〉，收錄在吳光編，《陽明學研究》（上海：上海古籍出版社，2000 年），頁 233～49。

75. 陳榮捷，〈傳習錄略史〉，《王陽明傳習錄詳註集評》（臺北：學生書局，1983 年），頁 7～16。

76. 陳榮捷，〈西方對王陽明的研究〉，《中國哲學》9（1983 年），頁 328～47。

77. 陳學文，〈明代中葉民情風尚習俗及一些社會意識的變化〉，《山根幸夫教授退休記念明代史論叢》（東京：汲古書院，1990 年），頁 1207～31。

78. 程玉瑛，〈王艮（1483～1541）與泰州學派：良知的普及化〉，《師範大學

歷史學報》17（1989 年），頁 59〜136。

79. 黃志繁，〈在賊與民之間：南贛巡撫與地方盜賊——以王陽明爲中心的分析〉，《中國歷史評論》4（2002 年），頁 65〜74。

80. 黃進興，〈理學、考據學與政治：以《大學》改本的發展爲例證〉，收錄在氏著《優入聖域》（臺北：允晨文化，1994 年），頁 351〜91。

81. 黃進興，〈道統與治統之間：從明嘉靖九年（1530 年）孔廟改制談起〉，《中央研究院歷史語言所集刊》61:4（1992 年），頁 917〜941。

82. 黃彰健，〈論皇明祖訓錄所記明初宦官官制度〉，《中央研究院歷史語言所集刊》32（1961 年），頁 77〜98。

83. 楊儒賓，〈王學學者的「異人」經驗與智慧老人原型〉，《清華中文學報》1（2007 年），頁 171〜210。

84. 管敏義，〈從平寧藩之役看王守仁的軍事思想〉，《寧波大學學報(人社版)》11：2（1998 年），頁 1〜7。

85. 劉志琴，〈試論萬曆民變〉，《明清史國際學術討論會論文集》（天津：天津人民出版社，1982 年），頁 678〜697。

86. 歐陽琛，〈王守仁與大禮議〉，《新中華》12:7（1949 年），頁 27〜33。

87. 潘振泰，〈明代江門心學的崛起與式微〉，《新史學》7:2（1996 年），頁 1〜46。

88. 諸煥燦，〈王陽明弟子雜考〉，《浙江學刊》5（1999 年），頁 77〜81。

89. 鄭克晟、傅同欽，〈王陽明與嘉靖朝政治〉，《明史研究專刊》11（1994 年），頁 19〜30。

90. 鄭培凱，〈天地正義僅見於婦女：明清的情色意識與貞淫問題〉，《當代》，16（1987 年），頁 45〜58、17（1987 年），頁 58〜64。

91. 鄭德熙，〈明嘉靖年間王陽明「禪心學」禁革論〉，《大丘史學》38（1989 年），頁 181〜216。

92. 錢明，〈《王陽明全集》未刊佚文彙編考釋〉，《中國典籍與文化論叢》8（2005 年），頁 225〜6。

93. 錢明，〈《傳習錄》補考〉，收錄在中國孔子基金會等編《儒學與浙江文化》（北京：中國廣播電視出版社，1993 年），頁 101〜10。

94. 錢明，〈王陽明史迹論考〉，《國學研究》11（2003 年），頁 47〜85。

95. 錢明，〈王陽明與明代文人的交誼〉，《中華文化論壇》1（2004 年），頁 88〜94。

96. 錢明，〈王陽明遷居山陰辨考——兼論陽明學之發端〉，《浙江學刊》1（2005 年），頁 91〜8。

97. 錢明，〈被遺忘的思想家——浙西"隱儒"董澐研究〉，收錄在陳祖武主

編《明清浙東學術文化研究》（北京：中國社會科學出版社，2004 年），頁 641～682。

98. 錢明，〈譜牒中的王陽明逸文見知錄〉，《陽明學刊》1（2004 年），頁 75～6。

99. 閻韜，〈王守仁巡撫南贛史實的幾點辨誤〉，《文獻》3（1989 年），頁 112～7。

100. 鍾彩鈞，〈陽明思想中儒道的分際與融通〉，《鵝湖學誌》8（1993 年），頁 59～78。

101. 鍾彩鈞，〈錢緒山及其整理陽明文獻的貢獻〉，《中國文哲研究通訊》8:3（1998 年），頁 69～89。

102. 鍾彩鈞，〈王陽明的無善無惡說〉，收錄在方祖猷等編，《浙東學術》（北京：中國社會科學出版社，1995 年），頁 85～96。

103. 簡錦松，〈明代成化嘉靖間之地方學〉，《中山大學學報》4（1987 年），頁 1～31。

104. 羅輝映，〈論明代＂大禮議＂〉，《明史研究論叢》3（1985 年），頁 167～188。

四、地方志

1. 〔明〕王廷耀、鄭喬等纂修，《崇義縣志》（臺北：成文出版社，1989 年）。

2. 〔明〕朱朝藩修、汪慶百纂，《開化縣志》（稀見中國地方志彙刊・17）（北京：中國書店，1992 年）。

3. 〔明〕吳期炤纂輯、〔清〕鄧秉恒增修、涂拔尤增纂，《永豐縣志》（清代孤本方志選）（北京：線裝書局，2001 年）。

4. 〔明〕宋奎光撰，《寧海縣志》（臺北：成文出版社，1983 年）。

5. 〔明〕李之茂等纂修，《滁陽志》（臺北：成文出版社，1985 年）。

6. 〔明〕李世芳續修、易文續纂，《重修壽昌縣志》（明代孤本方志選）（北京：中華全國圖書館文獻縮微複製中心，2000 年）。

7. 〔明〕李培修、黃洪憲等纂，《萬曆秀水縣志》（中國地方志集成）（上海：上海書店，1993 年）。

8. 〔明〕周士英纂修、熊人霖增修，《義烏縣志》（稀見中國地方志彙刊・17）（北京：中國書店，1992 年）。

9. 〔明〕林應翔等修、葉秉敬等纂，《衢州府志》（臺北：成文出版社，1983 年）。

10. 〔明〕姚鳴鸞修、余坤等纂，《淳安縣志》（天一閣藏明代方志選刊）（上海：上海古籍，1981 年）。

11. 〔明〕范淶修、章潢纂，《南昌府志》（臺北：成文出版社，1989 年）。

12. 〔明〕唐伯元、梁庚等纂修，《泰和志》（臺北：成文出版社，1989 年）。

13. 〔明〕秦鏞纂修，《清江縣志》（四庫全書存目叢書・史 212）（臺南：莊嚴文化，1996 年）。

14. 〔明〕商文昭、盧洪夏纂修，《重修南安府志》（日本藏中國罕見地方志叢刊）（北京：書目文獻出版社，1990 年）。

15. 〔明〕張元忭，《會稽縣志》（臺北：成文出版社，1983 年）。

16. 〔明〕莫應奎、王光蘊修、吳天德纂，《寧都縣志》（臺北：成文出版社，1989 年）。

17. 〔明〕許東望修，張天復、柳文纂，《山陰縣志》（日本藏中國罕見地方志叢刊續編）（北京：北京圖書館出版社，2003 年）。

18. 〔明〕郭子章，《黔記》（北京圖書館古籍珍本叢刊・史部・地理類・43）（北京：書目文獻出版社，1988 年）。

19. 〔明〕郭春震纂修，《潮州府志》（稀見中國地方志匯刊・44）（北京：中國書店，1992 年）。

20. 〔明〕程有守、詹世用等修纂，《弋陽縣志》（臺北：成文出版社，1989 年）。

21. 〔明〕程楷修、楊儁卿等纂《平湖縣志》（天一閣藏明代方志選刊續編）（上海：上海書店，1990 年）。

22. 〔明〕萬廷謙等纂修，《龍游縣志》（臺北：成文出版社，1983 年）。

23. 〔明〕董天錫纂，《贛州府志》（天一閣藏明代方志選刊）（臺北：新文豐出版社，1985 年）。

24. 〔明〕管景、周書等纂，《永豐縣志》（天一閣明代方志選刊）（臺北：新文豐，1985 年）。

25. 〔明〕劉昭文纂修，《南康縣志》（天一閣藏明代方志選刊續編）（上海：上海書店，1990 年）。

26. 〔明〕劉應鈳修、沈堯中等纂，《嘉興府志》（臺北：成文出版社，1983 年）。

27. 〔明〕樊維城、胡震亨等纂修，《海鹽縣圖經》（臺北：成文出版社，1983 年）。

28. 〔明〕蔡邦俊等纂修，《撫州府志》（臺北：成文出版社，1989 年）。

29. 〔明〕謝東山、張道纂修，《貴州通志》（四庫全書存目叢書・史 193）（臺南：莊嚴文化，1996 年）。

30. 〔明〕韓晟修、毛一鷺等纂，《遂安縣志》（臺北：成文出版社，1983 年）。

31. 〔明〕聶心湯修、虞淳熙纂，《錢塘縣志》（上海：上海書店，1994 年）。

32. 〔明〕羅炫修、黃承昊纂,《(崇禎)嘉興縣志》(日本藏中國罕見地方志叢刊)(北京:書目文獻出版社,1991 年)。

33. 〔清〕丁珮等修、黃瑞圖等纂,《安遠縣志》(臺北:成文出版社,1989年)。

34. 〔清〕孔興浙等修、孔衍倬等纂,《興國縣志》(臺北:成文出版社,1989年)。

35. 〔清〕方溶纂修、萬亞蘭補遺,《潄水新志》(中國地方志集成)(上海:中國書店,1992 年)。

36. 〔清〕王有年等纂修,《金谿縣志》(臺北:成文出版社,1989 年)。

37. 〔清〕王恩溥等修、李樹藩等纂,《上饒縣志》(臺北:成文出版社,1989年)。

38. 〔清〕王彬修、朱寶慈等纂,《江山縣志》(臺北:成文出版社,1970 年)。

39. 〔清〕王運禎等纂修,《永新鄉(縣)志》(臺北:成文出版社,1989 年)。

40. 〔清〕王壽頤等修、王棻等纂,《光緒仙居志》(臺北:成文出版社,1975年)。

41. 〔清〕王德浩纂、曹宗載重訂,《硤川續志》(中國地方志集成)(上海:上海書店,1992 年)。

42. 〔清〕王謙言纂、黃寬、劉學愉修,《安福縣志》(孤本舊方志選編)(北京:線裝書局,2004 年)。

43. 〔清〕平觀瀾等修、黃有恒等纂,《廬陵縣志》(臺北:成文出版社,1989年)。

44. 〔清〕甘文蔚等修、王元音等纂,《昌化縣志》(臺北:成文出版社,1983年)。

45. 〔清〕任之鼎修、范正輅纂,《康熙秀水縣志》(中國地方志集成)(上海:上海書店,1993 年)。

46. 〔清〕朱堂、李紀疇等纂修,《靖安縣志》(臺北:成文出版社,1989 年)。

47. 〔清〕朱潼修、徐彥楠等纂,《安仁縣志》(中國地方志集成)(上海:上海書店,1996 年)。

48. 〔清〕江爲龍等纂修,《宜春縣志》(臺北:成文出版社,1989 年)。

49. 〔清〕江峰青修、顧福仁等纂,《嘉善縣志》(臺北:成文出版社,1970年)。

50. 〔清〕余光璧纂修,《大庾縣志》(臺北:成文出版社,1989 年)。

51. 〔清〕余國□等纂修,《滁州志》(臺北:成文出版社,1985 年)。

52. 〔清〕吳穎纂修,《潮州府志》(稀見中國地方志匯刊‧44)(北京:中國書店,1992 年)。

53. 〔清〕吳鼎皋等修、程森纂，《德清縣志》（臺北：成文出版社，1970年）。

54. 〔清〕李士棻等修、胡業恆等纂，《東鄉縣志》（臺北：成文出版社，1989年）。

55. 〔清〕李汝爲等修、潘樹棠纂，《光緒永康縣志》（中國地方志集成）（上海：中國書店，1993年）。

56. 〔清〕李前泮修、張美翊等纂，《奉化縣志》（中國地方志集成）（上海：上海書店，1993年）。

57. 〔清〕李祐之等修、易學實等纂，《雩都縣志》（臺北：成文出版社，1989年）。

58. 〔清〕李詩等纂修，《淳安縣志》（臺北：成文出版社，1975年）。

59. 〔清〕沈士秀等修、梁奇等纂，《東鄉縣志》（臺北：成文出版社，1989年）。

60. 〔清〕沈均安修、黃世成、馮渠纂，《贛縣志》（臺北：成文出版社，1989年）。

61. 〔清〕沈椿齡等修、樓卜瀍等纂，《諸暨縣志》（臺北：成文出版社，1983年）。

62. 〔清〕沈藻等修、朱謹等纂，《永康縣志》（臺北：成文出版社，1983年）。

63. 〔清〕汪文炳等纂修，《富陽縣志》（臺北：成文出版社，1983年）。

64. 〔清〕邢澍等修、錢大昕等纂，《長興縣志》（臺北：成文出版社，1983年）。

65. 〔清〕周碩勳修，《潮州府志》（臺北：成文出版社，1967年）。

66. 〔清〕周樹槐等纂修，《吉水縣志》（臺北：成文出版社，1989年）。

67. 〔清〕周巖等修、劉黻等纂，《彭澤縣志》（臺北：成文出版社，1989年）。

68. 〔清〕承霈修、杜友棠等纂，《新建縣志》（臺北：成文出版社，1989年）。

69. 〔清〕邵友濂修、孫德祖等纂，《餘姚縣志》（臺北：成文出版社，1983年）。

70. 〔清〕姚濬昌等修、周立瀛等纂，《安福縣志》（臺北：成文出版社，1989年）。

71. 〔清〕姚寶煃修、范崇楷等纂，《西安縣志》（臺北：成文出版社，1970年）。

72. 〔清〕洪若皋等纂修，《臨海縣志》（臺北：成文出版社，1983年）。

73. 〔清〕胡壽海等修、褚允成等纂，《遂昌縣志》（臺北：成文出版社，1970年）。

74. 〔清〕唐煦春等修、朱士黻等纂，《上虞縣志》（臺北：成文出版社，1970

年）。

75. 〔清〕夏顯煜修、李煜等纂,《廣永豐縣志》（清代孤本方志選第二輯・江西・12）（北京：線裝書局,2001 年）。

76. 〔清〕孫世昌等纂修,《廣信府志》（臺北：成文出版社,1989 年）。

77. 〔清〕孫瑞徵等修、鍾益馭等纂,《龍南縣志》（臺北：成文出版社,1975 年）。

78. 〔清〕徐元梅等修、朱文翰等輯,《嘉慶山陰縣志》（臺北：成文出版社,1983 年）。

79. 〔清〕徐午等修、萬廷蘭等纂,《南昌縣志》（臺北：成文出版社,1989 年）。

80. 〔清〕徐同倫纂修,《永康縣志》（稀見中國地方志彙刊・17）（北京：中國書店,1992 年）。

81. 〔清〕徐名立等修、潘樹棠纂,《開化縣志》（中國地方志集成）（上海：上海書店,1993 年）。

82. 〔清〕秦簧修、唐壬森纂,《光緒蘭谿縣志》（臺北：成文出版社,1974 年）。

83. 〔清〕高植、沈錫三等纂修,《德化縣志》（臺北：成文出版社,1989）。

84. 〔清〕張文旦修、陳九疇等纂,《高安縣志》（臺北：成文出版社,1989 年）。

85. 〔清〕張召南等修、劉翼張等纂,《安福縣志》（臺北：成文出版社,1989 年）。

86. 〔清〕張吉安修、朱文藻等纂,《餘杭縣志》（臺北：成文出版社,1970 年）。

87. 〔清〕張國英重修、陳芳等纂,《瑞金縣志》（臺北：江西省瑞金縣同鄉會,1990 年）。

88. 〔清〕張許等修、陳鳳舉等纂,《蘭谿縣志》（臺北：成文出版社,1983 年）。

89. 〔清〕張瀚修、黃彬等纂,《信豐縣志》（清代孤本方志選）（北京：線裝書局,2001 年）。

90. 〔清〕張鵬翥等修,熊松之等纂,《高安縣志》（臺北：成文出版社,1989 年）。

91. 〔清〕曹秉仁修、萬經等纂,《寧波府志》（臺北：成文出版社,1974 年）。

92. 〔清〕梁鳴岡等纂修,《武寧縣志》（臺北：成文出版社,1989 年）。

93. 〔清〕疏筤等纂修,《武康縣志》（臺北：成文出版社,1983 年）。

94. 〔清〕許三禮修,《海寧縣志》（臺北：成文出版社,1983 年）。

95. 〔清〕許瑤光修、吳仰賢等纂，《嘉興府志》（臺北：成文出版社，1970年）。

96. 〔清〕郭文炳編，《東莞縣志》（東莞：東莞市人民政府，1994年）。

97. 〔清〕陳紀麟等修、劉于潯等纂，《南昌縣志》（臺北：成文出版社，1989年）。

98. 〔清〕陳蔭昌等修、石景芬等纂，《大庾縣志》（臺北：成文出版社，1989年）。

99. 〔清〕陳鍾英等修、王詠霓纂，《黃巖縣志》（臺北：成文出版社，1975年）。

100. 〔清〕陸心源等修、丁寶書等纂，《歸安縣志》（臺北：成文出版社，1970年）。

101. 〔清〕閏士傑等修、王元驥等纂，《龍南縣志》（臺北：成文出版社，1989年）。

102. 〔清〕善廣修、張景青纂，《光緒浦江縣志（稿）》（中國地方志集成）（上海：上海書店，1993年）。

103. 〔清〕馮蘭森等修、陳卿雲等纂，《上高縣志》（臺北：成文出版社，1989年）。

104. 〔清〕黃惟桂、王鼎柏等纂修，《興國縣志》（臺北：成文出版社，1989年）。

105. 〔清〕楊文灝等修、杭世馨等纂，《金谿縣志》（臺北：成文出版社，1989年）。

106. 〔清〕楊正筍修、馮鴻模纂，《慈谿縣志》（臺北：成文出版社，1975年）。

107. 〔清〕楊廷望纂修，《衢州府志》（臺北：成文出版社，1975年）。

108. 〔清〕楊周憲修、趙日冕等纂，《新建縣志》（臺北：成文出版社，1989年）。

109. 〔清〕達春布修、黃鳳樓纂，《九江府志》（臺北：成文出版社，1975年）。

110. 〔清〕鄔山立等修、趙敬襄等纂，《奉新縣志》（臺北：成文出版社，1989年）。

111. 〔清〕靖道謨等撰，《貴州通志》（臺北：華文書局，1968年）。

112. 〔清〕廖鼎璋、張伯勳等纂修，《崇義縣志》（臺北：成文出版社，1989年）。

113. 〔清〕熊祖詒等纂修，《滁州志》（臺北：成文出版社，1985年）。

114. 〔清〕熊祖詒等纂修，《滁州志》臺北：成文出版社，1985年）。

115. 〔清〕趙世安修、顧豹文等纂，《康熙仁和縣志》（中國地方志集成）（上海：上海書店，1993年）。

116. 〔清〕劉長景修、陳良棟、王驤纂,《會昌縣志》(臺北:成文出版社,1989 年)。

117. 〔清〕劉湉年等重修、鄧掄斌等纂,《惠州府志》(臺北:成文出版社,1966 年)。

118. 〔清〕劉濬修、潘宅仁等纂,《孝豐縣志》(中國地方志集成)(上海:上海書店,1993 年)。

119. 〔清〕劉瀚芳修、孫麟貴等纂,《贛縣志》(清代孤本方志選)(北京:線裝書局,2001 年)。

120. 〔清〕慶霖等修、戚學標等纂,《太平縣志》(臺北:成文出版社,1983 年)。

121. 〔清〕歐陽輯瑞等修,《上猶縣志》(臺北:成文出版社,1989 年)。

122. 〔清〕歐陽駿等修、周之鏞等纂,《萬安縣志》(臺北:成文出版社,1989 年)。

123. 〔清〕蔣廷銓纂修,《上杭縣志》(清代孤本方志選)(北京:線裝書局,2001 年)。

124. 〔清〕蔣敍倫等修、蕭朗峰等纂,《興國縣志》(臺北:成文出版社,1989 年)。

125. 〔清〕蔡宗建修、龔傳坤等纂,《鎮遠府志》(中國地方志集成)(成都:巴蜀書社,2006 年)。

126. 〔清〕衛既齊修、薛載德等纂,《貴州通志》(中國西南文獻叢書)(蘭州:蘭州大學出版社,2003 年)。

127. 〔清〕諸自穀修、程瑜等纂,《義烏縣志》(臺北:成文出版社,1970 年)。

128. 〔清〕鄭昌齡等修、梅廷訓等纂,《寧都縣志》(臺北:成文出版社,1989 年)。

129. 〔清〕鄭僑等纂,《上虞縣志》(臺北:成文出版社,1983 年)。

130. 〔清〕鄧鍾玉等纂修,《金華縣志》(臺北:成文出版社,1969 年)。

131. 〔清〕錢維喬修、錢大昕纂,《鄞縣志》(續修四庫全書・史部・地理類・706)(上海:上海古籍出版社,1997 年)。

132. 〔清〕戴體仁等修、吳湘皋等纂,《會昌縣志》(臺北:成文出版社,1989 年)。

133. 〔清〕謝廷璣纂修,《昌化縣志》(日本藏中國罕見地方志叢刊續編)(北京:北京圖書館出版社,2003 年)。

134. 〔清〕聶當世修、謝興成等纂,《進賢縣志》(臺北:成文出版社,1989 年)。

135. 〔清〕藍煦等修、曹徵甲等纂,《星子縣志》(臺北:成文出版社,1989

年）。

136. 〔清〕嚴辰等纂修，《桐鄉縣志》（臺北：成文出版社，1970 年）。

137. 〔清〕黨金衡原本、王恩注重定，《道光東陽縣志》（中國地方志集成）（上海：中國書店，1993 年）。

138. 〔清〕顧錫爵、蔡正筠等纂修，《南昌縣志》（臺北：成文出版社，1989 年）。

139. 牛蔭麐等修、丁謙等纂，《嵊縣志》（臺北：成文出版社，1975 年）。

140. 呂耀鈴修、高煥然纂，《民國松陽縣志》（中國地方志集成）（上海：上海書店，1993 年）。

141. 李光益等修、褚傳誥纂，《民國天台縣志稿》（中國地方志集成）（上海：上海書店，1993 年）。

142. 金城修、陳畬等纂，《新昌縣志》（臺北：成文出版社，1980 年）。

143. 張其濬修、江克讓纂，《全椒縣志》（臺北：成文出版社，1974 年）。

144. 張宗海續修、楊士龍續纂，《蕭山縣志稿》（臺北：成文出版社，1970 年）。

145. 張寅修、何奏簧纂，《臨海縣志》（臺北：成文出版社，1975 年）。

146. 陳紹令等修、李承棟纂，《黃平縣志》（中國地方志集成）（成都：巴蜀書社，2006 年）。

147. 陳煥等修、李飪等纂，《壽昌縣志》（臺北：成文出版社，1970 年）。

148. 喻長霖等修，《台州府志》（臺北：成文出版社，1970 年）。

149. 楊積芳纂，《餘姚六倉志》（中國地方志集成）（上海：上海書店，1992 年）。

150. 鄭永禧纂修，《衢縣志》（臺北：成文出版社，1983 年）。

151. 魏元曠纂修，《南昌縣志》（臺北：成文出版社，1970 年）。

152. 羅柏麓等修、姚桓等纂，《遂安縣志》（臺北：成文出版社，1975 年）。

五、外文著作

1. 〔日〕永富青地，《王守仁著作の文獻學的研究》（東京：汲古書院，2007 年）。

2. 〔日〕吉田公平，〈王陽明の『朱子晚年定論』について〉，《東洋大學中國哲學文學科紀要》（9（2001），頁 33～50。

3. 〔日〕荒木見悟，《明代思想研究》（東京：創文社，1972 年）

4. 〔日〕鶴成久章，〈明代餘姚の「禮記」學と王守仁——陽明學成立の一背景について〉，《東方學》111（2006），頁 123～37。

5. Ching, Julia, *To acquire wisdom :the way of Wang Yang-ming*, （New

York :Columbia University Press,1976）

6. De Bary, William Theodore,〝Individualism and Humanitarianism in Late Ming Thought〞, in De Bary, William Theodore ed.,〝Self and Society in Ming Thought〞,（New York: Columbia Univ., Press, 1970），頁 145～248；吳瓊譯,〈晚明思想中的個人主義和人道主義〉,《中國哲學》7（1982年）,頁 176～90。

7. G. William Skinner,〝Presidential Address: The Structure of Chinese History,〞in Journal of Asian Studies, Vol. 44, issue 2 （Feb., 1985）, pp. 271～92.

8. Joseph W. Esherick and Mary B. Rankin（eds）., *Chinese Local Elites and Patterns of Dominance*（Berkeley: University of California Press, 1990）

9. Philip C. C. Huang,〝The Paradigmatic Crisis in Chinese Studies: Paradoxes in Social and Economic History,〞in Modern China, Vol.17, no.3（1911）, pp.299～341.

10. Ping-ti Ho, *The Ladder of Success in Imperial China: Aspects of Social Mobility, 1368～1911*（New York: Columbia University Press, 1962）

11. Ping-ti Ho,〝In Defense of Sinicization: A Rebuttal of Evelyn Rawski's "Reenvisioning the Qin," in Journal of Asian Studies, Vol.57, No.1.（1998）, pp.123～55.

12. William S. Atwell,〝A Seventeenth-Century 'General Crisis' in East Asia?〞in Modern Asian Studies, Vol.24, No.4.（1990）, pp.661～682.

附錄：王陽明散佚詩文集錄

　　學界對王陽明散佚詩文的收集，近年來有較大的進展，不論是透過各種陽明的文集來對照，找出更多不見於《王文成公全書》內的詩文、奏議、公移等，〔註1〕另外從各種筆記、門人語錄、地方志等，也有不少的收獲，〔註2〕大大地增加吾人對陽明思想的理解。筆者由於撰寫博士論文的緣故，在地方志、家譜、族譜、書畫錄以及現存陽明筆墨真蹟中，也有相當數量的發現；並已有兩篇文章發表，一文發表於《中國文哲研究通訊》，另一則發表於《古今論衡》。而此處所集錄的詩文則是前兩文加上筆者最近所收集到的，由於筆者的學力有限，考證部份必定有相當的錯誤，尚祈方家指正。

一、可確定年代

1. 〈從海日公授徒資聖寺登杏花樓賦〉〔註3〕（成化十七年之前）
   東風日日杏花開，春雪多情故換胎。素質翻疑同苦李，淡粧新解學寒梅。心成鐵石還誰賦，凍合青枝亦任猜。迷卻晚來沽酒處，午橋真訝灞橋迴。

〔註1〕見〔日〕永富青地，《王守仁著作の文獻學的研究》（東京：汲古書院，2007），〈附錄三・「王陽明全集」補遺〉，頁562～668。

〔註2〕可見錢明，〈關於王陽明散佚語錄詩文的幾個問題〉，《浙江學刊》5（1999），頁71～6。

〔註3〕〔明〕樊維城、胡震亨等纂修，《海鹽縣圖經》（臺北：成文出版社，1983），卷3，〈方域・寺觀〉，頁256，天啓4年刊本。又「寺在海鹽治西五十步，本晉右將軍戴威宅，井中發五色光，捨爲寺，海中行舟，望此塔爲標的，中有杏花樓云。」見〔清〕沈季友編，《檇李詩繫》（《文淵閣四庫全書》1475冊）（臺北：臺灣商務印書館，1983），卷40，頁930a。

此詩是陽明早年從其父王華出外教書，寓居海鹽時所作，〔註4〕由於《年譜》說陽明早年皆居住在越，此說法值得商榷，如《德清縣志》記云：「錦香亭，在大麻村向陽里。明王守仁讀書處，其父華嘗館於此，後人築亭其上。」〔註5〕這說明陽明早年亦曾跟隨其父館於各地。而王華中成化十七年進士，故陽明要從其父授徒資聖寺，勢必要在十七年之前才是，故此詩暫訂作於成化十七年之前。另外，陽明另有一佚詩〈寓資聖僧房〉，〔註6〕詩中有云：「一年幾度頻留此，他日重來是故鄉。」可見陽明對於此地是再熟悉不過的。

2.〈遊大伾山〉〔註7〕（弘治十二年八月一日）

曉披煙霧入青巒，山寺疎鐘萬木寒。千古河流成沃野，幾年沙勢自風湍。水穿石甲龍鱗動，日繞峰頭佛頂寬。宮闕五雲天北極，高秋更上九霄看。

大明宏（弘）治己未仲秋朔，餘姚王守仁。

3.〈遊大伾山賦〉〔註8〕（弘治十二年九月九日）

王子游于大伾之麓，二三子從焉。秋雨霽野，寒聲在松。經龍居之窈窕，升佛嶺之穹窿。天高而景下，木落而山空。感魯衛之故迹，弔長河之遺踪。倚清秋而望遠，寄遐想於飛鴻。於是開觴雲石，灑酒危峰，高歌振于岩壑，餘響遞於悲風。二三子嘅然太息曰：「夫子至于斯也，而僕右之乏，二三走偶獲供焉。茲山之長存，固夫子之

〔註4〕 「王守仁幼從海日公授徒資聖寺。」同前註；又王華未中第之前，曾以教書為業，如《縣志》云：「王華，字海日，餘姚人，教授餘杭十餘年，後狀元及第。」見〔清〕張吉安修、朱文藻等纂，《餘杭縣志》（臺北：成文出版社，1970），卷28，〈寓賢〉，頁419c。又《道光嫈志粹》記云：「華，字德輝，餘姚人，仕至吏部尚書，守仁父也。……先生微時，為塾師於東陽葉家，有小桃源詩諸作，後以訪舊至，為昭仁許氏作〈四傳堂記〉。」見〔清〕盧標纂，《道光嫈志粹》（上海：中國書店，1993），卷9，〈寓賢志〉，頁630c。

〔註5〕 〔清〕吳翯皋等修、程森纂，《德清縣志》（臺北：成文出版社，1970），卷13，〈雜志·堂宅園亭故址〉，頁811。

〔註6〕 此詩已收錄在錢明，〈王陽明散佚詩匯編及考釋〉，《浙江學刊》6（2002），頁79。又此詩應作於陽明獻俘南都，道經錢塘，於杭州將宸濠交付張永之後，即稱病西湖淨慈寺之時，直至十一月才返回江西，故時間點為正德十四年九月至十一月間。

〔註7〕 〔清〕武穆淳修、熊象階纂，《濬縣金石錄》，收錄在《濬縣志》（臺北：成文出版社，1976），卷下，頁1355～6，嘉慶6年（1801）刊本。

〔註8〕 〔清〕武穆淳修、熊象階纂，《濬縣金石錄》，卷下，頁1356～8。

名無窮也。而若走者襲榮於朝菌，與蟪蛄而始終。吁嗟乎！亦何牛
首峴首之沾胸。」王子曰：「嘻！二三子尙未喻于向之與爾感嘆而弔
悲者乎？當魯衛之會于茲也，車馬玉帛之繁，衣冠文物之盛，其獨
百倍於吾，倚之聚于斯而已耶！而其囿于麋鹿，宅于狐狸，既已不
待今日而知矣。是固盛衰之必然。爾尙未覩夫長河之決龍門，下砥
柱以放于茲土乎？吞山吐谷，奔濤萬里，固千古之經瀆也。而且平
爲禾黍之野，崇爲邑井之墟。吁嗟乎！流者而有湮，峙者其能無夷？
則斯山之不蕩爲麈（塵）沙而化爲煙雲也幾希矣！況吾與子集露草
而隨風葉，曾木石之不可期，奈何忘其飄忽之質，而欲較久暫于錙
銖者哉！吾姑與子達觀于宇宙可乎」？二三子曰：「何如？」王子曰：
「山河之在天地也，不猶毛髮之在吾軀乎？千載之在于一元也，不
猶一日之于須臾乎？然則久暫奚容於定執，而大小未可以一隅也。
而吾子固將齊千載於喘息，等山河于一芥，遨遊八極之表，而往來
造物之外，彼人事之倏然，又烏足爲吾人之芥蒂者乎？」二三子喜，
乃復飲。而夕陽入于西壁，童僕候于岩阿，忽有歌聲自谷而出，曰：
「高山夷兮，深谷嵯峨。將胼胝是師兮，胡爲乎蹉跎？悔可追兮，
遑恤其他。」王子曰：「此歌爲吾也。」蓋急起而從之，其人已入于
煙蘿矣！

　　大明宏（弘）治己未重陽，餘姚王守仁伯安賦并書。

　以上詩及賦皆作於弘治十二年八、九月間，《年譜》於此年記云：「是秋，
欽差督造威寧伯王越墳。」王越（1423～1498，字世昌，濬縣人），歿於弘
治十一年，故隔年朝廷特派陽明至濬縣督造其墳，也因此陽明才能遊大任山。

4.〈送李貽教歸省圖詩〉〔註9〕（弘治十三年九月）

　　九秋旌旗出長安，千里軍容馬上看。到處臨淮驚節制，趨庭萊子得
　　承歡。瞻雲漸喜家山近，夢闕還依禁漏寒。聞說閭門高已久，不妨
　　冠蓋擁歸鞍。

　《郴州總志》記云：「李永敷，字貽教，永興人。……弘治丙辰（1496），
廷試二甲第一。任兵部郎中，政多碩畫，以忤逆瑾歸。……與崆峒、陽明同

〔註9〕　〔清〕呂鳳藻修、李獻君纂，《永興縣志》（臺北：永興縣同鄉會印，1975），
　　　　卷46，〈藝文・七言律詩〉，頁382a，光緒9年（1883）刊本。

盟。」〔註10〕所謂「同盟」，指的是以詩相倡和。李夢陽曾云：「『詩倡和』莫盛於弘治，蓋其時古學漸興，士彬彬乎盛矣！此一運會也。余時承乏郎署，所與倡和則楊州儲靜夫、趙叔鳴、無錫錢世恩、陳嘉言、秦國聲、太原喬希大，宜興杭氏兄弟，郴李貽教、何子元，慈谿楊名父，餘姚王伯安，濟南邊庭實；其後又有丹陽殷文濟，蘇州都玄敬、徐昌穀，信陽何仲默，其在南都則顧華玉、朱升之，其尤也。諸在翰林者，以人眾不敘。」〔註11〕而楊一清曾為李氏歸省之事作序，序中有云：「兵部武選清吏司主事李君貽教，奉命出使於南直隸於湖廣，給諸武臣所得誥命，鄉縉紳以為榮，賦詩贈行，請予序其意。……時弘治庚申九月穀旦（十三年1500）。」〔註12〕故此詩作於弘治十三年九月。

5.〈送行時雨賦〉〔註13〕（弘治十三年十月）

二泉先生以地官正郎擢按察副使，提學西江，於是京師方旱，民憂禾黍。先生將行，祖帳而雨，士氣蘇息，送者皆喜。樂山子舉觴而言曰：「先生亦知時雨之功乎？群機默動，百花潛融，摧枯僵槁，茻蔚蒙茸，惟草木之日茂，夫焉識其所從？」先生曰：「何如？」樂山子曰：「升降閉塞，品彙是出。尪羸蹇澀，痿痺扞格。地脈焦焉！罔滋土膏，竭而靡澤。勾者、矛者、莢者、甲者、莖者、萌者、頺者、鬛者、陳者期新，屈者期伸，而乃火雲崔峞，湯泉沸騰，山靈鑠石，溝澮揚塵。田形赭色，塗圬龜文，苗而不秀，槁焉欲焚。於是乎！豐隆起而效駕，屏翳輔而推輪，雷伯澳汗而頒號，飛廉行辟而戒申。川英英而吐氣，山油油而出雲，天昏昏而改色，日霏霏而就曛。風儵儵於蘋末，雷殷殷於江濆。初沾濡之脈脈，漸飄洒之紛紛，始霢霂之無跡，終滂沱而有聞。方奮迅而直下，倐橫斜以旁巡。徐一一

〔註10〕〔清〕朱偓修、陳昭謀纂，《郴州總志》（中國地方志集成・湖南府縣志輯・22）（南京：江蘇古籍出版社，2002），卷30，〈人物上・文苑〉，頁158d。

〔註11〕〔明〕李夢陽，〈朝正倡和詩跋〉，《空同集》（文淵閣四庫全書・1262）（臺北：商務印書館，1983），卷59，頁543～4。

〔註12〕〔明〕楊一清，〈贈李貽教歸省圖序〉，收錄在〔清〕呂鳳藻修、李獻君纂，《永興縣志》，卷49，〈藝文・序〉，頁351a-d。

〔註13〕〔明〕邵增、吳道成編，《邵文莊公年譜》，收錄在侯鴻鑑等輯，《錫山先哲叢刊・第三輯》（上海：中華書局，1924），頁23b～25b，聚珍排印本，傅斯年圖書館藏。

而點注，隨渾渾而更新。乍零零而斷續，忽冥冥而驟并。將悠悠而遠去，復森森而雜陳。當是時也，如渴而飲，如飲而醺。德澤漸於蘭蕙，寵渥被於藻芹。光輝發於桃李，滋潤洽於松筠。深恩萃於禾黍，餘波及於蒿蕡。若醉醒而夢覺，起精矯於遄迤，猶闕里之多士，沾聖化而皆仁。濟濟、翼翼、侃侃、誾誾。樂簞瓢於陋巷，詠浴沂於暮春者矣！今夫先生之於西江之士也，不亦其然哉！原體則涵泳諸子，灌注百氏，淳涵仁義，鬱蒸經史。言用則應物而動，與時操縱，神變化於晦明，狀江河之洶湧。發爲文詞，霧溶霞擿。赫其聲光，雷電翕張。仰之嶽立，風雲是出。即之川騰，旱暵攸憑。偃風聲於萬里，望雲霓於九天。嘆爾來之奚后，怨何地之獨先。則夫西江之士豈必漸漬沐沃，澡滌沉潛，歷以寒暑，積之歲年，固將得微涓而已。穎發霑餘，滴而遂勃。然詠菁莪之化育，豐芑之生全。揚驚瀾於洙泗，起暴漲於伊濂。信斯雨之及時，將與先生比德而麗賢也夫。」先生曰：「是何言之易也？昔孔子太和元氣，過化存神，不言而喻，固有所謂時雨化之者矣！而予豈其人哉！且子知時雨之功而曾未睹其患也。乃若大火西流，東作於休，農人相告謂：將有秋須堅須實，以穫以收。爾迺庭商鼓舞，江鶴飛翔，重陰密霧，連月瀰茫。淒風苦雨，朝夕淋浪，禾頭生耳，黍目就盲。江河溢而泛濫，草木洩而衰黃。功垂成而復敗，變豐稔爲凶荒。汩泥塗以何救？疸體足其葛防空。呼號於漏室，徒咨怨於頹牆。吁嗟乎！今之以爲凶，非昔之以爲功者耶？烏乎物理之迴絕，而人情之頓異者耶？是知長以風雨，斂以霜雪，有陽必有陰，無寒不熱，化不自興，及時而盛。教無定美，過時必病，故先王之愛民，必仁育而義正，吾誠不敢忘子時雨之規，且慮其過而爲霪以生患也。」於是樂山子俯謝不及，避席而起，再拜。盡觴以歌時雨，歌曰：「激湍兮深潭，和熙兮沍寒。雨以潤兮，過淫則殘；惟先生兮，實如傅霖。爲雲爲霓兮，民望於今；吞吐奎壁兮，分天之章。駕風騎氣兮，挾龍以翔；沛江帝之澤兮，載自西。或雨或暘，一寒一暑。隨物順成兮，吾心何與？風雨霜雪兮，孰非時雨。」刑部主事姚江王守仁書。

二泉先生爲邵寶（1460～1527，字國賢，號泉齋，又號二泉），弘治十三年四月，除江西按察司副使提調學校，《邵文莊公年譜》記云：「十月二十六

日啟行。」〔註 14〕可見陽明此文應作於弘治十三年十月間。陽明與邵寶的情誼是建立在與大學士李東陽的關係上，邵寶是李氏的門生。在正德初年「誅八虎事件」前，王邵兩人頗多來往，但之後就未見來往的記錄，筆者推測此與邵寶在「誅八虎事件」中未能站在陽明這邊，而是選擇站在其師那邊有關。所以陽明此篇長達千餘字的賦竟未能收入其《全集》中，可見王邵兩家關係的疏遠。另外值得注意的是陽明於此賦中自稱「樂山子」，而非「陽明子」。

6. 〈九華雜言·其三〉〔註 15〕（弘治十四年）

> 長風掃浮雲，天開翠萬重。玉鉤挂新月，露出青芙蓉。

此詩的下半部與《全集》中〈蓮花峰〉詩相同，但是前半部則異。《全集》中〈蓮花峰〉詩前為〈雙峰〉，其詩有云「載拜西北風，為我掃浮靄」，如與此詩連看，正有承續的感覺，故姑繫於此年。

7. 〈遊齊山賦并序〉〔註 16〕（弘治十五年一月一日）

> 齊山，在池郡之南五里許，唐齊映嘗刺池，亟遊其間，後人因以映姓名山。繼又以杜牧之詩，遂顯名於海內。宏（弘）治壬戌正旦，守仁以公事到池，登茲山以吊二賢之遺蹟，則既荒於草莽矣！感慨之餘，因拂崖石而紀歲月云。

> 適公事之甫暇，乘案牘之餘暉。歲亦徂而更始，巾予車其東歸。循池陽而延望，見齊山之崔嵬。寒陽慘而向湮，結浮靄於山扉。振長飆而舒嘯，靡綵見於虹霓。千巖豁其開朗，掃羣林之霏霏。羲和闢危巔而出，候倒回景於蒼磯。躡晴霞而直上，陵華蓋之葳蕤。俯長江之無極，天風颯其飄衣。窮巖洞之幽邃，坐孤亭於翠微。尋遺躅於煙莽，哀壑悄而泉悲。感昔人之安在，菊屢秋而春霏。鳥相呼而出谷，雁流聲而北飛。歎人事之倏忽，晞草露於須斯。際遙矚於雲表，見九華之參差。忽黃鶴之孤舉，動陵陽之遐思。顧泥途之溷濁，困鹽車於櫪馬。苟長生之可期，吾視棄富貴如礫瓦。吾將曠八極以遨遊，登九天而視下。餐朝露而飲沆瀣，攀子明之逸駕。豈塵網之

〔註 14〕 〔明〕邵鐸、吳道成編，《邵文莊公年譜》，頁 23b。

〔註 15〕 〔清〕段中律等纂修，《青陽縣志》（臺北：成文出版社，1985），卷 6，〈藝文志·五言絕〉，頁 1178，乾隆 48 年（1783）刊本。

〔註 16〕 〔清〕陸延齡修、桂迓衡編纂，《貴池縣志》（臺北：學生書局，1970），卷 2，〈輿地志·山川一〉，頁 112～4，光緒 9 年（1883）刊本。

誤鞿，歎仙質之未化。亂曰：曠觀宇宙，漠以廣兮。仰瞻卻顧，終為仿兮。吾不能局促以自汙兮，復慮其謬以妄兮。已矣乎，君親不可忘兮，吾安能長駕而獨往兮。

《貴池縣志》記云：「齊山，《一統志》：『在池州城南三里許，山下有鎮。』宋王哲《齊山志》：『東西廣三里，上有十餘峰，其高四十尋，周殆十里，其西直郡之譙門，其高等故曰齊山，或曰此山因唐刺史齊映有善政故名。』」〔註17〕陽明於弘治十四年奉朝廷命審錄江北，因而遊九華山，一直到隔年五月才回京覆命。而陽明於此山之齊山寺有〈春日游齊山寺用杜牧之韻〉二首詩，已收錄在《全集》中。後陽明於正德十五年因獻俘南都，回程時還登齊山，留下〈寄隱巖〉詩，亦收錄在《全集》中。

8.〈題靜觀樓〉〔註18〕（弘治十六年冬）

放一毫過去非靜，收萬物回來是觀。

此靜觀樓為王鏊（1450～1524，字濟之，晚號震澤）建於家鄉蘇州太湖邊，並且有〈靜觀樓記〉之作，以此樓「為拙者之適靜中之觀乎？故名其樓曰靜觀。」〔註19〕陽明曾提及到「弘治癸亥冬（1503），守仁自會稽上天目，東觀於震澤。」〔註20〕而震澤即是王鏊家鄉，並以此為文集之名。弘治十五年八月，陽明請告歸鄉，隔年即到錢塘西湖養病，故此年冬天正可以為王鏊之靜觀樓題額。

9.〈明邑庠生誥贈經歷司徵仕郎宇瞻公傳〉〔註21〕（弘治十五年末至十七年春夏間）

公諱懷澄，字宇瞻，配黃氏，汝旭公次子，同知文圮公父也。天資

〔註17〕 〔清〕陸延齡修、桂迓衡編纂，《貴池縣志》，卷 2，〈輿地志・山川一〉，頁 92～3。

〔註18〕 〔明〕郭良翰輯，《問奇類林》（四庫未收書輯刊・第七輯・15 冊）（北京：北京出版社，1997），卷 9，〈操脩〉，頁 257d，萬曆 37 年黃吉士等刻增修本。

〔註19〕 〔明〕王鏊，《震澤集》（文淵閣四庫全書・1256）（臺北：臺灣商務印書館，1983），卷 15，〈記〉，頁 291c。

〔註20〕 〈豫軒都先生八十受封序〉，收錄在吳光等校，《王陽明全集》（上海：上海古籍出版社，1992），卷 29，〈續編四〉，頁 1043。

〔註21〕 〔清〕魯漢卿編纂，《姚江景嘉橋魯氏宗譜》（中國家譜・1B～37）（北京：中國社會科學院歷史研究所圖書館，1986），卷 1，頁 1a～2a，清咸豐 8 年（1858）活字本。

高朗，甫成童見父友陳公謨、黃公謙，皆以文藝顯，儒林景仰，更欲跨而上之。因潛心遜志，綜核經史，旁及諸子百家，無不貫徹。執筆屬文，任意揮洒，不同凡解，未嘗有一語拾人牙慧。一日陳黃諸公覽其課藝，交口贊之，謂汝旭公曰：「此子根柢深醇，不可限量，吾輩當遜此一座矣！」年十六，應郡試，太守拔置冠軍，是歲即補邑弟子員。及三赴秋闈落第，輒皇然起曰：「功名富貴，得之有命，何可妄求！」自是棄舉子業，不復與場中角逐。率子若姪，杜門教之，自奉甚儉，食不兼味，至供子姪，必膏粱美脩。嘗語黃太君曰：「人身亥子之交，諸血在心，若輩讀書多耗之，不宜更薄滋味。」黃太君聞其言，躬逢飲食，培植子姪，不分公私，由是公韙之。夫婦間相敬如賓焉！其後長姪文璉學成不試，棄書掌家，長子文坘進邑庠生，弘治初考授大寧前衛經歷司，陞郴州同知，覃恩贈公經歷司階徵仕郎，錫之勅命，至今猶焜耀家乘焉！嗚呼！古今來科名不著，終老蓬蒿，卒至身後泯泯者，不可勝數，而如公者，生雖不遇，死有榮名，斯亦足以壽世而不朽也夫！

陽明之父王華也為魯懷澄作〈懷澄公像贊〉，其中說到朝廷所頒之誥勅的時間是弘治十六年五月十五日，故傳主應歿於之前，故陽明作此文的時間也應在此時之前。又此傳主長年居鄉，故陽明應是在家鄉時所做，而陽明於弘治十二年中進士，於十五年八月請告歸鄉，直至十七年秋天主試山東鄉試才北返京師，所以為此文的時間應是十五年末至十七年春夏間。又陽明也為其子魯文坘作〈廷璽公像贊〉，〔註 22〕可見王家與魯家關係是很密切的。

10.〈御帳坪〉〔註 23〕（弘治十七年）

危搆雲烟上，憑高一望空。斷碑存漢字，老樹襲秦封。路入天衢畔，身當宇宙中。短詩殊草草，聊以記吾蹤。

11.〈晚到濼泉次趙松雪韻〉〔註 24〕（弘治十七年八月吉旦）

〔註 22〕此文見〔清〕魯漢卿編纂，《姚江景嘉橋魯氏宗譜》，卷 1，〈像贊〉，頁 35b～36a；已收錄在錢明，〈譜牒中的王陽明逸文見知錄〉，《陽明學刊》第一期（貴陽：貴州人民出版社，2004），頁 81～82。

〔註 23〕〔明〕陸釴等纂修：〈古蹟〉，《山東通志》（《天一閣藏明代方志選刊續編》第 52 冊）（上海：上海書店，1990），卷 22，頁 8；又「御帳坪，在泰山半。宋眞宗封禪駐此。」註同。

濼源特起根虛無，下有鼇窟連蓬壺。絕喜坤靈能爾幻，却愁地脈還時枯。驚湍怒湧噴石竇，流沫下瀉翻雲湖。月色照衣歸獨晚，溪邊瘦影伴人孤。

前詩名爲筆者所擬。二詩是陽明於弘治十七年秋應巡按山東監察御史陸偁（字君美，浙江鄞縣人）之邀，主試山東鄉試之時所作。《全集》內有〈登泰山〉詩五首，而《泰山志》中亦記有陳琳〈和王陽明御帳壁間韻〉〔註25〕詩一首，足證前詩之存。後詩存在一方石刻之內，石刻內另有一人陳鎬之詩，末後有云「弘治甲子八月吉旦題」，而陳鎬（字宗之，號矩庵）〔註26〕時爲山東提學副使，陽明〈山東鄉試錄序〉中曾提及此人。趙松雪爲元代趙孟頫（字子昂，自號松雪道人，1254～1322），於此地有〈趵突泉〉詩。〔註27〕

12.〈謁周公廟〉〔註28〕（弘治十七年九月九日）

守仁祗奉朝命主考山東鄉試，因得謁元聖周公廟，謹書詩一首以寓景仰之意云爾。時弘治甲子九月九日。

我來謁周公，嗒焉默不語。歸去展陳編，詩書說向汝。

陽明到底是奉朝廷之命來主試，抑或是應朋友陸偁之邀而來（《年譜》），後世說法不一。如《湧幢小品》記云：「或曰：『弘治甲子，各省亦用京官，如王陽明主試山東是也。』舊制，省試考官皆監臨，會同提調，監試官自聘。其年，山東巡按陸偁，慈谿人，陽明適起服入京，便道聘之，非京差也。」〔註29〕按照《湧幢小品》的說法，陽明主試是陸偁自聘，非朝廷所命，此與《年譜》所載相同，不過却與此處陽明自身的說法不同。

〔註24〕見徐家茂等輯，〈趵突泉現存石刻〉，收錄在〔清〕任弘遠撰、劉澤生、喬岳校注，《趵突泉志校注》（濟南：濟南出版社，1991），頁263。

〔註25〕〔明〕汪子卿，《泰山志》（濟南：泰山出版社，2005），卷3，〈登覽〉，頁153。

〔註26〕傳云：「由郎中爲山東提學副使，公廉詳愼，成就學者甚多，齊魯之間，言衡文者，必首稱焉！」見〔清〕莫祥芝、甘紹盤同修、汪士鐸等纂，《上江兩縣志》（臺北：成文出版社，1970），卷22，〈鄉賢〉，頁525d～6a。

〔註27〕「濼水發源天下無，平地湧出白玉壺，谷虛久恐元氣泄，歲旱不愁東海枯；雲霧潤蒸華不注，波濤聲震大明湖，時來泉上濯塵土，冰雪滿懷清興孤。」〔明〕陸鈛等纂修，《山東通志》，卷5，〈山川上〉，頁336。

〔註28〕〔明〕呂兆祥，《東野志》（四庫全書存目叢書·史79）（臺南：莊嚴，1996），卷2，〈謁廟詩詞〉，頁790c，清雍正間增修本。

〔註29〕〔明〕朱國禎，《湧幢小品》（臺北：新興書局，1978），卷7，〈京考〉，頁4289。

13.〈楹帖〉〔註30〕（弘治十七年九月）

> 望重斗山，儀如鸞鳳。爵崇台鼎，勳懋呂周。甲子秋日，書於平陵行館，陽明山人。

據梁章鉅（字閎中，又字苣林，一作苣鄰，號退菴，又號古瓦研齋，1775～1849）云：「此公（陽明）三十三歲在歷下所作，時為宏治十七年甲子，公主試山東鄉試。平陵郡，歷下舊名也。」〔註31〕「歷下」在山東省濟南府西，也就說此楹帖是寫在歷下行館中。此楹帖又說「甲子秋日」，所以此帖應作於弘治十七年九月。

14.〈移居勝果寺〉〔註32〕（正德二年）

> 深林容鳥道，古洞隱春蘿。天迥聞潮早，江空得月多。冰霜叢草木，舟楫玩風波。巖下幽棲處，時聞白石歌。

15.〈御教場〉〔註33〕（正德二年）

> 絕頂秋深荒草平，昔人曾此試傾城。干戈銷盡名空在，日夜無窮潮自生。巖口閒雲揚殺氣，路邊疎樹列殘兵。山僧似與人同興，相趁攀蘿認舊營。

後詩詩名為筆者所擬。此二詩皆收錄在《聖果寺志》中，而《全集》本內亦存有〈移居勝果寺〉詩二首，故可知此二詩應作於同時，時間為正德二年。

16.〈告終辭〉〔註34〕（正德二年）

> 皇天茫茫，降殃之無憑兮，窅莫知其所自。予誠何絕於幽明兮，羌無門而生訴。臣得罪於君兮，無所逃於天地。固黨人之為此兮，予將致命而遂志。委身而事主兮，夫焉吾之可有。狥聲色以求容兮，非前修之所守。吾豈不知真道之殞軀兮，庶予心之不忘。定予志詎朝夕兮，孰顛沛而有忘。上穹林之杳杳兮，下深谷之冥冥。白刃奚

〔註30〕〔清〕梁章鉅，《退菴金石書畫跋》（中國歷代書畫藝術論著叢編・21）（北京：中國大百科全書出版社，1997），卷8，頁466，道光25年（1845）刊本。

〔註31〕〔清〕梁章鉅，《退菴金石書畫跋》，卷8，頁466。

〔註32〕見〔明〕吳之鯨：〈城外南山分脈〉，《武林梵志》（大藏經補編・29）（臺北：華宇出版社，1986），卷2，頁499d。

〔註33〕〔清〕釋超乾，《聖果寺志》（揚州：江蘇廣陵古籍刻印社，1996），〈場〉，頁10a。

〔註34〕〔明〕楊儀，《高坡異纂》（筆記小說大觀・17編・4）（臺北：新興書局，1988），卷下，頁2640～2。

相向兮，盼予視若飄風。內精神以淵靜兮，神氣泊而沖容。固神明之有志兮，起壯士於蒙茸。奮前持以相格兮，曰孰爲事刃於貞忠。景冉冉以將夕兮，下釋予之頹宮。曰受命以相及兮，非故於子之爲攻。不自盡以免予兮，夕予將浮水於江。嗚呼噫嘻！予誠愧於明哲保身兮，豈效匹夫而自經。終不免於鴟夷兮，固將遡江濤而長征。已矣乎！疇昔之夕，予夢坐於兩楹兮，忽二伻來予覿。曰予伍君三閭之僕兮，跽陳辭而加璧。啓緘書若有覿兮，恍神交於千載。曰世濁而不可居兮，子奚不來遊於溟海。鬱予懷之恍愴兮，懷故都之拳拳。將夷險惟命之從兮，孰君親而忍捐。嗚呼噫嘻！命苟至於斯，亦予心之所安也。固晝夜以爲常矣，予非死之爲難也。沮陰壁之岑岑兮，猿猱若受予長條。魑結蟠於圯垣兮，山鬼弔於巖嗷。雲冥冥而晝晦兮，長風怒而江號。頹陽倏其西匿兮，行將赴於江濤。嗚呼噫嘻！一死其何之兮，念層闈之重傷也。予死之奄然兮，傷吾親之長也。羌吾君之明聖兮，亦臣死之宜然。臣誠有憾於君兮，痛讒賊之諛便。構其辭以相說兮，變黑白而燠寒。假遊之竊辟兮，君言察彼之爲殘。死而有知兮，逝將訴於帝庭。去讒而遠佞兮，何幽之不贊於明。昔高宗之在殷兮，賚良弼以中興。申甫生而屛翰兮，致周宣於康成。帝何以投讒於有北兮，焉能啓君之衷。揚列祖之鴻麻兮，永配天於無窮。臣死且不朽兮，隨江流而朝宗。嗚呼噫嘻！大化屈伸兮，升降飛揚。感神氣之風霆兮，溘予將反乎。帝鄉驂玉虬之蜿蜒兮，鳳凰翼而翱翔。從靈均與伍胥兮，彭咸御而相將。經申徒之故宅兮，歷重華之涉方。降大壑之茫茫兮，登裂缺而愬予。懷故都之無時兮，振長風而遠去。已矣乎！上爲列星兮，下爲江河。山岳興雲兮，雨澤滂沱。風霆流形兮，品物咸和。固正氣之所存兮，豈邪穢而同科。將予騎箕尾而從傅說兮，凌日月之巍峩。啓帝闕而籤清風兮，掃六合之煩苛。亂曰：予童顓知囧知兮，姿狂愚以冥行。悔中道而改轍兮，亦俍俍其焉明。忽正途之有覺兮，策予馬而遙征。搜荊其獨往兮，忘予力之不忍。天之喪斯文兮，不畀予於有聞。矢此心之無諼兮，斃予將求於孔之門。嗚呼！已矣乎！復奚言，予耳兮予目，予手兮予足，澄予心兮，肅雍以穆，反乎大化兮，遊清虛之寥廓。

此〈告終辭〉乃是陽明因貶謫之故，寓居於杭州勝果寺時，被劉瑾所派之人脅迫入海，在投江之前所作之辭。陽明在作此辭之前，亦作有二詩，已收錄在錢明〈王陽明散佚詩匯編及考釋〉〔註35〕中。由於錢明所用的史料為《皇明大儒王陽明先生出身靖亂錄》，其書以此辭「文長不錄」，可知當時是有此辭的，而此辭卻見之於楊儀《高坡異纂》之中，且楊儀此書關於陽明遇害過程的描述相當完整，並且說到此事發生時間為「正德丁卯仲秋」。

17.〈聖壽教寺壁間詩〉〔註36〕（正德二年）
　　蘭谿山水地，卜築趁雲岑。況復經行日，方多避地心。潭沈秋色靜，山晚市煙深。更有楓山老，時堪杖履尋。

詩名為筆者所擬。此詩已收錄在錢明〈王陽明散佚詩匯編及考釋〉〔註37〕中，但由於所引用的史料不同，故錢明未能看到此詩之作的前因後果及時間點。從詩前序言云：「明正德年，王陽明先生謫龍場，過蘭，寓大雲山寺幾半月，題詩在壁：『……』後僧方叔知之，追至蘭陰山，復以軸乞題。其壁間詩為鄭□所得，軸詩後為吳孺子持去。」〔註38〕可知，傳言陽明投江入海，泛海至福建一地而至武夷山一事，大有問題。〔註39〕比較可能的是陽明投江之後順著錢塘江往上游而行，經過蘭谿縣、龍游縣、西安縣、江山縣，故一路上皆有題詩之事，而最後到達廣信府玉山縣，於此《全集》本內亦有〈玉山東嶽廟〔註40〕遇舊識嚴星士〉一詩，更可證明陽明泛海至閩之事為假，故

〔註35〕錢明，〈王陽明散佚詩匯編及考釋〉，頁74～5。
〔註36〕〔明〕徐用檢修，《蘭谿縣志》（臺北：成文出版社，1983），卷6，〈寺觀・聖壽教寺〉，頁571，萬曆34年（1606）刊、清康熙間補刊本。
〔註37〕錢明，〈王陽明散佚詩匯編及考釋〉，頁79。
〔註38〕〔明〕徐用檢修，《蘭谿縣志》，卷6，頁571。
〔註39〕〔明〕吳國倫，〈龍場驛壁間見王伯安先生遺筆追嘆感詩〉：「……相傳浮海事，不及問斯人。」而此詩末後有跋云：「門人為先生著《年譜》，頗飾浮海之異，心竊疑之，故云。」見〔清〕周作楫修、蕭琯等纂，《道光貴陽府志》（中國地方志集成）（成都：巴蜀書社，2006），餘編卷14，〈文徵十四〉，頁211d。
〔註40〕在廣信府玉山縣。〔清〕唐世徵等修、郭金臺等纂，《玉山縣志》：「東嶽行祠，在縣治南五都。……蓋天下東嶽行祠玉山為首稱，惟神最靈。每歲九月望日，閩浙附近諸邑男婦老稚，朝謁獻香者，摩肩接踵，盈過到途，音樂之聲，喧動天地，晝夜不絕。」（臺北：成文出版社，1989），卷5，〈正祀志〉，頁305～9，康熙20年刻本。又在此詩「鼓枻重來會有云」句後，有「時謫赴龍場」一語，見〔清〕武次韶等修纂，《玉山縣志》（臺北：成文出版社，1989），卷31，〈藝文志下下〉，頁1097。

此詩應作於正德二年。

18.〈舍利寺〉二首〔註41〕（正德二年）

經行舍利寺，登眺畿徘徊。峽轉灘聲急，雨晴江霧開。顛危知往事，飄泊長詩才。一段滄洲興，沙鷗莫浪猜。

晚涼庭院坐深秋，微月初生亦滿樓。千里故人誰命駕？百年多病有孤舟。風霜草木增詩態，砧杵關河動遠愁。飲水曲肱吾自樂，茆堂今在越溪頭。

前詩已收錄在錢明〈王陽明散佚詩匯編及考釋〉，〔註42〕而後詩的內容則與《全集》本內〈寄浮峰詩社〉一詩大致相同，但《龍游縣志》將兩詩並列，詩名相同。從此二詩中，可發現其相同之處，一是都強調「作詩」的態度，前詩的「飄泊長詩才」與後詩的「風霜草木增詩態」是互相呼應的。另外，前詩末後一句「一段滄洲興，沙鷗莫浪猜」與後詩末後一句「飲水曲肱吾自樂，茆堂今在越溪頭」，皆表明歸隱之志，而這正是陽明在歷經貶謫、投江事後，一路逃亡的心情寫照，故此詩應作於正德二年。

19.〈大中祥符寺〉〔註43〕（正德二年）

飄泊新從海上至，偶經江寺聊一遊。老僧見客頻問姓，行子避人還掉頭。山水於吾成痼疾，險夷過眼真蜉蝣。為報同年張郡伯，煙江此去理漁舟。

20.〈恭弔忠毅夫人〉〔註44〕（正德二年）

〔註41〕余紹宋纂修，《龍游縣志》（臺北：成文出版社，1970），卷38，〈文徵六〉，頁745a，民國14年鉛印本；又「舍利寺，在縣東三十二里，宋明道中建。」見〔明〕萬廷謙等纂修，《龍游縣志》（臺北：成文出版社，1983），卷3，〈祠祀〉，頁40。

〔註42〕錢明，〈王陽明散佚詩匯編及考釋〉，頁78～9。

〔註43〕〔清〕姚寶煃修、范崇楷等纂，《西安縣志》（臺北：成文出版社，1970），卷44，〈寺觀〉，頁1631，民國6年重刊清嘉慶16年刊本。「大中祥符禪寺」在府治西北，頁1630。

〔註44〕〔清〕王彬修、朱寶慈等纂，《江山縣志》（臺北：成文出版社，1970），卷11，〈藝文・詩賦〉，頁1552～3，同治12年（1873）文溪書院刊本。忠毅夫人為宋徐應鑣妻方氏，《江山縣志》云：「咸淳末，勸應鑣歸，欲椎髻練裳以從。應鑣曰：『朝廷養士三百年，豈可效巢由高蹈。』氏曰：『觀宋氏將亡，不忍見也。』遂做短歌以明志，投後園瑞蓮池以死，應鑣葬之西湖八盤嶺。明正德時，追贈忠毅夫人。」卷10，〈列女・節烈〉，頁1123。

夫人興廢蚤知幾，堪歎山河已莫支。夜月星精歸北斗，秋風環珮落西池。仲連蹈海心偏壯，德曜投山隱未遲。千古有誰長不死，可憐羞殺宋南兒。

上二詩著作之因與前二詩，皆是陽明逃亡時所留下，尤其從「飄泊新從海上至」與「仲連蹈海心偏壯」二語可以證之；此外，西安縣與江山縣皆位於錢塘江的上游。

19.〈寄京友〉〔註45〕（正德三年立秋前二日）

不藉東坡月滿庭，雁來嘗寄硯頭青。自從惠我莊騷句，始見山中有客星。

正德二年立秋前二日，邸龍場署中，作句復都門友人，時有索字，因筆以應。餘姚王守仁。

詩名為筆者所擬。此詩之錄，時間上有問題，按《年譜》云：「（正德三年戊辰）春，至龍場。」可是此詩末卻說作於二年立秋前二日，恐怕是三誤認為二。又鄧之誠《骨董瑣記》記云「東坡〈題墨妙亭〉詩斷碑一片。……文成謫龍場時得之，遂以背面作硯，左側刻守仁二楷字，右刻篆書陽明山人，側分書驛丞署尾硯。」〔註46〕此記事又與此詩前二句所要表達的內容相合。

20.〈與舫齋先生書〉〔註47〕（正德三年九月二十八日）

侍生王守仁頓首啓。舫齋先生尊丈執事。去多承教，後隨作一書，申數年閒闊之懷，盛价行促，不及奉。自是俗冗相仍，其書留。至今夏脩緝敝寓，始失之，心雖懸懸而求諸形迹之間，則失禮實甚，惶俱！惶俱！令尊久寓寺中，亦不之知，偶逢僧人道及，將往訪，適又趨庭。自通還，辱過布盛情，知尙未棄絕，不任喜愧。隨又承教墨，重以雄筆，益增悚。荷公素厚德長者，寧復以此責人，顧自不能爲情聊言之耳！雄作熟翫數過，極典重潤密，眞金石之文，非

〔註45〕〔清〕張大鏞，《自怡悅齋書畫錄》（中國書畫全書‧11）（上海：上海書畫出版社，1998），卷4，〈立軸類〉，頁474上。

〔註46〕鄧之誠，《骨董瑣記》，收入在嚴一萍續編，《美術叢書‧五集三輯》（臺北：藝文印書館，1975），卷5，〈陽明驛丞署尾硯〉，頁310。

〔註47〕〔清〕葛金烺，《愛日吟廬書畫續錄》（中國歷代書畫藝術論著叢編‧27）（北京：中國大百科全書出版社，1997），卷2，〈明王文成張璁行書尺牘合冊〉，頁468～9，宣統2年刻本。

諝歷久、涵蓄厚，不能有此。別有聲光照人耳目者不得論，至於精微所造，於此復少窺一二，受教多矣！守仁南竄後，流離道途，舊業廢盡，然亦自知無補於身心，不復念惜。一二年來，稍有分寸，改圖之志迺無，因請正於有道，徒耿耿也。人還，先謝簡闊之罪，所欲求正，願得繼是以請。伏惟尊照。侍生守仁載拜，九月二十八日。

此信名爲筆者所擬。李貢（1456～1516），字惟正，號舫齋，蕪湖人。陽明與李貢相識，應是陽明於弘治十三年任刑部雲南清吏司主事之時，因爲此時李貢爲刑部郎中。〔註48〕而此信著作的時間應是陽明在龍場之時，因爲信中說到「守仁南竄後」，又說「今夏脩緝敝寓」，正是陽明到龍場後修築何陋軒、君子亭、玩易窩等居所，故時間應是正德三年九月二十八日。

21.〈龍岡漫興〉〔註49〕（正德三年）

　　子規晝啼蠻日荒，柴扉寂寂春茫茫。北山之薇應笑汝，汝胡局促淹他方。綵鳳葳蕤凌紫蒼，予亦鼓棹還輿浪。只今已在由求下，顏閔高風安可望。

22.〈寓貴詩〉〔註50〕（正德三年）

　　村村興社學，處處有書聲。

23.〈宿谷里〉〔註51〕（正德三年）

　　石門風高千樹愁，白霧猛觸群峰流。有客驅馳暮未休，山寒五月仍披裘。饑鳥拉沓搶驛樓，迎人山鬼聲啾啾。殘月熒熒明吳鉤，竹床無眠起自謳。

24.〈飯金鷄驛〉〔註52〕（正德三年）

　　金鷄山頭金鷄驛，空庭荒草平如席。瘴雨蠻雲天杳杳，莫恠金鷄不

〔註48〕中央研究院歷史語言研究所校勘，《明實錄》記云：「（弘治十四年十月）刑部郎中李貢爲山東按察司副使。」卷180，〈孝宗實錄〉，頁3321。

〔註49〕見〔明〕謝東山、張道纂修，《貴州通志》（四庫全書存目叢書·史193）（臺南：莊嚴文化，1996），卷11，〈藝文·詩類〉，頁360d，嘉靖32年刻本。

〔註50〕見〔明〕王耒賢、許一德纂修，《貴州通志》（日本藏中國罕見地方志叢刊）（北京：書目文獻出版社，1991），卷3，〈風俗·入學〉，頁62c，萬曆25年刻本。

〔註51〕〔明〕王耒賢、許一德纂修，《貴州通志》，卷24，〈藝文志·詩類〉，頁610c-d。

〔註52〕〔明〕王耒賢、許一德纂修，《貴州通志》，卷24，〈藝文志·詩類〉，頁610d。

知曉。問君遠遊將抵爲，脫粟之飯甘如飴。

25.〈涵碧潭〉〔註53〕（正德三年）

岩寺逢春長不夏，江花映日艷於桃。

26.〈謁武侯祠〉〔註54〕（正德三年）

殊方通道是誰功，漢相威靈望眼中。八□風雲布時雨，七擒牛馬壯
秋風。豆籩遠壘溪蘋綠，燈火幽祠夕照紅。千載孤負獨凜烈，口碑
時聽蜀山翁。

27.〈龍泉石徑〉〔註55〕（正德三年）

水花如練落長松，雪際天橋隱白虹。遼鶴不來華表爛，仙人一去石
樓空。徒聞鵲駕橫秋夕，漫說秦鞭到海東。移放長江還濟險，可憐
盧却萬山中。

28.〈給書諸學〉〔註56〕（正德四年）

汗牛誰著五車書，累牘能逃一掬餘。欲使身心還道體，莫將口耳任
筌魚。乾坤竹帙堪尋玩，風月山窗任卷舒。誨爾貴陽諸士子，流光
冉冉勿躊躕。

　　〈涵碧潭〉詩名爲筆者所擬。又《全集》本內收有〈龍岡漫興〉詩五首，
但此詩則與《全集》內所收之第五首不同；而以上八首詩，皆作於陽明居貴
州龍場驛時期。

29.〈驄馬歸朝詩敘〉〔註57〕（正德四年五月十五日）

正德戊辰正月，古潤王公汝楫以監察御史奉命來按貴陽。明年五月，
及代當歸朝于京師，在部之民暨屯戍之士，下逮諸種苗夷，聞之咸
奔走相謂曰：「嗚呼！公之未來也吾農而弗得耕，商而弗得市，戍役
無期而弗能有吾家，刑剝無藝而弗能保吾父母妻子，吾死且無日矣！

〔註53〕〔明〕王耒賢、許一德纂修，《貴州通志》，卷3，〈山川〉，頁60。又「涵碧
　　　　潭，武侯祠前，即南明河之流匯而爲潭。」註同。
〔註54〕〔明〕王耒賢、許一德纂修，《貴州通志》，卷24，〈藝文志‧詩類〉，頁619b-c。
〔註55〕〔清〕靖道謨等撰，《貴州通志》（臺北：華文書局，1968），卷45，〈藝文‧
　　　　詩〉，頁925b，乾隆6年刊本。
〔註56〕〔明〕王耒賢、許一德纂修，《貴州通志》，卷24，〈藝文志‧詩類〉，頁619c。
〔註57〕中國古代書畫鑑定組編，《中國古代書畫圖目》（北京：文物出版社，1986），
　　　　第13冊，頁58，原件藏於廣東省博物館。

自公之至，而吾始復吾業、得吾家，安吾父母妻子之養，蓋爲生未幾耳！而公又將舍我而去，吾其復歸於死乎！」乃相與奔告於其長吏，曰：「爲我請于朝，留公以庇我。」其長吏曰：「嗚呼！其獨爾乎哉？公之未來也，吾舍吾職而征歛以奉上，祿之不得食，而稱貸以足之。自公之至，而吾始復爲吾官，事事而食祿，今又舍我而去吾將有請焉而限於職留焉而勢所不得行也吾與爾且奈何哉！」則又相率而議於學校之士，曰：「斯其公論之所自出而可以言請也，斯其無官守之嫌而可以情留之也。」學校之士曰：「嗚呼！其獨爾乎哉？吾束吾簡編而不獲窺者兩年矣！自公之至而吾始得以誦吾詩、讀吾書。當公之未至，吾父老苦於追求，吾稚弱疲於奔役，吾日奔走救療於其間而不暇，而奚暇及吾業。吾身之弗能免而況能庇吾家乎？況能望其作興振勵開導而訓誨如公今日之爲乎？今公之去，吾惟無以致吾力而庸吾情，有如可得以請而留也，亦何斬而弗爲乎？」

其長者顧少者而言曰：「嗚呼！理之無可屈而卒以不伸者，局於時也。情之不可已而終以不行者，泥於勢也。夫留公以庇吾一省者，情之極也，而於理亦安所不得乎？然而度之時勢之間，則公之不可以爲我留者三，我之不可以留公者五，吾今不欲盡言之，吾黨之處此，亦不可以無審也。」衆皆默然良久，迺皆曰：「然則奈何乎！不可以吾人之故而累公矣！其得遂以公之故而已吾情乎？吾情之不能伸矣！其獨不得以聲之詩歌而少舒乎？」而其長者曰：「是亦無所益於公而徒爾呶呶爲也，雖然必無已焉宣吾之情而因以直夫理，揚今之美盛而遂以諷於將來，則是舉也，殆亦庶乎其可哉！」乃相與求賢士大夫之在貴陽者，詩歌之而演之爲卷，卷成而來請于陽明居士，曰：「斯蓋德之光也，情之所由章也，理之所以不已也，吾士人之願、諸大夫之所憾也，先生一言而敘之。」居士曰：「吾以言得罪於此，言又何爲乎？」學校之士爲之請不置，因次敘其語於卷而歸之，卷之端題曰：「驄馬歸朝」者，蓋留之不得而遂以送之也。

正德己巳五月既望，陽明居士王守仁書。

王汝楫爲王濟，丹徒人，〔註58〕陽明曾爲其作二文，一是〈恩壽雙慶詩

〔註58〕〔清〕高得貴修、張九徵等纂、朱霖等增纂，《乾隆鎮江府志》（中國地方志集

後序〉，另一是〈重刊《文章軌範》序〉，〔註59〕都收錄在《全集》中。關於此〈詩敘〉的流傳與來歷可見朱萬章〈商承祚等鑑藏〈驄馬歸朝詩敘〉考釋——兼談商承祚與黃賓虹之翰墨因緣〉及商志覃〈商承祚等鑑藏驄馬歸朝詩敘考釋後記〉二文。〔註60〕

30.〈觀音山〉在七都〔註61〕（正德五年三月之前）

　　煙鬟霧髻動青波，野老傳聞似普陀。那識其中眞色相，一輪明月照青螺。

31.〈晚泊沅江〉〔註62〕（正德五年三月之前）

　　古洞何年隱七仙，仙踪欲叩竟茫然。惟餘洞口桃花樹，笑倚東風自昔年。

　　以上二詩皆收入在《沅江縣志》，而陽明在沅江之詩還有〈天心湖阻泊既濟書事〉〔註63〕、〈沅江晚泊二首〉，已收入《全集》中，而〈沅江晚泊二首〉詩作於陽明赴龍場之時，與此後詩詩名相似，故著作時間應是陽明離開龍場往廬陵赴任的途中，也就是正德五年三月之前。

32.〈過靖興寺〉〔註64〕（正德五年三月前）

　　隔水不見寺，但聞清磬來。已指峯頭路，始瞻雲外臺。洞天藏日月，潭窟隱風雷。欲詢興廢迹，荒碣滿蒿萊。

　　成・江蘇府縣志輯・27）（南京：鳳凰出版社，2008），卷36，〈名臣〉，頁90b。

〔註59〕此文紀年有誤，查文淵閣四庫本《文章軌範》，亦載有此序，名《《文章軌範》原序〉，但文後有「正德丙寅仲秋既望，餘姚王守仁序。」收錄在〔宋〕謝枋得編，《文章軌範》（文淵閣四庫全書・1359）（臺北：臺灣商務印書館，1983），卷首，頁543c。

〔註60〕二文皆收入在中國文物學會、中國殷商文化學會、中山大學編，《商承祚教授百年誕辰紀念文集》（北京：文物出版社，2003），頁69～78；78～82。

〔註61〕〔清〕唐古特修、駱孔儀、陶澍纂，《嘉慶沅江縣志》（中國地方志集成・湖南府縣志輯・82）（南京：江蘇古籍出版社，2002），卷29，〈藝文・七絕〉，頁270d，嘉慶15年（1810）刻本。

〔註62〕〔清〕唐古特修、駱孔儀、陶澍纂，《嘉慶沅江縣志》，卷29，〈藝文・七絕〉，頁270d～271a。

〔註63〕又名〈過沅江望天心湖阻風〉，〔清〕唐古特修、駱孔儀、陶澍纂，《嘉慶沅江縣志》，卷29，〈藝文・五言古〉，頁249c-d。

〔註64〕〔清〕徐淦等修、江普光等纂，《醴陵縣誌》（臺北：醴陵旅臺同鄉會，1971），卷13，〈藝文志・五言律〉，頁918，同治10年（1871）刊本。

33.〈遊靖興寺〉〔註65〕（正德五年三月前）

> 老樹千年惟鶴住，深潭百尺有龍蟠。僧居却在雲深處，別作人間境
> 界看。

　　《醴陵縣誌》記云：「靖興寺，西城，隔江靖興山，唐建。」〔註66〕陽明弟
子鄒守益於靖興寺亦有〈和王伯安先生靖興寺原韻〉〔註67〕一詩，足證陽明此
二詩的眞實性。而陽明會經過醴陵的時機點應是其被貶謫至貴州龍場驛，故有
〈醴陵道中風雨夜宿泗州寺次韻〉一詩；以及離開龍場至江西廬陵的途中，故
有〈泗州寺〉詩，且此詩中有云：「淥水西頭泗洲寺，經過轉眼又三年。」而從
此二佚詩的內容上來看，無被貶謫時憂憤的心情，取而代之是較輕鬆的感覺，
所以時間點應是陽明離開龍場往廬陵的途中，也就是正德五年三月之前。

34.〈贈惟乾〉〔註68〕（正德五年三月）

> 余與惟乾自武陵抵廬陵，舟中興到時，亦有所述，但不求工耳！惟
> 乾行，聊書此。

　　書名爲筆者所擬。惟乾爲冀元亨，武陵人。《年譜》記云：「師昔還自龍
場，與門人冀元亨、蔣信、唐愈賢等講學於龍興寺，使靜坐密室，悟見心體。」
此書中說到自武陵抵廬陵，正是陽明從貴州龍場出發，赴任江西廬陵知縣之
時，所以時間點應是正德五年。又《年譜》此年記云：「先生三月至廬陵。」
所以時間爲正德五年三月。

35.〈重修廬陵縣治〉〔註69〕（正德五年十月）

> 廬陵縣治圮，知縣王守仁葺而新之，六月丙申，興儀門，七月成兩
> 廊，作監於門右，翼廡於門左，九月拓大門之外爲東西垣，而屏其
> 南，遂飭戒石亭及旌善申明亭後，堂之後，易民居而闢其隘，其諸
> 瓦甕墉棟之殘剝傾落者治之則已，十月乙酉，工畢，志戒石之陰，
> 以告來者，庶修敝補隙無改作之勞。

〔註65〕〔清〕徐淦等修、江普光等纂，《醴陵縣誌》，卷13，〈藝文志‧七絕〉，頁971
　　　　～2。
〔註66〕〔清〕徐淦等修、江普光等纂，《醴陵縣誌》，卷14，〈雜志‧寺觀〉，頁1006。
〔註67〕〔清〕徐淦等修、江普光等纂，《醴陵縣誌》，卷13，〈藝文志‧七絕〉，頁972。
〔註68〕〔清〕萬金煐，《愛日吟廬書畫別錄》，卷2，〈明名人尺牘彙冊〉，頁993。
〔註69〕〔清〕平觀瀾等修、黃有恒等纂，《廬陵縣志》（臺北：成文出版社，1989），
　　　　卷7，〈建置‧官廨〉，頁597～8，乾隆46年刊本。

文名爲筆者所擬。《廬陵縣志》云：「正德五年庚午，縣署圮，知縣王守仁修葺，易民地，廣大門以外東西列垣，南設大坊，自記其事於戒石。」〔註70〕又文中云：「十月乙酉，工畢，志戒石之陰，以告來者，庶修敝補隙無改作之勞。」可知此文作於正德五年十月間。

36.〈與湛甘泉書一〉〔註71〕（正德六年十月後至隔年三月前）

別後無可交接，百事灰懶，雖部中亦多不去，惟日閉門靜坐，或時與純甫、宗賢閒話，有興則入寺一行而已。因思吾兩人者平日講學，亦大拘隘，凡人資稟有純駁，則其用力亦自有難易。難者不可必之使易，猶易者不可必之使難。孔門諸子問仁？夫子告之言人人殊，烏可立一定之說，而必天下之同己。或且又自己用功悠游而求之人者太急迫，無斁此亦非細故也。又思平日自謂得力處亦多尙雜於氣，是以聞人毀謗輒動，却幸其間已有根芽，每遇懲創則又警勵奮迅一番，不爲無益。然終亦體認天理欠精明，涵養功夫斷續耳！元忠於言語尙不能無疑，然已好商量。子華極美質，於吾兩人却未能深信。舟次講學，不厭切近，就事實上說。孔子云：「言忠信，行篤敬，雖蠻貊之邦，行矣！」要之至理不能外是，而問者亦自有益。蓋卓爾之地，必既竭吾才而後見養深者，自得之耳！良心易喪，習氣難除，牛羊斧斤，日以相尋，而知己又益漸遠，言之心驚氣咽，但得來人便，即須頻惠教言，庶有所警發也。

純甫爲王道（1487～1547，號順渠，山東武城人），宗賢爲黃綰（1477～1551，號石龍，又號久菴居士，黃巖人），元忠爲應良（？～1549，號南洲，仙居人），子華爲余本（鄞人）。此信應作於陽明與以上四人都在，而湛甘泉又剛離開之時。查《年譜》記云：「（正德六年）十月，升文選清吏司員外郎。送甘泉奉使安南。」又此年，余本登進士授翰林院編修充經筵講官；〔註72〕此年底黃綰亦上疏乞養歸，陽明有贈詩；王道則於隔年三月登進士授應天府教授，所以此信應作於正德六年十月後至隔年三月前。

〔註70〕〔清〕平觀瀾等修、黃有恒等纂，《廬陵縣志》，卷7，〈建置·官廨〉，頁597。
〔註71〕收錄在〔明〕文章修、張文海纂，《增城縣志》（天一閣藏明代方志選刊續編·65）（上海：上海書店，1990），卷17，〈外編·雜文類〉，頁534～6，嘉靖刊本。
〔註72〕見〈南京通政司右通政余子華本〉，〔明〕徐象梅，《兩浙名賢錄》（北京：書目文獻出版社，1988），卷37，〈清正〉，頁1059b。

37.〈與湛甘泉書二〉〔註73〕（正德七年）

別後屢得途中書，皆足爲慰！此時計往增城已久，衝冒險阻之餘，憫時憂世，何能忘懷。然回視鄙人，則已出世間矣！純甫得應天教授，別去亦復三月，所與處惟宗賢一人，却喜宗賢工夫驟進，論議多所發明，亦不甚落寞也。往時朝夕多相處，觀感之益良多，然亦未免悠悠度日。至於我字亦欠體貼，近來始覺稍親切，未知異時回看今日，當復何如耳？習氣未除，此非細故，種種病原，皆從此發。究竟習氣未除之源，却又只消責志。近與宗賢論此，極爲痛切，兄以爲何如耶？太夫人起居萬福，慶甚！聞潮廣亦頗有盜警，西湖十居之興，雖未能決然，扁舟往還之約却亦終不可忘也。養病之舉，竟爲楊公所抑。在告已踰三月，南都之說，忍未能與計，亦終必得之。而拘械束縛，眼前頗不可耐耳！如何！如何！沈河泊去，燈下草率言莫能既，但遇風毋惜。

現今《王陽明全集》中，陽明寫給湛若水的書信留存非常少，此兩封是極少數留存的。而此封信著作時間應是陽明從龍場回到北京之時，因爲信中說到「純甫得應天教授，別去亦復三月」，其中純甫即是王道，其得應天教授之職在正德七年，陽明在〈別王純甫序〉中說到：「王純甫之掌教應天也，陽明子既勉之以孟氏之言。」而宗賢則是黃綰。信末陽明提到「養病之舉，竟爲楊公所抑」，楊公是楊一清，當時爲陽明的長官，陽明以養病爲名致仕回鄉，或是離開北京往南京去任職，其箇中原因乃是當時北京當權者透過其父親之舊事來打壓他，致使他有不如歸去之感。

38.〈上父親大人書・其一〉〔註74〕（正德七年）

父親大人膝下。

毛推官来。□大人早晚起居出入之詳，不勝欣□。弟恙尚未平，而祖母桑榆暮□，不能□□。爲楊公所留，養病致仕皆未能遂，殆亦命之所遭也。人臣以身許國，見難而退，甚所不可，但於時位出處中較量輕重，則亦尚有可退之義，是以未能忘情。不然，則亦竭忠

〔註73〕收錄在〔明〕文章修、張文海纂，《增城縣志》，卷17，〈外編・雜文類〉，頁532～4。

〔註74〕〔清〕卞永譽，《式古堂書畫彙考》，卷25，無頁數，民國10年（1921）江都王氏鑑古書社影印本，傅斯年圖書館藏。

盡道，極吾心力之可為者，死之而已，又何依違觀望於此以求必去之路哉！昨有一儒生素不相識，以書抵男，責以「既不能直言切諫而又不能去，坐視亂亡，不知執事今日之仕，為貧乎？為道乎？不早自決，將舉平生而盡棄，異日雖悔，亦何所及」等語。讀之，良自愧嘆。交遊之中往往有以此意相諷者，皆由平日不務積德而徒竊虛名，遂致今日士夫不考其實而謬相指目。適又當此進退兩難之地，終將何以答之？反己自度，此殆欺世盜名之報，《易》所謂「負且乘，致寇至者」也。

近甸及山東盜賊奔突往來不常，河南新失大將，賊勢愈張。邊軍久居內地，疲頓懈弛，皆無鬪志，且有怨言，邊將亦無如之何。兼多疾疫，又乏糧餉，府庫外內空竭，朝廷費出日新月盛。養子、番僧、伶人、優婦居禁中以千數計，皆錦衣玉食。近又為養子蓋造王府，番僧崇飾塔寺。資費不給，則索之勳臣之家，索之戚里之家，索之中貴之家。又帥養子之屬，遍搜各監內臣所蓄積。又索之皇太后，皇太后又使人請太后出飲，與諸優雜劇求賞，或使人紿太后出遊而密遣人入太后宮檢所有盡取之，太后欲還宮，令宮門毋納，固索錢若干然後放入。太后悲咽不自勝復不得哭，又數數遣人請，太后為左右所持不敢不至，至即求厚賞不已，或時賂左右，間得免請為幸。宮苑內外鼓噪火砲之聲，晝夜不絕，惟大風雨或疾病乃稍息一日二日，臣民視聽習熟，今亦不甚駭異。

永齋用事，勢漸難測。一門二伯兩都督都指揮指揮十數，千百戶數十，甲第墳園店舍京城之外，連亘數里，城中卅餘處，處處門面動以百計。谷馬諸家亦皆稱是，榱桷相望，宮室土木之盛，古未有也。大臣趨承奔走，漸復如劉瑾時事，其深奸老滑甚於賊瑾，而歸怨於上，市恩於下，尚未知其志之所存終將何如？春間黃河忽清者三日，霸州諸處一日動地十二次，各省來奏山崩地動星隕災變者日日而有，十三省惟吾浙與南直隸無盜。近聞□中諸□頗點桀，按兵不動，似有乘弊之謀，而各邊謀將又皆頓留內地不得歸守疆場，是皆有非人謀所能及者。

七妹已到此，初見悲咽者久之，數日來喜極，病亦頓減，顏色遂平

復，大抵皆因思念鄉土，欲見父母兄弟而不可得，遂致如此。本身却無他疾，兼聞男有南圖，不久當得同歸，又甚喜，其恙想可勿藥而愈矣！又喜近復懷姙，當在八月間，曰仁考滿在六月間，曰仁以盜賊難為之故，深思脫離州事，但欲改正京職則又可惜虛却三年歷俸，欲遷陞則又覺年資尚淺，待渠考滿後徐圖之。曰仁決意求南，此見亦誠是，男若得改南都，當遂與之同行矣！

邃庵近日亦苦求退，事勢亦有不得不然。蓋張已盛極，決無不敗之理，而邃之始進實由張引，覆轍可鑒，能無寒心乎！中間男亦有難言者，如啞子見鬼，不能為傍人道得，但自疑怖耳！西涯諸老向為瑾賊立碑，槌磨未了，今又頌張德功，畧無愧恥，雖邃老亦不免。禁中養子及小近習與大近習交搆已成，禍變之興，且夕叵測，但得渡江而南，始復是自家首領耳！時事到此，亦是氣數。家中凡百皆宜預為退藏之計，弟輩可使讀書學道，親農圃朴實之事。一應市嚚虛詐之徒，勿使與接，親近忠信恬淡之賢，變化氣習，專以積善養福為務，退步讓人為心。未知三四十年間，天下事又當何如也？

凡男所言，皆是實落見得如此，異時分毫走作不得，不比書生據紙上陳迹騰口漫說，今時人亦見得及，但信不及耳！餘姚事亦須早區畫，大人決不須避嫌，但信自已惻怛心、平直心、退步心，當時了却，此最脫洒，牽纏不果，中間亦生病痛。歸侍雖漸可期而歸途尚爾難必，翹首天南，不勝瞻戀，男守仁拜書。外山巾及包頭二封。

　　信名為筆者所擬。毛推官為毛伯溫（1487～1544，字汝厲，號東塘，吉水人），正德三年任，〔註75〕七年五月任河南道試監察御史。〔註76〕所以此信著作時間應落於三年至七年五月間。信中又提到「曰仁考滿在六月間，曰仁以盜賊難為之故，深思脫離州事，但欲改正京職則又可惜虛却三年歷俸，欲遷陞則又覺年資尚淺，待渠考滿後徐圖之。」查徐愛知祁州時間為正德四年六月，其考滿之期應是七年六月，所謂「曰仁考滿在六月間」一語，也顯示出作此書時間為正德七年六月前。又此信中說到「餘姚事亦須早區畫」，《全集》中亦有一封陽明給父親的信，信中有云：「曰仁考滿亦在出（六）月初旬，

〔註75〕〔明〕蕭良幹等修、張元忭等纂，《紹興府志》（臺北：成文出版社，1983），卷25，〈職官志三〉，頁1905；卷38，〈人物志四〉，頁2562。

〔註76〕中央研究院歷史語言研究所校勘，《明實錄》，卷87，〈武宗實錄〉，頁1868。

出處去就，俟日仁至，計議已定，然後奉報也。……聞餘姚居址亦已分析各人管理，不致荒廢，此亦了當一事。……閏五月十一日。」〔註77〕兩信說法相對照，可知此信作於前。此信相當重要，因爲陽明於此長信中，不但說明當時朝政漸漸回復到劉瑾被殺前的景象，士大夫爭先恐後奔走宦官之門；也說明他當年營救「誅八虎」人員而導致被貶謫至龍場的經歷，如今反而成爲不合時宜，故亟欲致仕回鄉，明顯且直接證明筆者的論點。〔註78〕

39.〈曹林庵〉〔註79〕（正德七年十二月～八年二月間）

好山兼在水雲間，如此湖須如此山。賸有卜居陽羨興，此身爭是未能閒。

40.〈覺苑寺〉〔註80〕（正德七年十二月～八年二月間）

獨寺澄江濱，雙刹青漢表。攬衣試登陟，深林宿驚鳥。老僧邱壑癯，古顏冰雪好。霏霏出幽談，落落見孤抱。雨霽江氣收，天虛月色皓。夜靜臥禪關，吾筆夢生草。

以上二詩皆收入在《蕭山縣志》中，《全集》本內有〈獅子山〉一詩，亦收在《蕭山縣志》〔註81〕中，並將其時間點定在陽明任南京太僕寺卿之時，又《年譜》云：「（正德七年）十二月，升南京太僕寺少卿，便道歸省。……（八年）二月，至越。」而蕭山縣即在往餘姚的路上，故可知此二詩作於正德七年十二月至八年二月間。

41.〈渱江樓〉〔註82〕（正德七年十二月至八年二月間）

越嶠西來此閣橫，隔波烟樹見吳城。春江巨浪兼天湧，斜日孤雲湝

〔註77〕〈上大人書一〉，收錄在吳光等校，《王陽明全集》（上海：上海古籍出版社，1992），卷32，〈補錄〉，頁1208～9。

〔註78〕請見拙著，〈道德社會的重建——王陽明提倡「心學」考〉，《新史學》，19:4（2008），頁29～76。

〔註79〕〔明〕林策編、魏堂續增，《蕭山縣志》（上海：上海書店，1990年），卷6，〈雜志·寺庵〉，頁420，萬曆刻本。「曹林庵，在湘湖，南宋咸淳中建。」註同。

〔註80〕彭延慶等修、張宗海等續修、楊士龍續纂，《蕭山縣志稿》（臺北：成文出版社，1970年），卷8，〈建置門·寺觀〉，頁676，民國24年（1935）鉛印本；又「覺苑寺，在縣東北一百三十步。」註同，頁670。

〔註81〕詩名爲「登獅子山」，見彭延慶等修、張宗海等續修、楊士龍續纂，《蕭山縣志稿》，卷32，〈藝文·詩文鈔一〉，頁2292。

〔註82〕〔明〕蕭良幹等修、張元忭等纂，《紹興府志》（臺北：成文出版社，1983），卷9，〈古蹟志〉，頁776，萬曆15年（1536）刊本。

雨晴。塵海茫茫眞斷梗，故人落落已殘星。年來出處嗟無累，相見
休教白髮生。

詩名爲筆者所擬。蘵江樓在蕭山縣西十里西興渡口，久廢；弘治十年，
知縣鄒魯重建，改名鎭海樓。〔註83〕陽明在蕭山縣曾留下三首詩，一是〈獅
子山〉（已收入《全集》中），另二首爲〈覺苑寺〉與〈曹林庵〉分別收入在
民國本及明嘉靖本《蕭山縣志》中，〔註84〕此爲第四首。此詩著作時間應與
其他三首一樣爲陽明任南京太僕寺卿之時，《年譜》記云：「（正德七年）十二
月，升南京太僕寺少卿，便道歸省。……（八年）二月，至越。」而蕭山縣
即在往餘姚的路上。此詩末有云「年來出處嗟無累，相見休教白髮生」，此心
情正與陽明當時從龍場回北京任官，遭受到政治上打壓而有歸鄉致仕的心情
是一致的，〔註85〕故可知此詩作於正德七年十二月至八年二月間。

42.〈登妙高觀石筍峰・其二〉〔註86〕（正德八年七月間）
雙筍參差出自然，何曾穿破碧苔錢。好操勁節盟三友，懶秉虛心待
七賢。縱使狂風難落籜，任教驟雨不生鞭。時人若問榮枯事，同與
乾坤無變遷。

陽明遊雪竇寺，共留下五首詩，其中四首已收錄在《全集》中，然由於
所引的史料不同，《雪竇寺志》中所錄的詩文不僅有完整詩名，且文字上也稍
有異同，而此則爲佚詩。《年譜》記云：「五月終，與愛數友期候黃縮不至，
乃從上虞入四明，觀白水，尋龍溪之源；登杖錫，至雪竇，上千丈巖，以望
天姥、華頂；欲遂從奉化取道赤城。」又汪克章有「正德癸酉偕王陽明徐橫
山從仗錫過雪竇」〔註87〕詩以及徐愛亦有「癸酉初秋從吾師洎東泉同遊雪竇」
〔註88〕詩，可見陽明作詩的時間是正德八年七月間。

43.〈春草先生像讚〉〔註89〕（正德八年五月～十月）

〔註83〕〔明〕蕭良幹等修、張元忭等纂，《紹興府志》，卷9，〈古蹟志〉，頁775～6。
〔註84〕相關考證見拙著〈王陽明詩文輯佚與考釋〉。
〔註85〕相關過程請參拙著，〈道德社會的重建──王陽明提倡「心學」考〉，頁29～76。
〔註86〕〔清〕釋行正纂輯，《雪竇寺志》（中國佛寺志叢刊・88）（揚州：江蘇廣陵古
籍刻印社，1996），卷9下，〈七言律〉，頁633。
〔註87〕〔清〕釋行正纂輯，《雪竇寺志》，卷9下，〈七言律〉，頁634～5。
〔註88〕〔清〕釋行正纂輯，《雪竇寺志》，卷9下，〈七言律〉，頁635。
〔註89〕見〔明〕烏斯道，《春草齋集・附錄》，收錄在楊訥、李曉明編：《文淵閣四庫
全書補遺》（北京：北京圖書館出版社，2005），頁169。

緬想先生每心折，論其文章并氣節。臺芳有萋君不朽，削盡鉛華無銷歇。

「春草先生」為烏斯道，字繼善，慈谿人。陽明此詩收入在《春草齋集》附錄中，附錄中還有相當多人同以〈春草先生像讚〉為名賦詩，皆為名公巨卿，如方孝儒、羅倫、商輅、楊子器、張時徹等，由此可見，陽明此詩應作於位於慈谿地區祭祀烏斯道的祠廟之中，時間點應是任太僕寺卿歸越之時，《年譜》云：「（正德八年）二月，至越。先生初計至家即與徐愛同游台、蕩，宗族親友絆弗能行。五月終，與愛數友期候黃綰不至，乃從上虞入四明（慈谿古地名），觀白水，尋龍溪之源；登杖錫，至雪竇，上千丈巖，以望天姥、華頂；欲遂從奉化取道赤城。適久旱，山田盡龜坼，慘然不樂，遂自寧波還餘姚。」故兩詩應作於正德八年五月至十月間，因為十月陽明往滁州赴任。

44.〈與邦相〉〔註90〕（正德八年七月廿二日）

人來，承書惠。徐曰仁公差出未回，回時當致意也。所須諸公處書，盛价春間已付去，想此時尚未到耶！茲因人還匆匆，又齋有客，不及一一，千萬心照。守仁頓首。邦相宗弟賢契。舍弟在分水者，曾相見否？七月廿二日。空。

邦相為王邦相，未詳其人，〔註91〕只知道陽明弟子冀元亨（字惟乾，武陵人）之歸葬家鄉，是由王邦相經理的。〔註92〕徐曰仁為徐愛（1487～1517，號橫山），為陽明妹婿。信中說到「徐曰仁公差出未回」，應是指其「壬申冬（正德七年），陞南京兵部車駕員外郎。嘗行部江南，盡剔諸賦役之蠹。」〔註93〕此年十二月，陽明任南京太僕寺少卿，便道歸省。隔年五月底，陽明與徐愛等人遊四明等地，十月至滁州赴任。所以此信應作於正德八年七月廿二日。

〔註90〕〔清〕黃定蘭輯，《明人尺牘》（明代名人尺牘選萃·第4冊）（北京：國家圖書館出版社，2008），頁677。

〔註91〕筆者猜測王邦相可能是王勳，陽明曾在給友人信中說到：「舍人王勳來，……今此子已襲指揮使，頭角頓爾崢然。」見〈與夏德潤、朱克明〉，收錄在錢明，《〈王陽明全集〉未刊佚文彙編考釋》，《中國典籍與文化論叢》8（2005），頁236。

〔註92〕〈與陸清伯〉：「其（冀元亨）歸喪一事，托王邦相為之經理。」收錄在吳光等校，《王陽明全集》，卷21，〈外集三〉，頁824。

〔註93〕〔明〕蕭鳴鳳，〈明故奉議大夫南京工部都水清吏司郎中徐君墓誌銘〉，《橫山遺集·附錄》，收入在錢明編校整理，《徐愛、錢德洪、董澐集》（南京：鳳凰出版社，2007），頁92。

45. 〈與姚瑛〉〔註94〕（正德八年十月後）

　　滁陽姚老將，有古孝廉風。流俗無知者，藏身隱市中。

　　詩名爲筆者所擬。《滁陽志》云：「姚瑛，指揮同知。少凝重，不苟言笑。歷諸委，俱有聲；尋佩印，不苟一介取予。已領漕，當道知其賢，欲大用，以母老辭休。日杜門與弟友，稱觴食飲自娛。陽明先生爲太僕，聞嘉之，贈詩曰：『……』，以壽終。」〔註95〕

46. 〈瑯琊題名〉〔註96〕（正德九年三月間）

　　正德癸酉多旱，滁人惶惶。迺正月乙丑，雪；丁卯，大雪。太僕少卿白灣文宗嚴森與陽明子王守仁同登龍潭之峰以望，再明日霽，又登瑯琊之峰以望；又登豐山之峰以望，見金陵鳳陽諸山皆白，喜是雪之被廣矣！廻臨日觀，探月洞，憩了了堂，風日融麗，泉潏鳥嚘，意興殊適，門人蔡宗袞、朱節輩二十有八人，壺榼繼至，遂下飲庶子泉上。及暮，既醉，皆充然有得，相與盥濯詠歌而歸，庶幾浴沂之風焉！後三月丁亥，御史張俅、行人李校、員外徐愛、寺丞單麟，復同遊，始刻石以紀，餘姚王守仁題。

　　《年譜》云：「（正德八年癸酉）冬十月，至滁州。」此時陽明任官南京太僕寺少卿，督馬政。值的注意的是正德十一年陽明升任都察院左僉都御史、巡撫南、贛、汀、漳等處，而原任巡撫正是此文中所提到的文森（字宗嚴，號白灣），陽明有〈白灣六章〉贈詩。

47. 〈跋范君山憲副《絕筆詩》後〉〔註97〕（正德十年冬）

　　此吾故人范君山絕筆也。君山之歿，予方以謫宦奔走，不及一哭弔。讀其詩，爲之泫然涕下，而「文字謝交遊」之語，猶不能無媿。正

〔註94〕〔明〕李之茂等纂修，《滁陽志》（臺北：成文出版社，1985），卷12，〈列傳・武功〉，頁709～10，萬曆42年刊本。

〔註95〕〔明〕李之茂等纂修，《滁陽志》，卷12，〈列傳・武功〉，頁709～710，萬曆42年刊本。

〔註96〕〔明〕趙廷瑞輯，《南滁會景編》（四庫全書存目叢書・總集300）（臺南：莊嚴文化，1997），卷8，頁655c-d，明嘉靖刻、萬曆增刻本。

〔註97〕陳必聞等修、盧純道等纂，《汝城縣志》（臺北：成文出版社，1975），卷32，〈藝文・文詩〉，頁2036，民國21年（1932）刊本；亦收錄在〔清〕凌魚等修、朱有斐等纂《桂陽縣志》（海口：海南出版社，2001），卷12，〈藝文下・雜體〉，頁530c，乾隆20年（1755）刻、嘉慶7年增刻本。

德乙亥冬，君猶子侍御以載持以見示，書此以識予感而歸之。

以載爲范輅（1474～1536，號質菴，又號三峯，桂陽人），其父爲范淵（字靜之，號君山），《縣志》記云：「（弘治）九年丙辰登進士，授刑部陝西司主事，歷員外郎、郎中。逆閹劉瑾專權，左遷淵爲威州知州。」〔註98〕而陽明於弘治十三至十五年任刑部雲南清吏司主事，應是兩人相識之時。

48.〈雲龍山次喬宇韻〉〔註99〕（正德十年三月—十一年三月）

幾度丹人指石岡，東西長是客途忙。百年風物初經眼，三月煙花正向陽。芒碭漢雲春寂寞，黃樓楚調晚淒涼。惟餘放鶴亭前草，還與遊人藉醉觴。

王陽明與喬宇（字希大，號白巖，1457～1524）相識很早，關係也密切，王世貞（1526～1590）云：「當憲孝朝，海內乂安，人主意不欲競於武，搢紳先生爭致其力於學以報，塞右文至意，而獨長沙李太師（東陽）、石淙楊太保（一清）爲之冠，太原喬莊簡公故嘗受經二先生門，稱高弟子，退而與北地李獻吉（夢陽）、越人王伯安相琢磨爲古文辭，甚著。」〔註100〕而雲龍山是徐州府著名的山岳，位於江蘇北方，陽明與喬宇會一同前往遊歷之時間點，應是陽明任南京鴻臚寺卿之時（正德九年四月 1514），五月至南京履新，直到正德十一年九月（1516）。喬宇此時亦官南京禮部尚書，〈行狀〉云：「辛未（1511），轉南京禮部尚書。公在南都禮曹，事務清簡，公餘得縱讀國初所藏秘書，於是所見愈邃。清暇肆游江南山水，大放厥辭，如雲日光潔，雖片言隻字，爲世珍重。士林往往以不得公辭翰爲恥。」〔註101〕此詩中說到「三月煙花正向陽」，所以時間應是正德十年三月或是十一年三月。

49.〈寄汪仁峰一〉〔註102〕（正德十年）

〔註98〕〔清〕凌魚等修、朱有斐等纂《桂陽縣志》，卷10，〈人物・賢達〉，頁405c。

〔註99〕〔清〕吳世熊、朱忻修；劉庠、方駿謨纂，《同治徐州府志》（中國地方志集成・江蘇府縣志輯・61）（南京：鳳凰出版社，2008），卷11，〈山川考〉，頁359c，清同治13年（1874）刻本。

〔註100〕〔明〕王世貞，〈喬莊簡公遺集序〉，收錄在〔明〕喬宇，《喬莊簡公集》，頁1a-b，隆慶5年刊本，國家圖書館藏。

〔註101〕〔明〕陳璘，〈光祿大夫柱國少保兼太子太保吏部尚書白巖喬公宇行狀〉，收錄在〔明〕焦竑，《國朝獻徵錄》（臺北：臺灣學生書局，1984），卷25，〈吏部二・尚書〉，頁1022d～1023a。

〔註102〕收錄在〔明〕汪循，《汪仁峰先生文集二十九卷，外集四卷》（四庫全書存目

仰德滋久，末由奉狀。首春令弟節夫往，又適以事不果，竟爲長者所先，拜幣之辱已極惶悚！長箋開喻，推引過分，鄙劣益有所不敢當也。中間敘述學要，究極末流之弊，可謂明白痛快，無復容贅。執事平日之學，從可知矣！未獲面承，受教已博，何幸！何幸！不有洪鐘，豈息瓦缶，發蒙警聵，以倡絕學，使善類得有所附麗，非吾仁峰，孰與任之。珍重！珍重！所須鄙作，深懼無益之談，不足以求正有道，方欲歸圖，異時草鞋竹杖，直造精廬，冀有以面請，願且徐之，如何？暮夜拾楮未悉，然鄙懷節夫當能道，伏惟照察，陽明生王守仁頓首拜。

　　信名爲筆者所擬。此文應作於陽明任官於南京之時，信中說到：「首春令弟節夫往，又適以事不果，竟爲長者所先，拜幣之辱，已極惶悚！長箋開喻，推引過分，鄙劣益有所不敢當也。」陽明亦有〈與汪節夫書〉，而汪循（字進之，號仁峰，休寧人，1452〜1519）有〈與王鴻臚〉的信，信中曾說到：「族弟尙和歸自南都，備道執事所以教誨之至，奬掖之勤，直以斯道爲必可行，眞以聖賢爲必可學。〔註103〕」汪尙和（號紫峯），《新安名族志》云：「（汪）恒之子……曰尙和，號紫峯，銳意聖學，師友王陽明、謝木齋、章楓山、湛甘泉、呂涇野，嘗創柳溪書院，著有《紫陽道脈錄》、《家訓》八篇、《蓄德錄》、《師友格言》、《存忍錄》、《新安藝文志》、《汪氏足徵錄》。」〔註104〕陽明亦有〈題歲寒亭贈汪尙和〉詩。又信中有云「首春令弟節夫往」，考《年譜》中所載，陽明於正德九年四月升鴻臚寺卿，五月才至南京，故此信應作於隔年首春之後才是，所以應作於正德十年之時。

50.〈上父親大人書・其二〉〔註105〕（正德十一年十月廿八日）

　　男守仁百拜。父親大人膝下。

　　會稽易主簿來，得書，備審起居萬福爲慰。男與妹壻等俱平安，但北來邊報甚急，昨兵部得移文調發鳳陽諸處人馬入援，遠近人心未

　　　叢書・集47）（臺南：莊嚴文化，1997），卷3，〈外集・書〉，頁596c-d，康熙刻本。

〔註103〕〔明〕汪循，《汪仁峰先生文集二十九卷，外集四卷》，卷4，〈文集・書〉，頁236b。

〔註104〕〔明〕戴廷明、程尚寬等撰，《新安名族志》（合肥：黃山書社，2004），〈前卷〉，頁217〜8。

〔註105〕〔清〕卞永譽，《式古堂書畫彙考》，卷25，無頁數。

免倉黃，男與妹壻只待滿期即發舟而東矣！行李須人照管，禎兒輩久不見到，令渠買畫絹亦不見寄来。長孫之夭，骨肉至痛，老年懷抱須自寬釋，幸祖母康強，弟輩年富，將来之福尚可積累。道弟近復如何？須好調攝，毋貽父母兄弟之憂念。錢清陳倫之回，草草報安，小錄一冊奉覽，未能多寄。梁太守一冊續附山陰任主簿。廿八日，男守仁百拜。

信名爲筆者所擬。易主簿爲易昶，正德十年任，行歷不詳。〔註106〕陽明與妹婿徐愛（1487～1517，字曰仁，號橫山）同時同地爲官，且又在正德十年後，只有陽明爲南京鴻臚寺卿而徐愛爲南京兵部車駕員外郎、工部都水清吏司郎中之時。信中又說到「只待滿期即發舟而東」，查徐愛於「丙子（十一年）秋，考績，便道歸省。」〔註107〕故寫信時間應是離考滿不遠，故爲正德十一年。梁太守爲梁喬，字遷之，號靜軒，上杭人。《上杭縣志》記云：「（弘治）壬戌成進士。正德初授刑部主事，嘗與同官疏劾劉瑾不法事，章數上，不報。喬獨面奏之，武宗怒命下錦衣衞獄，喬大呼曰：『臣得寢閹竪逆謀，死且不惜，何況於獄！』乃命枷朝門外，久之，始釋。遷兵部郎中，出守紹興，有善政。尋以母老乞歸養。崴丁丑，王守仁以勦寇駐兵上杭，題其堂曰『愛日』。」〔註108〕又陽明有信給梁喬，信中說到：「生方以多病在告，已三疏乞休，尚未得旨，冬盡倘能遂願，請謝當有日矣！……十月廿三日。」〔註109〕信中所謂「梁太守一冊續附山陰任主簿」，應是指此，故陽明作此信的時間應是十月廿八日。

51.〈與曰仁〉〔註110〕（正德十二年二月十三日）

正月三日，自洪都發舟。初十日次廬陵，爲父老留再宿。十三日，未至萬安四十里，遇羣盜千餘，截江焚掠，煙燄障天。妻奴皆懼，

〔註106〕〔明〕張元忭，《會稽縣志》（臺北：成文出版社，1983），卷9，〈禮書〉，頁354。
〔註107〕〔明〕蕭鳴鳳，〈明故奉議大夫南京工部都水清吏司郎中徐君墓誌銘〉，《橫山遺集・附錄》，收入在錢明編校整理，《徐愛、錢德洪、董澐集》，頁92～3。
〔註108〕〔清〕顧人驥等修、沈成國纂，《上杭縣志》（故宮珍本叢刊・122）（海口：海南出版社，2001），卷9，〈人物〉，頁187b。
〔註109〕信名爲〈寄梁郡伯（二）〉，收錄在錢明，〈《王陽明全集》未刊佚文彙編考釋〉，頁217。
〔註110〕徐邦達著、故宮博物院編，《古書畫過眼要錄・元明清書法》（徐邦達集・7）（北京：紫禁城出版社，2006），頁969上～970上。

始有悔來之意。地方吏民及舟中之人，亦皆力阻，謂不可前。鄙意獨以爲我舟驟至，賊人當未能知虛實，若久頓不進，必反爲被所窺。乃多張疑兵，連舟連進，示以有餘，賊人莫測所爲，竟亦不敢逼，眞所謂天幸也。

十六日抵贛州，齒痛不能寢食。前官久缺之餘，百冗紛沓，三省軍士屯聚日久，祇得扶病蕆事，連夜調發，即於二十日進兵贛州屬邑。復有流賊千餘突來攻城，勢頗猖獗，亦須調度。汀漳之役，遂不能親往。近雖陸續有所斬獲，然未能大捷。屬邑賊尚相持，已遣兵四路分截，數日後或可成擒矣！贛州兵極疲，倉卒召募，未見有精勇如吾邑聞人贊之流者，不知聞人贊之流亦肯來此效用否？閒中試一諷之，得渠肯屈心情願乃可，若不肯隨軍用命，不若不來矣！巧媳婦不能爲無米粥，況使老拙婢乎！過此幸無事，得地方稍定息，決須急求退。曰仁與吾命緣相係，聞此當亦不能恝然，如何而可！如何而可！

行時見世瑞，說秋冬之間，欲與曰仁乘興來遊，當時聞之，殊不爲意，今卻何因果得如此，亦足以稍慰離索之懷。今見衰疾之人，顛僕道左，雖不相知亦得引手一扶，況其所親愛乎！北海新居，奴輩能經營否？雖未知何日得脫網羅，然舊林故淵之想，無日不切，亦須曰仁時去指臂，庶可日漸就緒。山水中間須着我，風塵堆裏卻輸儂。吾兩人者正未能千百化身耳！如何而可！如何而可！

黃輿阿覩近如何？似此世界，眞是開眼不得，此老卻已省卻此一煩惱矣！世瑞、允輝、商佐、勉之、半珪凡越中諸友，皆不及作書。宗賢、原忠已會面否？階甫田事能協力否？湛原明家人始自贛往留都，又自留都返贛，遣之還不可，今復來，入越須早遣發，庶全交好。雨弟進修近何如？去冬會講之說甚善。聞人弟已來否？明友羣居，惟彼此謙虛相下，乃爲有益。《詩》所謂「謙謙恭人，懷德之基」也。趁曰仁在家，二弟正好日夜求益，二弟勉之。有此好資質、當此好地步、乘此好光陰、遇此好師友，若又虛度過日，卻是眞虛度也。二弟勉之。正憲讀書極拙，今亦不能以此相望，得渠稍知孝弟，不汲汲爲利，僅守門戶是矣！章世傑在此亦平安，日處一室中，他

更無可往，頗覺太拘束，得渠性本安靜，殊不以此爲悶，甚可愛耳！克彰叔公教守章極得體，想已如飲醇酒，不覺自醉矣！亦不及作書。書至可道意。日中應酬億甚，燈下草草作此，不能盡，不能盡。守仁書奉曰仁正郎賢弟道契。守儉、守文二弟同此，守章亦可讀書知之。二月十三日書。

信名爲筆者所擬。此文是陽明寫給其妹婿徐愛的信，信中首句說到：「正月三日，自洪都發舟。初十日次廬陵，爲父老留再宿。十三日，未至萬安四十里，遇墓盜千餘，截江焚掠，煙燄障天。」查《年譜·正德十二年》記云：「正月，至贛。先生過萬安，遇流賊數百，沿途肆劫，商舟不敢進。先生乃聯商舟，結爲陣勢，揚旗鳴鼓，如趨戰狀。」故可知信應寫於此年二月十三日。又信中說到的人物如世瑞爲王琥、允輝姓孫、階甫爲鍾世符（號篤庵）、半圭爲許璋、宗賢爲黃綰（號石龍）、原忠爲應良（號南洲），其餘不詳。

52.〈送王巴山學憲歸六合〉〔註111〕（正德十二年二、三月間）

衡文豈不重，竹帛總成塵。且脫奔馳苦，歸尋故里春。人生亦何極，所重全其貞。去去勿復道，青山不誤人。

王巴山爲王弘，縣志記云：「王宏（弘），字叔毅，廣洋衛人。成化庚子舉人，登弘治癸丑科毛澄榜。夙負大才，弱冠舉《禮記》第一，定山莊先生昶愛而妻之。……正德改元，擢南福建道監察御史，論列逆瑾罪，忤旨，被杖廢爲民，瑾仍矯詔榜「奸黨」於朝堂，宏與焉。庚子（午，1510），瑾誅，起廣東僉事，進副使，攝學政。……嘉靖初，京官有援宏出議大禮者，宏不附，名尤高，恬退之節。輯〈定山年譜〉一卷。」〔註112〕此詩一開頭即說「衡文豈不重」，可見王弘將擔任與學政有關的職位，觀其生平經歷，陽明此詩應作於王弘即將往廣東擔任按察司副使之時。《明實錄》記云：「（正德十二年二月）陞……廣東僉事王弘、黃昭爲按察司副使，……弘廣東、昭福建。」〔註113〕可見此詩應作於正德十二年二、三月間。值得一提的是陽明極重視王弘，鄒守益（1491～1562，字謙之，號東廓）曾在給歐陽德（1496～1554，字崇一，號南野）的信中說到：

〔註111〕〔清〕謝延庚等修、賀廷壽等纂，《六合縣志》（揚州：江蘇廣陵古籍刻印社，1988），卷7，〈藝文志〉，頁47a，光緒6年（1880）修、10年（1884）刊本。

〔註112〕張官偉纂，《棠志拾遺》（揚州：江蘇廣陵古籍刻印社，1988），卷上，〈人物〉，頁33a-b。

〔註113〕中央研究院歷史語言研究所校勘，《明實錄》，〈武宗實錄〉，卷146，頁2847。

「往歲，侍先師于虔，王巴山自廣歸見，忍咳與談，談劇復咳，咳止復談。客退，請其故，曰：『是定山婿，有文學，後輩所歸，若轉得巴山，六合之士皆可轉矣！』」〔註114〕

53.〈長汀道中□□詩〉〔註115〕（正德十二年三月十三日）

夜宿行臺，用韻于壁，時正德丁丑三月十三日陽明山人王守仁

將略平生非所長，也提戎馬入汀漳。數峰斜日旌旗遠，一道春風鼓角揚。莫倚貳師能出塞，極知充國善平羌。瘡痍到處曾無補，翻憶鐘山【慚愧湖邊】〔註116〕舊草堂。

此詩《全集》本已有，但詩名為〈丁丑二月征漳寇進兵長汀道中有感〉，與此詩前序所言之時間不同；又詩最後一句則與《上杭縣志》之所載有異。

54.〈遊陰那山〉〔註117〕（正德十二年二月後）

予既自宗山歸贛，而聞有此那山。隨泊舟蓬辣，快所一登，果爾佛靈山傑。以是較宗山，宗山小矣！時門人海陽薛子侃、饒平二楊子驥、鸞同一玩去。〔註118〕

路入叢林境，盤旋五指顛。奇峰青卓玉，古石碧鋪泉。吾自中庸客，閒過隱【既】怪阡。菩提何所樹，盤涅是其偏。輪迴非曰釋，寂滅豈云禪。有倡【偈】知誰解，無聲合自然。風幡自不定，予亦坐忘言。

《潮州府志》云：「王守仁……正德間，征漳寇，至石窟，愛陰那山之勝，

〔註114〕董平編校整理，《鄒守益集》（陽明後學文獻叢書）（南京：鳳凰出版社，2007），卷10，〈簡歐陽南野崇一〉，頁512。

〔註115〕〔明〕邵有道修、何雲等編，《汀州府志》（天一閣藏明代方志選刊續編‧40）（上海：上海書店，1990），卷17，〈詞翰〉，頁346，嘉靖刻本。

〔註116〕此句有異，見〔清〕蔣廷銓纂修，《上杭縣志》（清代孤本方志選）（北京：線裝書局，2001），卷10，〈藝文下〉，頁839，康熙26年刻本。

〔註117〕〔清〕吳穎纂修，《潮州府志》（稀見中國地方志匯刊‧44）（北京：中國書店，1992），卷11，〈古今文章部〉，頁1136b，順治18年刻本。「陰那山，在縣東南八十里，五峯峭拔，形如掌指，其絕處則南望海陽，北望程鄉，東南大埔百里之內，群山皆小，唐僧了拳學禪於此，後趺坐而化。」見〔明〕戴璟、張岳等纂修，《廣東通志》（四庫全書存目叢書‧史189）（臺南：莊嚴文化，1996），卷2，〈山川〉，頁33a。

〔註118〕〔明〕李士淳編撰、鍾東點校，《陰那山誌》（嶺南名寺志系列‧古志6）（北京：中華書局，2006），卷3，〈題詠〉，頁58。

微行至靈光寺。」〔註 119〕故此詩應作於盪平漳寇之後，也就是正德十二年二月之後。詩中談到的佛教部分，則是陽明因覽景物之殊，有感而發的，《潮州府志》云：「陰那山，上有千年栢，山下有湖，景物奇異，人謂之：『小洞天』。昔唐僧了拳修煉於此，趺坐而化，麓建寺以祀之。」〔註 120〕

55.〈憫雨詞〉〔註 121〕（正德十二年）

嗚呼！十日不雨兮，田且無禾。經月不雨兮，川且無波。經月不雨兮，民已大痌。再月不雨兮，民且奈何。小民無罪兮，天無咎民。巡撫失職兮，罪在予身。嗚呼！盜賊兮，爲民太屯。或怒此兮，赫威降瞋。民則何罪兮，玉石俱焚。嗚呼！民則何罪兮，天無遷怒。勃然興雲兮，雨茲下土。彼罪曷逋兮，哀此窮苦。

此文內容與《全集》內〈祈雨辭〉內容大致相同，但文意較佳。《會昌縣志》云：「都察院行臺，在縣治東。……按：都察院內舊有王文成公守仁大書〈憫雨詞〉于屏。〔註 122〕」

56.〈時雨堂記〉〔註 123〕（正德十二年四月）

正德丁丑三月，奉命平漳寇，駐軍上杭。旱甚，禱於行臺；雨日夜，民以爲未足。逮四月戊午班師，雨；明日又雨；又明日大雨，民乃出田。登城南之樓以觀，民大悅。有司請名行臺之堂爲「時雨」，且曰：「民苦於盜久，又重以旱，謂將靡遺。今始去兵革之役，而大雨適降，所謂『王師若時雨』，今皆有焉。請以志其實。」嗚呼！民惟稼穡，德惟雨，惟天陰騭，惟皇克憲，惟將士用命效力，去其莨蟊，惟乃有司實耦穫之，庶克有秋。予何德之有，而敢叨其功！然而樂民之樂，亦不容於無紀也。是日，參政陳策、僉事胡璉至，自班師，遂謁文公祠于水南，覽七峰之勝概，歸志于行臺之壁，賦詩志喜焉！

此文的內容分別見於《全集》本內〈時雨堂記〉與〈書察院行臺壁〉二文

〔註 119〕〔清〕吳穎纂修，《潮州府志》，卷 6，〈人物部・流寓〉，頁 1067c-d。

〔註 120〕〔明〕郭春震纂修，《潮州府志》（稀見中國地方志匯刊・44）（北京：中國書店，1992），卷 1，〈地理志〉，頁 741a。

〔註 121〕〔清〕劉長景修、陳良棟、王驤纂，《會昌縣志》（臺北：成文出版社，1989），卷 8，〈公署〉，頁 176～7，同治 11 年刊本。

〔註 122〕〔清〕劉長景修、陳良棟、王驤纂，《會昌縣志》，卷 8，〈公署〉，頁 176～7。

〔註 123〕〔清〕蔣廷銓纂修，《上杭縣志》，卷 10，〈藝文上〉，頁 702－703。

之中，但與前二文相較，則此文文意及敘述都較爲完整。時雨堂即在察院行臺內，《上杭縣志》云：「察院行臺，在縣東北，舊爲射圃。……正德十四年，南贛巡撫王守仁征漳寇，駐節於此，遇旱而雨，因改清風亭爲時雨堂。〔註124〕」

57.〈東山寺謝雨文〉〔註125〕（正德十二年四月）

邇者自閩旋師，道經瑞金，以旱魃之爲災，農不獲種，輒乞靈于大和尙，期以七日內，必降大雨，以蘇民困。行至雩都而雨作，計期尙在七日之內，大和尙亦庶幾有靈矣！敬遣瑞金縣署印主簿孫鑑，具香燭果餅代致謝意，惟默垂鑒佑以陰騭瑞金之民。

《瑞金縣志》云：「淨眾寺，在縣東北二里，又名東山，唐天祐中建。正德丁丑旱，適提督王都御史守仁至，父老爲文，命有司致祭。」〔註126〕陽明平汀漳，於正德十二年四月班師，故文中說到「自閩旋師」，故可知此文作於四月之後。

58.〈告文〉〔註127〕（正德十二年五月）

維正德十二年歲在丁丑五月乙亥，越五日己卯，欽差巡撫南贛汀漳等處都察院左僉都御史王守仁，昭告于會昌縣受封賴公之神，爲會昌民田禾旱枯，禱告靈神，普隆時雨。至雩都，果三日之內而大雨，賴神可謂靈矣！敬遣會昌縣知縣林信具香帛牲醴代設謝之，誠神其昭格，永終神惠，以陰騭會昌之民。謹告。

《會昌縣志》云：「賴公祠，俗呼賴公爲福主，呼祠爲老廟，『靈祠翠竹』即湘江八景之一也，在邑西富尾南。明成化己卯，知縣梁潛建。王虔撫守仁班師上杭，適大旱，道經祠，禱，遂大雨，親爲告文，遣知縣林信代謝。崇禎，知縣譚心學重刊告詞，懸于座前，今仍存。」〔註128〕

〔註124〕〔清〕蔣廷銓纂修，《上杭縣志》，卷2，〈建置志・公署〉，頁158。
〔註125〕〔明〕林有年纂修、趙勳校正，《瑞金縣志》（天一閣藏明代方志選刊・12）
（臺北：新文豐，1985），卷7，〈文章類・序記〉，頁647d～648a，嘉靖刻本；
此文又名「祭淨眾寺和尙文」，見〔清〕張國英重修、陳芳等纂，《瑞金縣志》
（臺北：江西省瑞金縣同鄉會，1990），卷10，〈藝文志・元明文〉，頁340a，
光緒元年刊本。
〔註126〕〔清〕張國英重修、陳芳等纂，《瑞金縣志》，卷8，〈雜志類・寺觀〉，頁655b。
〔註127〕〔清〕戴體仁等修、吳湘皋等纂，《會昌縣志》（臺北：成文出版社，1989），
卷14，〈祠廟〉，頁361～2，乾隆16年刊本。
〔註128〕〔清〕戴體仁等修、吳湘皋等纂，《會昌縣志》，卷14，〈祠廟〉，頁360。

59.〈上父親大人書〉〔註129〕（正德十二年八月廿三日）

寓贛州男王守仁百拜書上父親大人膝下：

旬日前，曾遣舍人趙深歸候，此時計已抵越。邇惟祖母老夫人、父母大人起居萬福爲慰，男輩寓此亦賴庇粗安。近因夾攻命下，羣賊驚疑，四起攻掠，發兵防勦，日不暇給；兼之曰仁之痛，纏結於心，以是事盖叢挫，而情愈壹鬱，不知何時乃能解脫也！南贛兵糧稍具，湖湘兵已集，惟廣東因府江之役尚未旋師，進勦之期或須在十月盡。探知賊黨日盛，賊計日校，而百姓日困，財力日竭，災害日至，全勝之策尚未可必也。因姚上舍便，燈下草草，奏報平安。書畢，不勝悲哽瞻戀。八月廿三日，男守仁百拜書上。

信中說到「曰仁之痛」，可見是徐愛剛過世不久，徐愛歿於正德十二年五月十七日，因此此信應作於正德十二年八月廿三日。

60.〈與國聲〉〔註130〕（正德十二年十一月）

昨者貴省土兵以郴桂不靖之故，千里遠涉，生與有地方之責，而不獲少致慰勞之意，缺然若有歉焉！故薄具牛酒之犒，聊以輸此心焉爾！乃蒙厚賜遠頒，并及從征官屬，登拜之餘，感愧何已！喜聞大兵之出，所向克捷，渠魁授首，黨類無遺，茲實地方之慶，生亦自此得免於覆餗之戮矣！欣幸！欣幸！旬日後，敬當專人往謝，并申賀。私使還，冗中草草，先布下悃，伏惟尊照。不具。

此信名爲筆者所擬。《明史》：「秦金，字國聲，無錫人，弘治六年進士。……（正德）九年擢右副都御史，巡撫湖廣。……郴州、桂陽猺龔福全稱王，金先後破砦八十餘，斬首二千級，禽福全及其黨劉福興等，錄功增俸一級，廕錦衣世百戶，力辭得請。」〔註131〕又《明通鑑》云：「（正德十二年十月）是月，王守仁討橫水、左溪。……時湖廣巡撫秦金亦破龔福全，禽斬千人。」〔註132〕又

〔註129〕彪蒙書室輯，《明代名人尺牘墨蹟》（明代名人尺牘選萃‧第10冊）（北京：國家圖書館出版社，2008），頁260～263。

〔註130〕〔明〕秦金，《安楚錄》（續修四庫全書‧史433）（上海：上海古籍出版社，1997），卷9，〈啟箚〉，頁451c，明刻本。

〔註131〕〔清〕張廷玉等，《明史》（北京：中華書局，1995），卷194，〈列傳第八十二〉，頁5142～3。

〔註132〕〔清〕夏燮編著，《明通鑑》（臺北：世界書局，1962），卷47，〈紀四十七〉，頁1755～6。

陽明有〈犒賞湖廣官兵〉〔註133〕一文，時間是十月十五日，故此信應寫於正德十二年十一月間。又秦金與王陽明早年皆曾以詩相倡和，李夢陽曾云：「『詩倡和』莫盛於弘治，蓋其時古學漸興，士彬彬乎盛矣！此一運會也。余時承乏郎署，所與倡和則楊州儲靜夫、趙叔鳴、無錫錢世恩、陳嘉言、秦國聲、太原喬希大，宜興杭氏兄弟，郴李貽教、何子元、慈谿楊名父，餘姚王伯安，濟南邊庭實；其後又有丹陽殷文濟，蘇州都玄敬、徐昌穀，信陽何仲默，其在南都則顧華玉、朱升之，其尤也。諸在翰林者，以人眾不敘。」〔註134〕

61.〈聞許杞山攜友去田雪上〉〔註135〕（正德十二年五月後）

見說相攜雪上耕，連簑應已出烏程。荒畬初墾功須倍，秋熟雖微稅尚輕，雨後湖舠兼學釣，餉餘堤樹合間行。山人久有歸農興，猶向千峯夜渡兵。

許杞山即是許相卿，《海鹽縣圖經》云：「許相卿（1479～1557），字台仲，本海寧靈泉里人。……從陽明子講學，又與關中孫一元、吳下文徵明諸公言詩，聚書萬卷讀之，不屑以進取為念。」〔註136〕又《年譜》云：「（正德十二年五月）是月聞蔡宗兗、許相卿、季本、薛侃、陸澄同舉進士。……（陽明）又聞曰仁在告買田雪上，為諸友久聚之計，遺二詩慰之。」故此詩應作於正德十二年五月之後才是。

62.〈寄楊廷和書〉〔註137〕（正德十二年十一月後）

明公進秉機密，天下士大夫忻忻然相慶，皆為太平可立致矣。門下鄙生獨切至憂，以為猶甚難也。亨也傾否，當今之時，舍明公無可以望者。夫惟身任天下之禍，然後能操天下之權；天下之權，然後能濟天下之難。當其權之未得也，致之甚難；而其歸之也，則操之甚易。夫權者，天下之大利大害也，小人之不可一日有者也。欲濟

〔註133〕收錄在〔日〕永富青地，《王守仁著作の文獻學的研究》，〈附錄三・「王陽明全集」補遺〉，頁564～5。

〔註134〕〔明〕李夢陽，〈朝正倡和詩跋〉，《空同集》（文淵閣四庫全書・1262）（臺北：臺灣商務印書館，1983），卷59，頁543d～544a。

〔註135〕〔清〕許三禮修，《海寧縣志》（臺北：成文出版社，1983），卷13，〈藝文志上・詩〉，頁1392，康熙14年（1675）刊本。

〔註136〕〔明〕樊維城、胡震亨等纂修，《海鹽縣圖經》，卷14，〈人物・流寓〉，頁1179。

〔註137〕〔明〕張萱，《西園聞見錄》（臺北：大中國圖書，1968），卷26，〈宰相上〉，頁2452～4，民國29年北平哈佛燕京學社排印本。

天下之難，而不操之以權，是猶倒持太阿而授人以柄，希不割矣！故君子之致權也有道，太之至誠以立其德，植之善類以多其輔，示之以無不可容之量以安其情，擴之以無所競之心以平其氣，昭之以不可奪之節以端其向，神之以造有闕文臺臣，雖劉基之智、宋濂之博通，俛伏受成，嗣主涖政，咨詢是急，六部分隸，各勝厥掌，故皇祖廢左右相設六部，成祖建內閣參機務，豈非相時通變之道乎？永樂初，以翰林史官直閣，後必俟其尊顯而方登簡平章之寄，儼若周宰國卿，是故削相之號收相之益，任愈於前，用慎於今，養望於素，堅操於詘，表能於誠，顯拔於萃，特崇於禮，流品非可限，歷考不足稽矣。英皇復辟，親擢三賢，薛瑄、岳正、李賢。正德中，逆瑾竊政，囚戍元老，奴僕端揆，猶尊內閣。劉文靖、謝文正之怨，止於褫秩，故近世之選者，惟曰：「淳厚寬詳，守故習常。」是特婦女之狎躬，鄉民之寡尤，豈勝大受者哉？是故，約己讓善如唐懷慎，是之謂德；忘死殉國如宋君實，是之謂忠；防細圖大如漢張良，是之謂才，不然鄙於人主，賤於六曹，殄國綱，靡士風，昔文帝故寵鄧通必展申屠之直，錢若水感昌言之見薄，即辟位而去。夫有君之篤託，有臣之自重，胡患於不治耶？

　　楊廷和（1459～1529），字介夫，別號石齋，新都人。信中說到「明公進秉機密」，可見當時楊廷和以大學士入內閣，而楊氏入內閣之時有二，一是正德二年十月至十年三月，之後丁憂在家。一是服闋後復職，時間從正德十二年十一月，直至嘉靖三年二月致仕。信中又說到「正德中，逆瑾竊政」之事，故此信應作於楊廷和服闋之後、復職之時，即正德十二年十一月之後，當時陽明正以都察院左僉都御史巡撫南贛。

63.〈駐軍龍南小憩玉石巖雙洞奇絕繾綣不能去因扁以陽明小洞天之號兼留此作〉〔註138〕其三（正德十三年）

　　處處人緣山上巔，夜深風雨不能前。山靈叢鬱休瞻日，雲樹瀰漫不見天。猿叫二（一？）聲聲耳聽，龍泉三尺在腰懸。此行漫說多辛苦，也得隨時草上眠。

〔註138〕〔清〕閆士傑等修、王之驥等纂，《龍南縣志》（臺北：成文出版社，1989），卷12，〈藝文志·詩〉，頁712，康熙48年刊本。

《全集》內有〈回軍龍南小憩玉石巖雙洞絕奇徘徊不忍去因寓以陽明別洞之號兼留此作三首〉，而收錄在《龍南縣志》內的陽明詩亦也有三首，但此詩則與《全集》本第三首不同。

64.〈蒙岡書屋銘〉〔註139〕**為學益做**（正德十三年四月後）

之子結屋，背山臨潭。山下出泉，易蒙是占。果行育德，聖功基焉！毋虧爾簣，毋淆爾源。戰戰兢兢，守茲格言。

《江西通志》記云：「蒙岡山，在安福縣東里許，一名鳳山，又名秀峰，林木森茂，舊有明尚書王學益書屋，王守仁為之銘。」〔註140〕而王學益，字虞卿，安福人，嘉靖八年進士，為陽明門生。《年譜》云：「先生出入賊壘，未暇寧居，門人薛侃、歐陽德……王學益……，皆講聚不散。至是回軍休士，始得專意於朋友，日與發明《大學》本旨，指示入道之方。」故此詩應做於正德十三年四月平寇之後。

65.〈批「移易風俗申文」〉〔註141〕（正德十三年六月後）

欽差提督軍務都察院右副都御史王批：據〈申〉，足見知縣黃泗脩舉職業，留心教化，所申事理，悉照准擬施行，但政在宜俗，事貴近民，故良吏為治，如醫用藥，必有斟酌調停之方，庶得潛移善變之道。申繳。

文名為筆者所擬。《興國縣志》云：「黃泗，福建福清人。……正德中，由鄉舉知縣事。……時王文成公守仁方撫虔，判其牒而深嘉之。」〔註142〕又陽明升都察院右副都御史是在正德十三年六月，故此批示應在此後。

66.〈與友人〉〔註143〕（正德十三年十月之前）

〔註139〕〔清〕姚濬昌修、周立瀛等纂，《安福縣志》（臺北：成文出版社，1989），卷18，〈藝文·雜著〉，頁1956，同治11年刻本。

〔註140〕〔清〕謝旻等監修、陶成等編纂，《江西通志》（文淵閣四庫全書·史513）（臺北：臺灣商務印書館，1983），卷9，〈山川三·吉安府〉，頁316b。

〔註141〕此文收錄在〔明〕黃泗〈移易風俗申文〉末，見〔清〕孔興淅等修、孔衍倬等纂，《興國縣志》（臺北：成文出版社，1989），卷16，〈明申文〉，頁651，乾隆15年刊本。

〔註142〕〔清〕蔣敘倫等修、蕭朗峰等纂，《興國縣志》（臺北：成文出版社，1989），卷22，〈名宦〉，頁691～2，道光4年刊本。

〔註143〕〔清〕陳焯輯，《湘管齋寓賞編》，收入在黃賓虹、鄧實編，《美術叢書·四集八輯》（上海：神州國光社，1928），卷2，頁106～7。

別後三接手誨，知賓主相得，爲慰可知。孟吉既□友而廷敬復勤修
之士，從此盪摩相觀，學問之成也有日矣！益用喜躍。所喻徐宅姻
事，足感壽卿先生之不鄙，但姚江去越城不二百里耳！祖母之心猶
以爲遠，況麻溪又在五六百里之外耶？心非不願，勢不相能，如何！
如何！見徐公幸以此言爲復。吾兩家父祖相契且數十年，何假婚姻
始爲親厚，因緣之不至，固非人力所能爲也。涵養有暇，努力文學，
久處暫別，可勝企望。姪守仁頓首。

孟吉與廷敬兩人，未詳其人。而壽卿是方良永（1461～1527，號松崖，莆
田人），弘治初進士，素善王陽明，但兩人在學術思想趨向則有異。〔註144〕陽
明在信中又說到他家與徐家「父祖相契且數十年」，可見關係密切。而徐氏家族
也有多人從學陽明，例如最有名的是徐珊（字汝珮，號三溪）及其弟、〔註145〕
徐漢（字肅夫，號笑亭），〔註146〕還有徐天澤（1482～1527，字伯雨，餘姚人），
陽明曾爲他寫〈夜氣說〉及〈吊蕙皋府君文〉（考證詳後）。信中說到「祖母之
心猶以爲遠」，可見當時陽明的祖母岑氏還健在，查《年譜》記云：「（正德十四
年）正月初二得家信，祖母於去冬十月背棄，痛割之極！」〔註147〕可見此信應
作於正德十三年十月之前。

67.〈與朱守忠〉〔註148〕（正德十四年正月二日前）

屢以乞休事相瀆，諒在知愛之深，必能爲我委曲致力，然久而未效，
何耶？昔人謂「進難而退易」，豈在今日退亦有所不易耶？近日復聞
祖母病已危甚，方寸益亂，將遂棄印長往，恐得罪名教，姑復再請，
再請不獲，亦無如之矣！棄官與覆敗之罪孰重，潛逃與俘戮之恥孰
深，守忠且爲我計之，當如何而可？資本人去，因便告領俸資。凡

〔註144〕〔清〕吳葆儀等修、王嚴恭等纂，《鄖陽縣（府）志》（臺北：成文出版社，
　　　　1970），卷5之3，〈官師・宦績〉，頁226b-c。

〔註145〕管州，〈三江徐公贊〉：「公同兄三溪公（徐珊）從學陽明夫子。」徐華潤編纂，
　　　　《姚江徐氏宗譜》（北京：中國社會科學院歷史研究所圖書館，1986），卷5，
　　　　〈鄉賢像贊〉，頁15b。

〔註146〕錢德洪，〈笑亭徐公贊〉：「君諱漢，肅夫公子也。學紹箕裘，良知冥契，所與
　　　　友善者，獨陽明夫子一人。」徐華潤編纂，《姚江徐氏宗譜》，卷5，頁26b。

〔註147〕〈寄希淵〉，收錄在吳光等校，《王陽明全集》，卷4，〈文錄一〉，頁159。

〔註148〕〔清〕裴景福，《壯陶閣書畫錄》，卷10，〈明王陽明手札冊〉，頁662b～663a。
　　　　亦收入在〔清〕莫繩孫輯，《勝朝越郡忠節名賢尺牘》（明代名人尺牘選萃・
　　　　第7冊）（北京：國家圖書館出版社，2008），頁187～188。

百望指示得早還爲幸，故舊之在京邸者，憂疑中不能作書，相見亦
希道意京中消息。人還，悉寫知之。守仁頓首。

守忠爲朱節（號白浦），正德九年（1514）進士，仕至御史，巡按山東。
〔註149〕《全集》有與朱節的信，計文淵亦曾收錄三封〈與朱守忠〉，收錄在錢
明〈《王陽明全集》未刊佚文彙編考釋〉一文中。此信中說到「屢以乞休事相
瀆」、「近日復聞祖母病已危甚，方寸益亂，將遂棄印長往，恐得罪名教，姑
復再請，再請不獲，亦無如之矣！」然陽明祖母歿於正德十四年十月，陽明
隔年正月初二，才獲知消息，這期間陽明在給王瓊的信中說到「又況近日祖
母病危，日夜痛苦，方寸已亂。望改授，使全首領以歸。」可見此信應作於
正德十四年正月二日前。

68. 〈寄毛礪齋大人書〉〔註150〕（正德十四年正月間）

侍生王守仁齋沐頓首再拜啓上。大元老礪齋老先生大人執事。

守仁淺劣迂踈，幸遇大賢君子委曲裁成，誘掖匡持，無所不至，是
以雖其不肖之甚而猶得以僥倖成功，苟免於覆敗之戮。則守仁之服
恩感德於門下，豈徒苟稱知己者而已哉！然而惶惶焉！苟冀塞責而
急於求去者，非獨將以幸免夫誅戮，實懼大賢君子之厚我以德而我
承之以羞耳！人之才能豈不自知，仰賴老先生之扶植教引，偶幸集
事，既出意望之外矣！偶幸之事安可屢得，已敗而悔何所及乎？兼
之蒞任以來，病患日劇，所以強忍未敢告病之故，前啓已嘗略具。
且妻孥終歲瘴疫，家屬死亡，百歲祖母日夜思一見爲訣，老父亦以
衰疾屢書促歸，數月以來，恍恍無復人間之念。老先生苟憐其才之
不逮，憫其情之不得已，遂使泯然全迹而去，幸存餘息，猶得爲門
墻閑散之士，詠歌盛德於林下，則未死之年、未敗之行，皆老先生
之賜之全矣！感報當何如耶？不然亦且冒罪径遁以此獲譴，猶愈於
債續敗事，卒歸鉗囚，爲知己之玷矣！瀆冒威嚴。死罪！死罪！守
仁惶恐激切，再拜啓上。外附啓，瀆覽。餘素。

信名爲筆者所擬。毛珵（1452～1533，字貞甫，號礪菴，又稱礪齋），

〔註149〕〔清〕程嗣章，《明儒講學考》（四庫全書存目叢書‧子 29）（臺南：莊嚴文
化，1997），頁 602d。

〔註150〕收錄在上海圖書館編，《上海圖書館藏明代尺牘》（上海：上海科學技術文獻
出版社，2002），頁 1～5。

〔註151〕文徵明在其行狀中提到：「（弘治）甲子（1504）歲當大比，御史檄公提調試場，公展采錯事，必愼必勤，內之區畫，外之防閑，動合直宜。時王公守仁以京朝官主試，得公綜理，得人為盛。」〔註152〕又《吳縣志》記云：「毛珵，字貞甫，少遊縣學，以《易》學著名。……弘治甲子，提調試場，區畫防閑合度。主試王文成公守仁與監臨御史不協，珵為調御協恭，竣事。」〔註153〕由此可知兩人相識甚早，且毛珵對陽明照顧有加。而此信應作於陽明平南贛盜後，因祖母病危亟欲回鄉省親，《年譜》記云：「（正德十四年正月）疏乞致仕，不允。以祖母疾亟故也。上書王晉溪瓊曰：『……況近日祖母病危，日夜痛苦，方寸已亂。望改授，使全首領以歸。』」又陽明在寫給蔡宗袞的信中說到：「正月初二得家信，祖母於去冬十月背棄，痛割之極！縻於職守，無由歸遁。今復懇疏，若終不可得，將遂為徑往之圖矣。」〔註154〕故此信應作於正德十四年正月間。

69.〈祭甯都知縣王君文〉〔註155〕（正德十四年七月二十六日後）

嗚呼痛哉！公何逝之速耶？公令甯都，宸濠之役，公與我謀，謂賊必擒、事必成，到今日果如公籌。我之視公如手如足，我之實大聲宏，皆公之貺，胡天不憖，疾罹沈痾，旅餓漂漂，我心如剡，嗚呼痛哉！雖然我今鳴汝大功於朝，汝將為不朽人矣！復何憾哉！何憾哉！

王君為王天與（字性之，號東郭，1475～1519），《全集》中有〈批甯都縣祠祀知縣王天與申〉一文，據〈傳略〉云：「得疾沒于南昌，時正德十四年七月二十六日也。」〔註156〕而陽明親為文以祭之，〔註157〕故此文應作其後。

〔註151〕費宏有〈毛貞甫礪齋〉詩，《明太保費文憲公詩集》，卷14，〈六言古體〉，頁2a，明嘉靖刊本，傅斯年圖書館藏微捲。

〔註152〕〔明〕文徵明，〈嘉議大夫都察院右副都御史毛公珵行狀〉，收錄在〔明〕焦竑，《國朝獻徵錄》，〈都察院八・巡撫二〉，卷61，頁2603c-d。

〔註153〕〔明〕牛若麟修、王煥如纂，《吳縣志》（天一閣藏明代方志選刊續編・18）（上海：上海書店，1990），卷44，〈人物・才識〉，頁608～10，崇禎刊本。

〔註154〕〈寄希淵（四）〉，收錄在吳光等校，《王陽明全集》，卷4，〈文錄一〉，頁159。

〔註155〕見《明鄉賢王御史遺事》，收錄在《興寧先賢叢書》（香港：興寧先賢叢書校印處，1958），卷1，〈祭文〉，頁3a。

〔註156〕見〈擬補王性之先生傳略〉，《興寧先賢叢書》，卷1，〈補傳〉，頁9a。

〔註157〕「（公）冒暑疾作，死於軍。陽明哭之慟，如失左右手，解衣為殮，為文祭之。」見〔明〕劉熙祚修、李永茂纂，《興寧縣志》（稀見中國地方志匯刊・44）（北京：中國書店，1992），卷4，〈獻紀・崇祀鄉賢列傳〉，頁509b，崇禎10年刻本。

70.〈贈芳上人歸三塔〉〔註158〕（正德十四年九月～十一月）

　　秀水西頭久閉關，偶然飛錫出塵寰。調心亦復聊同俗，習定由來不
　　在山。秋晚菱歌湖水闊，月明清磬塔窗閒。毘盧好是嵩山笠，天際
　　仍隨日影還。

　　「芳上人」應指「范嗣芳」，沈懋孝〈鬱秀道觀重建殿宇門廡新碑記〉記
云：「余總卹誦讀於此，頗聞道士范嗣芳逮事陽明王先生，言其避瑾璫之難，
潛跡此殿後者，三載後，江右定逆藩之事，還師過此，經宿乃去。」〔註159〕
《年譜》云：「九月壬寅，獻俘錢塘，以病留。……十一月，返江西。」故可
以推知此詩應作於正德十四年九月至十一月間。

71.〈夜宿白雲堂〉〔註160〕（正德十四年九月間）

　　春園花竹始菲菲，又是高秋落木時。天迴樓臺舍氣象，月明星斗避
　　光輝。閒來心地如空水，靜後天機見隱微。深院寂寥羣動息，獨憐
　　烏鵲遶枝飛。

　　此詩與陽明另一詩〈泛湖上天竺〉同收錄在《杭州上天竺講寺志》中，而
〈泛湖上天竺〉則與《全集》本內〈西湖〉一詩內容相同，由此可知，此詩應
作於同時，也就是陽明將獻俘南都，道經錢塘之時，故是正德十四年九月間。

72.〈泊金山寺〉〔註161〕（正德十四年九月間）

　　水心龍窟只宜僧，也許詩人到上層。江日迎入明白帽，海風吹醉披
　　枯藤。鯨波四面長疑動，鼇背千年未足勝。王氣金陵眞在眼，坐看
　　西北亦誰曾。

　　《全集》本內有〈泊金山寺〉二首，且韻腳與此詩同，可知作於同時。《全
集》本又於詩首註云：「十月將趨行在」，故可知時間爲正德十四年九月間。

73.〈獻俘南都回還登石鐘山次深字韻〉〔註162〕（正德十四年十一月後）

〔註158〕此詩已見錢明，〈《王陽明全集》未刊佚文彙編考釋〉，頁245。
〔註159〕見〔明〕羅炫修、黃承昊纂，《（崇禎）嘉興縣志》（北京：書目文獻出版社，
　　　　1991），卷7，〈寺觀・鬱秀道觀〉，頁292c，崇禎10年（1637）刻本。
〔註160〕〔明〕釋廣賓，《杭州上天竺講寺志》（揚州：江蘇廣陵古籍刻印社，1985），
　　　　卷14，〈詩文紀述品〉，頁7b。
〔註161〕〔明〕釋圓濟，《金山集》（天津圖書館孤本秘籍叢書・7）（北京：中華全國
　　　　圖書館文獻縮微複製中心，1999），卷1，頁754c-d。
〔註162〕〔明〕王恕輯、沈詔增刪，《石鐘山集》（四庫全書存目叢書補編・75）（濟南：

我來扣石鐘，洞野鈞天深。荷蕢山前過，譏予尚有心。

《湖口縣志》云：「王守仁……正德十四年，擒宸濠獻俘南都，還登石鐘山，次邵文莊深字韻，賦詩鑴於白雲洞。」〔註163〕又《年譜》云「（正德十四年）十一月，返江西。先生稱病，欲堅臥不出，聞武宗南巡，已至維揚，群奸在側，人情洶洶。不得已，從京口將徑趨行在。大學士楊一清固止之。會奉旨兼巡撫江西，遂從湖口還。」故此詩應作於十一月後。

74.〈謫仙樓〉〔註164〕（正德十五年正月間）

攬衣登采石，明月滿磯頭。天礙烏紗帽，寒生紫綺裘。江流詞客恨，風景謫仙樓。安得騎黃鶴，隨公八極游。

《當塗縣志》記云：「牛渚山，距城二十里，高百仞，周十五里。舊傳有金牛出渚，故名。昔曾采五色於此，故又名采石。……唐李白披宮錦泛月，勝事稱最，山麓謫仙樓，從賀監贈名也。樓對長江，千里一目。」〔註165〕陽明經此樓的時機點應是其奉皇帝召，欲往南都，卻因宦官的阻擾，而待次蕪湖。如《年譜》記云：「（正德十五年）正月，赴召，次蕪湖。尋得旨，返江西。忠、泰在南都讒先生必反，惟張永持正保全之。武宗問忠等曰：『以何驗反？』對曰：『召必不至。』有詔面見，先生即行。忠等恐語相違，復拒之蕪湖半月。」

75.〈清風樓〉〔註166〕（正德十五年正月間）

遠看秋鶴下雲皐，壓帽青天礙眼高。石底蟠螭吹錦霧，海門孤月送銀濤。酒經殘雪渾無力，詩倚新春欲放豪。倦賦登樓聊短述，清風曾不愧吾曹。

　　　齊魯出版社，2001），卷1，〈五言絕句〉，頁631d，明刻本。此詩刻在下石鐘山，在縣北一里許。見〔清〕范之煥等修、陳啟禧等纂，《湖口縣志》（臺北：成文出版社，1989年），卷1，〈地輿志・山川〉，頁73；及〈地輿志・古蹟〉，卷1，頁144。

〔註163〕〔清〕范之煥等修、陳啟禧等纂，《湖口縣志》，卷16，〈遊覽〉，頁1245～6。

〔註164〕〔清〕佚名纂修，《當塗縣志補遺》（孤本舊方志選編・18）（北京：線裝書局，2004），〈詩餘〉，頁647，清抄本。

〔註165〕〔清〕張海等修、萬檀等纂，《當塗縣志》（臺北：成文出版社，1985），卷5，〈山川〉，頁206。

〔註166〕〔清〕梁啟讓等修、陳春華等纂，《蕪湖縣志》（臺北：成文出版社，1983），卷22，〈藝文志・詩〉，頁1484～5，嘉慶12年（1807）重修、民國2年（1913）重印本。

　　《蕪湖縣志》記云：「清風樓，在縣西北驛磯。明成化間，知縣劉憲爲御史黃讓建，取東坡清風閣，名之。」〔註167〕陽明經此樓的時機點與上詩同，且此詩中有云：「詩倚新春欲放豪」，時間點相合，所以是正德十五年正月間。

76.〈遊龍山〉〔註168〕（正德十五年正月間）

　　探奇凌碧嶠，訪隱入丹丘，樹老能人語，麋馴伴客遊。雲崖遺鳥篆，石洞秘靈湫，吾欲鞭龍起，爲霖遍九州。

77.〈梵天寺〉〔註169〕（正德十五年正月間）

　　晴日下孤寺，春波上淺沙。頹垣從草合，虛閣入松斜。僧供餘紋石，經幡落繡花。客懷煩渴甚，寒嗽佛前茶。

78.〈練潭館〉二首〔註170〕（正德十五年正月間）

　　風塵暗惜劍光沈，拂拭星文坐擁衾，靜夜空林聞鬼泣，小堂春雨作龍吟。不須盤錯三年試，自信鑪垂百鍊深，夢斷五雲懷朔鴈，月明高枕聽山禽。

　　春山出孤月，寒潭淨於練，夜靜倚闌干，窗明毫髮見。魚龍互出沒，風雨忽騰變，陰陽失調停，季冬乃雷電。依依林棲禽，驚飛復遲戀，遠客正懷歸，感之涕欲濺。風塵暗北陬，財力傾南甸，倏忽無停機，茫然誰能辨。吾生固逆旅，天地亦郵傳，行止復何心，寂寞時看劍。

　　以上四詩皆收入《安慶府志》，而府志另收有〈小孤山〉二首詩，已收入《全集》中，時間點應相同，當是陽明奉召不果後，返回江西之時。《年譜》記云：「（正德十五年）二月，如九江。」所以作詩時間應是正德十五年正月間。

79.〈登蓮花絕頂書贈章汝愚〉〔註171〕（正德十五年二三月間）

　　靈峭九十九，此峰應最高。岩棲半夜日，地隱九江濤。天礙烏紗帽，

〔註167〕〔清〕梁啓讓等修、陳春華等纂，《蕪湖縣志》，卷6，〈古蹟志〉，頁407～8。
〔註168〕〔明〕胡纘宗纂修，《安慶府志》（四庫全書存目叢書・史185）（臺南：莊嚴，1996），卷16，〈藝文志〉，頁519a，舊鈔本。
〔註169〕〔明〕胡纘宗纂修，《安慶府志》，卷16，〈藝文志〉，頁519a。
〔註170〕〔明〕胡纘宗纂修，《安慶府志》，卷16，〈藝文志〉，頁519a-b。
〔註171〕〔清〕段中律等纂修，《青陽縣志》，卷6，〈藝文志・五言律〉，頁1169；亦收錄在章貽賢編纂，《德慶三編・章氏會譜》（中國家譜・1B～17）（北京：中國社會科學院歷史研究所圖書館，1986），卷16，〈詩〉，頁28b，民國8年（1919）鉛印本。

霞生紫綺袍。翩翩雲外侶，吾亦爾同曹。

《青陽縣志》記云：「蓮花峰，在廣福寺翠蓋峰東。亂峰層矗，如蓮花，上中下三處皆有菴，惟上蓮花尤勝。」〔註172〕陽明兩次遊九華山，一是弘治十四年，一是正德十五年。而兩次皆遊蓮花峰。詩中云「岩棲半夜日」，又云「翩翩雲外侶」，正與《全集》中〈登蓮花峰〉中云「蓮花頂上老僧居，腳踏蓮花不染泥。夜半花心吐明月，一顆懸空黍米珠。」相對應，故可知時間點應該相同。《年譜》：「（正德十五年正月）入九華山，每日宴坐草庵中。……二月，如九江。先生以車駕未還京，心懷憂惶。是月出觀兵九江，因游東林、天池、講經台諸處。」又章汝愚（1503～1549），名允賢，號九華，青陽人，嘉靖八年進士，〔註173〕與陽明弟子柯喬為同鄉及同年進士。

80.〈靈山寺〉〔註174〕（正德十五年三月間）

　　深山路僻問歸樵，為指崔嵬石徑遙。僧與白雲歸暝壑，月隨滄海上寒潮。世情老去全無賴，野興年來獨未銷。回首孤舟又陳迹，隔江鐘磬夜迢迢。

《全集》中有〈江邊阻風散步至靈山寺〉詩，故此詩也應作於同時，此時是陽明赴行在不果後回江西南昌的途中，所以時間點應是正德十五年三月間，因為三月二十日遊完東林寺後，〔註175〕繼續旅程而於繁昌縣因風而阻，故有〈繁昌道中阻風〉二詩之作。

81.〈何石山招遊燕子洞〉〔註176〕（正德十五年春）

　　石山招我到山中，洞外煙浮濕翠濃。我向岸崖尋古句，六朝遺事寄

〔註172〕〔清〕段中律等纂修，《青陽縣志》，卷6，〈封域志・山川〉，頁127。

〔註173〕章允賢字號及簡歷見章貽賢的「按語」，分見於《章氏會譜》，卷16，〈詩〉，頁28b；卷9，〈祭文〉，頁6a。

〔註174〕〔清〕閔燮等編纂，《繁昌縣志》（臺北：成文出版社，1985），卷18，〈備遺〉，頁896，康熙14年（1675）重修刊本。

〔註175〕陽明有〈又次邵二泉韻〉詩，而《九江府志》於此詩記云：「王文成公七古一首計八韻，有『種蓮採菊兩荒涼，慧遠陶潛骨同朽』之句，字徑數寸，草書如龍蛇走，末署『正德庚辰三月廿日陽山人識』。」見〔清〕達春布修、黃鳳樓纂，《九江府志》（臺北：成文出版社，1975），卷50，〈藝文・金石〉，頁1113c，同治13年刊本。

〔註176〕〔清〕單履中纂修，《銅陵縣志》（天津圖書館孤本秘笈叢書・5）（北京：中華全國圖書館文獻縮微複製中心，1999），卷16，〈藝文下〉，頁755a，乾隆12年（1747）刻本。

松風。

何邦憲，字石山，邑廩生，亦有詩次陽明此詩。〔註177〕又燕子洞「在板橋，沖多有玄鳥棲息，故名。」〔註178〕陽明在銅陵縣留有〈舟過銅陵野雲縣東小山有鐵船因往觀之果見其彷彿因題石上〉一詩，而此詩有眞蹟留存於世，名爲〈銅陵觀鐵船〉，詩末後有署時間「正德庚辰春分獻俘還自南都」。〔註179〕因此此詩應作於同時。

82.〈題四友〉〔註180〕（正德十五年三月）

四友之義，楓山之記盡矣！雖有作者，寧能有加乎？補之迺復靳予言，予方有詩文戒，又適南行，異時泊舟鐵甕，拜四君子於亭下，尚能爲補之補之。陽明居士王守仁識。

此詩中有云「泊舟鐵甕」，應指銅陵縣五松山前之鐵船，縣志記云：「王守仁……正德間以宸濠之變邂逅銅陵，登五松山，樂之，遊咏累日，有〈鐵船歌〉手澤在靈祐王廟中。」〔註181〕《王陽明全集》中有〈舟過銅陵野雲縣東小山有鐵船因往觀之果見其彷彿因題石上〉一詩，而此詩有眞蹟留存於世，名爲〈銅陵觀鐵船〉，詩末後有署時間「正德庚辰春分獻俘還自南都」。〔註182〕因此，此題記應作於同時。補之應是張袞（1487～1564，號水南），其文集中有與陽明門人來往的記錄。

83.〈石屋山〉〔註183〕（正德十五年二月～九月）

〔註177〕何氏詩云：「千年燕洞碧巖中，攀歷煙蘿冶興濃。劇愛名賢詩格好，謫仙重覩拂松風。」〔清〕單履中纂修，《銅陵縣志》，卷16，〈藝文下〉，頁755a。

〔註178〕〔清〕單履中纂修，《銅陵縣志》，卷2，〈山川〉，頁553a；又板橋「去縣四十里」，見卷6，〈杠梁〉，頁606a。

〔註179〕蕭燕翼主編，《明代書法》（故宮博物院文物珍品全集・21）（香港：商務印書館，2001），頁174～5。

〔註180〕中國古代書畫鑑定組編，《中國古代書畫圖目》，第15冊，頁228，原件藏於瀋陽故宮博物院。

〔註181〕〔清〕朱成阿修、史應貴纂，《銅陵縣志》（臺北：成文出版社，1974），卷11，〈列傳・遊寓〉，頁380，乾隆22年（1757）修、民國19年（1930）刊本。

〔註182〕蕭燕翼主編，《明代書法》（故宮博物院文物珍品全集・21）（香港：商務印書館，2001），頁174～5。

〔註183〕「石屋山，治東北七十里，巘石如屋，闊可三丈，中有石山，雨暘，禱之輒應。」見〔清〕董謙吉、李煥斗等纂，《新淦縣志》（臺北：成文出版社，1989），卷2，〈輿地志下・山川〉，頁112，康熙12年刊本。

雲散天寬石徑通，清颷順上最高峰。遊仙舡古蒼苔合，伏虎岩深菉
草封。丈室尋幽無釋子，半崖呼酒喚奚童。憑虛極目千山外，萬井
江南一望中。

84.〈石溪寺〉〔註184〕（正德十五年二月～九月）

杖錫飛身到赤霞，石橋閒坐演三軍。一聲野鶴波濤起，仙風吹送寶
靈花。

前詩名爲筆者所擬。《年譜》云：「（正德十五年二月）是月，還南昌。……
（六月）十四日，從章口入玉笥火秀宮。〔註185〕十五日，宿雲儲。十八日，
至吉安。……九月，還南昌。」而新淦縣正位於南昌至吉安的路上，故此二
詩應作於正德十五年二月至九月間。

85.〈雲騰颷馭祠〉〔註186〕（正德十五年六月十五日）

玉笥之山仙所居，下有玄窟名雲儲。人言此中感異夢，我亦因之夢
華胥。碧山明月夜如畫，清溪涓涓流階除。地靈自與精神冥，忽入
清虛覿眞境。貝闕珠宮眩凡目，鸞輿鶴輅分馳騁。金童兩兩吹紫簫，
玉笥眞人坐相並。笑我塵寰久污濁，胡不來遊陵倒景。覺來枕席尙
煙霞，乾坤何處眞吾家。醒眼相看世能幾，夢中說夢空咨嗟。

《年譜》云：「（正德十五年六月）十四日，從章口入玉笥大秀宮。十五
日，宿雲儲。」且《全集》內有〈火秀宮和一峰韻〉三首，而雲騰颷馭祠即
在玉笥山元陽峰下，又名雲儲洞，〔註187〕故可知此詩作於正德十五年六月十
五日左右。

86.〈遊南岡寺〉〔註188〕（正德十五年六月）

<hr>

〔註184〕〔清〕董謙吉、李煥斗等纂，《新淦縣志》，卷2，〈輿地志下・山川〉，頁112。

〔註185〕此宮名應爲大秀宮，「大秀宮，東四都，去縣四十里，在玉笥山之麓，其上有
天王閣，在山腰又有羅浮菴。」見〔清〕佟國才修、謝錫藩等纂，《峽江縣志》
（北京：線裝書局，2004），卷4，〈祠廟〉，頁122，康熙8年刻本。

〔註186〕〔清〕佟國才修、謝錫藩等纂，《峽江縣志》，卷4，〈祠廟〉，頁108。

〔註187〕「雲騰颷馭祠，新舊郡志載在玉笥山元陽峰下，又名雲儲洞，唐吳世雲爲吉
州刺史，棄官絜家修道元陽峰下，道成，舉家飛昇。」〔清〕佟國才修、謝
錫藩等纂，《峽江縣志》，卷4，〈祠廟〉，頁108。

〔註188〕〔清〕周樹槐等纂修，《吉水縣志》（臺北：成文出版社，1989），卷31，〈藝
文・詩〉，頁2131，道光5年刻本。又「南岡寺，在邑東山，即古孝義寺。」
見〈寺觀〉，卷30，頁2028。

古寺迴雲麓，光含遠近山。苔痕侵履濕，花影照衣斑。宦況隨天遠，歸思對石頑。一身愓夙夜，不比老僧閒。

87.〈過安福〉〔註189〕（正德十五年六月）

歸興長時切，淹留直到今。含羞還屈膝，直道愧初心。世事應無補，遺經尚可尋。清風彭澤令，千載是知音。

　　以上二詩皆收在吉水、安福兩縣志中，而陽明會經過二地的機會只有在撫贛及平宸濠之亂後，而前詩中云：「宦況隨天遠，歸思對石頑」，後詩首句云：「歸興長時切，淹留直到今」，可以確知是在平宸濠之後，因為陽明曾三上奏疏，要求回鄉省葬不果，故常懷歸鄉之心。而《年譜》云：「（正德十五年六月）十五日，宿雲儲。十八日，至吉安，游青原山，和黃山谷詩，遂書碑。行至泰和，少宰羅欽順以書問學。……是月至贛。」故二詩應作於正德十五年六月。

88.〈春暉堂〉〔註190〕（正德十五年）

春日出東海，照見堂上萱。遊子萬里歸，班衣戲堂前。

春日熙熙萱更好，萱花長春春不老。森森蘭玉氣正芳，翳翳桑榆景猶早。忘憂顧母長若萱，報德兒心苦於草。君不見，柏臺白晝飛清霜，到處草木皆生光。若非堂上春暉好，安能肅殺迴春陽。

　　此堂為唐龍所建，董玘〈春暉堂記〉：「予友侍御蘭谿唐君嘗作堂為奉母之所，名之曰春暉之堂，而求記于予。」〔註191〕《明史》：「唐龍，字虞佐，蘭谿人，受業於同縣章懋，登正德三年進士。」〔註192〕《全集》內收有陽明〈復唐虞佐〉及〈與唐虞佐侍御〉二文。陽明在〈與朱守忠〉信中說到：「虞佐相愛之情甚厚」，足見兩人關係匪淺。不過兩人在學術立場上則不同，如《年譜》云：「（正德十五年）是時陳九川、夏良勝、萬潮、歐陽德、魏良弼、李遂、舒芬及襲衍日侍講席，而巡按御史唐龍、督學僉事邵銳，皆守舊學相疑，唐復以『徹講擇交』相勸。」故此詩應作於正德十五年。

〔註189〕〔清〕王謙言纂、黃寬、劉學愉修，《安福縣志（下）》（北京：線裝書局，2004），卷8，〈詞翰‧詩〉，頁86～7，康熙52年刻本。

〔註190〕〔明〕徐用檢修，《蘭谿縣志》（臺北：成文出版社，1983），卷6，〈古蹟〉，頁527。

〔註191〕〔明〕董玘著、唐順之選，《中峰文選》，卷2，〈記〉，頁8b，傅斯年圖書館藏善本。

〔註192〕〔清〕張廷玉等，《明史》，卷202，〈列傳第九十〉，頁5327。

89.〈寄汪仁峰二〉〔註193〕（正德十五年閏八月）

遠承教札，兼示〈閑闢辯〉，見執事信道之篤，趨道之正，喜幸何可言。自周程後，學厖道毀，且四百餘年，逃空寂者，聞人足音跫然，喜矣！況其親戚平生之歡乎？朱陸異同之辯，固守仁平日之所召尤速謗者。亦嘗欲爲一書，以明陸學之非禪見，朱說亦有未定者；又恐世之學者，先懷黨同伐異之心，將觀其言而不入，反激怒焉！乃取朱子晚年悔悟之說，集爲小冊，名曰：「朱子晚年定論」，使具眼者自擇焉！將二家之學，不待辯說而自明矣。近門人輩刻之雩都，士夫見之，往往亦有啓發者。今復得執事之博學雄辭，闡揚剖析，烏獲既爲之先登，懦夫益可魚貫而前矣。喜幸何可言！辱以〈精舍記〉見委，久未奉命，此誠守仁之罪也。悚仄！悚仄！然在向時雖已習聞執事之高名，知所景仰，而於學術趨向之間，尚有未能盡者，今既學同道合，同心之言，其容已乎？兵革紛擾中，筆札殊未暇，〈乞休疏〉已四上，期在必得，不久歸投山林，當徐爲之也。盛价立俟回書，拙筆草草，未盡扣請，伏惟爲道珍愛，寓虔病生王守仁頓首啓。

信名爲筆者所擬。此文應作於正德十五年八月之時，因爲信中說到：「〈乞休疏〉已四上」，考《年譜》云：「（正德十五年）閏八月，四疏省葬，不允。初，先生在贛，聞祖母岑太夫人訃，及海日翁病，欲上疏乞歸，會有福州之命。比中途遭變，疏請命將討賊，因乞省葬。朝廷許以賊平之日來說。至是凡四請。」又之後汪循亦有回信，〔註194〕信中針對陽明《朱子晚年定論》一書，提出四個質疑。

90.〈與時振·其一〉〔註195〕（正德十六年一月三日）

珍菓遠及，勞人多矣！登受殊愧，羊酒儀則不敢當。附來人還。納荷諸公深情，未能一一書謝。冗次草草，統希心照。寓洪都守仁拜手。

大提學時振鄉兄大人有道執事。

〔註193〕 〔明〕汪循，《汪仁峰先生文集二十九卷，外集四卷》，卷 3，〈外集·書〉，頁 596d～7b。

〔註194〕 〔明〕汪循，《汪仁峰先生文集二十九卷，外集四卷》，卷 5，〈文集·書〉，頁 248c～50a。

〔註195〕 〔清〕陸心源，《穰梨館過眼錄·續錄》（臺北：學海出版社，1975），卷 5，〈元明名人尺牘冊〉，頁 1975～6，光緒 17（1891）吳興陸氏家塾刊本。

貴僚諸公，同此致意。小書奉覽。正月三日，餘。

時振爲胡鐸（？～1538，別號支湖，浙江餘姚人），以《易》領弘治十一年（1498）鄉試第一，十八年（1505）成進士，曾作《異學辨》，其大旨本宋儒而折王文成守仁。〔註196〕信中說到「大提學」，可見當時胡鐸任有關學校之職，《明實錄》記云：「（正德十二年春正月）甲辰，陞刑部署郎中事主事唐錦、福建按察司僉事胡鐸爲按察司副使，提調學校，錦江西、鐸福建。」〔註197〕又「（嘉靖元年十月）陞福建按察司副使胡鐸爲湖廣布政使司左衡政。」〔註198〕可知胡鐸任福建按察司副使時間爲正德十二年正月至嘉靖元年九月。信中又說「寓洪都守仁拜手……正月三日。」查陽明在正月在江西南昌之時，應是正德十六年（1521），《年譜》記云：「正月，居南昌。」所以此信應作於正德十六年一月三日。

91.〈與時振・其二〉〔註199〕（正德十六年七月間）

闊別久，近想所造日益深純，無因一面扣爲快耳！教下士亦有能興起者乎？道之不明，世之教與學者，但知有科舉利祿，至於窮理盡性自己本領，乃反視爲身外長物，有道者必嘗慨歎於斯矣！何以救之？何以救？區區病疏既五上，近當得報，歸覲有期，庶幾盡力於此也。海內同志漸多而著實能負荷得者尚少，如吾時振美質清才，篤志而不怠，亦何所不到哉！偶張解元去，便略致企念之懷，冗次草草不盡。寓洪都守仁頓首。

啓時振大提學道契兄文侍。

《古本》、《定論》各一冊。餘素。

陽明在信中說到「區區病疏既五上」，查《年譜》：「（正德十六年）六月十六日，奉世宗敕旨，以『爾昔能剿平亂賊，安靜地方，朝廷新政之初，特茲召用。敕至，爾可馳驛來京，毋或稽遲。』先生即於是月二十日起程，道由錢塘。輔臣阻之，潛諷科道建言，以爲『朝廷新政，武宗國喪，資費浩繁，不宜行宴賞之事』。先生至錢塘，上疏懇乞便道歸省。朝廷准令歸省，升南京

〔註196〕〔明〕劉麟長輯，〈明支湖先生胡鐸〉，《浙學宗傳》（四庫全書存目叢書・史111）（臺南：莊嚴文化，1997），頁79c～80c。
〔註197〕中央研究院歷史語言研究所校勘，《明實錄》，〈武宗實錄〉，卷145，頁2844。
〔註198〕中央研究院歷史語言研究所校勘，《明實錄》，〈世宗實錄〉，卷19，頁564。
〔註199〕〔清〕陳焯輯，《湘管齋寓賞編》，卷2，頁108。

兵部尙書，參贊機務。……八月至越。」此時所上之疏爲第五疏（第四疏在十五年閏八月），由此可知，此信應作於正德十六年七月間。

92.〈和理齋同年浩歌樓韻〉〔註200〕（正德十六年六月～八月）

長歌浩浩忽思休，拂枕山阿結小樓。吾道蹉跎中道止，蒼生困苦一生憂。蘇民曾作商家雨，適志重持渭水鉤。歌罷一篇懷馬子，不思怒後佐成周。

詩中云「歌罷一篇懷馬子」，可見此「理齋同年」應是姓馬，而陽明同年中姓馬的有馬龠（四川）、馬清（河北）、馬溥然（四川）、馬駿（山西）及馬昊（陝西寧夏），且詩中又說到「適志重持渭水鉤」，所以應是指馬昊，《明史》云：「馬昊本姓鄒，字宗大，寧夏人，弘治十二年進士，由行人選御史。正德初，遷山東僉事，坐累謫眞定推官，境內數有盜，昊教吏士習射，廣設方略，盜發輒獲。再坐累，謫判開州，眞定吏民伏闕請留，乃免。遷四川僉事。」〔註201〕此後馬昊一直於四川任職，並未往外地任官。然馬昊於正德十六年四月被十三道監察御史論劾，並得旨致仕，後又於同年十一月被逮至京下獄，〔註202〕故其與陽明最有可能見面的機會應屬此時，而陽明此時於此年六月間奉旨進京，由南昌出發，道經錢塘，但隨後得旨准令歸省，於八月至越，所以兩人相見於廣信府弋陽是有可能的。且此詩中有云：「不思怒後佐成周」，明白地反應馬昊當時的處境，故此詩應作於正德十六年六月至八月間。

93.〈陽明山人餘姚王公守仁春日宿寶界禪房賦〉〔註203〕（正德十六年六、七月）

晴日落霞紅蘸水，杖藜扶客眺西津。鶯鶯喚處青山曉，燕燕飛時綠野春。明月海樓高倚徧，翠峰煙寺遠遊頻。情多謾賦詩囊錦，對鏡

〔註200〕〔清〕俞致中等修、汪炳熊等纂，《弋陽縣志》（臺北：成文出版社，1989），卷13，〈藝文‧文徵〉，頁1560～1，同治10年刊本。

〔註201〕〔清〕張廷玉等，《明史》，卷187，〈列傳第七十五〉，頁4966。

〔註202〕中央研究院歷史語言研究所校勘，《明實錄》，卷1，〈世宗實錄〉，頁50～1；及卷8，頁295～6。

〔註203〕〔明〕沈朝宣，《仁和縣志》（上海：上海書店，1994），卷12，〈寺觀‧寶界寺〉，頁194a，嘉靖刊本。又「寶界寺，在艮山門外，梁貞明間建于城中，名翠峰；宋治平間，改今額，移建今所。」見〔明〕田汝成，《西湖遊覽志》（文淵閣四庫全書‧585）（臺北：臺灣商務印書館，1983），卷19，〈南山分脈城外勝蹟‧佛刹〉，頁247b。

愁添白髮新。

陽明此詩末後一句「對鏡愁添白髮新」，說明此詩作於晚年，而陽明晚年皆在越一地，會經過杭州府仁和縣的機會，只有與上詩考釋中相同的時間點，故此詩應亦作於正德十六年六、七月間。

94.〈寄原忠太史〉〔註204〕（正德十六年九月三日）

> 歲欲一訪廬下，少伸問慰，遂爲天台雁蕩之遊，而冗病相縛，竟不得行。今伯載之往，又弗克偕，徒有悵怏而已。可如何！如何！邇惟孝履天相，讀禮之餘，孰非進德之地。今冬大事克舉否？執紼之役，未能自決，則相見之期，亦未可先定也。離懷耿耿，病筆不能具，伯載當亦略能以悉，九月三日，守仁拜手原忠太史道契。

> 兄大孝莫次，令先翁墓文不敢違約，病患中望少遲之，然稽緩之罪已知不能逭矣！別錄二冊奉覽，餘素。

《光緒仙居志》記云：「應良（？～1549），字元忠，號南洲。……稍長，輒以聖學爲己任。暨舉正德戊辰（1508）會魁，憤逆閹劉瑾亂政，浩然歸。至辛未（1511），始廷試，登二甲第七人，選庶吉士，從湛甘泉、王陽明講良知之學，既有得折節稱弟子，與四方豪傑倡學論政，務見諸實功。」〔註205〕又《石匱書》說應良「正德中，以父老歸侍。蕭然一室，講學授徒，歸養十餘年。」〔註206〕陽明說到「原忠太史道契」，可見應良當時的官職與史書編撰有關，應是庶吉士；又說到「歲欲一訪廬下，少伸問慰」、「令先翁墓文」等，可見應良父親過世不久。查《明實錄》記云：「（嘉靖二年閏四月）授服闋庶吉士應良爲翰林院編修。」〔註207〕時間往回推算，應父應該於正德十五年四五月間過世，所以此信著作時間點有二：一是正德十五年九月三日，此時陽明剛剛平定宸濠之亂，諸事纏身，不可能有「欲一訪廬下，少伸問慰」的機會。二是正德十六年九月三日，陽明回餘姚省祖塋，相對來說，去仙居較爲

〔註204〕鄒顯吉編輯，《湖北草堂藏帖》（板橋：藝文印書館，1975），第一冊，〈王陽明先生守仁柬〉，無頁數。

〔註205〕〔清〕王壽頤等修、王棻等纂，《光緒仙居志》（臺北：成文出版社，1975），〈人物‧儒林〉，卷13，頁755～6。

〔註206〕〔清〕張岱，《石匱書》（續修四庫全書‧史319）（上海：上海古籍出版社，1997），卷130，〈陽明弟子列傳〉，頁343c。

〔註207〕中央研究院歷史語言研究所校勘，《明實錄》，〈明世宗肅皇帝實錄〉，卷26，頁731。

方便，可能性較大。所以此信應作於正德十六年九月三日。

95. 〈與既白殿下〉〔註208〕（正德十六年八月後）

侍生王守仁頓首拜。既白賢先生宗望。

向者有事西江，久知賢橋梓親賢樂善有年，茲承手札，所須拙筆，冗冗未暇爲也。幸恕！幸恕！尙容寄奉，不備。守仁再頓首

此文名爲筆者所擬。收信人爲朱拱㭶〔註209〕（1503～1574後），字茂材，號季白，又號既白，又稱「三洲既白」，別號友蓮，爲江西寧藩王之後。《藩獻記》云：「奉國將軍拱㭶，字茂材，瑞昌拱枘弟也。博辯儒雅，有智數。嘉靖九年冬，上書請建宗學，并詔宗室設壇墠，行耕桑禮，謹祀典，加意恤刑，後以議禮稱旨，賜褒諭。又嘗捐田白鹿洞，瞻來學者，與兄枘并以聲譽致諸貴游子。」〔註210〕信中說到「向者有事西江」，指的是宸濠之亂，故此信應作於陽明歸越之後，也就是正德十六年八月之後。

96. 〈觀善巖小序〉〔註211〕（正德末年）

「善」，吾性也。曰：「觀善」，取《傳》所謂：「相觀而善」者也。

《雩都縣志》云：「羅田巖，距縣五里，一名善山。兩旁有巖相通，古稱華嚴禪院，左爲『仕學山房』，屋巖下右曰『觀善巖』，陽明先生題筆，邑孝廉何春所闢也。」〔註212〕而何春爲陽明門人，《雩都縣志》云：「何春，字元之，廷仁兄，弘治甲子（1504）舉人。……及王公守仁開府虔南，春謂弟廷仁曰：『此孔孟嫡派也，吾輩當北面矣！』乃偕弟師事焉！」〔註213〕故可知此序應作於正德末年。

97. 〈贈蔣澤〉〔註214〕（正德末～嘉靖初）

〔註208〕〔明〕朱□□輯，《麗澤錄》（北京圖書館古籍珍本叢刊・集115）（北京：書目文獻出版社，1988），卷17，頁117b，嘉靖36年朱氏玄暢新館刻本。

〔註209〕蕭鴻鳴編著，《八大山人的王室家學》（北京：燕山出版社，2006），頁74。

〔註210〕〔明〕朱謀瑋，《藩獻記》（北京圖書館古籍珍本叢刊・史19）（北京：書目文獻出版社，1988），卷2，頁762c。

〔註211〕此序收錄〔明〕何春，〈觀善巖記〉後，見〔清〕李祐之等修、易學實等纂，《雩都縣志》（臺北：成文出版社，1989），卷14，〈紀言・記〉，頁806，康熙元年刊本。

〔註212〕〔清〕李祐之等修、易學實等纂，《雩都縣志》，卷1，〈輿地・山川〉，頁109。

〔註213〕〔清〕李祐之等修、易學實等纂，《雩都縣志》，卷9，〈鄉賢・理學〉，頁523。

〔註214〕〔清〕邵友濂修、孫德祖等纂，《餘姚縣志》（臺北：成文出版社，1983），卷

平生心迹兩相奇，誰信雲臺重釣絲。性僻每窮詩景遠，身閒贏得鬢霜遲。

詩名爲筆者所擬。《餘姚縣志》云：「蔣澤，字鐵松，治禮經，性行高潔，不樂仕進，肆力稽古，以詩鳴，通曉天文雜術等書。然脫落世故，惟與善詩者日夕唱和。」〔註215〕又蔣澤治《禮》，與陽明家學相同。按照〈蔣澤傳〉在《餘姚縣志》中的位置，此文估計是陽明晚年居越時所作。

98.〈贈侍御柯君雙峯〉長短行〔註216〕（正德十六年至嘉靖初年間）

九華天作池陽東，翠微堤邊復九華。兩華亘起鎭南極，一萬七千羅漢松。松林繁陰靄靈秘，疑有神物通其中。大者孕精儲人傑，次者凝質成梁虹。盪摩風雷壯元氣，推演八卦連山重。大華一百四峯出愈奇，芙蓉開遍花叢叢。小華二十四洞華蓋盧，連珠纍纍函崆峒。雲門高士禱其下，少微炯炯泹溟沖。華山降神尼父送，寧馨兒子申伯同。三歲四歲貌岐嶷，五歲穎異如阿蒙。六歲能知日遠近，七歲默思天際窮。十歲卓犖志不羈，十四五六詩書通。二十以外德義富，仰止先覺涉高風。謫仙遺躅試一蹴，文晶吐納奔霓虹。陽明山人亦忘年，傾蓋獨得斯文宗。良知親唯吾道訣，荒翳盡掃千峯融。千峯不斷連一脈，巖崿嶙崪咸作容。中有兩峯如馬耳，壁立萬仞當九空。龍從此起雲潑岫，膏霖海宇資化工。化工一贊兩儀定，上有丹鳳鳴離離鳴離離。和氣充餐松，齧芝欲不老，飄飄灑逸如仙翁。小華巨人跡，可以匡天步。大華仙人坂，可以登鴻濛。雙華之顚眞大觀，尙友太華峨岷童。俯瞷八荒襟四瀆，我欲躋攀末由從，登登復登安所止。太乙三極羅胸中，雙華之居夫子宮。

《青陽縣志》記云：「柯喬，字遷之，九都人。幼遊李呈祥之門，篤志好學。及王守仁來遊九華，喬師事之。」〔註217〕此文是陽明爲柯喬所築之雙峰草堂而作，又文中有「良知親唯吾道訣」一語，所以作詩時間應是陽明正德十六年提出「致良知」之教後。

23，〈列傳十二〉，頁 615a，光緒 25 年（1899）刊本。

〔註215〕〔清〕邵友濂修、孫德祖等纂，《餘姚縣志》，卷 23，〈列傳十二〉，頁 615a。

〔註216〕〔清〕劉權之修、張士範等纂，《池州府志》（臺北：成文出版社，1985），卷 46，〈儒林〉，頁 2424～6，乾隆 43 年（1778）刊本。

〔註217〕〔清〕段中律等纂修，《青陽縣志》，卷 4，〈人物志・理學〉，頁 612。

99. 〈五星硯銘〉〔註218〕（正德年間）

五氣五行，五常五府。化育紀綱，無不惟五。石涵五星，上應天數。其質既堅，其方合矩。蘊藉英華，包含今古。

《平江縣志》記云：「國初，縣東關掘井，獲硯一，正方石，色青，有白點五，高四寸，廣兩寸有奇。上刻小篆『五星硯銘』四字；左傍署『正德』，年缺；右署『春王正月』；背面隸書銘曰：『……』。末署王守仁識，小印曰陽明。」〔註219〕

100. 〈與友〉〔註220〕（嘉靖元年二月至三月間）

先君初諱，號慟摧割，適承哀崩，毒彌深，未能匍匐走謝。倘蒙賜之惠臨，幸得望見顏色，庶幾復親老親之遺容，孤之願也。荒無欠。孤守仁稽顙。

「先君初諱」一句，即說明陽明父親剛剛過世，陽明心情仍在悲傷的情緒中，因此此信應作於嘉靖元年二月至三月間。

101. 〈與尚謙〉〔註221〕（嘉靖元年三至六月間）

兒輩來，聞貴恙即欲往候，顧几筵不得少離，馳念何可言！山間幽寂蕭散，於學力不爲無助，論者或以雨後濕暑，草木鬱蒸之氣亦能中人，不若暫且移臥城中傍山小菴院，俟暑退復往，如何？爲學工夫難得力處，惟患難疾病中。患難中，意氣感發，尚自振勵，小疴薄瘵猶可支持。若病勢稍重，又在逆旅，精神既懨，積累易牽，即意思怏怏無聊，鮮不弛然就靡者。此皆區區嘗所經涉，不識賢者如何耳？越人去，不克偕。悵怏！悵怏！汝山偶過杭，今晚若到，明日更遣兒曹同候。千萬珍攝自愛。守仁拜手。

〔註218〕〔清〕張培仁等修、李元度纂，《平江縣志》，卷55，〈藝文志・金石〉，頁44a-b，清同治13年（1874）至光緒元年（1875）刊本；亦見〔清〕卞寶第、李瀚章等修；郭嵩燾、曾國荃等纂，《湖南通志》（續修四庫全書・史668）（上海：上海古籍出版社，1997），卷287，〈藝文志43・金石29〉，頁456上，清光緒11年（1885）刻本。

〔註219〕出處同上。

〔註220〕〔清〕莫繩孫輯，《勝朝越郡忠節名賢尺牘》，頁189。

〔註221〕〔清〕裴景福，《壯陶閣書畫錄》，卷10，〈明王陽明手簡三通〉，頁664a-b。此文真跡影本收入在陶貞白、丁念先選輯，《明清名賢百家書札真跡》，（臺北：陶貞白發行，1954），卷上，頁26～30，但有缺頁。

　　此信有另一版本，收錄在錢明〈《王陽明全集》未刊佚文彙編考釋〉文中，兩相比較，此信約莫是錢版的下半部，但文意較通順。錢版開頭有云「所留文字，憂病中不能細看」，說明陽明丁憂在家兼身體有病，而其守喪期間是嘉靖元年二月十二日至三年四月。《年譜》又記云：「先生臥病，遠方同志日至，乃揭帖於壁曰：『某鄙劣無所知識，且在憂病奄奄中，故凡四方同志之辱臨者，皆不敢相見；或不得已而相見。亦不敢有所論說，各請歸而求諸孔、孟之訓可矣。……』」又此信中又說「俟暑退復往」，可見此信作於嘉靖元年三至六月間。

102.〈與友人〉〔註222〕（嘉靖元年二月至三年四月）

　　人間毒暑，正自無地可避，湖山中別有清涼世界，固宜賢者盤桓，而不能舍矣！孤在憂病中，既不能往，兒輩又以塵俗之絆復不能遣之往從，徒有悵望耳！還駕遲速，惟尊意所裁，不敢致期必也。守仁稽顙。

　　信名為筆者所擬。從信末「稽顙」一語，可知是陽明於正德十六年返回故鄉省親，隔年二月其父王華卒，因此在家丁憂三年期間所做。《年譜》說到陽明是三年四月服闋，所以著作時間應落在嘉靖元年二月至三年四月。

103.〈與尚謙、誠甫、世寧〉〔註223〕（嘉靖二年三到六月間）

　　前日賤恙，深不欲諸君出顧，正恐神骨亦非久耐寒暑者。乃今果有所冒，幸而不至於甚，亦足以警也。自此千萬珍重！珍重！賤軀悉如舊，但積弱之餘，兼此毒暑，人事紛沓，因是更須將息旬月，然後敢出應酬耳！味養之喻，已領盛意，守身為大，豈敢過為毀瘠。若疾平之後，則不肖者亦不敢不及也。所云〈私抄〉，且付之公論，未須深講。山靜若太古，日長如小年。前日已當面語，今更為諸君誦之。守仁白。尚謙、誠甫、世寧三位道契。文侍。

　　尚謙是薛侃（1486～1545，號中離，揭陽人），誠甫是黃宗明（？～1536，號致齋，鄞人），薛黃兩人皆從學於陽明。而世寧為胡世寧（1469～1530，字

〔註222〕魯燮光手輯，《越賢赤牘存真》（清代稿鈔本・1輯・31冊）（廣州：廣東人民出版社，2007），頁123。

〔註223〕〔清〕裴景福，《壯陶閣書畫錄》，卷10，〈明王陽明手簡三通〉，頁663b～664a。此文真跡影本收入在陶貞白、丁念先選輯，《明清名賢百家書札真跡》，卷上，頁23～25，有缺頁。

永清，仁和人），通曉兵法，是與陽明共同平宸濠之亂的功臣，陽明極重之，
嘗語人曰：「永清才自不可一世，但恨不講學耳！」胡聞之笑曰：「吾正恨陽
明多此一講學耳！」〔註224〕此信應作於陽明平宸濠後歸越所作，而「前日已
當面語，今更爲諸君誦之」一語，也表明三人也皆在越，查《年譜》記云：「（嘉
靖二年二月）鄒守益、薛侃、黃宗明、馬明衡、王艮等侍，因言謗議日熾。」
所以此信應在門弟子離開後才寫的，因爲如果弟子們都在，也無須多此一舉。
中又說到「兼此毒暑」，可見時間應是嘉靖二年三到六月間。

104.〈回劄〉〔註225〕（嘉靖二年十二月）

　　孤子王守仁稽顙，疏復司空董山老先生大人鄉丈執事

　　守仁罪逆深至，去歲已卜葬先考矣！不意乃有水患，今冬復改卜。
方茲舉事，忽承手教，與獎過深！寵然委使敘所著述，感怍惶悚，
莫知所措，惛惛未死之人且不知有天地日月，又足以辦此乎？雖然
雅頌之音、韶英之奏，固其平生所傾渴者，喪復之後，耳目苟不廢，
尚得請與樂章而共習之。其時固不敢當首序之，儻或綴數語於簡末，
以自附於吳季子之末論萬一其可也。竄人之室，虞有闕落，不可以
居重寶，佳集且附使者奉納，冀卜日更請千萬鑒恕，荒迷無次。嘉
靖二年十二月初三日，孤子守仁稽顙上。

　　厚幣決不敢當，敬返璧，幸恕不恭。倘不蒙見亮復有所賜，雖簡末
數語亦且不敢呈醜矣，方擬作答，忽頭眩嘔仆，不能手書，輒口占
令門人代筆，尤祈鑒恕！

　　李堂，字時升，鄞縣人，成化丁未進士，累官工部右侍郎，總理河道，
有《董山集》。〔註226〕

105.〈與子臺兄〉〔註227〕（嘉靖元年～六年五月間）

　　病軀復爲人事所困，今早遂不能興聞。返棹及門，兼聞貴體欠調，

〔註224〕〔明〕趙善政，《賓退錄》（叢書集成初編）（上海：商務印書館，1936），卷
　　　　3，頁19。
〔註225〕此文收錄在〔明〕李堂，《董山文集》（四庫全書存目叢書・史44）（臺南：
　　　　莊嚴文化，1997），〈附錄〉，頁339c-d，嘉靖刻本。
〔註226〕見〔清〕朱彝尊編，《明詩綜》（文淵閣四庫全書・1459）（臺北：臺灣商務印
　　　　書館，1983），卷29，頁751a。
〔註227〕〔清〕陳焯輯，《湘管齋寓賞編》，卷2，頁106。

為之惕然慚負。奈何！奈何！先公文字得暇即遣人呈稿，或須高德元再至，斷不敢更遲遲矣！歸見令兄，望悉此懇。粗肴物奉餉。從者不能出送，伏枕惶悚！惶悚！守仁頓首。

子臺秋元世契兄文侍。餘。

　　子臺，未詳何人。信中說到「世契」，可見陽明與其是世交。而「先公文字」一方面指得是王華（1446～1522）《垣南草堂彙》等著作，〔註228〕另一方面指出此信應作於王華歿（嘉靖元年二月）後。而觀察信中之意，陽明寫作的地點應該在家鄉餘姚之時，姑繫於嘉靖元年到六年五月出征思田前間。

106.〈寄楊廷和書二〉〔註229〕（嘉靖三年十月後）

古之大臣不薦士人，皆責之，文侯之擇相以係天人之去留，非他宰輔小臣百執事可以出入進退其間者。求之古人，如稷契伊周為天下萬世之第一流，始克當之，今不可得而見矣！就以一代之才供一代之用，亦必掄選難任，求如漢平勃之重厚、唐房杜之謀斷、宋韓范之救時，庶克顛隮，不徒執簿呼名，竊坐資級備員數而已。然不知今日內閣為宰相之第一人者，果稷契伊周之佐歟？抑平勃房杜韓范之佐歟？臣見其直不如平，厚不如勃，謀斷不如房杜，而救時又不如韓范遠甚，徒以奸佞伴食恬寵，上激天變，下鼓民怨，中失物望，臣固以逆知其情，非天下之第一流人矣！

夫居天下第一等之位而非天下第一流之人，正古所謂有聖君無賢佐，時不相值，功不可成，曾貞觀慶曆之不若，則將焉用彼相矣！臣謹按陛下之師，得《易·同人》之「屯四」，持太師之權而勢不能以自克，五隔強臣之拒而清莫得，以下同又屯飛鼎伏，當經綸之任，無濟難之才，將有折鼎覆餗之兇，不可以不慎也。臣又按陛下之友，得《易·姤》之「剝」，一陰生於下而君子之朋將以類去，一陽剝於上而小人之朋將以類聚，若是者，王順長息，則我之使注訓，惇下則我之仇尚友之云。臣願陛下謹未然之防而進將來之陽，若曰士之處也求其為斯世也，而不必如范升之詆誚，士之出也求其順吾志也，

〔註228〕「王華《禮經大義》、《諸書雜錄》二十卷、《垣南草堂彙》十卷、《龍山彙》十五卷。」見〔清〕邵友濂修、孫德祖等纂，《餘姚縣志》，卷17，〈藝文上〉，頁330c。

〔註229〕〔明〕張萱，《西園聞見錄》，卷26，〈宰相上〉，頁2454～6。

而不必如張楷之責望，人言杞姦邪而己不覺，人言外有變而內不知，則是重陰抑陽，黨邪陷正，雖有金柜之固，不可止矣！豈不激成天變也哉。今地震京師且在十月者，茲謂重陰，相臣妨政，天下不寧，仕三邊者君相不能制夷狄，而夷虜侵中國，積陰爲水，雨水不時，則水潦爲敗。夫水沒都城，則陰沴陽，小人在相位，兵起之兆，雹毀瓦甕，殺禽獸者，國任小人而弗疑也。雷電霹靂，大風伐屋折木者，小人在高位，賢人走遁也。人生有兩首四目，茲謂人禍，政出多門，宰相亂位，四夷來侵之象，赤風主火災，賢奸不分，官人無序，故火失其性。夫災不妄作，變不虛生，人感天應，捷於桴鼓。然則今日之變，謂非相臣之積漸也耶？夫是臣者歷事先朝，曾無寸補，每以姦佞諂取寵榮，既覆前轍之車，莫及噬臍之悔，此陛下之所親見也。今又曲營虛譽以欺陛下於再誤，若弗早辨則後車弗戒，禍將焉極？臣以爲此臣不去則紀綱益頹而風俗益壞，此臣不去則國勢益輕而夷狄益強，此臣不去則邦本益搖而人才益彫，此臣不去則言路益塞而邪正益淆，此臣不去則君臣益暌而災異益臻，臣請陛下亟去之，更求才兼文武，應變幾神，可與共濟時艱，如昔大學士楊一清；悖德夙成，木強重厚，可與共臨患難，如今大學士石瑤，若有其人取置左右，如不兼得，寧虛位以俟，而不求備焉！斯弊政可除，人才可用，必有上帝者默贊，良弼起而協，夢卜之求矣！臣遐荒疎逖糞土之臣，平生未識宰相一面，去京師萬里，豈有深怨積怒於是臣，而固欲攻之以快己私也哉？其所以反覆開論，不避斧鑕之誅，區區之意，以爲宰相論道親切，化原苟非其人必基禍本，明詔所謂：「弊政未除，人才未用」，正在於此，故爲國長遠之慮，而不敢自爲身謀，其愚亦可見矣！

信中說到：「更求才兼文武，應變幾神，可與共濟時艱，如昔大學士楊一清；悖德夙成，木強重厚，可與共臨患難，如今大學士石瑤。」而楊一清入內閣時間有二，一是正德十年閏四月至十一年八月，二是嘉靖四年十一月至八年九月；又石瑤入內閣的時間是嘉靖三年五月至六年八月，所以寫信的時間應是嘉靖三年五月至四年十一月。信中又云及：「明詔所謂：『弊政未除，人才未用。』」查《明實錄》：「（嘉靖三年九月）」丙子。以更定大禮尊稱詔諭天下。……是日，上御奉天殿頒詔，詔曰：『……大禮告成，朕方欲同心以和

典禮之衷，敬事以建臣民之極。爾內外諸司百僚，務宜体朕之意，有官守者脩其職，有言責者盡其忠。凡舊章未復，獘政未除，人才未用，民生未安，邊備未飭，軍儲未充，一切有裨於政理，利於軍民者，其一一條具奏聞，朕將舉而行之，期於得萬國之歡心，致夫人之祐助，以成至治，以全大孝，則朕之志於是乎可慰矣！布告中外，咸使聞知。』」〔註230〕信中又說及「今地震京師且在十月者」，更可確定此信應寫於嘉靖三年十月之後。不過，楊廷和已於嘉靖三年二月致仕。

〈與王邦相三通〉〔註231〕

107.其一（嘉靖三年冬至後四日）

南來事向因在服制中，恐致遲悞！伊家歲月已令宗海回報，令伊改圖矣，不謂其事尚在也。只今道里遠隔，事勢亦甚不便，況者妻病臥在床，日甚一甚，危不可測，有何心情而能為此！只好一意回報，不可更遲悞伊家也。況其生年日時遠不可知，無由推算相應與否？

近日又在杭城，問得庚午一人，日時頗可，今若又為此舉，則事端愈多，平生心性只要靜簡安閒，不耐如此勞擾也。有負此人遠來之意，可多多為我謝之。冬至後四日，陽明字拜邦相揮使宗契。

欲做皂靴一雙，寄去銀九錢；又錢五分，買上好琴絃，望因便早寄。

信中有「向因在服制中」語，查陽明父親歿於嘉靖元年，服制應至三年，《年譜》有云「（嘉靖三年）四月，服闋」。可見此信應作於無服制拘束之時。又「妻病臥在床，日甚一甚」《年譜》記云：「（嘉靖四年）正月，夫人諸氏卒。」而此信中又云「冬至後四日」可見此信應作於嘉靖三年冬至後四日。「東瀛老先生」者為王啟（1465～1534，字景昭，號學古，後更東瀛，黃巖人），此年為「刑部右侍郎」，〔註232〕為政有直聲。

〔註230〕中央研究院歷史語言研究所校勘，《明實錄》，卷 43，〈世宗實錄〉，頁 1119～21。

〔註231〕王世杰、那志良、張萬里同主編，《藝苑遺珍》（香港：開發股份有限公司，1967），法書第二輯，〈十三・手札三通〉，無頁數。

〔註232〕「嘉靖甲申，陞刑部右侍郎，詳慎刑闢。丁亥，以大獄免官歸，未嘗略有怨懟。日事田園，閉戶著書，足跡不至公門。」見〔明〕黃綰，〈東瀛王公啟神道碑銘〉，收錄在〔明〕焦竑，《國朝獻徵錄》，卷 46，〈刑部三・侍郎〉，頁 1931d。

108.其二（嘉靖四年九月左右）

　　過往士夫及以里復□自杭城來，皆能備道東瀛老先生休休樂善，好德之誠侃侃，秉正斥讒之議，不勝敬服，不勝心感。後生浮薄狂懆，毀賢妬能者，聞東瀛之風亦可以愧死矣！而尚略不知所慚沮，亦獨何以哉。家門不幸，區區之罪惡深重。近日祖墓復被掘毀，墓上天生瑞柏亦被斫伐，割心剜骨，痛何可言！近方歸此，脩治圍邑，論議紛紛，皆以爲孫氏所爲，區區亦未敢便以爲信。孫氏父子素所親厚，三子又嘗從學，此等窮兇極惡之事，我何忍遽以加於孫氏。姑告行府縣緝捕，盜賊之徒七十餘人，踪迹難掩，不久必能緝獲。幸而與孫氏無干，非惟我家得申不世之冤，而孫氏亦得以洗無實之惡。不然則誠衣冠道誼之大不幸也。痛心！痛心！東瀛老先生坐是未能致謝，進見時，煩道懇苦，廬次草草不盡，陽明病夫拜手邦相揮使。

　　信中提到「孫氏父子素所親厚，三子又嘗從學」，父親指得是孫燧（1460～1519，字德成，號一川），當宸濠發難之時，孫燧首先死之，陽明曾作〈祭文〉哭之。而其三子則是孫堪（1482～1553，字志健，號伯泉）、孫墀（1489～1556，字志朝，號仲泉）〔註233〕與孫陞（1501～1560，字志高，號季泉）。不僅三子從學於陽明，族子孫應奎（字文卿，號蒙泉）在陽明撫江西後回到家鄉時，更率七十餘人來拜師。〔註234〕值得注意的是從孫陞的文集中，看不出陽明與他之間的師從關係，連提到都只有幾次而已，顯然孫王兩家當時關係的緊張，反而在孫應奎的文集中開頭即表明他從學陽明的過程。兩者相較，大異其趣。由於孫燧在宸濠亂起即死之，亂平之後，兄弟三人親赴江西迎櫬歸，但大哥孫堪因哀毀過度亦身故於父櫬旁，而二哥還在父墓旁結廬守喪三年。所以此信中說到「近方歸此，脩治圍邑」，所謂「此」應是指其祖先的墓地，查《年譜》記云「（嘉靖四年）九月，歸姚省墓。」也就是此時才知到祖墓被掘毀之事，因此寫信的時間應是嘉靖四年九月左右。

〔註233〕〔明〕孫陞，〈仲兄尚寶司卿仲泉先生行狀〉記云：「生而聰慧，七歲時，塾師面授千言，頃成誦，陽明王公在座，奇之，贈以詩詞。」《孫文恪公集》（四庫全書存目叢書・集99）（臺南：莊嚴文化，1997），卷5，頁675b。
〔註234〕「王守仁撫江西歸，率同縣之士七十餘人往師之，由是鄉閭教澤浹行。」〔清〕孫仰唐編纂，《餘姚孫境宗譜》（中國家譜・2B～4）（北京：中國社會科學院歷史研究所圖書館，1986），卷4，〈叢談錄〉，頁數不清。

109.其三（嘉靖四年十二月十八日）

南京陳處親事，得在今冬送至杭城，就在邦相家裏住下，擇日取過江來，甚好。若今冬緩不及事，在明春正月半邊到杭亦可。家下人多不停當，無可使者，須邦相處遣一的確人，到彼說知之。嫁裝之類，皆不必辦，到杭後自有處也。宗處人還，可多多上覆他。陽明字致王邦相揮使宗契，十二月十八日字。

此信所提及之親事應與第一封給王邦相所說的親事有關，故寫信時間應不致相隔太遠，從找到生辰八字適合以及辦理婚事等等事宜，一年的時間差不多，故繫於嘉靖四年十二月十八日。又此信提到「家下人多不停當，無可使者，須邦相處遣一的確人，到彼說知之。」有關陽明家裏僕役不堪任事的問題，早在其父王華在世時就已煩憂過，王華在給友人信中說到：「弟處乏小价，且料理之才萬不及兄翁，乞兄翁專主之。奉金二兩，祈簡人臨期，撥家奴三人相助也。」〔註235〕可見陽明家中實無一能調和鼎鼐的管家。

110.〈登峨嵋歸經雲門〉〔註236〕（嘉靖四年後）

一年忙裏過，幾度夢中遊。自覺非元亮，何曾得惠休。亂藤溪屋邃，細草石池幽。回首俱陳蹟，無勞說故丘。

陽明為董澐所作〈從吾道人記〉云：「與之探禹穴，登爐峰，陟秦望，尋蘭亭之遺跡，倘佯於雲門、若耶、鑑湖、剡曲。蘀石日有所聞，益充然有得，欣然樂而忘歸也。」故此詩應作於嘉靖四年之後。

111.〈與聶雙江先生書〉〔註237〕（嘉靖五年二月十日）

遠承手教，推許過情，悚怍何可當，兼承懇懇衛道之誠，向學之篤，其為相愛，豈有既耶？感幸！感幸！

道之不明，幾百年矣！賴天之靈，偶有所見，不自量力，冒非其任，誠不忍此學昧昧於世，苟可盡其心焉，雖輕身捨生，亦所不避，況於非笑詆毀之微乎？夫非笑詆毀，君子非獨不之避，因人之非笑詆毀而益以自省自勵焉！則固莫非進德之資也。承愛念之深，莫可為

〔註235〕〔清〕莫繩孫輯，《勝朝越郡忠節名賢尺牘》，頁185。
〔註236〕〔明〕張元忭，《雲門志略》（揚州：江蘇廣陵古籍刻印社，1996），卷5，〈皇明詩〉，頁281，萬曆2年（1574）刻本。
〔註237〕〔清〕王建中等修、劉繹等纂，《永豐縣志》（臺北：成文出版社，1989），卷35，〈藝文・書〉，頁2413～4，同治13年刻本。

報，輒以是爲謝。

聞北上有日，無因一晤語可勝懸懸，足下行有耳目之寄矣！千萬爲此道此學珍攝，以慰交遊之望。二月十日，守仁頓首。

聶雙江爲聶豹（1487～1563，字文蔚，永豐人），陽明弟子，《年譜》云：「（嘉靖五年）是年夏，豹以御史巡按福建，渡錢塘來見先生。」又聶豹在〈啓陽明先生〉中云：「迤違道範，丙戌之夏，迄今兩易寒暑矣！」〔註238〕由此可知，陽明與聶豹相見於夏天。但此信則是作於未見面之前，時間爲二月十日。從信中內容可以知道聶豹與陽明會面之前是有書信往來的，只不過未能留存於聶豹文集之中。

112. 〈留題金粟山〉 〔註239〕（嘉靖初年）

獨上高峯縱遠觀，山雲不動萬松寒。飛崿溜碧雨初歇，古澗流紅春欲闌。佛地潛移龍窟小，僧房高借鶴巢寬。飄然便覺離塵世，萬里長空振羽翰。

此詩與《全集》本內的〈書扇贈從吾〉與〈寄題玉芝庵〉同收錄在董穀所編撰的《續澉水志》中，故此詩之作的時間應與二詩相近，二詩分別作於嘉靖三年及五年，故此詩之作應是陽明居越之時。

113. 〈梧山集序〉 〔註240〕（嘉靖五年）

嶺南厚街王氏，吾宗也。今上嘉靖之二年，南京戶部尙書梧山先生以病卒於官，越三年，其孤國子監監丞弘久，自東莞詣余，乞爲其先人集序。是時，余正奉命總制兩廣，府署距東莞一葦杭之爾。讀先生集，恍然如疇昔晤對時，遂欲移舟仙里，覽公平日釣遊之舊。多事匆卒，未能也。憶弘治己未歲，余舉進士，居京師，公時以給諫充安南冊封使，於時先君子承乏秩宗與同朝諸薦紳餞送都門，余始獲欽儀豐采，見其溫溫恪恪，崿然有道之容，倘所謂和順積中而英華發於外焉者耶！越十年，公累遷都憲，撫軍郿陽，余亦撫南贛。

〔註238〕 吳可爲整理，《聶豹集》（《陽明後學文獻叢書》）（南京：鳳凰出版社，2007），卷8，頁233。

〔註239〕 〔明〕董穀纂修，《續澉水志》（中國地方志集成・鄉鎮志專輯・20）（上海：中國書店，1992），卷9，〈藝文・詩〉，頁561a，民國25年（1936）鉛印本。

〔註240〕 〔明〕王縝，《梧山王先生集》，〈序上〉，頁1a～6a，清光緒4年（1878）鳳林重刊本，傅斯年圖書館藏。

洪都之變，公首設方略爲犬牙交控之勢以扼其衝，不踰年，逆濠成擒，天子得紓南顧憂者，公爲之儁也。今上監公累勞，御極之初，特晉大司徒，將拜台輔，而公轉眄墓草，時甚悼焉！

是集皆公歷宦以來，忠勤大節形之章疏，中雖或允行，或未奉允行，甚或抵觸天怒，無所忌諱，要均可以前質古人，後示法於來者，間有閒吟別撰，非公經意爲之。而其性眞所發，筆興並酣，則卓犖紆餘，不可以一格拘其素所蘊積者厚也。嗟乎！古人後世而不朽者三，立言其一焉！如公之盛德豐功，赫赫在人耳目，立言其奚以爲？雖然余嘗式公之德矣！佩公之勳伐猷爲矣！且十數年，世講宗盟，得親公之謦欬風儀，匪朝伊夕矣！今公往，集存，每披尋展讀之，輒幸得所憑藉以想見公之生平。而況天下之大，四海之廣且疏，及遙遙幾百載後，未識公之面貌，又不獲俎豆，公之書而竹帛有湮，史策無據，其何以美而傳，傳而愛慕。使夫聞風生感，懦夫立，貪夫廉，重爲功於名教哉！故集存，是公之存也；卽公之立朝風，烈文章及其匡居志趣亦一一與之並存也。聞公之先大人淡軒先生守寶慶時，有《楚遊草》傳世，詩壇貴久矣！得公集廓而大之，於以經世而行遠，後有作者，王氏其弁冕乎！余不才不得政通人和之暇，相與造公堂，酹公墓而告焉！竊對公之遺集，幸公之盛德豐功並立言而不朽之三俱矣！遂書之以爲序。

賜進士第新建伯南京兵部尚書兼左都御史兩廣總督餘姚宗姪守仁頓首拜撰。

王縝（1462～1523），字文哲，東莞人，弘治六年進士，爲翰林院庶吉士，授兵科給事中，出使安南。〔註241〕陽明於此序中說：「憶弘治己未歲（十二年，1499），余舉進士，居京師，公時以給諫充安南冊封使，於時先君子承乏秩宗與同朝諸薦紳餞送都門，余始獲欽儀豐采。」可知兩人認識是因爲陽明父親王華之故，又《梧山集》卷末亦收錄王華的贈詩。〔註242〕

114.〈復王天宇書〉〔註243〕（正德末年至嘉靖初年）

〔註241〕〔明〕黃佐纂，《廣東通志》（東京：高橋情報株式會社，1988），卷62，〈列傳・人物九〉，頁16a，嘉靖40年（1561）刊本。

〔註242〕〈題贈梧山出使安南便省〉，收錄在〔明〕王縝，《梧山王先生集》，〈贈言〉，卷20，頁21b。

〔註243〕〔清〕裴景福，《壯陶閣書畫錄》（臺北：臺灣中華書局，1971），卷10，〈明

（以上殘缺）天地之心。天地萬物，本吾一體者也，生民之困苦荼毒，孰非疾痛之切於吾身者乎？不知吾身之疾痛，無是非之心者也。是非之心，不慮而知，不學而能，所謂良知也。良知之在人心，無間於聖愚，天下古今之所同也。世之君子惟務致其良知，則自能公是非，同好惡，視人猶己，視國猶家，而以天地萬物為一體，求天下無治，不可得矣。古之人所以能見善不啻若己出，見惡不啻若己入，視民之飢溺猶己之飢溺，而一夫不獲，若己推而納諸溝中者，非故為是而以蘄天下之信己也，務致其良知，求自慊而已矣。堯、舜、三王之聖，言而民莫不信者，致其良知而言之也；行而民莫不說者，致其良知而行之也。是以其民熙熙皞皞，殺之不怨，利之不庸，施及蠻貊，而凡有血氣者莫不尊親，為其良知之同也。嗚呼！聖人之治天下，何其簡且易哉！

後世良知之學不明，天下之人用其私智以相比軋，是以人各有心，而偏瑣僻陋之見，狡偽陰邪之術，至於不可勝說；外假仁義之名，而內以行其自私自利之實，詭辭以阿俗，矯行以干譽，掩人之善而襲以為己長，訐人之私而竊以為己直，忿以相勝而猶謂之徇義，險以相傾而猶謂之疾惡，妒賢忌能而猶自以為公是非，恣情縱欲而猶自以為同好惡，相陵相賊，自其一家骨肉之親，已不能無爾我勝負之意，彼此藩籬之形，而況於天下之大，民物之眾，又何能一體而視之？則無怪於紛紛籍籍，而禍亂相尋於無窮矣！

僕誠賴天之靈，偶有見於良知之學，以為必由此而後天下可得而治。是以每念斯民之陷溺，則為戚然痛心，忘其身之不肖，而思以此救之，亦不自知其量者。天下之人見其若是，遂相與非笑而詆斥之，以為是病狂喪心之人耳。嗚呼！是奚足恤哉？吾方疾痛之切體，而暇計人之非笑乎！人固有見其父子兄弟之墜溺於深淵者，呼號匍匐，裸跣顛頓，扳懸崖壁而下拯之。士之見者方相與揖讓談笑於其傍，以為是棄其禮貌衣冠而呼號顛頓若此，是病狂喪心者也。故夫揖讓談笑於溺人之傍而不知救，此惟行路之人，無親戚骨肉之情者能之，然已謂之無惻隱之心，非人矣。若夫在父子兄弟之愛者，則

王陽明論良知書卷〉，頁 660a～661b。

固未有不痛心疾首，狂奔盡氣，匍匐而拯之。彼將陷溺之禍有不顧，而況於病狂喪心之譏乎？而又況於蘄人之信與不信乎？嗚呼！今之人雖謂守仁爲病狂喪心之人，亦無不可矣。

侍生王守仁頓首。復太史定齋先生執事。左餘。

此信的主文內容已見於陽明給鄒守益的信中。此定齋先生爲王應鵬（字天宇，號定齋），陽明因妹婿徐愛之故才與王應鵬相識，陽明在〈書王天宇卷〉中說到：「徐曰仁數爲予言天宇之爲人，予既知之矣。今年春（正德九年 1514），始與相見於姑蘇，話通宵，益信曰仁之言。」

115. 〈唐律詩〉二首〔註244〕（正德十六年十月二日後至嘉靖五年冬）

裁冰疊雪不同流，妃子宮中釵上頭。一縷紅絲歸趙璧，滿階明月戲吳鉤。春情難斷銀爲剪，舊壘猶存玉作樓。莫向尋常問行跡，杏花深處語悠悠。

流澌臘月下河陽，草色新年發建章。秦地立春傳太史，漢宮題柱憶僊郎。歸鴻欲度千門雪，侍女新添五夜香。蚤晚荐雄文似者，故人今已賦長楊。

寒夜獨坐，篝燈握筆爲書唐律二首，新建伯王守仁。

詩末署名「新建伯」，查《年譜》：「（正德十六年）十月二日，封新建伯。」因此此詩應作於此後。

116. 〈吊蕙皐府君文〉〔註245〕（嘉靖六年八月下旬）

嗚呼！伯雨。胡寧止是？英妙之年，俊才高第。闊步長趣，俛視一世。搆嫉中遭，幡然林墅。靜養有開，銳志聖學。精微日臻，豁然大覺。吾道得人，同志是資。倏焉傾逝，天寔喪予。方有師旅，奔訃無期。臨風一慟，痛也何如！嗚呼痛哉！

蕙皐府君爲徐天澤（1482～1527，字伯雨，號蕙皐外史，餘姚人），陽明曾爲他寫〈夜氣說〉，其卒於嘉靖丁亥八月十七日，〔註246〕此時陽明因爲正準備前往兩廣，征思田二州，故無法奔喪，所以才說「方有師旅，奔訃無期。」

〔註244〕〔清〕裴景福，《壯陶閣書畫錄》，卷 10，〈明王陽明書唐律卷〉，頁 661b ～662a。
〔註245〕徐華潤編纂，《姚江徐氏宗譜》，卷 7，頁 14b。
〔註246〕徐華潤編纂，《姚江徐氏宗譜》，卷數不清，〈道二公下〉，頁南 11a。

故此吊文應作於嘉靖六年八月下旬左右，因為九月陽明即動身前往兩廣。

117.〈敷文書院記〉〔註247〕（嘉靖七年春）

嘉靖丙戌夏，官兵伐田，隨與思恩相比復煽，集軍四省，洶洶連年。于時，皇帝憂憫：「元元容有無辜而死者乎？」迺命新建伯臣王守仁：「曷往視師！勿以兵殲，其以德綏。」迺班師撤旅，散其黨翼，宣揚至仁，誕敷文德。凡亂之起，由學不明，人失其心，肆惡縱情，遂相侵暴，荐成叛逆，中上且然，而況夷狄。不教而殺，帝所不忍，孰近弗繩而遠能準！爰進諸生，爰闢講室，決蔽啟迷，雲開日出，各悟本心，匪從外德。厥風之動，翕然無遠。諸夷感慕，如草斯偃，我則自滅，帝不我殄，釋干自縛，泣訴有洰。旬日來歸，七萬一千，濈濈道路，踊躍懽圍。放之還農，兩省以安。昔有苗徂征，七旬來格；今未期月而蠻夷率服。綏之斯來，速于郵傳，舞干之化，何以加焉！明朝天子神武不殺好生之德，上下孚格，神運無方，莫窺其迹。爰告思、田，毋忘帝德。既勒山石，昭此赫赫，復識於此，俾知茲院之所始。

敷文書院是陽明就南寧府縣學舊址於嘉靖七年所改建，其建成記也是親手所寫。此記內容與《全集》中所收錄的〈田州立碑【丙戌】〉一文相似，然〈田州立碑〉的寫作時間記載為「丙戌（嘉靖五年）」是錯誤的，因為在《廣西通志》康熙本中此文名〈平思田勒石文〉，文末有云「嘉靖戊子年春，臣守仁拜手稽首書，臣林富、張祐刻石。」〔註248〕又此記末後云：「既勒山石，昭此赫赫，復識於此，俾知茲院之所始。」可見此文應作於勒石之後。陽明相當看重此書院的功能，他特地要其弟子去掌敷文書院教事，一方面下令給南寧府說：「看得原任監察御史，今降揭陽縣主簿季本，久抱溫故知新之學，素有成己成物之心，即今見在軍門，相應委以師資之任。除行本官外，仰南寧府掌印官即便具禮率領府縣學師生敦請本官前去新創敷文書院，闡明正學，講析義理。」〔註249〕又寫信給季本說：「看得理學不明，人心云云。除行該府

〔註247〕〔明〕林富、黃佐纂修，《廣西通志》（四庫全書存目叢書·史部187）（臺南：莊嚴，1996），卷26，〈書院〉，頁343b-c，嘉靖10年（1531）序刊本；亦收錄在〔清〕汪森編，《粵西文載》（景印文淵閣四庫全書·1466冊）（臺北：臺灣商務印書館，1983），卷29，頁161d～162b。

〔註248〕〔清〕郝浴修、王如辰、廖必強等纂，《廣西通志》，卷35，〈藝文志〉，頁122b，清康熙22年（1683）刊本。

〔註249〕〈牌行南寧府延師設教〉，收錄在吳光等校，《王陽明全集》，卷18，〈別錄十〉，

掌印官率屬敦請外，仰本官就於新創敷文書院內安歇。每日拘集該府縣學諸生，為之勤勤開誨，務在興起聖賢之學，一洗習染之陋。……本院回軍之日，將該府縣官員師生查訪勤惰，以示勸懲。」〔註250〕

118.〈與錢德洪、王汝中〉〔註251〕（嘉靖七年四月一日）

地方事幸遂平息，相見漸可期矣。近來不審同志敘會如何？得無法堂前今已草深一丈否？想臥龍之會，雖不能大有所益，亦不宜遂致荒落。且存餼羊，後或興起亦未可知。餘姚得應元諸友相與倡率，為益不小。近有人自家中來，聞龍山之講至今不廢，亦殊可喜。書到，望為寄聲，益相與勉之。九、十弟與正憲輩，不審早晚能來親近否？彼或自絕，望且誘掖接引之。諒與人為善之心，當不俟多喋也。汝佩、良輔蘇松之行如何？胡惟一今歲在舍弟處設帳如何？魏廷豹決能不負所托，兒輩或不能率教，亦望相與夾持之。人行匆匆，百不一及。諸同志均致此意。四月一日，陽明山人致德弘（洪）、汝中二道弟文侍。餘空。

此文《全集》已有，但文字稍有異同。汝佩應是汝珮，為徐珊（號三溪），《縣志》記云：「正德十六年（1521）九月，同夏淳等師事王守仁。中嘉靖元年（1522）舉人。……後官辰州同知，先是守仁還自龍場，與冀元亨等講學於州之隆興寺，是年珊請於當道，於寺之北，做祠宇，為虎溪精舍，置瞻田，大集多士以昌明其學焉！」〔註252〕良輔，未知其人。惟一是胡純，號雙溪，會稽人，少從陽明先生學。〔註253〕

119.〈贈龍以昭隱君〉〔註254〕（嘉靖七年）

長沙有翁號顧真，鄉人共稱避世士。自言龍逢之後嗣，早歲工文頗求仕。中年忽慕伯夷風，脫棄功名如敝屣。似翁含章良可貞，或從

頁634。

〔註250〕〈牌行委官季本設教南寧〉，收錄在吳光等校，《王陽明全集》，卷18，〈別錄十〉，頁635。

〔註251〕〔清〕裴景福，《壯陶閣書畫錄》，卷10，〈明王陽明手簡三通〉，頁663a-b。

〔註252〕〔清〕邵友濂修、孫德祖等纂，《餘姚縣志》，卷23，〈列傳九〉，頁585b-c。

〔註253〕〔明〕徐象梅，《兩浙名賢錄》，卷2，〈儒碩‧明〉，頁80c-d。

〔註254〕〔清〕呂肅高修、張雄圖纂，《長沙府志》（臺北：成文出版社，1976），卷46，〈藝文志‧七古〉，頁1271b，乾隆12年（1747）刊本；「龍逢」二字又作「太初」，見〔清〕王元凱續修、嚴鳴琦纂，《攸縣志》，卷49，〈藝文‧七古〉，頁3b，清同治10年（1871）刊本，傅斯年圖書館藏。

王事應有子。

陽明爲龍誥（字孔錫）之父龍時熙所作。《長沙府志》記云：「龍時熙，字以昭，攸縣人。剛正不屈，少寓金陵，有少婦暮行失釵，夫疑贈人，適時熙拾而還之，夫疑以釋。湛甘泉、王陽明皆高其行。」〔註255〕又《攸縣志》記云：「（龍誥）正德十五年出爲南直隸廬州府知府。……又任廣西右參政。」〔註256〕又《全集》中所載有關龍誥之事蹟，皆是其任廣西右參政之時，所以陽明作此詩的時間應爲嘉靖七年其出征廣西思田二州之時。

120.〈書詠良知四絕示馮子仁〉〔註257〕（嘉靖七年九月堂日）

問君何事日憧憧？煩惱場中錯用功。莫道聖門無口訣，良知兩字是參同。

個個人心有仲尼，自將聞見苦遮迷。而今指與眞頭面，只是良知更莫疑。

人人自有定盤針，萬化根源總在心。卻笑從前顚倒見，枝枝葉葉外頭尋。

無聲無臭獨知時，此是乾坤萬有基。拋卻自家無盡藏，沿門持鉢效貧兒。

> 馮子仁問良知之說，舊嘗有四絕，遂書贈之。陽明山人王守仁書，時嘉靖戊子九月堂日也。

馮子仁爲馮恩（1493～1573，號南江），華亭縣莘溪人。王世貞〈御史馮恩傳〉：「馮御史之始成進士也，以行人出勞兩廣大帥王文成公守仁。文成公進公而語之道，公不覺屈席。已薦束修爲弟子，文成公亦器之。每語人：『任重道遠，其在馮生哉！』」〔註258〕

121.〈題忠孝祠壁〉〔註259〕（嘉靖七年閏十月）

〔註255〕〔清〕呂肅高修、張雄圖纂，《長沙府志》，卷28，〈人物〉，頁766b。

〔註256〕〈龍誥傳〉，收錄在〔清〕王元凱續修、嚴鳴琦纂，《攸縣志》，卷49，〈藝文·傳〉，頁7b～8b。

〔註257〕中國古代書畫鑑定組編，《中國古代書畫圖目》，第18冊，〈行書良知說四絕〉，頁44～45，此書藏於湖北省博物館。

〔註258〕〔明〕焦竑，《國朝獻徵錄》，卷65，〈道御史〉，頁2860a。

〔註259〕收錄在〔明〕文章修、張文海纂，《增城縣志》，卷8，〈流寓傳〉，頁266。錢明，《〈王陽明全集〉未刊佚文彙編考釋》，頁234。錢明記載此信出處有誤，

海上孤忠歲月深，舊壇荒落杳難尋。風聲再樹逢賢令，廟貌重新見古心。香火千年傷旅寄，蒸嘗兩地嘆商參。儷祠父老皆仁里，從此增城是故林。

詩名爲筆者所擬。此詩收錄在陽明〈與提學副使蕭鳴鳳〉信中，業已經錢明發表，但筆者對此詩寫作時間的看法與錢明不同。錢明將時間定在嘉靖六年，其理由是依據《廣東通志》所記之時間對照《年譜》所載所得出。但錢明所錄的信中明白說到：「舊當有祠，想已久毀，可復建也。然詢諸邑耆，皆無知者，乃檄知縣朱道瀾即天妃廟址鼎建，祀綱及其子彥達。既竣事，守仁往詣，祀事畢，駐節數日不忍去。」可見陽明寫詩時間是在此祠建成後，親自前往祭祀。而《增城縣志》記此祠立有〈重刻廣東參議王公傳碑〉，碑文末有云：「嘉靖七年歲次戊子冬閏十月，吉孝元孫新建伯王守仁重刻，禮部辨印生錢君澤書。」〔註260〕又查陽明《年譜‧嘉靖七年》云：「（十月）祀增城先廟。先生五世祖諱綱者，死苗難，廟祀增城。是月，有司復新祠宇，先生謁祠奉祀。」《全集》中收有〈祭六世祖廣東參議性常府君文〉，故可知此詩應作於嘉靖七年閏十月之時，隔月陽明即卒於南安。

122.〈四皓論〉（嘉靖年間）

其一〔註261〕

智者立身，必保終始，節者自守，死當益銳。四皓世事功名謝之久矣，豈有智於前而愚於後，決於中年知幾之日，而昧於老成經練之時乎？且夫隱見不同，二道而已。固持者，則輕瓢洗耳之巢；達時者，則莘野南陽。四皓之隱，其爲巢由乎？抑爲伊葛乎？將爲巢由，必終身不出矣；將爲伊葛，必三聘而後起。一使之呼，承命不暇，上不足以擬莘野之重，中不能爲巢由之高，下爲希利無恥之行。以四皓而爲今日之爲，則必無前日之智，既有前日之智，則必無今日之爲。況辭禮之使，主之者呂氏滛后，使之者呂氏奸人，特假太子

並非收在《廣東通志》卷42〈藝文〉，而是卷30〈政事志三〉。

〔註260〕收錄在〔清〕熊學源修、李寶中等纂、張慶鑅增補，《增城縣志》（臺北：成文出版社，1974），卷30，〈金石〉，頁1613～1616，同治10年增補重刊嘉慶25年（1820）刊本。

〔註261〕〔明〕袁宏道輯、丘兆麟補，《鼎鐫諸方家彙編皇明名公文雋》（四庫全書存目叢書‧總集330）（臺南：莊嚴文化，1997），卷2，頁578c～9b，明刻本。

盧名以致之，此尤其汗顏不屑者也。其言曰：「陛下輕罵，臣等義不辱，今太子仁孝愛士，天下願為太子死。」斯言誠出四皓之口，則善罵之君猶存也，四皓胡為而來也哉？若果為太子仁孝而出，則必事之終身也，四皓胡為而去也哉？

兩生之不仕漢，其志蓋不在小，四皓以數十年遁世之人，一旦忻然聽命，且將何以答天下之望也？或曰：「有之，而恐非眞，乃子房為之也。」子房當被刼畫計之日，唯知用圯上老人，設變制權之術，豈暇顧父子之倫哉！後學又以為非眞四皓者，不過為商山釋憝之說。四皓不出秦漢間權謀術數之士，不得志於時，而拖為高蹈。以隱即出而仕漢，所建上不過留侯，次不過蕭何、曹參等。對君詭激之譚，闖闖遭瞀故智耳！如曰此皓非眞，則眞皓者果何如邪？

其二〔註262〕

果于隱者必不出，謂隱而出焉，必其非隱者也。夫隱者為高，則茫然其不返，避世之士豈屑屑于辭禮之慇懃哉！且知遠辱以終身，則必待行道而後出，出者既輕，成者又小，舉其生平而盡棄之，明哲之士殆不如此。況斯時君臣之間，一以巧詐相御，子房之計能保其信然乎？四皓之來能知其非子房之所為乎？羽翼太子，眞四皓也，亦烏足為四皓哉！昔百里奚有自鬻之誣而其事無可辨者，故孟子以去虞之智辨之；今四皓羽翼之事，其迹無可稽，獨不可以去漢之智辨之乎！夫漢高草昧之初，羣英立功之日也，富貴功名之士，皆忘其洗足騎項之辱，犬豕依人，資其餔啜之餘，不計其叱咤之聲也。然眾人皆愚而四皓獨智，鷹隼高于雲漢，虎豹長嘯于山林，其頡頏飛騰之氣，豈人之所能近哉！智者立身，必保終始，節者自守，死當益銳。四皓世事功名謝之久矣，豈有智于前而愚於後，決於中年知幾之日，而昧于老成經鍊之時乎？且夫隱見不同二道而已，固持者則輕瓢洗耳之果，達時者則莘野南陽之賢，四皓之隱，其為巢由乎？其為伊葛乎？將為巢由乎，必終身不出矣；將為伊葛乎，必三

〔註262〕收錄在〔清〕張英、王士禎等奉敕纂，《御定淵鑑類函》（文淵閣四庫全書·
989）（臺北：臺灣商務印書館，1983），卷291，〈人部五十·隱逸六〉，頁527d
～529d；〔清〕陳夢雷編，《古今圖書集成》（臺北：鼎文書局，1988），卷
274，〈學行典·隱逸部·藝文二〉，頁711。

聘而後起，一使之呼，承命不暇，上不足以擬莘野之重，中不能爲
巢由之高，下流爲希利無恥之行，以四皓而爲今日之爲，則必無前
日之智，既有前日之智，則必無今日之爲。況辭禮之使，主之者呂
氏，使之者呂氏，特假太子虛名以致之，此尤其汗顏不屑者也。其
言曰：「陛下輕士善罵，臣等義不辱，今太子仁孝愛士，天下願爲太
子死。」斯言誠出之口，則善罵之君猶存也，四皓何爲而來也哉？
若果爲太子仁孝而出，則必事之終身也，四皓何爲而去也哉？夫山
林之樂，四皓固甘心快意，傲塵俗之奔走，笑斯人之自賤矣！乃肯
以白首殘年驅趨道路，爲人定一傳位之子，而身履乎已甚之惡者乎？
魯有兩生，商山有四皓，同世同志者也。兩生不出，吾曰四皓亦不
出也，蓋實大者，聲必宏；守大者，用必遠。兩生之不仕漢，其志
蓋不在小，四皓以數十年邂世之人，一旦欣然聽命，則天下亦相與
駭異，期有非常之事業矣！以一定太子而出，一定太子而歸，寂寂
乎且將何以答天下之望，絕史傳之詆議邪？

然則四皓果不至乎？羽翼果何人乎？曰有之而恐非真四皓也，乃子房
爲之也。夫四皓邂世已久，形容狀貌人皆不識之矣！故子房於呂澤刼
計之時，陰與籌度，取他人之耆鬚皓白者，偉其衣冠，以誣乎高帝，
此又不可知也。良平之屬，平昔所挾以事君者何？莫而非奇功巧計，
彼豈顧其欺君之罪哉！況是時，高帝之惑已深，呂氏之情又急，何以
斷其計之不出此也。天下之事，成于寬裕者常公，出于銳計者常詐，
用詐而爲之刼者，此又子房用計之挾也。其曰：「天下莫不願爲太子死。」
是良以挾高帝者也，其即偶語之時，挾以謀反之言之意乎。

大抵四皓與漢本無休戚，謠曰：綺季皓首以逃嬴。則自秦時已遁去，
其名固未嘗入漢家之版籍也。視太子之易否？越人之肥瘠也，亦何
恩何德而聽命之不暇也。且商山既爲邂世之地，其去中國甚遠也，
一使纔遣，四皓即至，未必如此往來之速，況建本之謀，固非遠人
所主之議，而趨出之後，又無拂袂歸山之迹乎！噫！以四皓之智則
必不至，以子房之計又未信然也，但斯說雖先儒已言，而逆詐非君
子之事，自漢至此千四百年，作漢史者，已不能爲之別白，則後生
小子安敢造此事端乎？昔曹操將死，言及分香賣履之微，獨不及禪
後之事，而司馬公有以識，其貽罪于子之言于千載之下，則事固有

惑一時之見而不足以逃萬世之推測者矣！是斯說也亦未必無取也，否則四皓之不屈者，亦終與無恥諸人一律耳！天下尙何足高？後世尙何足取哉？

此〈四皓論〉版本有二，一是收錄在《御定淵鑑類函》及《古今圖書集成》中，但皆屬於清代所刻。另一版本後有唐順之（1507～60，字應德，稱荊川）的評語，將此文著作時間斷限提前至嘉靖末年，對於陽明究竟有無作此文，提供相當的證據。且唐氏評語云：「鳥盡弓藏之時，正鳳飛鴻舉之日，乃爲一价使命菹止，商山已等于平地矣！況對君詭激、賢子抑父，不過戰國策士之雄耳！或云：『眞四皓者必不爲漢出』，此又商山釋愧之論也。」〔註 263〕陽明此論在於說明「四皓」果有其人，但並非是眞正隱居不仕、高蹈不出的守節之人，而是戰國時代那種縱橫家策士之類人物。而陽明著作此論之因則是在暗諷當時隱居於待隱園中的楊一清（字應寧，號邃菴，又號石淙，1454～1530），因爲楊氏閒散在家多年，忽被新皇帝世宗起用，乃至於入閣的過程，皆與陽明相關。此論中有云：「四皓之隱，其爲巢由乎？抑爲伊葛乎？將爲巢由，必終身不出矣；將爲伊葛，必三聘而後起。」而這正是楊氏當時對外說是因爲皇帝再三的命令，故不得不再度入仕的理由。〔註 264〕

123. 〈《三悟》跋〉〔註 265〕（嘉靖年間）

余少遊金陵，偶遇僧人濬井，得石函焉！啓而視之，乃《三悟》也。攜歸閱之【攜之以歸，細細讀之】，乃知永樂初國師姚廣孝所著。勷勤靖難之師【廣孝勸興靖難之師】，爲《春秋》所不取，然其書包攬三才，爲勘亂致治之金針，夫子所謂不以人廢言也。余後平江右之亂【予也平江右之亂】，【其後】深入嶺南，所向克捷，濱海而止，以軍國之重【雖以社稷之靈】，此書實有賴焉！事成之後，遂深藏之。

〔註 263〕見〔明〕袁宏道輯、丘兆麟補，《鼎鐫諸方家彙編皇明名公文雋》，卷 2，頁 579b。

〔註 264〕關於楊一清入閣的過程與陽明間的關係，請見筆者的博士論文《一心運時務：正德時期的王陽明》（新竹：清華大學歷史所博士論文，2008），〈餘論〉，頁 161～2。

〔註 265〕收入在《三悟眞詮》，澳洲國立大學藏，無頁數，此書由家師張永堂先生影印贈送；又收入在劉永明主編，《三悟》（增補四庫未收術數類古籍大全・第二集・占侯集成・2）（揚州：江蘇廣陵古籍刻印社，1997），頁 757，抄本。括號內爲另一版本，收錄在《三悟集序》，頁 27，抄本，傅斯年圖書館藏有微捲，與前面兩種最大的不同是此書附錄爲《風雲集》。

後之學者倘得是書，可療迂腐之病，而更能以不殺爲心，則可謂深得余心者已【後之學者能得是書，以不殺爲心，則可謂深得余心者矣】。姚江王守仁跋。

此文版本有二：一是《三悟眞詮》書中所載，另一則是《三悟集》，內容大同小異，文字稍有出入。此「三悟」書包含有《星悟》、《穴悟》與《心悟》。《星悟》談天文星象、《穴悟》談地理堪輿、《心悟》則是談理氣心性及相術觀。此文一開頭即說「少遊金陵」，可見陽明得此書時間應在入第之前，讀書於南京國子監之時，當時還與山人尹蓬頭交往。〔註266〕文中又說到「平江右之亂」，指的是平宸濠之亂，又說「事成之後，遂深藏之」，可見此文應作於正德十六年陽明返回家鄉後，姑繫在嘉靖年間。

二、無確定年代

124.〈與弟伯顯・其一〉〔註267〕

比聞吾弟身體極羸弱，不勝憂念，此非獨大人日夜所徬惶，雖親朋故舊亦莫不以是爲慮也。弟既有志聖賢之學，懲忿窒慾是工夫最緊要處，若世俗一種縱欲忘生之事，已應弟所決不爲矣！何迺亦至於此。念汝未婚之前，亦自多病，此殆未必盡如時俗所疑，疾病之來雖聖賢亦有所不免，豈可以此專咎吾弟。然在今日却須加倍將養，日充日茂，庶見學問之力果與尋常不同。吾固自知吾弟之心，弟亦當體吾意，毋爲俗輩所指議，乃於吾道有光也。不久吾亦且歸陽明，當携弟輩入山讀書講學，旬日始一歸省，因得完養精神，薰陶德性，縱有沈疴亦當不藥自愈。顧今未能一日而遂言之，徒有悵然，未知吾弟兄終能有此福分否也？來成去草草，念之，念之，長兄陽明居士書，致伯顯賢弟收看。

〔註266〕「王文成公守仁禮闈落第，卒業南雍，從尹遊，共寢處百餘日。尹喜曰：『汝大聰明，第本貴介，筋骨脆，難學我。我從危苦堅耐入道，世人總不堪也。雖無長生分，汝其以勳業顯哉。』文成悵然。」見〔明〕彭輅，〈尹蓬頭傳〉，《冲谿文集》（臺南：莊嚴文化，1997），卷18，頁234d～236b。

〔註267〕〔清〕卞永譽，《式古堂書畫彙考》，卷25，無頁數。亦收錄在徐邦達著、故宮博物院編，《古書畫過眼要錄・元明清書法》（徐邦達集・7）（北京：紫禁城出版社，2006），頁976。

125.〈與弟伯顯‧其二〉〔註268〕

此間事汝九兄能道，不欲瑣瑣，所深念者爲汝，資質雖美而習氣未消除，趣向雖端而德性未堅定，故每得汝書既爲之喜而復爲之憂。蓋喜其識見之明敏，眞若珠之走盤，而憂其舊染之習熟，或如水之赴壑也。汝念及此，自當日嚴日畏，決能不負師友屬望之厚矣！此間新添三四友，皆質性不凡，每見尙謙談汝，輒嘖嘖稱嘆，汝將何以副之乎！勉之！勉之！聞汝身甚羸弱，養德養身只是一事，但能清心寡慾，則心氣自當和平，精神自當完固矣！餘非筆所能悉，陽明山人書，寄十弟伯顯收看。印官與正憲讀書，早晚須加誘掖獎勸，庶有所興起耳！

薛侃（1486～1545），字尙謙，揭陽人。性至孝，正德丁丑（1517）成進士，即以侍養歸。師王守仁於贛州，歸語兄助教俊，俊大喜，偕羣子侄宗鎧等往學焉，自是王氏學盛行於嶺南。〔註269〕

126.〈寄諸弟〉〔註270〕

鄉人來者，每詢守文弟，多言羸弱之甚。近得大人書，亦以爲言，殊切憂念。血氣未足，凡百須加謹愼，弟自聰明特達，諒亦不俟吾言。向日所論工夫，不知弟輩近來意思如何，得無亦少荒落否？大抵人非至聖，其心不能無所係著，不於正，必於邪，不於道德功業，必於聲色貨利，故必先端所趨向，此吾向時立志之說也。趨向既端，又須日有朋友砥礪切磋，乃能薰陶漸染以底於成。弟輩本自美質，但恐獨學無友，未免縱情肆志而不自覺。李延平云：「中年無朋友，幾乎放倒了。」延平且然，況後學乎？吾平生氣質極下，幸未至於大壞極敗，自謂得於朋友挾持之力爲多，古人蓬麻之喻，不誣也。凡朋友必須自我求之，自我下之，乃能有益。若悻悻自高自大勝己，必不屑就，而日與污下同歸矣！此雖子張之賢，而曾子所以猶有堂堂之歎也。石川叔公，吾宗白眉，雖所論或不能無過高，然其志向

〔註268〕〔清〕卞永譽，《式古堂書畫彙考》，卷25，無頁數。
〔註269〕〈郡志列傳〉，《薛御史中離集》，收錄在《潮州耆舊集》（香港：潮州會館，1980），卷4，頁45c。
〔註270〕〔清〕黃本驥編、蔣瓛校，《明尺牘墨華》（叢書集成續編‧集155）（上海：上海書店，1994），卷1，頁293c～4a，清刻本。

清脫，正可以矯流俗污下之弊。今又日夕相與，最可因石川以求直諒多聞之友，相與講習討論，惟日孜孜於此而不暇及於其他，正所謂置之莊嶽之間，雖求其楚而不可得矣！守儉弟頗好仙學，雖未盡正，然比之聲色貨財之習，相去遠矣！但不宜惑於方術，流入邪徑，果能清心寡欲，其於聖賢之學猶爲近之，却恐守文弟氣質通敏，未必耐心於此，閒中試可一講，亦可養身却疾，猶勝病而服藥也。偶便燈下草草，弟輩須體吾言，勿以爲孟浪之談，斯可矣！長兄守仁書。致守儉、守文弟，守章亦可讀與知之。

王守文，字汝學，號東白，浙江餘姚人，少從事於伯兄陽明先生，由舉人於嘉靖二十九年任知縣。〔註271〕

127. 〈庭訓錄序〉〔註272〕

古人所有教其子者，不外於身心性情之德，人倫日用之常，後世文詞以爲功，機械以爲智，巧利以爲能，浮夸以爲美，父以是爲能訓，子以是爲善承，蓋與古人之教，相背而馳矣！亦何怪人心之日壞，而風俗之日媮乎！吾友侍御楊君景瑞，獨能以是訓其子，亦庶幾乎古人之意矣！爲楊氏之子若孫者，果能沿是而進勉不已，雖爲聖賢可也。君之子思元從予遊，暇中持斯冊來視，因爲識數語歸之。

此爲陽明爲其友楊珙所作，《潮州府志》云：「楊珙，字景瑞，揭陽人，登正德戊辰進士，授山西道監察御史。性剛方，慷慨有大節。師事白沙，與陽明友善，講究正學。」〔註273〕陽明與楊珙相識於南京，陽明曾爲其作〈謹齋記〉，而楊珙亦曾推薦陽明爲國子祭酒。

130. 〈晚泊石門〉〔註274〕

風雨石門晚，停舟問舊游。煙花春欲盡，惆悵繞溪頭。

131. 〈雲巖〉〔註275〕

〔註271〕〔清〕侯鈐修、歐陽厚均纂，《安仁縣志》（南京：江蘇古籍出版社，2002），卷8，〈職官・政績〉，頁217d。

〔註272〕見饒宗頤編集，《潮州志匯編》（香港：龍門書店，1965），〈藝文志・子部〉，頁1180。

〔註273〕〔明〕郭春震纂修，《潮州府志》，卷7，〈人物志〉，頁833b。

〔註274〕〔清〕嚴辰等纂修，《桐鄉縣志》（臺北：成文出版社，1970），卷1，〈疆域上・石門鎮〉，頁41，光緒13年（1887）刊本。

巖高極雲表，溪環疑磬折。壁立香爐峰，正對黃金闕，鐘響天門開，笛吹巖石裂。掀髯發長嘯，滿空飛玉屑。

132.〈仲春遊焦山〉〔註276〕

倚雲東望曉溟溟，江上諸峰數點青。漂泊轉慚成竊祿，幽栖終擬抱殘經，岩花入暖新凝紫，壁樹懸江欲墮青，青水特泆埋鶴地，又隨斜日下江亭。

133.〈遊焦山次蓬庵韻〉〔註277〕

長江二月春水生，坐沒洲渚浮太清。勢挾驚風振孤石，氣噴濁浪搖空城。海門青占楚山小，天末翠飄吳樹平。不用凌颸囁圓嶠，眼前魚鳥盡同盟。

134.〈雨中登焦山有感〉〔註278〕

扁舟乘雨渡春山，坐見晴沙漲幾灣。高宇墮江撐獨砫，長流入海扼重關。北來宮闕參差見，東望蓬瀛縹緲間。奔逐終年何所就，端居翻覺愧僧問。

135.〈送啟生還丹徒〉〔註279〕

乃知骨肉間，響應枹鼓然。我里周處士，伏枕逾半年。靡神罔不禱，靡醫罔不延。巫覡與藥餌，抱石投深淵。懿哉膝下兒，兩卯甫垂肩。惶惶憂見色，迫切如熬煎。袖中刲臂肉，襟糜進牀前。一餐未及已，頓覺沈痾痊。迺知至孝德，誠能格蒼天。我聞古烈士，長征負戈鋌。苦戰救國難，有軀甘棄捐。守臣釁社稷，一旦離迸遭。白刃加于首，丹心金石堅。忠孝本一致，操守無頗偏。但知國與父，寧復身求全。因嗟閭閻間，孩提累百千。大兒捉迷藏，小兒舞蹁躚。狎恩復恃愛，

〔註275〕〔明〕魯點編，《齊雲山志》（中國道觀志叢刊·10）（南京：江蘇古籍出版社，2000），卷4，〈五言古詩〉，頁363，萬曆27年刻本。又「留雲巖，在華林塢。」見卷1，〈山水〉，頁74。又《齊雲山志》云：「王陽明……正德間，游雲巖，左司馬汪南明公〈文昌閣記〉特表彰之。」見卷1，〈名賢〉，頁102～3。

〔註276〕〔明〕霍鎮方，《京口三山志選補》（臺北：成文出版社，1983），卷6，〈焦山選詩〉，頁1012，萬曆39年刊本。

〔註277〕〔明〕霍鎮方，《京口三山志選補》，卷6，〈焦山選詩〉，頁1012。

〔註278〕〔明〕霍鎮方，《京口三山志選補》，卷6，〈焦山選詩〉，頁1012～3。

〔註279〕〔明〕陳仁錫編，《京口三山志選補》，卷17，〈京口選詩〉，頁14b～15a，萬曆40年原刊本，國家圖書館藏。

那恤義禮愆。所以周氏子，舉邑稱孝賢。我知周氏門，福慶流綿綿。作詩警薄俗，冀以薦永傳。

136.〈題仁峰精舍〉〔註280〕

仁峰山下有仁人，怪得山中日日春。莫道山居渾獨善，問花移竹亦經綸。

山居亦自有經綸，才戀山居却世塵。肯信道人無意必，人間隨地著閒身。

137.〈題雁唧蘆圖〉〔註281〕

西風一夜楚雲秋，千里歸來憶壯遊。羽翼平沙應養健，知君不爲稻粱謀。

詩名爲筆者所擬。陽明爲陳貴（璜〔註282〕）作。《歸善縣志》記云：「陳貴，貢仕，終廬州教授。爲諸生時，讀書翟夫子舍中，同舍有亡資者，眾疑貴，詬之，貴不校，後獲盜，人始服其量。」〔註283〕

138.〈遊山〉二首〔註284〕

山霧沾衣潤，溪風灑面涼。蘚花凝雨碧，松粉落春黃。古劍時聞吼，遺丹尚有光。短才慙宋玉，何敢賦高唐。

靈峭九千丈，窮躋亦未難。江山無遯景，天地此奇觀。海月迎峯白，溪風振葉寒。夜深凌絕嶠，翹首望長安。

139.〈蓬萊方丈偶書〉二首〔註285〕

興劇夜無寐，中宵問雨晴。水風驚塈塈，岩日映窗明。石竇窺淵黑，雲梯上水清。福庭眞可住，塵土奈浮生。

〔註280〕〔明〕汪循，《汪仁峰先生文集二十九卷，外集四卷》，卷 4，〈外集・詩〉，頁 613a。

〔註281〕〔清〕葉適等纂、孫能寬等修，《歸善縣志》（中國地方志集成）（上海：上海書店，2003），卷 17，〈耿介〉，頁 221d，雍正 2 年刻本。

〔註282〕〔清〕劉溎年修、鄧掄斌等纂，《惠州府志》（臺北：成文出版社，1966），卷 38，〈人物・善行〉，頁 706b，光緒 7 年刊本。

〔註283〕〔清〕劉溎年修、鄧掄斌等纂，《惠州府志》，卷 38，〈人物・善行〉，頁 221c-d。

〔註284〕〔清〕笪蟾光編，《茅山志》（中國名山勝蹟志叢刊・12）（臺北：文海出版社，1971），卷 13，頁 1051，光緒 3 年（1877）重刊本。

〔註285〕〔清〕笪蟾光編，《茅山志》，卷 13，頁 1052。

仙屋煙飛外，青蘿隔世譁。茶分龍井水，飯帶玉田砂。香細嵐光雜，窗虛峯影遮。空林無一事，盡日臥丹霞。

140.〈與聘之〉〔註286〕

匆匆別，竟不能悉所言，奈何！奈何！今秀卿好義而貧，已曾面及，此去幸垂照。九月六日守仁頓首。聘之大人道契文侍。

施儒（1478～1539），字聘之，號西亭，爲陽明門人。《歸安縣志》記云：「《中庸臆說二卷》——徐獻忠序略：『《中庸》一書，人自爲說，或失則禪，或失則俗，施先生聘之從游餘姚王公之門，懼微言之將絕，憂後學之靡宗，著《中庸臆說》一編。』」〔註287〕陽明稱施儒「學明氣充，忠信果斷。」〔註288〕而錢明亦收錄一封陽明給施儒的書信。〔註289〕

141.〈登吳江塔〉〔註290〕

天深北斗望不見，更躡丹梯最上層。太華之西目雙斷，衡山以北欄獨凭。漁舟渺渺去欲盡，客子依依愁未勝。夜久月出海風冷，飄然思欲登雲鵬。

142.〈仰高亭〉〔註291〕

樓船一別是何年，斜日孤亭思渺然。秋興絕憐紅樹晚，閒心併在白鷗前。林僧定久能知客，巢鶴年多亦解禪。莫向病夫詢出處，夢魂長繞碧溪煙。

143.〈崇玄道院〉〔註292〕

逆旅崇玄幾度來，主人聞客放舟回。小山花木添新景，古壁詩篇拂

〔註286〕收錄在上海圖書館編，《上海圖書館藏明代尺牘》（上海：上海科學技術文獻出版社，2002），頁6。

〔註287〕〔清〕陸心源等修、丁寶書等纂，《歸安縣志》（臺北：成文出版社，1970），〈藝文〉，卷20，頁190a-b。

〔註288〕見〈邊方缺官薦才贊理疏〉，收錄在吳光等校，《王陽明全集》，卷15，〈別錄七〉，頁497。

〔註289〕此信名爲〈簡施聘之〉，收錄在錢明，〈譜牒中的王陽明逸文見知錄〉，頁73～4。

〔註290〕〔清〕徐崧、張大純輯，《百城煙水》（四庫全書存目叢書·史237）（臺南：莊嚴，1996），卷4，〈吳江〉頁337c，康熙29年（1690）刻本。

〔註291〕〔清〕徐崧、張大純輯，《百城煙水》，卷4，〈吳江〉，頁341b-c。

〔註292〕〔明〕于鳳喈、鄒衡纂修，《嘉興志補》（四庫全書存目叢書·史185）（臺南：莊嚴，1996），卷9，〈嘉興縣·題詠〉，頁301c，正德刻本。

舊埃。老去鬚眉能雪白，春還消息待梅開。松堂一宿殊匇遽，擬傍
鴛湖築釣臺。

144.〈梅澗〉〔註293〕

石澗西頭千樹梅，洞門深鎖雪中開。尋常不放凡夫到，珍重雅容道
士來。風亂細香笛無韻，夜寒清影衣生苔。于今踏破石橋路，一月
須過三十廻。

145.〈望夫石〉二首〔註294〕

山頭恠石古人妻，翹首巍巍望隴西。雲鬢不梳新樣髻，月鈎懶画舊
時眉。衣衫歲久成苔蘚，脂粉年深化土泥。兩眼視夫別去後，一番
雨過一番啼。

一上青山便化身，不知何代怨離人。古來節婦皆銷朽，爾獨亭亭千
古新。

《廣德州志》記云：「石媳婦山，在州治東南五十里。上有石，高二丈許，
如婦人形。舊傳有謝氏女守節，登山望夫，化爲石，因名。」〔註295〕

146.〈遊雲居〉二首〔註296〕

拂袖風塵尙未能，偷閒殊覺媿山僧。杖藜終擬投三竺，裘馬無勞說
五陵。

長擬西湖放小舟，看山隨意逐春流。煙霞只作鷗鳧主，斷卻紛紛世
上愁。

寺志：「雲居山，在杭州城西南隅，面聖湖，倚楓嶺，頗稱佳境。」〔註297〕
寺志又記陽明「每過錢塘即榻雲居」，可見陽明常至此，不過《全集》中未見陽
明來雲居聖水寺的記載。

147.〈覺世寶經序〉節錄〔註298〕

〔註293〕〔明〕于鳳喈、鄔衡纂修，《嘉興志補》，卷9，〈嘉興縣·題詠〉，頁301c-d。
〔註294〕〔清〕李國相纂修，《廣德州志》（稀見中國地方志匯刊·23）（北京：中國書
　　　　店，1992），卷30，〈藝文〉，頁713b-c，乾隆年間刻本。
〔註295〕〔清〕李國相纂修，《廣德州志》，卷4，〈輿地志·山川〉，頁388d。
〔註296〕〔清〕釋明倫撰、釋實懿重纂，《雲居聖水寺志》（叢書集成續編·史58）（上
　　　　海：上海書店，1994），卷3，〈題詠〉，頁415d，武林掌故叢編本。
〔註297〕〔清〕釋明倫撰、釋實懿重纂，《雲居聖水寺志》，卷1，〈形勝〉，頁396b。
〔註298〕佚名編著，《關聖帝君經訓靈籤靈籤占驗》，收錄在魯愚等編，《關帝文獻匯編·

《覺世寶經》若干言，深求之通天地陰陽之理，細察之在人倫日用之間；精而明之得古聖危微之領，約而近之在赤子啼笑之真。可以維綱常之大，可以補名教之全，可以救末俗之偷，可以為萬世之準。

序名為筆者所擬。《覺世寶經》與《覺世真經》皆為三國關雲長所降之箕詩，《全集》中未見陽明對此二經的說法。而陽明此序文之來歷，此書編者有一考證云：「《覺世真經》與《感應篇》、《陰騭文》鼎立於世，歷考諸刻字句，均無大異。惟邵氏《註證》，分前一百六十七字為《覺世寶經》，後四百八十四字為《覺世真經》，前後文氣不同，斷非一時所降，分之良是。是經莫知所始，據王覺增《覺世經試帖詩》載王陽明一序，則是明時已有之。……王序中曰忠曰孝曰信義廉節曰誠正各節，似即闡發《寶經》忠孝節義及慎獨等句之理。……陽明之所序乃序前一百六十七字之《寶經》，其出必在明季以前，後人因有『覺世』字，遂誤以為《真經》之序文而合刻之也。」〔註299〕筆者未能搜尋到王覺增《覺世經試帖詩》。

148.〈關帝祠聯〉三首〔註300〕

　　天無二日，民無二王，已矣乎吾未之信，到終有憾三分鼎業。
　　義不可廢，節不可奪，強哉矯至死不變，平生無愧一部春秋。

　　稱皇呼帝號天尊，廟貌與恆河沙比數。盡忠誠而食厚報者，萬年僅見關夫子。
　　賤霸崇王扶漢室，心胸與暘谷日爭光。讀春秋而明大義者，百世堪追孔聖人。

　　春秋得尼父之心，存當日稱忠稱義，尚屬漢史未盡。
　　壽亭從昭烈之爵，任後世封帝封王，終於髯公無加。

149.〈屋舟為京口錢宗玉作〉〔註301〕

　　小屋新開傍島嶼，沈浮聊與漁舟同。有時沙鷗飛席上，深夜海月來浙中。醉夢春潮石屏冷，櫂歌碧水秋江空。人生何地不疏放，豈必

　　　9》（北京：國際文化出版公司，1995），頁804。
〔註299〕佚名編著，《關聖帝君經訓靈籤靈籤占驗》，頁801～2。
〔註300〕〔清〕盧湛編，《關聖帝君聖跡圖志全集》（中國道觀志叢刊續編‧2）（揚州：廣陵書社，2004），卷5，〈藝文考‧聯類〉，頁918～9，清刻本。
〔註301〕〔清〕陸心源，《穰梨館過眼錄‧續錄》，卷7，〈屋舟題詠卷〉，頁2082。

市隱如壺公。陽明王守仁次。

詩名借用費宏的題名。陽明此詩是爲錢玉（字宗玉，號屋舟）所作，收錄在〈屋舟題詠卷〉中。而在此卷上題詠的還有錢溥、李夢陽、楊一清、喬宇、邵寶、費宏等人，其中楊一清還是錢玉的親戚，﹝註302﹞故有可能是陽明應楊一清之邀而作。

150.〈萬松窩〉﹝註303﹞

　　隱君何所有，云是萬松窩。一徑清陰合，三冬翠色多。喜無車馬跡，時見鹿麛過。千古陶弘景，高風滿湘阿。

151.〈玉山斗門〉﹝註304﹞

　　胼胝深感昔人勞，百尺洪梁壓巨鰲。潮應三江天塹逼，山分兩岸海門高。濺空飛雪和天白，激石衝雷動地號。聖代不憂陵谷變，坤維千古護江皋。

玉山斗門，在府城北三十里。唐浙東觀察使皇甫政鑿，曾南豐所謂朱諸斗門是也。門凡八，其三門隸會稽。

152.〈與諸門人夜話〉﹝註305﹞

　　翰苑爭誇仙吏班，更兼年少出塵寰。敷珍摛藻依天仗，載筆抽毫近聖顏。大塊文章宗哲匠，中原人物仰高山。譚經無事收衙蚤，得句嘗吟對酒間。

　　羽書皦雪迎雙鶴，硯洗元雲注一灣。諸生北面能傳業，吾道東來可化頑。久識金甌藏姓字，暫違玉署寄賢關。通家自愧非文舉，浪許登龍任往還。

與諸門人夜話，陽明山人王守仁。

153.〈臨水幽居〉﹝註306﹞

﹝註302﹞見〔明〕邊貢，〈寄慶屋舟翁序〉，《華泉集》（文淵閣四庫全書・1264）（臺北：臺灣商務印書館，1983），卷10，頁183a。

﹝註303﹞〔清〕黨金衢主修、王思沚總纂，《東陽縣志》（臺北：臺北市東陽同鄉會，1978），卷26，〈廣聞志四・詩〉，頁28a，日本東洋文庫原藏道光8年刊本。

﹝註304﹞〔明〕張元忭，《會稽縣志》（臺北：成文出版社，1983），卷8，〈水利〉，頁306，萬曆3年刊本。

﹝註305﹞張照等纂修、國立故宮博物院編，《祕殿珠林石渠寶笈三編》（臺北：國立故宮博物院，1969），〈延春閣藏・元明書翰〉，頁2611a-b。

秋日澹雲影，松風生畫陰。幽入□絜想，甯在書與琴。

154.〈愛蓮說〉〔註307〕

（文長不錄）此濂溪周子〈愛蓮說〉也。悠然意遠，不著點塵。明窗讀之，宛然霽月光風，照人眉宇。陽明山人守仁竝識。

155.〈題倪雲林春江烟霧〉〔註308〕

烟渚曉日候，高林清嘯餘。輕舟來何處，幽人遺素書。筍脯煮菰米，松醪薦菊葅。子有林壑趣，天地一迂疎。陽明王守仁識。

詩名爲筆者所擬。倪雲林名瓚（1301～1374），是元末四大畫家之一。

156.〈與友〉〔註309〕

即日具小酌，聊敘間闊。昨已奉短柬，浼舍親轉達，隸人進速，歸報若未有聞者，豈舍親處遺忘之耶？慚懼！慚懼！終蒙不罪，望賜惠臨。坐邀之誅，尙容面請。侍生守仁頓首。憲副老先生執事。即刻柬。

157.〈題扇〉〔註310〕

秋水何人愛，清狂我輩來。山光浮掌動，湖色盈胸開。黃鵠輕千里，蒼鷹下九垓。平生濟川志，擊節使人哀。

詩名爲筆者所擬。此詩收入於〈集明人行草扇冊〉第十四幅，字體爲行書。

158.〈柬友〉〔註311〕

一個「塵」字，昏了多少人，吾輩最忌此「塵」字不去，社名可曰「掃塵」。已後心上塵、口上塵、筆墨塵、世路塵，都要掃卻。

〔註306〕〔清〕梁章鉅，《退菴金石書畫跋》，卷15，頁894。

〔註307〕〔清〕楊思壽編，《眼福編二集》（中國歷代書畫藝術論著叢編・6）（北京：中國大百科全書出版社，1997），卷8，〈明王文成愛蓮說眞蹟卷〉，頁215。

〔註308〕〔清〕張大鏞，《自怡悅齋書畫錄》（歷代書畫錄輯刊・2）（北京：北京圖書館出版社，2007），卷1，〈倪雲林春江烟霧〉，頁46～47。

〔註309〕〔清〕莫繩孫輯，《勝朝越郡忠節名賢尺牘》，頁187。

〔註310〕〔清〕潘正煒，《聽颿樓書畫記》（近代四大書畫收藏家著錄匯刊・2）（杭州：西泠印社，2007），卷4，〈集明人行草扇冊〉，頁1002～3。

〔註311〕收錄在〔明〕徐渭輯，《古今振雅雲箋》（四庫禁燬書叢刊・集18）（北京：北京出版社，2000），卷4，〈掃塵〉，頁100c-d，明末刻本；亦收錄在〔明〕沈佳胤輯，《翰海》（四庫禁燬書叢刊・集20）（北京：北京出版社，2000），卷12，頁359d，明末刻本。

159.〈答何僉憲〉〔註312〕

　　人之是非毀譽，如水之濕、火之熱，久之必見，豈能終揜其是。故有其事不可辯也，無其事不必辯也。無其事而辯之，是自謗也；有其事而辯之，是益增己之惡而甚人之怒，皆非所以自脩而平物也。惟宜安靜自處，以聽其來。

160.〈鳳溪公像讚〉〔註313〕

　　其神昌，其氣融，钁鑠哉！是翁其德茂，其仁純，得胡考之。寧如松、如栢、如岡、如陵。欽承帝澤，用榮爾身。

　　鳳溪公爲薛恢，《譜》記云：「（薛）恢號鳳溪，邑庠生，恩例壽官。」
〔註314〕

161.〈錢碩人贊〉〔註315〕

　　懿恭之行，柔嘉之德。母儀婦軌，無所不具。雖紀傳所載，亦無以加。

　　此〈贊〉是陽明爲門人華夏（字中甫，號東沙子，無錫人）祖母所作。無錫華氏與王陽明家亦頗有淵源，陽明父親王華曾爲其家族作〈華孝子祠記〉。〔註316〕而除了華夏從學陽明外，〔註317〕還有華雲亦從學陽明，《常州府志》記云：「華雲，字從龍（自號補庵居士），無錫人。……里中則師邵文莊（寶），於浙則游王文成之門。」〔註318〕《錫山景物略》記云：「正德中，邵文莊與華比部補菴讀書保安寺，內構一精舍，亦名東林，王文成爲之記。」

〔註312〕收錄在〔明〕沈佳胤輯，《翰海》，卷 12，頁 354b-c。
〔註313〕〔清〕薛文元纂、國家圖書館分館編，《薛氏江陰宗譜》（中國國家圖書館藏早期稀見家譜叢刊‧40）（北京：綫裝書局，2002），冊 2，頁 33b，清雍正間刻、乾隆間重修增刻本。
〔註314〕〔清〕薛文元纂、國家圖書館分館編，《薛氏江陰宗譜》，冊 3，〈永昌支〉，8a。
〔註315〕〔明〕豐坊，《眞賞齋賦》（叢書集成續編‧95）（臺北：新文豐，1989），頁 715b-c，據藕香零拾本排印。
〔註316〕華錦球編纂，《華氏通十支宗譜》（中國家譜‧2A～73）（北京：中國社會科學院歷史研究所圖書館，1986），卷 2，頁 9a-b，民國 34 年（1945）培元堂活字本。
〔註317〕「東沙遊王陽明、喬白巖之門。」見〔明〕豐坊，《眞賞齋賦》，頁 715d。
〔註318〕見〔明〕劉廣生修、唐鶴徵纂，《常州府志》（南京圖書館孤本善本叢刊‧明代孤本方志專輯）（北京：綫裝書局，2003），卷 13，〈人物志‧恬澹〉，頁 1142a，明萬曆 46 年（1618）刻本。

〔註319〕由此可知，《全集》中〈東林書院記〉即是爲華雲所做。

162.〈文溥公像讚〉〔註320〕（年代不詳）

公在顛沛流離之際，孝于親，友于弟。惟身克勤，惟志克勵。世業
復興，前光後裕。卓哉偉人！雖隱于山林，勝榮登乎甲第。餘姚陽
明山人王守仁拜贊。

文溥公爲蔡溥（字文溥，號松竹，餘杭人），《宗譜》記云：「洪武辛未，
侍父赴戍，途遭父喪，即馳衙補役。歷困苦，數載得弟淵代。會赦，偕弟浩
奉母歸住小山，資產盡沒入官，遂冒空拳，辛苦自立，創有田園七十餘頃，
房屋七百餘間，食指踰三百口，蔡氏復振。」〔註321〕

163.〈始祖承德郎質庵公像贊〉〔註322〕

魁梧其貌，光霽其客。神恬氣靜，豁達其胸。樂茲土之厚，喜伊俗
之忠。治家克勤克儉，居鄉至正至公。蕭東望族，永世無窮。餘姚
王守仁。

質庵公爲潘蘭（字質庵），是潘氏徙居蕭山錢清鎭劉太守祠東之始祖。

164.〈濂溪夫子像略〉〔註323〕（年代不詳）

金華宋濂曰：「濂溪周子顏玉潔額，以下漸廣，至顴而微收。然頤下
豐腴，脩目末微聳，鬢疏朗微長。顙上稍有髯，三山帽後有帶紫衣，
褒袖緣以皂白內服緣如之白裳無緣爲赤袖而立，清明高遠，不可測
其端倪。」陽明王守仁拜題。

按宋濂（1310～1381，字景濂，號潛溪，又號玄眞子）此語出自其〈宋
九賢遺像記〉一文。

〔註319〕〔清〕王永積輯，《錫山景物略》（無錫文獻叢刊・第6輯）（臺北：無錫同鄉
會，1983），卷9，〈東林書院〉，頁760。

〔註320〕蔡汝鈞編纂，《餘杭蔡氏宗譜》（中國家譜・2B～74）（北京：中國社會科學
院歷史研究所圖書館，1986），卷4，頁12b，據民國11年（1922）鉛印本。

〔註321〕蔡汝鈞編纂，《餘杭蔡氏宗譜》，卷6，〈行傳〉，頁9b～10a。

〔註322〕《蕭山錢清北祠潘氏宗譜》（中國家譜・2B～72）（北京：中國社會科學院歷史
研究所圖書館，1986），卷1，頁18b，據清光緒21年（1895）永言堂活字本。

〔註323〕周生榮編纂，《蔣灣橋周氏續修宗譜》（中國家譜・2A～45）（北京：中國社
會科學院歷史研究所圖書館，1986），卷1，〈像贊〉，頁13b，民國36年（1947）
愛蓮堂活字本。

後　記

　　此文是由我的博士論文修訂而成的。之所以王陽明的生平事蹟爲主軸來探討其思想的演變，完全不在我預先的計畫之中，可以說是一誤打誤撞的結果。原先的論文計畫是接續我碩士論文〈陶望齡與晚明思想〉的主題，探討「王學興起」的內外緣因素。但由於一個念頭—王陽明的思想是如何演變的，以及一個作法—陽明門人究竟有那些與多少人，使得我一方面精讀《王陽明全集》，另一方面有計畫地閱讀陽明過化之地的地方志。透過這兩方面的作法，我不但收集到陽明弟子三百餘人，更重要的是對於陽明的詩文有更深入的理解，同時也發現相當多的佚詩文，其中有些資料還能修正《年譜》中的記載。經過約莫三年的閱讀，我已有相當的資料與信心來重新說明陽明思想的內容及其演變過程，因此才有這篇論文的誕生；粗略地說，也可算是爲往後「王學興起」的課題，作了先期的工作。

　　本文能夠順利的寫出，要感謝我的兩位指導教授：王汎森老師及張永堂老師。我之所以研究王學是由王老師帶進門的，猶記得當我還是東海大學歷史所碩士班二年級時，因爲所上規定要確定指導教授並且要取得同意指導證明書，我因爲被王老師寫的〈心即理說的動搖與明末清初學風之轉變〉一文所感動，因此在完全不認識的狀況下，冒然且唐突地到史語所請老師指導，而老師竟也欣然應允。至今算來也十年了，受到王老師各方面的指導，那也就不必多說了。而張老師是我碩士論文的口試委員，當我從軍中退伍後，王老師要我去清華跟張老師念書，當時不明白王老師的用意，如今才能明瞭。王老師是要張老師磨掉我身上的輕狂銳氣，而跟著張老師唸書以來，自身的確有相當大的改變，不用說在知識思考方面，更重要的是在性情與待人處事

上。我始終記得張老師時常告誡我的，「莫以己之昏昏，而欲使人昭昭」，翻成白話文，就是自己腦袋都不清楚，還好為人師。也要謝謝我的博士論文口試委員：黃進興老師、鍾彩鈞老師及呂妙芬老師，謝謝他們對我的指教與期許，我會更加努力的。

當然，我還得感謝清華的老師們對我的照顧，像蕭啓慶老師、黃敏枝老師、張元老師、陳華老師、鐘月岑老師、張增信老師、中文系蔡英俊與祝平次老師，還有系秘書蔣玲英小姐、晏明敏小姐、人社系孫立梅小姐。此外，學長姐陳昭陽、許松源、史甄陶；學弟妹徐維里、黃薏菁，也都從各方面給予我幫忙。我也要謝謝蕭啓慶教授梅貽琦講座助學金，以及清華大學人文社會學院撰寫博士論文獎學金的幫助。也要謝謝傅斯年圖書館流通組的工作人員：許麗芳、吳秀惠（瑪麗）、詹智怡、何秀娟、簡凡雯、賴慧娟，謝謝她們常年忍受我很多無理的要求與冷笑話。

最後，要謝謝我的父母親，感謝他們多年來的照顧與體諒，沒有他們默默地支持與鼓勵，我是不能走到現在的。也謝謝我的岳母及姐夫、姐姐們，感謝他們給我大家庭才能有的支持與幫忙。當然也要謝謝我的大學同學、後來成為我的妻子的宜柔，感謝她的看重、支持與寬容。

楊正顯 2010/3/26
記於史語所文 612 室